Managementwissen für Studium und Praxis

Herausgegeben von

Professor Dr. Dietmar Dorn und
Professor Dr. Rainer Fischbach

Bisher erschienene Werke:

Bontrup, Volkswirtschaftslehre
Bradtke, Mathematische Grundlagen für Ökonomen
Bradtke, Statistische Grundlagen für Ökonomen
Busse, Betriebliche Finanzwirtschaft, 4. Auflage
Clausius, Betriebswirtschaftslehre I
Dorn · Fischbach, Volkswirtschaftslehre II, 2. Auflage
Fank, Informationsmanagement
Fank · Schildhauer · Klotz, Informationsmanagement: Umfeld – Fallbeispiele
Fiedler, Einführung in das Controlling
Fischbach, Volkswirtschaftslehre I, 10. Auflage
Frodl, Dienstleistungslogistik
Hardt, Kostenmanagement
Heine · Herr, Volkswirtschaftslehre
Koch, Marktforschung, 2. Auflage
Koch, Gesundheitsökonomie: Kosten- und Leistungsrechnung
Krech, Grundriß der strategischen Unternehmensplanung
Kreis, Betriebswirtschaftslehre, Band I, 5. Auflage
Kreis, Betriebswirtschaftslehre, Band II, 5. Auflage
Kreis, Betriebswirtschaftslehre, Band III, 5. Auflage
Lebefromm, Controlling – Einführung mit Beispielen aus SAP®/R3®
Lebefromm, Produktionsmanagement, 4. Auflage
Mensch, Kosten-Controlling
Piontek, Controlling
Piontek, Beschaffungscontrolling, 2. Auflage
Piontek, Global Sourcing
Posluschny, Kostenrechnung für die Gastronomie
Reiter · Matthäus, Marketing-Management mit EXCEL
Rudolph, Tourismus-Betriebswirtschaftslehre
Schaal, Geldtheorie und Geldpolitik, 4. Auflage
Scharnbacher · Kiefer, Kundenzufriedenheit, 2. Auflage
Stahl, Internationaler Einsatz von Führungskräften
Steger, Kosten- und Leistungsrechnung, 2. Auflage

Tourismus-Betriebswirtschaftslehre

Von
Prof. Dr. rer. oec. habil.
Harry Rudolph

R. Oldenbourg Verlag München Wien

Die Deutsche Bibliothek - CIP-Einheitsaufnahme

Rudolph, Harry:
Tourismus-Betriebswirtschaftslehre / von Harry Rudolph. – München ;
Wien : Oldenbourg, 1999
(Managementwissen für Studium und Praxis
ISBN 3-486-24307-1

Rosenheimer Straße 145, D-81671 München
Telefon: (089) 45051-0, Internet: http://www.oldenbourg.de

Gedruckt auf säure- und chlorfreiem Papier
Satz: Dr. Karin Rudolph
Druck und Bindung: Druckhaus „Thomas Müntzer" GmbH, Bad Langensalza

ISBN 3-486-24307-1

Inhaltsverzeichnis

Kapitel II Spezielle Leistungsbereiche der Tourismuswirtschaft

Kapitel III Die örtliche Fremdenverkehrswirtschaft

Kapitel IV Tourismus-Marketing

Anlagenverzeichnis

Abbildungsverzeichnis

Tabellenverzeichnis

Vorwort

An guten Monographien zu ausgewählten tourismuswirtschaftlichen Problemfeldern ist kein Mangel. Offensichtlich besteht aber das Interesse an einer möglichst geschlossenen Darstellung aller relevanten betriebswirtschaftlichen Fragen des Tourismus, eingeordnet in den volkswirtschaftlichen Kontext. Mit der vorliegenden Abhandlung wird deshalb das Vorhaben verwirklicht, einen Überblick über den derzeitigen Erkenntnisstand der Tourismus-Betriebswirtschaftslehre in ihren Grundlagen zu geben. Kenntnisse der allgemeinen Betriebswirtschaftslehre erleichtern das Verständnis, sind aber nicht zwingend vorausgesetzt.

Das Buch wendet sich zunächst an Lernende im Grundstudium tourismusspezifischer Studiengänge, eignet sich aber auch als begleitende Literatur für die berufliche Aus- und Fortbildung. Der Praktiker kann es als Nachschlagewerk zu Rate ziehen, um sich über begriffliche Inhalte, Systematik und Zusammenhänge der vielschichtigen betriebswirtschaftlichen Details zu vergewissern.

Die Dynamik der wirtschaftlichen Prozesse gerade auch in der Tourismusbranche macht es allerdings notwendig, aktuellste Entwicklungen ständig zu verfolgen, da so manches Problem bereits unmittelbar nach Drucklegung eine veränderte Sicht erzwingt. Dazu werden Informationen und Anregungen dankbar aufgenommen, wie auch Hinweise zu gelegentlichen Fehlinterpretationen, gegen die der Autor nicht gefeit ist, erbeten werden.

Kapitel I Grundlagen der Tourismuswirtschaft

1. Begriffsbestimmung

Erkenntnisobjekte der Betriebswirtschaftslehre sind Einzelwirtschaften oder wirtschaftende Einheiten. Sie werden als Produktionswirtschaften bevorzugt unter dem Oberbegriff **Betrieb** zusammengefaßt. In anderen Interpretationen erfolgt die Subsumierung der verschiedenen Wirtschaftseinheiten unter dem Oberbegriff des **Unternehmens** oder der **Unternehmung**. Auch die Unterordnung des Betriebsbegriffes unter den Unternehmensbegriff wurde vorgeschlagen. Welche begriffliche Bestimmung man auch bevorzugen mag: das in seiner wirtschaftlichen Seite zu untersuchende einzelwirtschaftliche Gebilde zeichnet sich unter Bedingungen einer marktwirtschaftlich verfaßten Wirtschaftsordnung durch folgende konstituierende Merkmale aus (WÖHE 1990: 12):
Erstens: Deckung fremden Bedarfs an Gütern und/oder Dienstleistungen,
zweitens: wirtschaftliche Selbständigkeit,
drittens: freiwillige Übernahme des Marktrisikos.
Wenn der ordnungspolitische Rahmen auf die Verwirklichung der **Sozialen Marktwirtschaft** abgestellt ist, muß ein weiteres konstituierendes Merkmal hinzutreten:
Viertens: soziale Verantwortlichkeit der Unternehmung für die Gemeinschaft.

Der Betrieb strebt eine bestmögliche Realisierung des grundlegenden marktwirtschaftlichen Unternehmenszieles an:

> Dauerhafte Erwirtschaftung eines maximalen **Gewinnes** bzw. in der heute mehr und mehr üblichen Interpretation: Sicherung des maximalen Wertzuwachses des Firmenkapitals für die Anteilseigner (shareholder value).

Der Prozeß der Erkenntnisgewinnung der Betriebswirtschaftslehre vollzieht sich in zwei Stufen:
1. Stufe: Zustandsbeschreibung der Unternehmung und ihres sozialen Umfel – des;
2. Stufe: Aufdeckung der ursprünglichen Zusammenhänge
(LUGER 1987: 23).

Da das wirtschaftliche **und** soziale Umfeld des Unternehmens zum Gegenstand betriebswirtschaftlicher Untersuchungen gehört, ist die institutionelle Struktur der Betriebswirtschaft in folgende Untersuchungsbereiche zu gliedern:

- Unternehmungen, die der eigentlichen Aufgabe der Erstellung und Vermarktung von Gütern und Dienstleistungen dienen als Kernstück der Untersuchungen;
- Institutionen und Organisationen, die auf die Erstellung und Vermarktung einen fördernden, unterstützenden Einfluß ausüben;
- Institutionen und Organisationen, die im weiteren Unternehmensumfeld die Interessen der Unternehmen vor allem gegenüber politischen Entscheidungsträgern fördern.

Die allgemeine Betriebswirtschaftslehre bietet auf hohem Abstraktionsniveau umfassend gültige Erkenntnisse über die Aufbau- und Ablauforganisation der Führung des Unternehmens durch Entscheidung und deren rechtliche und soziale Grundlagen an.

Spezielle Betriebswirtschaftslehren oder Wirtschaftszweiglehren untersuchen auf niedrigerer Abstraktionsstufe die Umsetzung der Erkenntnisse der allgemeinen Betriebswirtschaftslehre in den Einzelwirtschaften der **Zweige**. Dazu muß der zu untersuchende Wirtschaftszweig eine möglichst eindeutige Abgrenzung erfahren. Eine wissenschaftlich befriedigende Begriffsbestimmung fällt umso schwerer, je unbekümmerter die betriebswirtschaftliche Praxis für ein und denselben Gegenstand vielfältige und immer neue Begriffsbildungen schöpft, deren jeweilige Bevorzugung meist nur noch **historisch** erklärt werden kann. Dies trifft in besonderer Weise für unseren Untersuchungsgegenstand zu.

Da wir uns im folgenden der Darstellung **aller** wichtigen betriebswirtschaftlic relevanten Aktivitäten und Aspekte der Reisedienstleistungen zuwenden wer den, unabhängig davon, ob der Zweck der Reise ein geschäftlicher oder private ist, werden wir einen möglichst weit gefaßten Begriff des Untersuchungsgegen standes wählen. Am nächsten liegt hier eine direkte Ableitung aus der ur sprünglichen englischen Prägung **„tourism"** oder **„travel and tourism**. Wi subsumieren unter den Begriff **Tourismus**

> alle wirtschaftlichen, juristischen, organisatorischen und sozialen Aspekte der aus privaten und geschäftlichen Gründen erfolgenden Reisen und dem damit verbundenen zeitweiligen Aufenthalt an einem anderen als dem gewöhnlichen Aufenthaltsort, soweit

dieser nicht länger als ein Jahr ohne Unterbrechung dauert.

Er umfaßt im einzelnen:

- den Binnenreiseverkehr (domestic tourism): er bezieht sich auf Inländer eines bestimmten Landes, sofern sie nur innerhalb des Landes reisen;
- den Einreiseverkehr (inbound tourism oder incoming tourism): er bezieht sich auf Ausländer, die aus ausländischen Quellgebieten in ein gegebenes Land reisen;
- den Ausreiseverkehr (outbound tourism oder outgoing tourism): er bezieht sich auf Inländer , die in ein anderes Land reisen (STAT. BUNDESAMT 1996: 13).

Die zu den inländischen Zielgebieten der Deutschen und der Ausländer gehörende wirtschaftliche, juristische, organisatorische und soziale Infrastruktur wird mit dem Begriff **Örtliche Fremdenverkehrswirtschaft** erfaßt und gehört logisch zum Tourismus. Die Einbeziehung der Geschäftsreisetätigkeit folgt zwingend der praktischen Erwägung, daß ein erheblicher Anteil der Reisedienstleistungen von Leistungsträgern, Reiseveranstaltern und Reisemittlern den Geschäftsreisenden zum Zielobjekt hat. Incentive-Reisen als zwar betrieblich veranlaßte, aber dennoch Urlaubs- bzw. Erholungszwecken dienende Reisen sind als Sonderfall aufzufassen. Auch sie werden aus betriebspraktischer Sicht , da sie ein inzwischen nicht unerhebliches Marktsegment bilden, dem Tourismusbegriff zugeordnet. Das Reisemotiv ist deshalb kein signifikantes Merkmal für den Tourismusbegriff. Die Dauer des Aufenthalts an einem anderen als dem gewöhnlichen Aufenthaltsort ist für unsere Definition insoweit wichtig, daß der Aufenthalt ein nur zeitweiliger sein darf. Auch ist die räumliche Entfernung zwischen zeitweiligem Aufenthaltsort und dem gewöhnlichen Aufenthaltsort des Reisenden mit von konstitutiver Bedeutung. Mit dem Angebot eines solchen umfassenden Inhalts des Tourismusbegriffs wird es auch möglich, eine zutreffende betriebswirtschaftliche Beschreibung der Gesamtheit des Dienstleistungsangebotes der **Reisebranche** zu geben, was am ehesten den Gegebenheiten der betrieblichen Praxis entspricht. Wenn z. B. ein Reisemittler mit der Übernahme der Bahn-Lizenz den Vertrieb von Bahnwerten übernimmt, dann umfaßt dieser das gesamte Produktionssortiment der Bahn, vom bahntouristischen Pauschalarrangement über Fahrscheine für das nationale und internationale Streckennetz bis zur Monats- und Wochenkarte im Regional- und Nahverkehr. So auch auf den anderen Geschäftsfeldern.

2. Die Tourismuswirtschaft im volkswirtschaftlichen Kreislauf

Üblicherweise wird eine Marktwirtschaft in Form von Kreislaufmodellen dargestellt, deren primäre Pole Haushalte und Unternehmungen bilden. Die Haushalte bieten auf den Märkten Faktorleistungen an und fragen Güter und Dienstleistungen für ihren privaten Konsum nach. Die Unternehmen bieten Güter und Dienstleistungen für produktive und konsumtive Verwendungen an, sie fragen ihrerseits Faktorleistungen nach. Da die Tauschvorgänge nur mit Hilfe des Geldes vollzogen werden können, bilden sich zu den Güterströmen entgegengesetzte Geldströme heraus, und es treten in das Kreislaufmodell die Banken als Vermittler der Geldströme ein (dritter Pol). Der Staat als vierter Pol ist durch verschiedene Angebots- und Nachfragebeziehungen mit den anderen Polen verbunden. In einer offenen Volkswirtschaft erscheint die Außenwirtschaft, die Export- und Importströme vermittelt, als fünfter Pol. Der Unternehmenspol wird, um die unterschiedlichen Funktionen der verschiedenen Unternehmungen im volkswirtschaftlichen Kreislauf differenziert abzubilden, in verschiedene Sektoren untergliedert. Eine häufige Systematik stellt folgende Sektoren dar (WOLL 1990: 330):
Produktionssektor 1: Land- und Forstwirtschaft, Fischerei
Produktionssektor 2: Rohstoffgewinnung und –erzeugung
Produktionssektor 3: Fertigung, Weiterverarbeitung
Produktionssektor 4: Handel, Verkehr, Dienstleistung.

Der Produktionssektor 1 wird aus entwicklungstheoretischer Sicht auch als **primärer** Sektor bezeichnet, die Sektoren 2 und 3 mit ihrer Gemeinsamkeit der Warenerzeugung (warenproduzierendes Gewerbe) als **sekundärer** Sektor. Der Produktionssektor 4 bildet den **tertiären** Sektor.
Derartige Systematisierungen sind auch notwendig, um in einer volkswirtschaftlichen Gesamtrechnung die Aufkommensproportionen des Sozialprodukts sowie seine Verteilung, Umverteilung und Verwendung differenziert darzustellen. Dabei ist stets von besonderem Interesse, welchen Anteil die Sektoren und die ihnen zugehörigen Gruppen von Unternehmen an der Erarbeitung neuen Wertes, der sogenannten Wertschöpfung, haben.

Die Tourismuswirtschaft ist eine historisch relativ junge Branche im tertiären Sektor moderner Volkswirtschaften. Organisierter Tourismus wurde möglich, als sich die technischen Bedingungen für die massenhafte und kostengünstige Beförderung von Personen entwickelten. Wesentlicher als die

Einrichtung von Passagierschiffs-Liniendiensten im Überseeverkehr wirkte der Ausbau des europäischen Eisenbahnnetzes fördernd. Ohne hier einen vollständigen Abriß der Entwicklung des Verkehrswesens geben zu wollen, soll auf einige wenige Ereignisse verwiesen werden, die in besonderer Weise den Anstoß zur raschen Ausbreitung des touristischen Reisens geben. Auch hier stehen die Namen „schöpferischer Unternehmer" (SCHUMPETER) am Anfang neuer Entwicklungen. Die erste große organisierte Gesellschaftsreise veranstaltete 1841 Thomas Cook mit der Bahn von Leicester nach Loughborough für 570 Personen. Diese Idee führte in der Folge zur Entwicklung einer regelrechten Reisebranche in England. Sie wurde in Deutschland vom Stuttgarter Kristallwarenhändler Johannes Rominger aufgegriffen, der in einer neuen Auswanderungswelle in die Neue Welt für sich ein Geschäftsfeld erkannte. Sein 1842 begründetes Reisebüro war Generalagentur für die Liniendienste mit Postschiffen zwischen Le Havre und New York. William Harden begann 1848 in den USA mit dem Vermittlungsgeschäft der Personenbeförderung, woraus sich später die American Express Company entwikkeln sollte. Louis Stangen schließlich darf in Deutschland die Idee der organisierten Pauschalreise zugeschrieben werden. 1863 begann er von Breslau aus, die Gesellschaftsreisen mit der Bahn zu einem Totalpreis anzubieten. 1869 veranstaltete er eine Gesellschaftsreise zur Eröffnung des Suez-Kanals.

Die Bedeutung des Tourismus für eine moderne Volkswirtschaft kommt in folgendem zum Ausdruck:

- Der Tourismus leistet einen beachtlichen **Beitrag zur Erstellung des Sozialprodukts** und der Wertschöpfung sowie zur Bildung des Volkseinkommens der Volkswirtschaften. Für Deutschland ist die Tourismuswirtschaft in der amtlichen Statistik aber nicht eindeutig abgegrenzt. Touristische Dienstleistungen werden in unterschiedlicher Form in den Zweigstatistiken erfaßt und dargestellt. Vor allem erfolgt im Bereich Verkehr keine gesonderte Darstellung der tourismusrelevanten Beförderungsleistungen. Die Jahreswirtschaftsberichte des Bundesministeriums für Wirtschaft enthalten über die Leistungen der Tourismuswirtschaft keine detaillierten Aussagen.

  Die Leistungsbilanz als Bestandteil der Zahlungsbilanz weist für den Reiseverkehr folgende Entwicklung aus:

Position (Mrd. DM)	*1993*	*1994*	*1995*	*1996*
Leistungbilanz				
1. Warenhandel	- 23,4	- 34,2	- 33,8	- 21,5
Ausfuhr (fob)	+ 69,1	+ 83,8	- 95,0	+ 109,9
Einfuhr (fob)	632,4	696,0	749,4	782,9
2. Dienstleistungen	563,3	612,2	654,4	673,0
darunter:				
Reiseverkehr	- 54,4	- 65,2	- 66,4	- 68,0
3. Erwerbs- und Vermögenseinkommen	- 42,8	- 49,2	- 49,0	- 50,1
darunter:				
Kapitalerträge	- 20,4	+ 10,0	- 3,7	- 8,5
4. Laufende Übertragungen	+ 21,1	+ 11,1	- 1.0	- 5,8
darunter:				
Nettoleistungen zum EG-Haushalt	- 58,5	- 62,8	- 58,7	- 54,8
sonstige laufende öffentliche	- 26,7	- 31,0	- 29,3	- 27,2
Leistungen an das Ausland (netto)	- 16,1	- 15,4	- 12,8	- 10,6

Tab. 1: Zahlungsbilanz – Auszug –
(Quelle: BUNDESBANK 1996:5)

Da die zu den verschiedenen volkswirtschaftlichen Statistiken führenden Berechnungs- und Erhebungsmethoden nicht einheitlich sind, ergeben sich in ihren quantitativen Endaussagen gewisse Abweichungen. Immerhin erlauben sie aber hinreichend genaue Einschätzungen grundlegender Trends. Ergänzend ermöglicht die Reisedevisenbilanz (Tabelle 2) die Hinterfragung des negativen Reiseverkehrssaldos der Leistungsbilanz nach Einnahmen und Ausgaben. Sie zeigt, daß infolge ständig anwachsender Reiseintensität der Deutschen von Jahr zu Jahr größere Anteile der im Inland erwirtschafteten Einkommen in das Ausland fließen.

Jahr	Einnahmen (in Mio. DM) aus dem Ausland	Ausgaben (in Mio. DM) im Ausland	Saldo (in Mio. DM)
1983	10. 768	33. 936	- 23. 168
1984	12. 237	35. 355	- 23. 118
1985	13. 977	37. 709	- 3. 7232
1986	13. 656	39. 021	- 25. 356
1987	13. 826	41. 682	- 27. 856
1988	14. 632	43. 581	- 28. 949
1989	15. 910	44. 280	- 28. 370
1990	16. 866	47. 386	- 30. 520
1991	17. 137	51. 175	- 34. 038
1992	17. 009	57. 451	- 40. 442
1993	19. 691	62. 061	- 42. 370
1994	18. 985	67. 468	- 48. 483
1995	19. 278	68. 366	- 49. 088

Tab. 2: Reisedevisenbilanz
(Quelle: Angaben bis 1992 DEUTSCHER TOURISMUSBERICHT 1994: 21; Angaben ab 1993 STATISTISCHES BUNDESAMT 1996: 205)

Als groben Orientierungswert darf man annehmen, daß an der Bildung des Volkseinkommens als Summe aller in einem Jahr erzielten Einkommen aus Arbeitslöhnen, Gewinnen, Zins und Grundrente die Tourismuswirtschaft mit etwa 2 % der unmittelbaren oder direkten Einkommen beteiligt ist. Sie wiederum erzeugen mittelbare Einkommen bei touristischen Vorleistungen anderer Zweige für touristische Produkte (z. B. Hotellerie/Gastronomie, Bauwirtschaft, Verkehr u. a.) sowie in weiteren an der Tourismuswirtschaft partizipierenden Branchen (z. B. Einzelhandel, Versicherungswirtschaft, Geschäftsbanken u .a.).

- Die Tourismuswirtschaft ist ebenfalls nicht unbeträchtlich an der **Mehrung des Volksvermögens**, also aller Sach- und Geldvermögen, beteiligt:
  - **Sachvermögen**
    - Grund und Boden
    - Baulichkeiten
    - Einrichtungen/Ausrüstungen
  - **Geldvermögen**
    - aus erwirtschafteten Gewinnen

- Die Tourismuswirtschaft erzeugt einen bedeutenden **Beschäftigungseffekt.** Derzeitig sind nach Angaben des World Travel and Tourism Council weltweit bereits über 200 Millionen Arbeitskräfte im Tourismus tätig, deren Zahl sich nach vorsichtiger Schätzung bis zum Jahr 2005 bei anhaltenden bzw. steigenden Wachstumsraten der gesamten Fremdenverkehrsbranche auf annähernd 350 Millionen erhöhen kann. Damit leistet der Tourismus einen Beitrag zur Lösung des Beschäftigungsproblems (Vgl. TOURISMUSBERICHT 1994: 24). Allein in Deutschland sind unmittelbar in der Fremdenverkehrsbranche über ca. 1,3 Millionen Vollzeitarbeitskräfte und ca. 0,7 Millionen Teilzeitarbeitskräfte tätig. Der Beschäftigungseffekt ist jedoch weit höher, wenn auch die Arbeitsplätze, die mittelbar vom Fremdenverkehr abhängen, in die Betrachtung einbezogen werden. Verläßliche statistische Angaben lassen sich indes nicht gewinnen, da aufgrund nicht eindeutiger Definitionen und Abgrenzungen auch eine exakte Erfassung dieser Beschäftigten nicht möglich ist. Nach tourismusrelevanten Beschäftigungsbereichen ergibt sich folgende Struktur:

Beschäftigungsbereich	*Anteil der Beschäftigten in %*
Beherbergung und Gastronomie	62,6
Personenbeförderungsunternehmen	
- Straße	2,3
- Schiene	8,0
- Luft	3,3
- Schiff	0,6
- Sonstige	0,1
Reiseveranstalter, Reisemittler, Reisestellen der Unternehmen	4,4
Kurortunternehmungen	1,1
Administrative Fremdenverkehrsbereiche in Städten und Gemeinden	0,5
Fremdenverkehrsrelevante Verbände und Organisationen	0,1
Administrative Fremdenverkehrsinstitutionen bei Bund, Ländern, Regierungsbereichen und Landkreisen	unter 0,1
Aus- und Weiterbildung	0,2
Kongreß- und Tagungswesen, Messen und Ausstellungen	K.. A.
Sonstige touristisch relevante Nachfrage	K. A.

Tab. 3: Struktur der tourismusabhängigen Beschäftigten in Deutschland
(Quelle: STATISTISCHES BUNDESAMT 1997: 196)

- Der Tourismuswirtschaft wohnt ein **Multiplikatoreffekt** inne.
  Die Einkommen werden
  - gespart (Rücklagen der Unternehmen, angelegte Ersparnisse der im Tourismus beschäftigten Privathaushalte) und/oder
  - zum Kauf anderer Dienste und Güter ausgegeben.
    Es entsteht Nachfrage nach Konsumgütern, Investitionsgütern und Finanzdienstleistungen.

Damit kann durch die Entwicklung der Tourismuswirtschaft vor allem in strukturschwachen Regionen und unterentwickelten Ländern eine wirtschaftliche Entwicklung angeregt und gefördert werden.
Bedeutsam ist auch, daß sich die Tourismuswirtschaft, kaum beeinflußt von Konjunkturzyklen, als dauerhafte Wachstumsbranche erweist. Prognosen der Welt-Touristik-Organisation (WTO) über die Welttourismusentwicklung gehen davon aus, daß die Zahl der Reisenden von derzeitig über 600 Millionen bis zum Jahr 2020 auf 1,6 Milliarden steigen könnte.

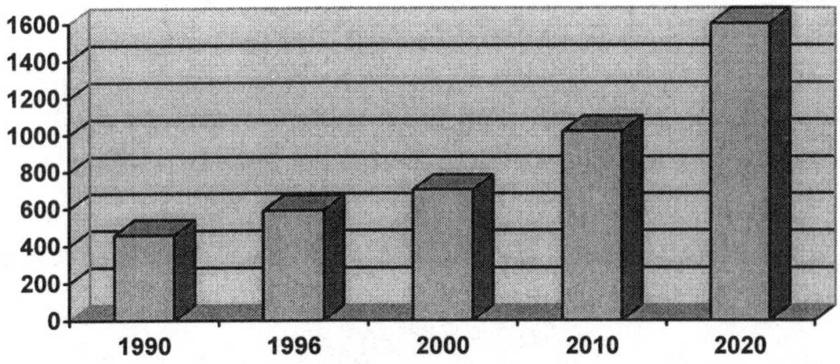

Abb. 1: Ungebremster Welttourismus – Zahl der Menschen, die ins Ausland fahren in Millionen
(Quelle: WTO)

3. Tourismus und Umwelt

3. 1 Grundlegende Wechselwirkungen

Der Tourismus ist keine isolierte Erscheinung menschlichen Verhaltens, sondern eingeordnet in den zunehmend alle Seiten der Erdzivilisation erfassenden Trend einer Globalisierung.
Globalisierung wird zunächst in den wirtschaftlichen Aktivitäten der Menschen sichtbar. Wirtschaftsordnungen, die primär auf der freien Entfaltung der Marktkräfte begründet sind und hierbei dem Staat nur eine wirtschaftsordnungspolitische Funktion für die Gestaltung eines förderlichen Ordnungsrahmens zugestehen, entwickeln sich objektiv und tendenziell in Richtung einer zunehmenden Internationalisierung des Wirtschaftslebens. Regionale und nationale Märkte haben sich längst zu einem Weltmarkt verflochten, auf dem sich der Wettbewerb privater Anbieter und Nachfrager nach globalen Spielregeln entfaltet. Die neuen technischen Möglichkeiten der physischen und informationellen Kommunikation beschleunigen diesen Prozeß ungemein. Die Globalisierung der ehemals national orientierten Volkswirtschaften hat im Gefolge auch eine Globalisierung der politischen und sozial-kulturellen Faktoren zivilisatorischer Entwicklung, empfängt andererseits von ihnen weitere Wachstumsimpulse.
Ohne an dieser Stelle auf die Problematik der verschiedenen Wachstumsmodelle einzugehen, muß einfach zur Kenntnis genommen werden, daß Wachstum nach wie vor der entscheidende Fortschrittsfaktor ist. In dieser vernetzten, wachstumsorientierten und globalen zivilisatorischen Entwicklung kommt bestimmten gesellschaftlichen Bereichen eine Schlüsselrolle zu. Zu ihnen gehört unzweifelhaft der Tourismus.

Mit der Globalisierung der technischen und wirtschaftlichen Zivilisation und der mit ihr einhergehenden exponentiellen Inanspruchnahme der natürlichen Ressourcen und Umweltfaktoren erweist sich die Bewahrung der natürlichen Umwelt als grundlegendes Problem für die dauerhafte Fortexistenz der menschlichen Gesellschaft. Der Umweltschutz ist deshalb inzwischen als ein globales Problem im allgemeinen öffentlichen Bewußtsein verankert und prägt mehr und mehr auch die Konsumentscheidungen der Nachfrager. Betriebswirtschaftliche Entscheidungen können deshalb nicht mehr einseitig von wirtschaftlichen Effizienzerwägungen ausgehen, sie müssen den Umweltschutz unmittelbar als ein gleichrangiges Entscheidungskriterium begreifen. Umwelt wird somit selbst zu einem wichtigen Wirtschaftsfaktor.
Die Tourismuswirtschaft befindet sich in diesen Zusammenhängen in einem besonderen Zielkonflikt:

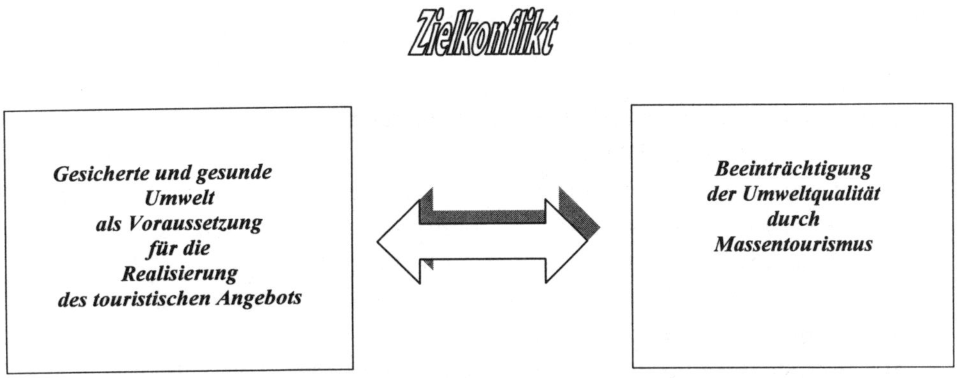

Abb. 2: Zielkonflikt der Tourismuswirtschaft

Die für die touristischen Angebote relevanten Umweltfaktoren können nach zwei Gruppen unterschieden werden:

- Umweltfaktoren, die eine **grundsätzliche Eignung** eines Landes oder einer Region als **touristische Destination** bestimmen:
  - Topographische Gegebenheiten (Klima, Landschaftscharakter);
  - kulturell-historische Gegebenheiten (Kulturtraditionen und –formen, ethnische Besonderheiten, Landesgeschichte, historisch geprägte Siedlungsformen, Architektur u. a.).
- Umweltfaktoren, die die **zivilisatorische Tätigkeit** des Menschen charakterisieren:
  - Ökologische Bedingungen (Veränderung der Mikroklimate durch landwirtschaftliche und industrielle Produktion sowie Verkehr, Wasser- und Trinkwasserangebot und –qualität, Abprodukt- und Abfallwirtschaft und Entsorgung, veränderte Siedlungsstrukturen);
  - soziale Bedingungen (Aufgabe traditioneller Lebensformen, Ausprägung von Multikulturellität, Globalisierung der Lifestyle-Formen und des Konsumverhaltens);
  - politische Bedingungen (Öffnung der politischen Systeme, Übernahme westlicher Demokratiemodelle oder Entwicklung gegenläufiger politischer Strukturen).

Beide Gruppen von Umweltfaktoren beeinflussen nachhaltig die Qualität des touristischen Angebotes, wobei die Wirkung der zivilisatorischen Tätigkeit des Menschen zunehmend auch verändernd auf die Faktoren Einfluß nimmt, die die grundsätzliche Eignung eines Landes oder einer Region als touristisches Zielgebiet bestimmen.

Der direkte Einfluß des Tourismus auf die Verschlechterung der Umweltqualität zeigt sich vor allem in folgenden Aspekten (BOERS, H. u.a. 1995: 22 ff.):

- **Inanspruchnahme natürlicher Ressourcen**:
  - Verbrauch von Wasser;
  - Luftverschmutzung und Reduzierung der Ozonschicht durch erhöhten Energiebedarf in den Destinationen sowie durch eine wachsende Nachfrage nach touristischen Transportleistungen;
  - Entzug natürlichen Bodens zu Bauzwecken für touristische Entwicklungen und Verkehrsbauten.
- **Beeinträchtigung der natürlichen und gebauten Umwelt**:
  - Verschlechterung der Wasserqualität von Meeren, Flüssen und Seen durch Einleitung nicht oder ungenügend behandelten Abwassers;
  - Auswirkung der Verkehrsabprodukte über die Bildung sauren Regens auf Waldgebiete und die Zerstörung historischer Bauwerke und Kulturmonumente;
  - Schadstoffbelastung des Bodens durch ungeregelte Abfalldeponierung und Verminderung des touristischen Werts der Landschaft;
  - Beeinträchtigung der Lebensräume und Lebensbedingungen für Flora und Fauna und damit Reduzierung der Anzahl und Artenvielfalt in touristisch stark frequentierten Gebieten;
  - Zerstörung des ökologischen Gleichgewichts besonders sensibler Landschaften durch touristische Aktivitäten mit der Folge lokaler Umweltkatastrophen (z. B. alpine Wintersportgebiete);
  - Zerstörung des Landschaftsbildes und Verminderung des Erlebniswertes von Landschaften durch Bauten für die touristische Infrastruktur.
- **Einwirkung auf kulturelle, soziale und wirtschaftliche Strukturen in den Destinationen**:
  - Deformierung der kulturellen Traditionen der besuchten Völker bis zum Verlust der kulturellen und nationalen Identität;
  - Zerstörung der überkommenen wirtschaftlichen Strukturen durch Überlagerung oder Ersetzung durch tourismusspezifische Strukturen;
  - Übertragung sozialer „Gendefekte" aus den Quell-Ländern des Tourismus in die Destinationen (Kriminalität, Prostitution, Drogenmißbrauch, Korruption, Entsolidarisierung u. a.).

In der Beurteilung der Wechselwirkungen zwischen Tourismus und Umweltbedingungen in den Destinationen ist eine starke Polarisierung der Auffassungen zu verzeichnen. Einer extrem kritischen Position zum Massentourismus wird dabei der Versuch gegenübergestellt, verträgliche Lösungen des Zielkonflikts anzubieten.

3. 2 Konzepte für einen umweltverträglichen Tourismus

Daß mit dem globalen Wachstum wirtschaftlicher Aktivitäten der Ressourcenverbrauch weiter zunimmt und Beeinträchtigungen der Umwelt unausbleiblich sind, ist evident. Umsomehr kommt es darauf an, diesen unerwünschten Entwicklungen mit adäquaten Methoden eines umweltorientierten Tourismusmanagement zu begegnen. Eine aber ausschließlich am gegenwärtigen wirtschaftlichen Erfolg der Unternehmung orientierte betriebswirtschaftliche Sicht wird dieser Herausforderung längst nicht mehr gerecht. Langfristige Erfolgsoptimierung erfordert die Integration der Umweltproblematik in die strategischen Führungsentscheidungen, denn

- Umweltfaktoren bestimmen entscheidend die Qualitätsparameter touristischer Produkte mit, sind also auch Maßstäbe für ein entsprechendes Preis-Leistungsverhältnis und die **Wirtschaftlichkeit**,
- die dauerhafte und nachhaltige Gewährleistung von Umweltqualität in den Destinationen schafft für die Anbieter touristischer Produkte die für strategische Entscheidungen erforderliche **Planungssicherheit,**
- die **Nachfrageseite** schließt in die Bewertung touristischer Produkte zunehmend **Umweltaspekte** mit ein.

Umweltaspekte sind deshalb in die betriebswirtschaftlichen Erfolgsfaktoren einzubeziehen.
Der Betriebserfolg ergibt sich als Gegenüberstellung der Ertrags- und Aufwandskomponenten:

- Der Ertrag wird durch die Umsatzmengen und die erzielten Marktpreise bestimmt; sie wiederum basieren auf der Bewertung der touristischen Produkte anhand ihrer Qualitätsparameter sowie einem nicht genau bestimmbaren, aber dennoch die Nachfrage stark prägenden nichtmateriellen Zusatznutzen;
- der Aufwand entsteht für die Beschaffung der touristischen Leistungsbausteine, für die innerbetriebliche Erstellung des touristischen Produktes und seinen Absatz;
- umweltgerechte touristische Produkte verweisen auf einen bestimmten Qualitätsstandard, der zu einer hohen Bewertung des Zusatznutzens führt und der in der Regel den durch Umweltmaßnahmen erforderlichen Mehraufwand überkompensiert und am Markt Wettbewerbsvorteile erbringt.

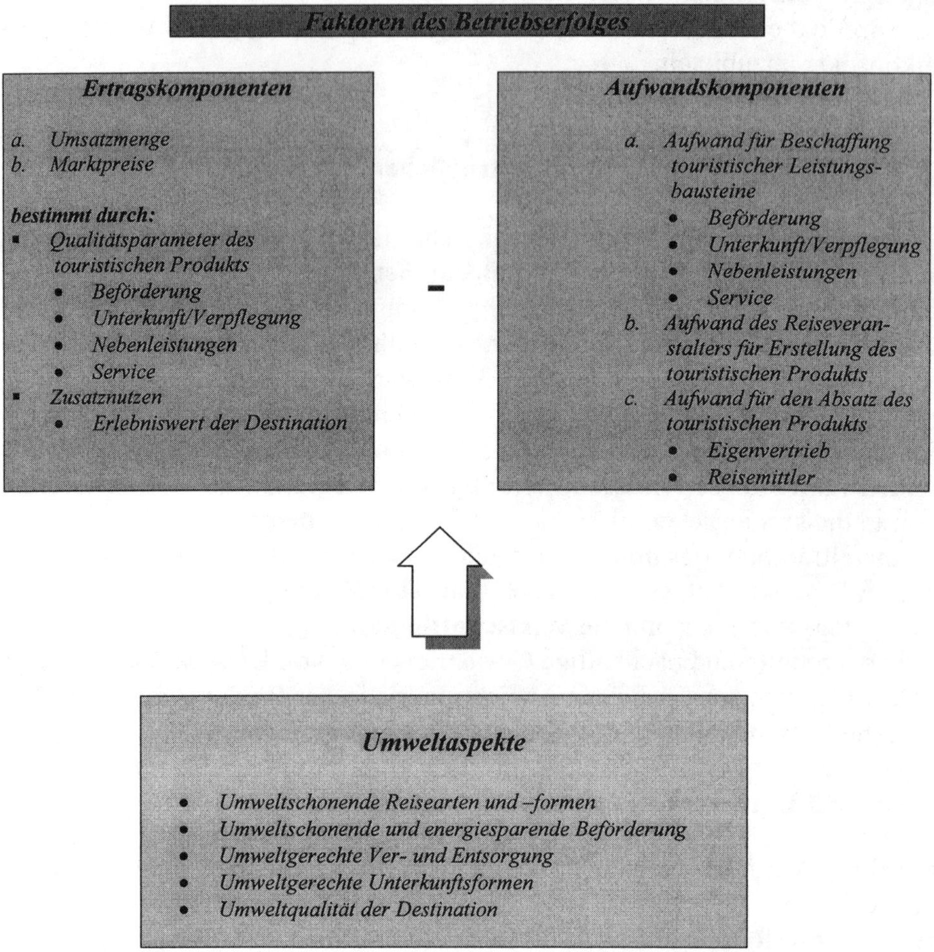

Abb. 3: Betriebswirtschaftliche Erfolgsfaktoren

Vor diesem Hintergrund entstanden Konzepte eines **sanften** oder **Öko-Tourismus**. Letztlich aber muß es zu der Einsicht kommen, daß die weitere Entwicklung des Welttourismus unausweichlich auch eine wachsende Inanspruchnahme von Ressourcen und eine steigende Umweltbelastung nach sich ziehen wird. Als realistische Kompromißformel wurde deshalb der Begriff **nachhaltiger Tourismus** entwickelt. Seine Ziele bestehen in

- einer möglichst hohen Umwelt- und Sozialverträglichkeit,
- einem Beitrag zur Lösung der Probleme der Unterentwicklung, vor allem hinsichtlich der Beschäftigungsfrage,

- einer wirtschaftlichen Wertschöpfung der touristischen Unternehmen.

Damit eröffnet sich gleichzeitig die Möglichkeit, den Umweltschutz als Marketinginstrument einzusetzen, indem er in das Leistungsangebot als gleichwertiges Kriterium zur Bewertung des Preis-Leistungsverhältnisses integriert wird.
Modellhaft können die sich wechselseitig beeinflussenden Faktoren eines solchen umweltorientierten Tourismusmanagements als magisches Viereck verdeutlicht werden (IWAND 1993):

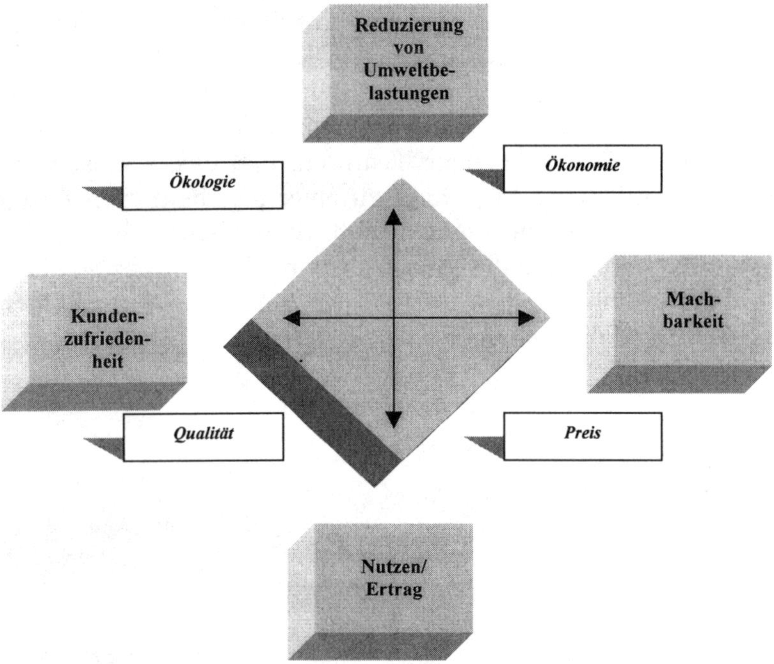

Abb. 4: Das magische Viereck umweltorientierten Tourismusmanagements

Unbestritten ist, daß auf diesem Wege zu einem nachhaltigen Tourismus als Wesenselement des Tourismusmanagements bereits Vorbildliches von Leistungsträgern, Reiseveranstaltern, Verbänden und Interessengemeinschaften geleistet wurde (EMS 1994: 4). Anlage 1 führt beispielhaft Einzelprojekte auf, die internationale Umweltauszeichnungen erhalten haben. Anlage 2 zeigt,

wie vom Reiseveranstalter bei der Beschaffung der Leistungsbausteine für das touristische Produkt deren Umweltqualität beurteilt werden kann.
Mit der Erweiterungsverordnung 1998 zum EG-Umwelt-Audit-Gesetz ist es jetzt auch Reiseveranstaltern und Reisebüros möglich, sich am freiwilligen **Umwelt-Audit** zu beteiligen und eine entsprechende Zertifizierung zu erlangen. Dieses Audit-System orientiert auf kontinuierliche Verbesserung des betrieblichen Umweltschutzes, indem durch Verknüpfung verschiedener Maßnahmen, wie Umweltpolitik, Umweltprüfung, Umweltprogramme, Umweltmanagement die Umweltaktivitäten ständig ausgebaut werden. Die Zertifizierung ist auch geeignet, den Marktauftritt der Unternehmen durch Hervorhebung der Umweltkomponente positiv zu unterstreichen (RB 3/98: 16).

Die Entwicklung und Realisierung derartiger Umweltaktivitäten wird inzwischen vielfältig im Tourismusmarketing genutzt. Dabei haben sich Vermarktungsstrategien für touristische Produkte unter dem Begriff **„Öko-Tourismus“** zu einem eigenen Marktsegment mit dynamischem Wachstum entwickelt. Inzwischen wird nicht mehr bestritten, daß dieses einseitig und vordergründig erfolgsorientierte Marketing zu einer ganzheitlichen Betrachtungsweise des Tourismus geführt werden muß, da nur sie auch in Zukunft weitere Wachstumspotentiale für die Tourismuswirtschaft sichert sowie darüber hinaus Ausgangspunkt für innovative Ideen und neue Entwicklungen sein kann und Synergieeffekte zeitigt (FUTOUR 1997).

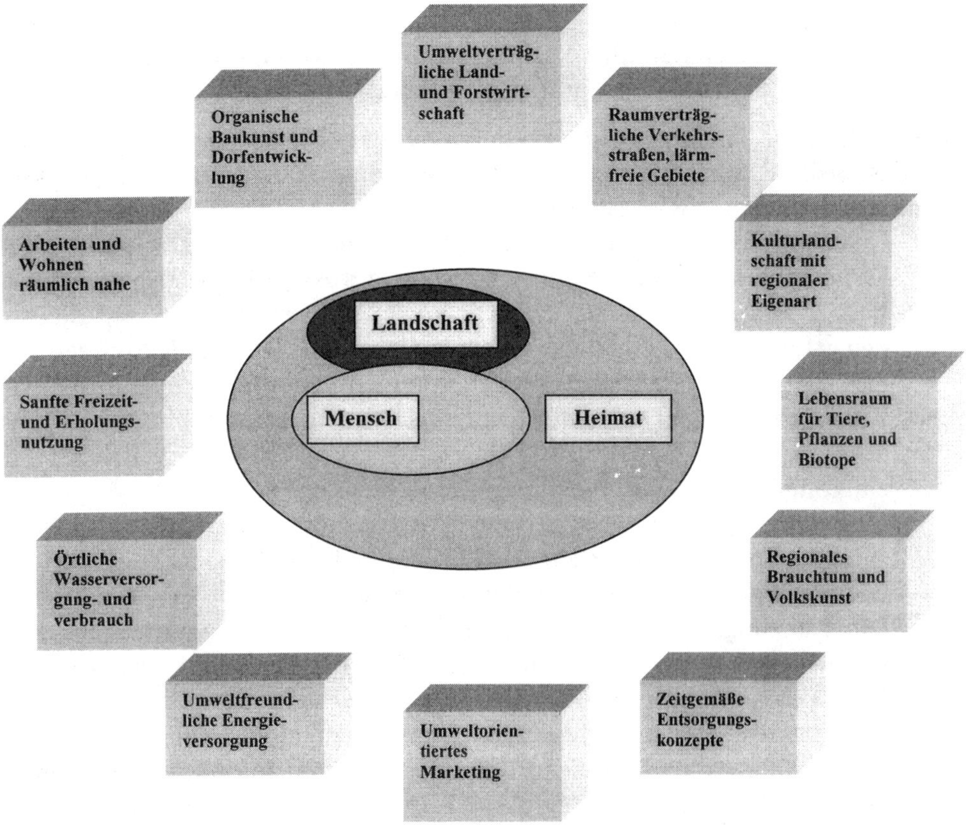

Abb. 5: Ganzheitliche Betrachtungsweise des Tourismus
(Quelle: FUTOUR 1997)

4. Das touristische Produkt

4.1 Grundmerkmale

Die betriebswirtschaftliche Theorie unterscheidet die Sachziele und Ergebnisse des Produktions- und Leistungsprozesses nach **Art** des erstellten Produktes in

Sachleistungen : materielle Güter (Sachgüter)
Dienstleistungen: immaterielle Güter
Typische Grundmerkmale der Dienstleistungen sind:

- Zeitlicher Zusammenfall von Produktion und Konsumtion. Das Produkt ist nicht lagerfähig;
- örtlicher Zusammenfall von Produktion und Konsumtion. Das Produkt ist nicht übertragbar (nicht transportierbar).

Sie treffen auf das touristische Produkt uneingeschränkt zu, weisen es also als Dienstleistung aus, erfahren jedoch eine Reihe spezifischer Ausprägungen und Ergänzungen (FREYER 1995: 114):

- Das touristische Produkt stellt sich in seiner jeweiligen Gestalt als ein Komplement von Zeit, Raum und Subjekt **abstrakt** dar. Die unterschiedliche Zeitdauer der Reise, die verschiedenen Destinationen und Zielgruppen erfüllen sehr differenzierte Nutzensvorstellungen der Reisenden.
- Das touristische Produkt verwirklicht einen materiell nicht bestimmbaren **Zusatznutzen**, der aber die Kaufentscheidung stark beeinflußt. Er wird über die Reise- und Urlaubsmotive vermittelt (Erholung, Erlebnis, Sozialkontakte, Bildung, Prestige, Alltagsflucht u.a.).
- Das touristische Produkt ist eine Kombination aus **erstellten** Dienstleistungen und **vorgefundenen** natürlichen, baulichen, kulturhistorischen und sonstigen Gegebenheiten der Destination.
- Die Leistungsbausteine des touristischen Produktes werden an **unterschiedlichen Orten** erstellt und zugleich konsumiert. Am **Ausgangs- und Rückkehrort** erfolgen Reiseberatung, Reisevermittlung und Reiseorganisation sowie die nachbereitenden Serviceleistungen. Auf dem **Reiseweg** zur Destination und bei der Rückreise wird die Beförderungsleistung erbracht.

  In der **Destination** werden Unterkunft und Verpflegung sowie weitere touristische Nebenleistungen realisiert. Bestimmte Leistungen, wie z. B. die Reiseleitung, erstrecken sich auf Reiseweg und Destination.

Das touristische Produkt, mithin das touristische Gesamtangebot, enthält folgende wesentliche Komponenten der Nutzensbeurteilung:

Bausteine des touristischen Gesamtangebotes:

- Beratungs- und Vermittlungsservice
- Beförderung, z. B.
  - Preis-Leistungsverhältnis
  - Beförderungsart
- Beherbergung, z. B
  - Preis-Leistungsverhältnis
  - Ortslage bzw. Einbettung in die Landschaft
  - Architektur
  - Ambiente

- Gastronomie, z. B.
  - Preis-Leistungsverhältnis
  - Ausrichtung
  - Ausstattung
  - Service
  - Angebot für Selbstverpfleger (Einkaufs- und Kochmöglichkeiten)
- Natur und Landschaft, z. B.
  - Topographie
  - Flora und Fauna
  - Nutzungsarten (z. B. Land- und Forstwirtschaft)
  - Wasser
  - Klima
- Touristische Infrastruktur, z. B.
  - Sport- und Spieleinrichtungen
  - Kur- und Gesundheitsinfrastruktur
  - Kulturstätten
- Ortscharakter, z. B.
  - Größe
  - Ortsränder, -eingänge
  - Freiräume (Straßen, Plätze usw.)
  - Architektur
  - Begegnungsplätze, Orte mit Wiedererkennungseffekt
  - Atmosphäre, Einkaufsmöglichkeiten
- Gästebetreuung, z. B.
  - Information (Material, Beschilderung)
  - Veranstaltungen
  - Pauschalprogramme
- Verkehrsinfrastruktur, z. B.
  - Verkehrsanbindung, innere Verkehrserschließung
  - touristische Routen

Wenn Qualität allgemein als Güte einer Sach- oder Dienstleistung im Hinblick auf ihre Eignung für den Verwender aufgefaßt wird und einen objektiven wie subjektiven Gesamteindruck aus Teilqualitäten vermittelt (GABLER 1988: 1122), dann gilt für das touristische Angebot:

Die **Gesamtqualität des touristischen Produktes** oder seine touristische Kultur ergibt sich aus den Teilqualitäten der einzelnen Leistungsbausteine. Dabei erweist sich als weitere Besonderheit, daß eine Kompensation von Qualitätsunterschieden verschiedener Leistungskomponenten nicht möglich ist. Gravierende Qualitätsmängel eines einzelnen Bausteines können nicht durch eine andere herausragende Teilqualität ausgeglichen werden. Das hängt zum einen damit zusammen, daß die Leistungskomponenten voneinander relativ oder gänzlich unabhängig sind und sie, soweit es sich nicht um die vorgefundenen Gegebenheiten der Destination handelt (ursprüngliches Angebot), sondern um erstellte Leistungen (abgeleitetes Angebot), von eigenständigen Leistungsträgern erbracht werden (Vgl. ALTHOF 1996: 89).
Zum anderen spielt gerade der subjektive Eindruck der Reisequalität, also ihre Image-Komponente, eine wichtige Rolle im Urteil des Nachfragers. Negativ vom Reisenden empfundene und bewertete Teilqualitäten können die Qualität sonst nicht zu beanstandender anderer Teilleistungen gänzlich überdecken.

Um für das touristische Produkt die Nutzensabschätzung und damit die Qualitätsbeurteilung nach möglichst objektiven Maßstäben und überschaubarer zu ermöglichen, wurde für die deutschen Destinationen eine einheitliche touristische Informationsnorm vorgeschlagen (Vgl. Kap. III, Abschn. 1. 4).

Die touristischen Leistungsbausteine werden in verschiedener Weise zu ganz unterschiedlichen touristischen Produkten kombiniert, für die eine Gliederung nach **Reisearten** zweckmäßig ist.
Sie bedient sich folgender Kriterien:

1. **Kriterium:** Art der Durchführung oder Organisationsform,
2. **Kriterium:** Art des Beförderungsmittels (Vgl. Kapitel II),
3. **Kriterium:** Zielgruppen/Reisezweck.

4. 2 Arten touristischer Produkte

4. 2. 1 Gliederung nach den Organisationsformen

4. 2. 1. 1 Einzelreise

- Erste Form der **Einzelreise** ist die **freie Einzelreise** oder **Individualreise**. Die Planung und Organisation der Individualreise erfolgt in Wahlfreiheit des Reisenden, indem er
  - entweder die notwendigen Leistungsbausteine selbst auswählt und festlegt und die Reise auch selbständig organisiert,
  - oder sich bei Auswahl der Leistungsbausteine und der Reiseorganisation entsprechend seinem Reiseplan eines Reisemittlers oder auch Leistungsträgers bedient. Reiseziel, Reisetermin und Reisedauer werden vom Reisenden bestimmt.

  Die Wahlfreiheit erstreckt sich auch auf die Art des Beförderungsmittels bzw. seiner Kombination. Die Reise kann in Form einer Rundreise oder einer Zielreise erfolgen.
  Der Reisende stellt zur Realisierung der Individualreise je nach seinem konkreten Reiseplan bestimmte **Eigenleistungen** (z. B Beförderungsleistung, Verpflegungsleistung, Reiseversicherungsleistung, medizinische Versorgungsleistung, Reisezahlungsmittel, Vorauszahlungen, Reiseinformationsmittel) bereit und/oder nimmt einzelne **Fremdleistungen** durch Vermittlung über Reisebüros, Leistungsträger und andere Fremdenverkehrsorganisationen in Anspruch.
  Jede entsprechend dem Plan des Reisenden gebundene Leistungsart wird hier auch gesondert bezahlt, es gelten also **Einzelpreise**.

- Zweite Form ist die gebundene **Einzelreise**. Ihr Hauptmerkmal ist die Bindung des Reisenden an den Plan (das Programm) des Veranstalters und die Pauschalierung der Leistungen. Die Planung durch den Veranstalter bezieht sich vor allem auf
  - Art und Umfang der im Pauschalprogramm enthaltenen Leistungen vor Ort,
  - Bindung an Reiseziel, Reisetermin und Reisedauer,
  - Bindung an einen Pauschalpreis (Endpreis der Gesamtreise).

Hierbei kann noch weiter unterschieden werden in:

- ♦ **Pauschalaufenthalt**
  Er schließt die Beförderungsleistung nicht mit ein (individuelle An- und Abreise). Für sie besteht die Wahlfreiheit durch den Reisenden. Der Pauschalaufenthalt ist in der Regel eine Zielreise.
- ♦ **Pauschalkur**
  Die Pauschalkur bezieht in das Leistungsprogramm des Veranstalters die kurspezifischen Leistungen, wie Unterbringung in kurortgemäßen Einrichtungen, Arztbetreuung, Kurmittel, Kurtaxe, Kurprogramm ein.
  Sie kann den Reisenden Wahlfreiheit der Beförderungsleistung einräumen aber auch die Art des Beförderungsmittels in den Plan des Veranstalters mit einschließen.
  Die Pauschalkur ist eine Zielreise. Der Pauschalpreis der Kur ist entweder vom Reisenden zu erbringen (Privatkur) oder wird anteilig durch die Träger von Renten- oder Krankenversicherung übernommen.
- ♦ **Pauschalreise**
  Bei der Pauschalreise erfolgt zusätzlich die Bindung des Reisenden an die Art des vom Veranstalter im Reiseprogramm bestimmten Beförderungsmittels. Sie kann eine Ziel- oder Rundreise sein.

Wegen der zentralen Bedeutung für die Tourismuswirtschaft soll auf die wesentlichen Elemente der **Pauschalreise** näher eingegangen werden (MUNDT 1996: 84):

- **Formale** Elemente der Pauschalreise sind die Leistungen (das aus den einzelnen Leistungsbausteinen kombinierte Leistungsbündel) gemäß Veranstalterprogramm, die nach Reisezeit, Reisedauer, Reiseziel, Leistungsqualität und –umfang genau bestimmt sind. Sie werden unterschieden nach:
  - den touristischen Hauptleistungen (Kernleistungen, wie vor allem Beförderung, Unterkunft/Verpflegung, Reiseleitung vor Ort),
  - den touristischen Nebenleistungen (Zusatzleistungen), wie Information, Beratung, Versicherung u. a..

  Sie können auch als die organisatorischen oder technischen Elemente der Reise bezeichnet werden.
- **Wirtschaftliche** Elemente der Pauschalreise sind vor allem:
  - der Reisepreis und das Preis-Leistungsverhältnis,
  - der Aufwand für die Produkterstellung,
  - der Aufwand für die Vermarktung des Produktes (Werbung, Vertrieb),
  - die Preise für eventuelle Nebenleistungen.

- **Rechtliche** Elemente der Pauschalreise sind:
  - grundlegende rechtliche Regelungen des Gesetzgebers,
  - die Allgemeinen Geschäftsbedingungen des Reiseveranstalters,
  - weitere rechtliche Rahmenregelungen (wie z. B. die Informationsverordnung).
- **Soziale** Elemente der Pauschalreise sind:
  - das Produktimage (Reiseart, Reiseziel),
  - das Unternehmensimage (Veranstalter, Reisemittler, Leistungsträger),
  - die Servicequalität bei Beratung und Betreuung des Reisenden,
  - die während der Reise entstehenden Sozialbeziehungen (Gruppenbildung und –dynamik, Kontrolle außerhalb der Reisegruppe),
  - die Umweltakzeptanz (Umweltverträglichkeit, umweltschonende Reisen, Ökotourismus).

In der konkreten Produktgestaltung kann sich die Pauschalierung auf unterschiedliche Leistungsumfänge und –arten erstrecken, und das Programm des Veranstalters kann für einzelne Leistungsbausteine den Reisenden eine begrenzte Wahlfreiheit dennoch einräumen.

- Die **Inclusive Tour** (IT) als klassische Pauschalreise enthält übereinstimmend mit der vertragsrechtlichen Konstruktion mindestens zwei touristische Hauptleistungen, für die verschiedene Kombinationen angeboten werden. Sie können durch weitere Nebenleistungen ergänzt werden. Der Gesamtleistungsumfang ist im Programm des Veranstalters detailliert bestimmt.
- Die **All Inclusive Tour** (AIT) enthält alle touristischen Haupt- und Nebenleistungen, die zur Durchführung der Reise in Anspruch genommen werden können.
- Die **individualisierte Pauschalreise** ermöglicht innerhalb eines Rahmenprogramms die Auswahl standardisierter Leistungsbausteine für die touristischen Hauptleistungen und Nebenleistungen durch den Reisenden, die dann zu einem Leistungspaket kombiniert werden.

Andere Produkttypen, wie etwa das Angebot nur einer touristischen Hauptleistung oder die gesamte Buchung einzelner Teilleistungen für eine Reise sind nicht als Pauschalreise aufzufassen, auch wenn die Spruchpraxis zum Reisevertragsrecht in Einzelfällen zu anderen Interpretationen geführt hat (Vgl. Abschnitt 6. 2).

4. 2. 1. 2 Gruppen- oder Gesellschaftsreise

Ebenso wie die Einzelreise kann die Gesellschaftsreise aus Sicht der Programmgestaltung unterschieden werden in
die individuelle oder offene Gruppenreise und
die geschlossene Gruppenreise.

- Die Merkmale der **individuellen Gruppenreise** sind:
  - Durchführung nach Reiseplan der Reisegruppe (Reisezeit, Reiseziel, Reisedauer, Reisezweck, Reiseprogramm),
  - Wahlfreiheit des Beförderungsmittels,
  - Wahlfreiheit der Leistungsbausteine, soweit von Leistungsträgern angeboten.

  Sie kann eine Rundreise oder eine Zielreise sein. Entweder wird sie vollständig von der Reisegruppe nach eigenen Vorstellungen geplant und durchgeführt oder nach den Reisewünschen der Gruppe von einem Reisemittler organisiert. Die Anzahl der Teilnehmer wird von der Reisegruppe bestimmt. Es können Eigenleistungen der Gruppe und Fremdleistungen wie bei der freien Einzelreise erbracht werden.

- Die **geschlossene Gruppenreise** oder Gruppenpauschalreise wird demgegenüber durch folgende Merkmale charakterisiert:
  - Durchführung nach dem Reiseprogramm des Reiseveranstalters (Reisezeit, Reiseziel, Reisedauer, Reisezweck),
  - Bindung an die im Reiseprogramm festgelegte Beförderungsart,
  - festgelegte Mindestteilnehmerzahl oder Beschränkung der Teilnehmerzahl entsprechend den Bestimmungen des jeweiligen Verkehrsträgers oder den Bestimmungen der Transit- und/oder Zielländer,
  - Bindung an den im Reiseprogramm des Veranstalters ausgeschriebenen Leistungsumfang,
  - Pauschalpreis für den angebotenen Leistungsumfang.

  Häufig behält sich der Veranstalter bei Nichterreichung einer bestimmten Teilnehmerzahl die Stornierung der Gruppenreise vor. Auch die Gruppenpauschalreise kann als Rundreise oder Zielreise veranstaltet werden.
  Neben der eigentlichen Gruppenpauschalreise können als spezielle Produkttypen noch angeboten werden:

- Gruppensonderfahrten
  Sie bieten zusätzliche Spezialleistungen an, ihre Reisezwecke können der Besuch von Kongressen, Kultur- und Sportveranstaltungen oder Studien- und Hobbyzwecke sein.
- Ausflugsfahrten
  Ihr besonderer Reisezweck ist der Besuch touristikrelevanter Ausflugsziele, sie sind häufig überwiegend Tages- oder Kurzzeitfahrten. Sie werden verbreitet als Busreisen durchgeführt.

4. 2. 2 Weitere Gliederungsaspekte

Der Gliederungsaspekt nach Art der Durchführung, also die Unterscheidung nach Einzelreise und Gruppen- oder Gesellschaftsreise, wird ergänzt durch die Kriterien

- Art des Beförderungsmittels,
- Zielgruppe und/oder Reisezweck.

Sie bestimmen ebenfalls die konkrete Gestaltung des Reiseprogramms und die organisatorischen Aufgaben bei der Vorbereitung und Durchführung der Reise; sie sind signifikante Merkmale des jeweiligen touristischen Produktes und dienen so der Produktdifferenzierung und Marktsegmentierung.

Nach **Art des Beförderungsmittels** sind zu unterscheiden:

- Flugreise,
- Bahnreise,
- Schiffsreise,
- Busreise,
- kombinierte Preise,
- PKW-Reise.

Die Bedingungen für die Erstellung der jeweiligen Produkte, die in den bereits erörterten Organisationsformen ausgestaltet werden können, sind recht unterschiedlich, und es kommt zu weiteren Produktdifferenzierungen. Sie werden gesondert in Kapitel II dargestellt.

Nach speziellen **Zielgruppen und/oder Reisezwecken** erfolgt die Produkterstellung vor allem aus dem Gesichtspunkt der Marktsegmentierung heraus. Auch diese Reisearten werden in den verschiedenen Organisationsformen angeboten, wobei Pauschalangebote dominieren.
Die allgemeinen, für die Pauschalreise typischen touristischen Hauptleistungen Beförderung und Unterkunft/Verpflegung werden hier entsprechend der

jeweiligen Zielgruppe differenziert und für besondere Reisezwecke um entsprechende touristische Hauptleistungen ergänzt. Es entsteht so ein spezielles Reiseprogramm. Auf wichtige dieser Produkttypen soll im folgenden näher eingegangen werden:

Sprach- und Bildungsreisen

Sie bieten ein Programm für einen Sprachkurs, evtl. mit einem Abschlußzertifikat, oder für eine berufsspezifische Weiterbildung, vorzugsweise im Rahmen des in einer Reihe von Bundesländern gesetzlich geregelten Bildungsurlaubs. Sie sind bevorzugt Gruppenreisen.

Thematische Reisen

Die thematische Reise, gemeinhin als Studienreise bezeichnet, findet in aller Regel in der Organisationsform der Gruppenreise mit begrenzter Teilnehmerzahl statt. Das festgelegte Reisethema und der Reiseverlauf bestimmen den Zuschnitt der Reise. Eine fachspezifische Reiseleitung ist obligatorisch, die Studienreise ist also stets eine geführte Reise (MUNDT 1996: 266).

Clubreisen

Die Clubreise bietet in einem in der Destination abgegrenzten und besonders gestalteten Clubareal, auch Clubdorf genannt, ein umfassendes touristisches Programm. Das Produkt ist auf Zielgruppen orientiert, die während ihres Urlaubs besonderen Wert auf

- zwischenmenschliche Kommunikation unter den Reiseteilnehmern,
- eine umfassende touristische Grundversorgung auf gehobenem Niveau und
- ein vielfältiges Angebot an sportlichen und kulturellen Aktivitäten sowie Hobbykursen mit entsprechender Animation

legen.

Der Cluburlaub wird bevorzugt als ein All-Inclusive-Pauschalprogramm angeboten, in das auch Ausflüge eingeschlossen sind oder vom Reiseteilnehmer zusätzlich frei gewählt werden können. Spezifische Ausgestaltungsformen sind der Cluburlaub für Familien mit entsprechender Kinderbetreuung, für Singles und Paare. Anbieter in diesem ständig wachsenden Reisesegment sind auf dem deutschen Reisemarkt:

- *Club Méditerranée* als Begründer der Cluburlaubsidee mit über 97 Clubdörfern,
- *Robinsonclub (TUI),* mit 25 Clubs,
- *Club Aldiana (NUR),* mit 12 Clubs,
- *Club Calimera (IST),* mit 5 Clubs.

Club Méditerranée bietet außerdem im Kreuzfahrtmarkt Cluburlaub auf einem Großsegler an (vgl. Kapitel II).

Incentive-Reisen

Die Incentive-Reise ist ein betriebsinterner Anreiz für Mitarbeitergruppen, um diese zu höherer Leistung zu motivieren und ihre Identifikation mit der Unternehmensphilosophie und den Zielsetzungen der Unternehmung zu fördern (corporate identity). Sie steht neben Sach- und Geldpreisen am Ende einer sorgfältig geplanten und organisierten Incentive-Aktion genau bestimmter Laufzeit. Das Reiseprogramm einer Incentivetour soll auf die Spezifik der Incentive-Aktion zugeschnitten sein, die in der Aktions-Story niedergelegt ist. Sie muß eine starke Assoziation zu den produktpolitischen Zielen, zur Unternehmenskultur (corporate culture) und zu den gewählten konkreten Leistungszielen ermöglichen.

Die Incentivetour ist in der Regel eine geschlossene Gruppenreise. Sie wird von der Unternehmung oder einer anderen, die Incentiveaktion veranstaltenden Körperschaft finanziert.

Die Planung, Organisation und Durchführung einer Incentiveaktion kann durch das Unternehmen selbst erfolgen. Häufig wird sie auf der Grundlage einer vom Unternehmen erstellten Konzeption oder eines Briefings sowie des dazugehörigen Budgets einem auf derartige Produkte spezialisierten Dienstleistungsunternehmen in Auftrag gegeben. Dieses bietet meist sowohl die Dienstleistung von Incentives als auch anderer Veranstaltungen (incentives und conventions) an. Auch der Begriff PCO (professional congress organizer) steht für derartige Dienstleistungen. Dieses Marktsegment wird auch von klassischen Reiseveranstaltern und großen Reisemittlerorganisationen gepflegt, die sich vor allem der Entwicklung maßgeschneiderter Incentivereisen im Rahmen ihrer Produkt- und Leistungspalette zugewandt haben.

Jugendreisen/Kinderreisen

Jugendreisen wenden sich mit speziellen Pauschalreiseprogrammen und einem günstigen Preis-Leistungsverhältnis an Jugendliche in der Ausbildung aber auch an bereits im Beruf Stehende. Besondere Produkte sind als Gruppenreisen angebotene Schulfahrten bzw. Klassenfahrten sowie Kinderreisen. Neben Spezialisten für derartige Produktgruppen bieten auch Studienreiseveranstalter in ihren Programmen auf diese Zielgruppen zugeschnittene Reisen an. Altersgemäße Unterkünfte, kostengünstige Beförderungsarten, bildungspädagogische Aspekte und altersgruppenorientierte Events sind Grundmerkmale der Produkte.

Sport- und Fitneßreisen, Health- und Beauty-Reisen

Diese Produktarten bilden im Zuge starker Orientierung auf aktive Freizeitgestaltung und gesunde Lebensführung einen weiteren Wachstumsmarkt, dessen Angebote sich an unterschiedliche Altersgruppen wenden und eine ausgeprägte Programmspezifik aufweisen. Im Produktbereich der Health- und Beauty-Urlaube werden zusätzlich zu den allgemeinen touristischen Hauptleistungen Gesundheitsprogramme, Diätkurse u. ä. angeboten, häufig auch als Kurz- und Wochenendaufenthalte mit unterschiedlichster Programmwahl.

Kurreisen

Die eigentlichen Kurreisen bilden eine eigene Produktgruppe, für die ganz spezifische Merkmale und Anforderungen bei Angebot und Vermarktung zu beachten sind.

Im Bereich der Privatkuren werden sowohl ausländische als auch inländische Ziele angeboten. Die Kur- und Bäderreise aufgrund medizinischer Indikation, die von den Versicherungsträgern dominiert wird, konzentriert sich ganz überwiegend auf deutsche Destinationen. Auf sie wird in einem besonderen Abschnitt näher einzugehen sein (vgl. Kapitel III).

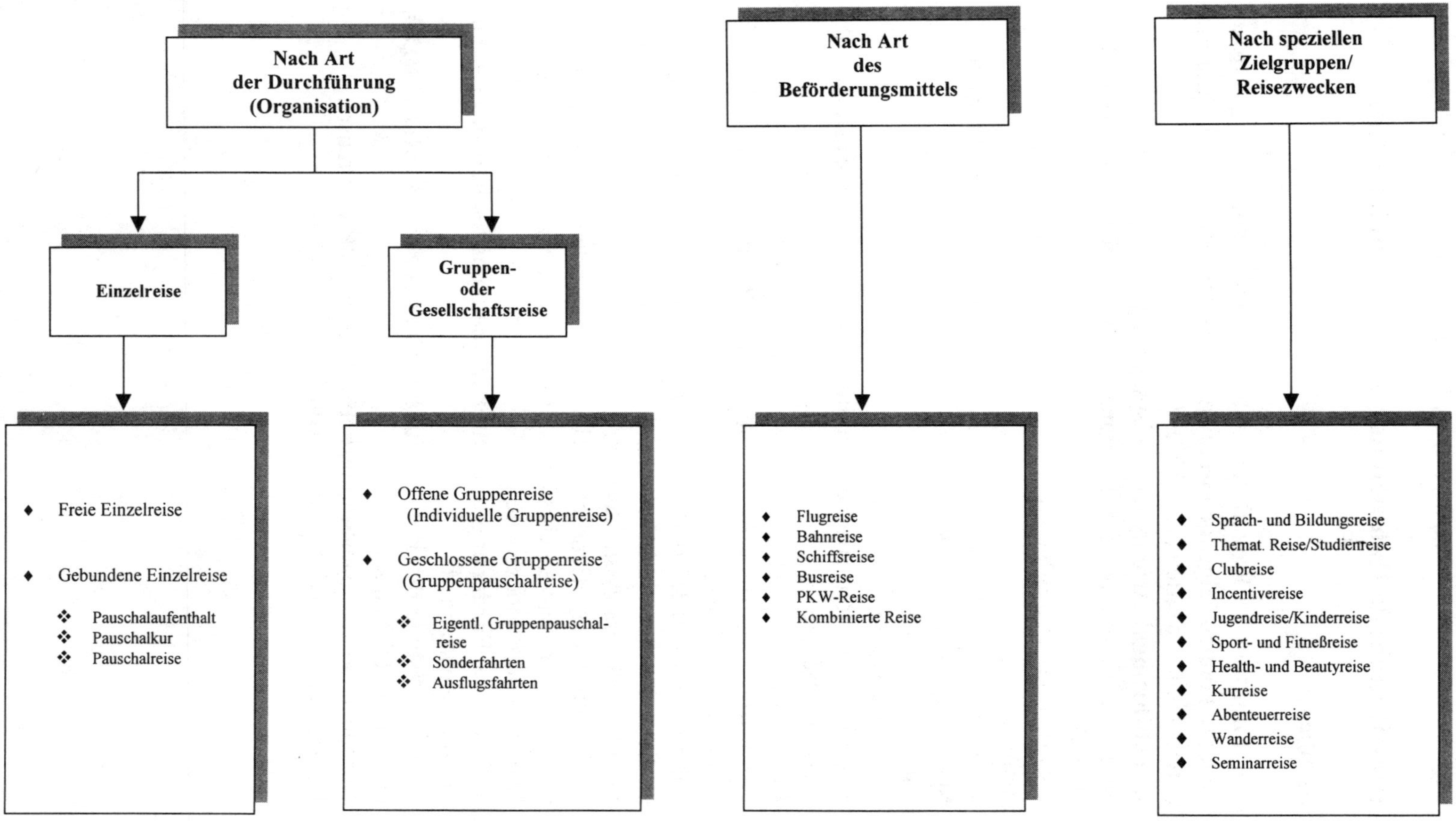

Abb. 6: Systematisierung des touristischen Produktes

5. Der institutionelle Rahmen der Tourismuswirtschaft

5. 1 Überblick

Nach ihrer **Funktion** im Prozeß der Erstellung und Vermarktung touristischer Produkte können folgende Gruppen von Unternehmen und Organisationen unterschieden werden (ALTHOF 1996: 82):

1. **Reiseausführungsbetriebe** oder Leistungsträger:
   Unmittelbare Erstellung der Leistungsbausteine für touristische Produkte, z. B.
   - Beherbergung/Verpflegung,
   - Beförderung,
   - Touristische Ergänzungs- und Nebenleistungen (Unterhaltung, Sport, Gesundheit/Fitneß u. a.).
2. **Reisegestaltungsbetriebe**:
   - Reiseveranstalter,
     Erstellung der touristischen Produkte aus Leistungsbausteinen der Leistungsträger,
   - Reisemittler,
     Vermittlung des Absatzes der touristischen Produkte vom Reiseveranstalter zum Reisenden.
3. Institutionen zur **Förderung der Vermarktung** touristischer Produkte:
   - Örtliche Fremdenverkehrsvereine, regionale Bundes- und Landesfremdenverkehrsorganisationen,
   - Institutionen der öffentlichen Hand zur Fremdenverkehrsförderung (örtliche Fremdenverkehrsämter, Fremdenverkehrseinrichtungen auf Landes- und Bundesebene).
4. Institutionen zur **Förderung der unternehmenspolitischen Interessen** der Tourismuswirtschaft:
   - Spartenverbände der Reiseausführungsbetriebe (z. B.: RDA, BDO, DEHOGA, DBV u.a.),
   - Verbände der Reisegestaltungsbetriebe (z. B.: DRV und asr),
   - Bundesverband der Deutschen Tourismuswirtschaft.

5. 2 Reiseausführungsbetriebe

5. 2. 1 Beherbergungsbetriebe

Die Übernachtungsleistung, in der Regel kombiniert mit den verschiedenen Formen der Verpflegungsleistungen, ist wesentlicher Leistungsbaustein der touristischen Produkte, sie ist eine touristische **Hauptleistung**. Die Leistungsträger sind zunächst zu unterscheiden in

- Klassische Hotellerie und
- Parahotellerie.

Ihnen sind folgende Arten von Beherbergungsbetrieben angehörig:

Betriebsart	Betriebe	Beherbergungs-einheiten	Betten	Betten je Betrieb
Klassische Hotellerie				
Hotels	11. 758	404. 414	718. 461	61,1
Gasthöfe	10. 575	129. 727	238.956	22,6
Pensionen	5. 500	70. 532	130.731	23,8
Hotels garnis	9. 479	145. 739	258. 300	27,2
Gesamt	37. 312	752.117	1. 346.448	36,1
Parahotellerie				
Erholungszentren	2. 633	78. 214	190. 550	72,4
Ferienzentren	37	6. 895	29. 340	793,0
Ferienhäuser, -wohnungen	7. 545	69. 247	244. 907	32,6
Hütten, Jugenherbergen	1. 286	39. 588	107. 900	89,9
Sanatorien, Kurkranken-häuser	1. 089	115. 906	148. 251	136,1
Gesamt	11. 501	293. 081	726. 621	63,1
Insgesamt	**48. 813**	**1. 045. 198**	**2. 073. 069**	**41,5**
Campingplätze	2. 570	222. 747	668. 241	260

Tab. 4: Betriebsstruktur der Beherbergungsindustrie (Quelle: FREYER 1995)

Klassische Hotellerie

Im Bereich der **klassischen Hotellerie** sind ausschließlich gewerbliche Beherbergungsbetriebe tätig, die verschiedensten Artbezeichnungen zugeordnet werden können, für die es jedoch keinen international verbindlichen Klassifizierungsmaßstab gibt. Die Angebotsqualität kann deshalb nur anhand einzelner typischer Leistungskriterien beurteilt werden. Versuche zur Schaffung einer solchen einheitlichen Klassifizierung wurden von den nationalen Verbänden und Einzelorganisationen aus Wettbewerbs- und Kostengründen bisher abgelehnt. Vor allem die nordeuropäischen Länder verhalten sich gegenüber diesen Vorschlägen reserviert.

	Offizielles Bewertungssystem
Belgien	1 * - 5 *****
Dänemark	1 * - 5 *****
Deutschland	1 * - 5 *****
Finnland	-
Griechenland	L, A, B, C, D, E
Großbritannien	1 – 5 Kronen
Irland	1 * - 5 *****
Italien	1 * - 5 *****
Luxemburg	1 * - 5 *****
Niederlande	1 * - 5 *****
Portugal	1 * - 5 *****
Österreich	1 * - 5 *****
Schweden	-
Spanien	1 * - 5 *****

Abb. 7: Nationale Klassifikation der europäischen Hotellerie
(Quelle: VANSELOW/ PEYMANI, FVW 1997)

Die inzwischen auch in Deutschland durchgesetzte Sterneklassifizierung beruht auf Empfehlungen des Deutschen Hotel- und Gaststättenverbandes (DEHOGA) und ist kein verbindliches Bewertungssystem. Sie baut auf den grundlegenden Orientierungen für die Artbezeichnungen und Merkmalseinteilungen für Beherbergungsbetriebe auf.
Zunächst erfolgt eine Merkmalseinteilung nach **Betriebstypen**:

- Betriebstyp R: Unterkunft mit öffentlichem Restaurantbetrieb,
- Betriebstyp P: Unterkunft mit Verpflegung an Hausgäste,
- Betriebstyp G: Unterkunft mit Frühstück an Hausgäste.

Jeder dieser Betriebstypen ist zusätzlich in drei **Haustypen** (I, II, III) unterschieden. Kriterien hierfür sind die jeweilige Zimmeranzahl und –ausstattung.

Für die Zimmerausstattung wiederum werden drei **Zimmertypen** kategorisiert:

- Zimmertyp 1: Bad/Dusche und WC,
- Zimmertyp 2: Bad/Dusche,
- Zimmertyp 3: fließendes Warmwasser.

An die Mindestausstattung für ein Zimmer in einem gewerblichen Beherbergungsbetrieb werden folgende Anforderungen gestellt:

- Abschließbare Wohneinheit mit separatem Zugang und mit Fenster;
- Heizung, soweit regional üblich und Beheizung nach Erfordernis der Außentemperatur;
- Waschbecken im Zimmer oder Bad mit Steckdose am Waschbecken;
- Zimmerbeleuchtung und Bett- oder Nachttischleuchte;
- Bett, Spiegel, Vorhänge, Kleiderschrank mit Bügeln und Wäschefach, Tisch mit einem Stuhl;
- WC sowie Bad oder Dusche im Haus.

Anhand dieser Grundelemente wird eine Einteilung in 5 Klassen mit entsprechenden **Artbezeichnungen** empfohlen:

1. **Hotels**

   Die Artbezeichnung Hotel findet auf Beherbergungsbetriebe ab ca. 20 Betten Anwendung. Sie wird untergliedert in:

   Klasse L (Extraklasse)

   Luxushotels

   Mit internationalem Standard, luxuriöser Ausstattung, einem im Umfang und Qualität maximalen Dienstleistungsangebot sowie umfangreichem öffentlichen Restaurantbetrieb. Sie befinden sich in ihrem Preisniveau auf dem obersten Platz der Preisskala.

   Andere Bezeichnungen können sein z. B. Kongreßhotel, All-Suite-Hotel u. a..

   Klasse 1

   Hotels mit erstklassigem Charakter, gehobenem Komfort, gediegener Dienstleistung und qualifiziertem Personal sowie öffentlichem Restaurantbetrieb. Ihr Preisniveau ist hoch bis gehoben.

   Klasse 2

   Hotel, Apartmenthotel oder Aparthotel mit solider, praktischer und zweckmäßiger Ausstattung, einem jedoch auf das für ein Hotel Notwendige begrenzten Dienstleistungsangebot sowie öffentlichem Restaurantbetrieb. Das Preisniveau ist gehoben.

Klasse 3
Hotel garni, als kleineres Stadthotel mit einfacher Ausstattung und einem personell stark eingeschränkten Angebot an Dienstleistungen. Es wird kein Restaurantbetrieb geführt, die Verpflegung erfolgt nur für Hausgäste. Es bietet preiswerte Unterkunftsmöglichkeiten.

2. **Sonstige Beherbergungsbetriebe** (unter ca. 20 Betten)
   Klasse 4
   Die Pension, Hotelpension, Kurpension oder das Kurheim bieten eine einfache Ausstattung ohne besonderen Komfort, die Dienstleistung ist anspruchslos, ein Restaurantbetrieb wird nicht geführt, als Verpflegung wird meist nur Frühstück und ausschließlich für Hausgäste angeboten. Ihre Leistung ist im unteren Preissegment eingeordnet.
   Klasse 5
   Der Gasthof oder Landgasthof hat als Kernbetrieb eine Gastwirtschaft und bietet zusätzlich Fremdenzimmer mit schlichter Ausstattung ohne Komfort und kaum nennenswerter Dienstleistung an. Dementsprechend befindet er sich in der untersten Preisklasse.
3. **Sonderformen**
   Außerhalb dieser Klassenmerkmale wird die Beherbergungsleistung auf unterschiedlichem Niveau auch von einigen Sonderformen der gewerblichen Hotellerie angeboten. Als Beispiele sind zu nennen:
   - Autobahn-Rasthaus bzw. Rasthof,
   - Motel (für Motorreisende mit unmittelbarer Fahrzeugabstellung an der Wohneinheit),
   - Botel (zum Hotel umgebautes Schiff am festen Liegeplatz),
   - Hospiz (von kirchlicher oder karitativer Institution geführter Beherbergungsbetrieb),
   - Boardinghouse (Wohnbüro für Geschäftsleute).

Von den gastgewerblichen Verbänden wurde auf diesen Grundlagen eine **Hotelklassifizierung** entwickelt, die vor allem für den Gast Markttransparenz schafft. Träger sind die Hotel- und Gaststättenverbände der Bundesländer. Die Teilnahme an ihr erfolgt auf freiwilliger Basis. Das Klassifizierungsverfahren bedient sich bundesweit einheitlicher Kriterien. Die Zertifizierung erfolgt jeweils für den Zeitraum von zwei Jahren in folgenden Kategorien:

***** Luxus
**** First Klass
*** Komfort
** Standard
* Tourist

Diese wird mit einem Klassifizierungsschild öffentlich sichtbar gemacht.

5. 2. 2 Beförderungsbetriebe

Die Beförderung ist der zweite wesentliche Leistungsbaustein der touristischen Produkte, sie ist ebenfalls **touristische Hauptleistung**. Häufig ist sie sogar ein signifikantes Merkmal der Produktdifferenzierung. Leistungsträger sind Verkehrsbetriebe, die Transportleistungen entweder ausschließlich als Bestandteil touristischer Produkte realisieren oder sowohl im touristischen Bereich als auch als Verkehrsträger für andere Bereiche der Volkswirtschaft tätig werden. Außerdem werden Beförderungsleistungen auch als touristische Nebenleistungen oder als gesonderte Leistungen außerhalb der touristischen Produkte angeboten:

Beförderungsmittel	Als Bestandteil der Pauschalreise		Als gesonderte Leistung
	Hauptleistung	Nebenleistung	
Flugzeug (Charter, Linie)	Flugpauschalreise	Ausflug/Rundflug am Zielort	Flugpassage bei Individualreise
Bahn (Linie, Sonderzug)	Bahnpauschalreise	Ausflug am Zielort (z. B. mit historischen Bahnen)	▪ Bahnpassage bei Individualreise ▪ ÖPNV
Schiff (Charter, Linie bei Fähren)	Kreuzfahrt	Segeltörn am Zielort	▪ Fährpassage bei Individualreise ▪ Hausboot
Bus (Linie, Gelegenheitsverkehr)	Buspauschalreise	Rundfahrt/ Ausflug am Zielort	▪ Buspassage bei Individualreise ▪ ÖPNV
PKW	-	Mietwagen am Zielort	Mietwagen
Kombiniert	▪ Fly & Cruise ▪ Fly & Rail ▪ Rail & Cruise	-	-

Abb. 8: Touristische Beförderungsleistungen

Die einzelnen Verkehrsträger haben einen sehr unterschiedlichen Anteil am Beförderungsaufkommen für die Tourismuswirtschaft.

Verkehrsmittel	1994 %	1995 %	1996 %
PKW/Wohnmobil	51,5	52,3	51,2
Flugzeug	26,5	28,0	30,2
Bus	10,9	9,8	9,9
Bahn	8,6	8,0	6,7
Schiff u.a.	2,5	1,9	2,0

Tab. 5: Verkehrsmittelnutzung bei Urlaubsreisen
(Quelle: Reiseanalyse 1997)

Die durch die Art der eingesetzten Beförderungsleistung bedingte Differenzierung der touristischen Produkte führt zu entsprechenden Leistungsbereichen. Ihre jeweils sehr speziellen Bedingungen für Leistungserstellung und Vermarktung werden in Kapitel II gesondert behandelt.

5. 3 Reisegestaltungsbetriebe

5. 3. 1 Reiseveranstalter

Der Reiseveranstalter kombiniert in der Regel die Leistungsbausteine der Reiseausführungsbetriebe und bietet sie als touristisches Produkt an. Das Leistungsbündel seines Hauptproduktes, der Pauschalreise, enthält somit ganz überwiegend Fremdleistungen und nur im geringen Umfang Eigenleistungen des Veranstalters. Obwohl eine Legaldefinition des Reiseveranstalters rechtlich nicht bestimmt ist, weisen bestimmte Eigenschaften auf die Tätigkeit eines Unternehmens als Veranstalter hin (SEYDERHELM 1997: 14, 25):

- Eigenverantwortlichkeit bei der Gestaltung und Erbringung der Reiseleistungen;
- Zusammenstellung der Leistungen Dritter zu einem eigenständigen touristischen Produkt (einheitliche Darstellung des Angebotes, Bildung eines Gesamtpreises, gemeinsamer Programmablauf);

- Angebot des touristischen Produktes im eigenen Namen und auf eigene Rechnung (Haftung gegenüber dem Reisenden, Übernahme des Risikos);
- Auftreten als eigenständiges Unternehmen.

Die **Funktionsbereiche** der Unternehmung erhalten für den Reiseveranstalter folgende inhaltliche Ausprägung (LUGER 1987: 26):

1. **Beschaffung**
   - Bereitstellung der touristischen Leistungsbausteine, die von Leistungsträgern erstellt werden,
   - Bereitstellung der für den betrieblichen Ablauf erforderlichen weiteren Güter, Dienstleistungen und Arbeitskräfte;
2. **Produktion**
   - Erstellung komplexer touristischer Produkte auf der Grundlage entsprechender Reiseprogramme;
3. **Absatz**
   - Angebot der touristischen Produkte auf den Tourismusmärkten,
   - Absatz mit Hilfe von Absatzmittlern,
   - Einsatz eines speziellen Absatzmarketings;
4. **Finanzierung**
   - Bereitstellung der finanziellen Mittel für die Beschaffung der Faktorleistungen und die Durchführung von Produktion und Absatz;
5. **Entwicklung**
   - Produkt- und Programmentwicklung auf der Grundlage einer speziellen Tourismusmarktforschung;
6. **Controlling**
   - Entwicklung und Anwendung spezieller Methoden und Instrumente zur funktionsübergreifenden Überwachung der betrieblichen Abläufe,
   - Einsatz entsprechender Frühwarnsysteme,
   - strategische Planung der Unternehmensentwicklung.

Die Veranstaltertätigkeit kann haupt- und nebengewerblich ausgeführt werden, sie ist auch nicht auf gewerbliche Unternehmen beschränkt. Eine brauchbare Übersicht über den institutionellen Rahmen des Veranstaltermarktes ermöglicht der Vorschlag, die Reiseveranstalter nach Marktanteil, Marktregionen, Programmpolitik und wirtschaftlicher Organisationsform zu systematisiere (FREYER 1995: 152):

REISEVERANSTALTERMARKT			
1. nach MARKTANTEILEN	**2. nach** MARKTREGIONEN	**3. nach** PROGRAMM-POLITIK	**4. nach** WIRTSCH. ORGANISATIONS-FORM
▪ Großveranstalter ▪ Mittlere Veranstalter ▪ Kleine Veranstalter	▪ International tätige RV ▪ Überregional tätige RV ▪ Regionalveranstalter ▪ Lokale RV	▪ Massenreiseveranstalter mit Vollsortiment ▪ Sortiments- RV ▪ Spezialreiseveranstalter	▪ Gewerbliche RV ▪ Nichtgewerbliche RV ▪ Hauptgewerbliche RV ▪ Nebengewerbliche RV

Abb. 9: Gliederung des Veranstaltermarktes

- Nach **Marktanteilen** kann die Rangordnung der Reiseveranstalter nach
  - Umsatzgröße und
  - Reiseteilnehmern

  bestimmt werden. Als **Großveranstalter** sind folgende Unternehmen einzuordnen, sie repräsentieren zusammen einen Marktanteil von über 50 % . Je nach gewähltem Kriterium können auf einer solchen Ranking List die Plätze unterschiedlich besetzt werden.

	Rangordnung	
	Nach Umsatzgröße	Nach Teilnehmern
TUI Deutschland	1	1
NUR Deutschland	2	2
LTU Touristik	3	3
DER TOUR	4	4
ITS	5	6
FTI	7	5

Tab. 6: Die großen Reiseveranstalter
(Quelle : FVW 28/97: 3)

Unter Berücksichtigung der Beteiligungsverhältnisse zeigt sich, daß der Veranstaltermarkt vom sogenannten „**roten**" und „**gelben**" Lager dominiert wird, Ausdruck des ständig fortschreitenden Konzentrationsprozesses:

„Rotes Lager"		*„Gelbes Lager"*	
Unternehmen	**Umsatz in Mill. DM**	**Unternehmen**	**Umsatz In Mill. DM**
TUI Deutschland	6.396,3	**NUR Deutschland**	6.396,3
Ohne Seetours	- 160,0	**Kreutzer**	656,0
OFT Reisen	61,8	**Fischer**	354,5
Hapag-Seetour.	270,0	**Air Marin**	322,0
Gesamt	**6.568,1**	**Gesamt**	**5.371,7**

Tab. 7: Marktführerschaft der Großveranstalter
(Quelle: FVW 28/97, vgl. auch Anlage 3)

In die Gruppe der **mittleren** Reiseveranstalter ordnet man üblicherweise Unternehmen mit über 60 Mio. DM Umsatz oder mehr als 120.000 Teilnehmern ein. Sie ist mit ca. 50 Veranstaltern besetzt und repräsentiert einen Marktanteil um ca. 25 % (FREYER 1995: 161).

Die Gruppe der **kleinen** Reiseveranstalter umfaßt weit über 1.000 Unternehmen. Ihr Marktanteil hat eine sinkende Tendenz.

- Vergleicht man die Aktivitäten der Reiseveranstalter nach **Marktregionen**, so zeigt sich, daß
  - einige Großveranstalter multinational tätig sind,
  - einige mittlere Veranstalter überregional in Erscheinung treten,
  - die meisten mittleren Reiseveranstalter jedoch vorwiegend als Regionalanbieter wirksam sind,
  - die kleinen Veranstalter hingegen auf lokalen Märkten zu finden sind.
- Aus Sicht der **Programmpolitik** zeichnen sich die großen Veranstalter durch maximale Programmbreite und –tiefe aus. Sie bieten für die differenziertesten Zielgruppen, für die unterschiedlichsten Destinationen Reisen in allen Reiseformen an. Sie sind **Massenreiseveranstalter** mit einem Vollsortiment an touristischen Produkten.
  Sortimentsreiseveranstalter führen entweder eine begrenzte Anzahl von Destinationen oder bestimmte Reiseformen, häufig bevorzugt für ausgewählte Zielgruppen, im Angebot.

Spezialreiseveranstalter orientieren sich auf nur eine oder wenige Zielgruppen, bzw. Destinationen oder führen nur bestimmte Reisearten und –formen durch.

- Nach der **wirtschaftlichen Organisationsform** treten die Reiseveranstalter ganz überwiegend als **gewerbliche** Unternehmungen auf, die ihre Tätigkeit als **Hauptgewerbe** durchführen.
  Inzwischen sind auf dem Veranstaltermarkt aber auch eine Reihe nichtgewerblicher Institutionen (z. B Volkshochschulen, Vereine und Clubs, politische und gewerkschaftliche Organisationen, karitative und kirchliche Institutionen, Träger der gesetzlichen Kranken- und Rentenversicherungen, öffentlich-rechtliche Institutionen) regelmäßig oder gelegentlich tätig. Auch gewerbliche Betriebe fremder Branchen treten verschiedentlich als nebengewerbliche Reiseveranstalter in Erscheinung (z. B. Zeitungs- und Zeitschriftenverlage, private Rundfunk- und TV-Sendeanstalten).
  Vor allem die nichtgewerblichen Anbieter sorgen für Wettbewerbsverzerrungen auf dem Veranstaltermarkt, da ihre Haupttätigkeit nicht der sonst zwingenden Marktregulierung unterliegt.

5. 3. 2 Reisemittler

Die deutschen Reiseveranstalter realisieren ihren Absatz in der Regel unter Einschaltung von Reisemittlern, die als selbständige Handelsvertreter (Agenten) tätig sind. Sie haben sich unter dem Begriff **Reisebüro** auf dem Tourismusmarkt etabliert. Aus rechtlicher Sicht vermitteln sie den Abschluß des Reisevertrags zwischen Reiseveranstalter und Reisendem. Dem Reisenden gegenüber sind sie auf der Grundlage eines Geschäftsbesorgungsvertrages verpflichtet (Vgl. Abschnitt 6).
Daneben sind sie in der Vermittlung aller weiteren tourismusrelevanten Einzelleistungen im Auftrage von Leistungträgern sowie für den Geschäftsreisebereich (Firmendienst) tätig. Insgesamt ist von über 17. 500 Vertriebsstellen auf dem Reisemittlermarkt auszugehen. Folgende **Arten von Vermittlungsleistungen** können im einzelnen unterschieden werden:

- Touristische Produkte der Reiseveranstalter (Pauschalreisen),
- Beförderungsleistungen für Luftverkehrsgesellschaften (Flugpassagen),
- Beförderungsleistungen für Bahngesellschaften (Fernverkehr und Nahverkehr),

- Beförderungsleistungen für den Fluß- und Seeverkehr (Fährpassagen, Liniendienste auf Seen und Flüssen),
- Beförderungsleistungen für Busbetriebe (Europabusnetz, Linienbusse, Mietomnibusse),
- Unterkunftsleistungen für Hotels und andere Beherbergungsunternehmen,
- Vermittlung von Ferienwohnungen und Campingplätzen,
- Vermittlung von Mietfahrzeugen (PKW, Caravan, Hausboot, Sportboot u. a.),
- Vermittlung von Reiseversicherungsleistungen für Versicherungsunternehmen,
- Vermittlung von Eintrittskarten für Sport- und Kulturveranstaltungen und andere Events,
- Vermittlung von Reisedienstleistungen für Geschäftsreisende,
- Vermittlung von Incentives für Betriebe und Institutionen.

Die Vermittlungsleistung schließt generell ein umfassendes **Informations-Beratungs- und Serviceangebot** für den Kunden ein:

Informations- und Beratungsleistungen

- Allgemeine Information über Zielländer und Reisemöglichkeiten,
- Spezielle Informationen über
  - Ein- und Ausreisebestimmungen,
  - Zoll- und Devisenvorschriften,
  - Gesundheitsvorschriften,
  - Reisewarnungen;
- Beratung der Kunden bei der Bestimmung und Realisierung ihrer Reisewünsche;

Spezielle Serviceleistungen

- Schreibservice (Weiterleitung von Sonderwünschen, Reklamationen u. ä.),
- Zahlungsservice (Akzeptanz von Kreditarten, Electronic cash),
- Vorteilsservice (Reiseclub, Kundenkarten),
- Kontaktservice (Kennenlernen- und Wiedersehenstreffen, Foto- und Video-Veranstaltungen),
- After Sales- und Welcome-Home-Service,
- Angebot von Neben- und Ergänzungsprodukten (Reiseartikel, Souvenirs, Reiseliteratur u. a.),
- Beratungsservice (Termin-, Haus-, Sonntags- und Abendberatung),
- Vermittlungsservice (Housekeeper, Hobby- Sport- und Reisepartnervermittlung),

- Informationsservice (zusätzliches Informationsmaterial, Video- und CD-ROM-Verleih, Internetanschluß im Reisebüro),
- Welcome-Destination-Service (besondere Aufmerksamkeiten bei Ankunft im Zielort, im Hotel),

u. a..

Neben der Vermittlertätigkeit als dem eigentlichen Hauptprodukt des Reisebüros wenden sich eine Anzahl Unternehmungen auch der Reiseveranstaltung zu. Diese **Eigenveranstaltungen** werden sowohl mit fremden Leistungsträgern als auch durch Erbringung von Eigenleistungen organisiert und dann vom Reisebüro selbst vertrieben (Direktvertrieb). Ein typisches Beispiel hierfür ist die Kombination von Reisebüro und Omnibusbetrieb.

Vermittlungs-, Beratungs- und Informationsleistungen erfolgen im Front-Office-Bereich des Reisebüros (am point of sale). Gleichzeitig hat das Reisebüro im Back-Office-Bereich umfangreiche Aufgaben der Organisation des kaufmännischen Geschäftsbetriebs zu erfüllen. Zunehmend erfolgt hier die Auslagerung bestimmter Funktionen, die von Dritten als Dienstleistung erbracht werden (Outsourcing). Dies ist vor allem für grundlegende Aufgaben des Rechnungswesens, aber auch im Bereich der Marktforschung und Marketingplanung sowie im Personalwesen (Weiterbildung, Mitarbeiterschulung) inzwischen durchaus üblich. Bei Unternehmenszusammenschlüssen werden sowohl bestimmte Back-Office- als auch Front-Office-Funktionen häufig zentralisiert oder Back-Office-Funktionen ausgelagert.

Die Reisemittler haben verschiedene **Organisationsformen** entwickelt. Sie sind zunächst zu unterscheiden in

- Haupterwerbsbetriebe: Hauptgeschäftszweck ist die Vermittlungsleistung;
- Nebenerwerbsbetriebe: Der Gewerbebetrieb hat einen anderen Hauptgeschäftszweck (z. B. Lottoannahmestelle mit Reisevertrieb, Buchhandlung mit Vertrieb von themenbezogenen Literaturreisen, Tankstellen mit Reiseverkauf). Die Reisevermittlung ist nur Nebenerwerb.

Nach **Art und Umfang des Angebotes** an Vermittlungsleistungen können unterschieden werden:

- **Voll-Reisebüro**
  - Angebote eines breiten Sortimentes an touristischen Produkten einer größeren Anzahl von Reiseveranstaltern, im Kernsortiment ein oder zwei Hauptveranstalter,
  - Vermittlung von Flugpassagen für die der International Air Transport Association angehörigen Airlines (IATA-Agentur),
  - Vermittlung innerdeutscher und internationaler Bahnwerte (Bahn-Agentur),
  - Umfangreiches Angebot an Reiseserviceleistungen;
- **Spezial- oder Mehrbereichs-Reisebüro**
  - entweder IATA- oder Bahnagent,
  - Spezialisierung auf bestimmte Geschäftsfelder (z. B. Touristik oder Firmendienst);
- **Veranstaltergebundenes Reisebüro**
  - Bindung an eine Veranstaltermarke mit der vertraglichen Verpflichtung zu deren vorrangiger Vermittlung oder
  - rechtlich dem Veranstalter zugehörig und nur dessen Produkte vermittelnd;
- **Eigenständiges Reisebüro**
  - rechtliche Unabhängigkeit, keine Markenbindung,
  - Gleichrangige Agenturverträge mit anderen Veranstaltern;
- **Discount-Reisebüro**
  - Spezialisierung auf Billig-Marken und Billig-Produkte,
  - weitgehender Verzicht auf Service,
  - Tätigkeit auch oder ausschließlich im Last-Minute-Marktsegment.

5. 4 Institutionen zur Förderung der Unternehmensinteressen

Die Reiseausführungs- und Reisegestaltungsbetriebe haben sich eine Reihe von Institutionen zur Förderung ihrer Interessen geschaffen. Folgende Gruppen können hier unterschieden werden:

- Überbetriebliche Förderung des Marketings der Tourismusunternehmen;
- Förderung der Unternehmens- und Berufsinteressen einzelner Sparten;
- Förderung der gemeinsamen gesamtpolitischen Interessen der Tourismuswirtschaft (Vgl. KAMPHAUSEN 1996: 78 ff.).

1. Die **überbetriebliche Förderung des Marketings der Tourismusunternehmen** gehört vor allem zu den Zielsetzungen öffentlich-rechtlicher

Institutionen. Auf **Bundesebene** wird sie wahrgenommen von der **Deutschen Zentrale für Tourismus**, die in der Rechtsform eines eingetragenen Vereins begründet ist und unmittelbar dem Bundesministerium für Wirtschaft anleitungs- und weisungsgebunden unterstellt ist.
Ihre Aufgabe ist es, im Ausland für das Reiseziel Deutschland zu werben, wozu sie in wichtigen Quellländern für den Deutschland-Tourismus Dependancen unterhält. Ihre Tätigkeit wird ganz überwiegend aus Mitteln des Bundeshaushalts finanziert.
Auf **Ebene der Bundesländer** wird das Anliegen der Tourismusentwicklung von Fachbereichen der zuständigen Landesministerien unterstützt. Zuordnungen und Verantwortungsabgrenzungen sind hier sehr unterschiedlich, da diese landeshoheitlich geregelt werden.
Auf örtlicher Ebene sind bei den Kommunalverwaltungen in der Regel Fremdenverkehrsämter für die Marketingunterstützung des örtlichen Incoming-Tourismus zuständig. Häufig sind Aufgaben dieses Bereiches im Zuge des Outsourcing in privatrechtliche Unternehmungen ausgegliedert, deren Gesellschafter jedoch weiter die Kommunen sind. Soweit Fremdenverkehrsämter öffentlich-rechtlich sind, erfolgt ihre Finanzierung aus Mitteln der Kommunalhaushalte.

Neben diesen, dem öffentlich-rechtlichen Bereich zugeordneten Institutionen sind auf der jeweiligen Ebene entsprechende **Verbände** bzw. **Vereine** tätig, in denen die verschiedenen Unternehmungen und Organisationen, die an der Entwicklung des Tourismusverkehrs ein Interesse haben, freiwillig mitarbeiten. Sie finanzieren sich im wesentlichen aus Beiträgen ihrer Mitglieder. Zu nennen sind:

- auf Bundesebene: Deutscher Fremdenverkehrsverband e. V. (DFV),
- auf Länderebene: Landesfremdenverkehrsverbände (Rechtsform: e. V.),
- auf regionaler Ebene: regionale Fremdenverkehrsverbände, Kur- und Bäderverbände und -vereine (Rechtsform: e. V.),
- auf örtlicher Ebene: örtliche Fremdenverkehrsvereine (Rechtsform: e. V.).

▪ Zur **Förderung der Unternehmens- und Berufsinteressen einzelner Sparten** haben Leistungsträger, Reiseveranstalter und Reisemittler eine Reihe von Institutionen geschaffen, die in der Rechtsform eingetragener Vereine begründet sind, in denen die Mitgliedschaft freiwillig ist und deren Finanzierung hauptsächlich aus Mitgliedsbeiträgen erfolgt. Einige diese Organisationen haben zusätzlich entsprechende Landesverbände oder sind in Regional- und Fachverbände untergliedert. Sie können

gleichzeitig auch die Funktion des Arbeitgeberverbandes gemäß Tarifrecht wahrnehmen (z. B. DRV, asr).
Die nationalen Verbände sind häufig in entsprechenden europäischen Gremien und in Weltverbänden organisiert. Dazu gibt Anlage 4 eine Auswahl.

- Die **Förderung der gemeinsamen gesamtpolitischen Interessen der Tourismuswirtschaft** wird auf nationaler Ebene vom Bundesverband der Deutschen Tourismuswirtschaft wahrgenommen.
  Auf internationaler Ebene wird in diesem Sinne die Bundesregierung durch den Bundesminister für Wirtschaft unmittelbar in der OECD (Organisation für wirtschaftliche Zusammenarbeit der UNO) und in der Welt-Tourismus-Organisation (WTO) tätig..

5. 5 Rechtsformen tourismuswirtschaftlicher Unternehmen

Die Wahl der Rechtsform gehört neben den Entscheidungen über den Gegenstand der betrieblichen Tätigkeit, über den Standort und über die Form der Kooperation zu den sogenannten **konstitutiven** Entscheidungen. Sie gibt dem Unternehmen den Rahmen für seine Außenbeziehungen und die Grundsätze seiner inneren Organisation vor (LUGER 1989: 90, 112).
Für die Tourismusunternehmen besteht Wahlfreiheit hinsichtlich der Rechtsform, sie können die dispositive Grundlage des Gesellschaftsrechts voll ausschöpfen. Einschränkungen dieser Wahlfreiheit für bestimmte Betriebsarten greifen hier nicht. Somit ist die Entscheidung über die Rechtsform des tourismuswirtschaftlichen Betriebes ausschließlich von Sachkriterien abzuleiten:

Entscheidungskriterien für die Rechtsformwahl

Basis: Risikoabschätzung der Kapitalgeber

1. Haftung,
2. Fungibilität der Anteile,
3. Anzahl der Gesellschafter,

Basis: Qualifikation der Kapitalgeber

4. Management,
5. Gewinn- und Verlustbeteiligung sowie Entnahmerechte,
6. Stimmrechtsverhältnisse,

Basis: Gemeinsinn der Kapitalgeber

7. Grad der Publizitätspflicht für den Jahresabschluß
8. Umfang der Mitbestimmung,

Basis: Betriebswirtschaftliche Aspekte

9. Finanzierungsmöglichkeiten,
10. Steuerbelastung,
11. Aufwendungen der Rechtsform,
12. langfristige Unternehmenssicherung (LUGER 1989: 140).

Die grundsätzliche Kenntnis der Rechtskonstruktion für die jeweilige Rechtsform voraussetzend (Vgl. z. B. WÖHE 1990: 333 ff.), wird nachfolgend auf die Entscheidungsspezifik der tourismuswirtschaftlichen Unternehmungen einzugehen sein. Dabei wird von folgender Grundsystematik der Rechtsformen ausgegangen:

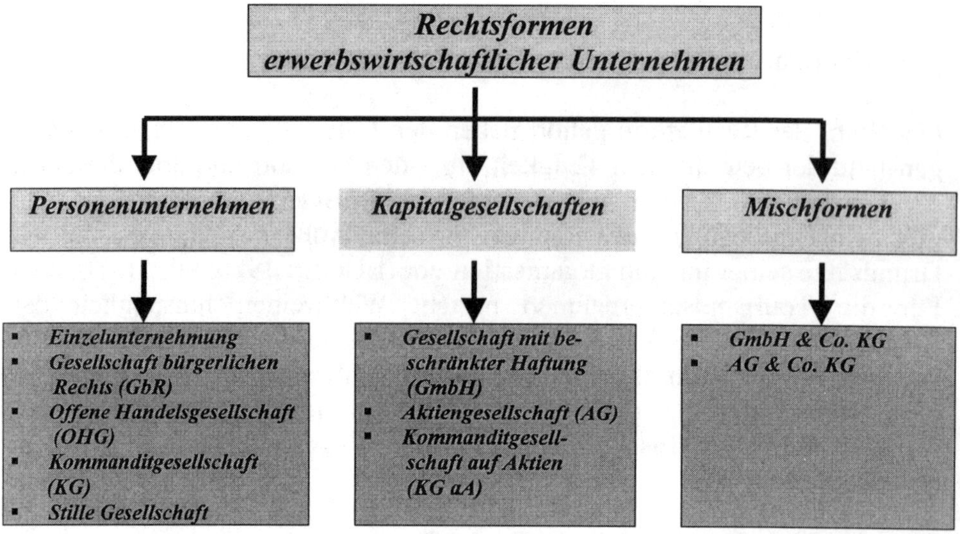

Abb. 10: Rechtsformen

Personenunternehmen

Ihr gemeinsames Grundmerkmal ist die enge Bindung des Unternehmens an den oder die Inhaber:

- Die **rechtliche Existenz** der Gesellschaft ist an die Existenz der Gesellschafter gebunden, deren Wechsel nicht vorgesehen ist. Der Konkurs eines Gesellschafters bedeutet zugleich den Konkurs seines Anteils an der Unternehmung.

- **Inhaber/Gesellschafter führen selbst das Unternehmen**, was eine geringe Anzahl von Gesellschaftern bedingt. Sie stimmen nach der Kopfzahl ab.
- **Inhaber/Gesellschafter haften persönlich**, also auch mit ihrem Privatvermögen (LUGER 1989: 116).

Damit sind die Personenunternehmen dann die bevorzugte Rechtsform, wenn der Umfang des Geschäftsbetriebes noch gut überschaubar ist, wenn zu seiner Begründung und seiner Fortführung nur ein relativ geringes Kapital erforderlich ist und Inhaber/Gesellschafter die volle Entscheidungskompetenz allein in der Hand behalten wollen. Außerdem ist der Vorgang der Unternehmensgründung selbst wenig kompliziert und zeitaufwendig. Durch die eingeschränkte Möglichkeit der Kapitalerhöhung, vor allem hinsichtlich der Aufnahme von Beteiligungskapital aber auch Fremdkapital, sind der Ausdehnung des Geschäftsbetriebes relativ enge Grenzen gesetzt.

Die Rechtsform der Personenunternehmung findet sich bevorzugt in folgenden Bereichen der Tourismuswirtschaft:

- **Reiseausführungsbetriebe**:
  - Kleine und mittelständische Betriebe des Beherbergungswesens (Einzelhotellerie, Pensionen, Gasthöfe usw.);
  - kleine und mittelständische Betriebe im Beförderungswesen (z. B. Busunternehmen);
  - kleine und mittelständische Betriebe als Anbieter touristischer Nebenleistungen.
- **Reisemittler**:
  - Eigenständig geführte Einzelreisebüros, auch im Kooperationsverbund oder als Franchisingnehmer;
  - Reisebüros mittleren Geschäftsbetriebes mit begrenzter Anzahl von Filialen und nur regionaler Verbreitung.
- **Reiseveranstalter**:
  - Kleine Spezialveranstalter und Regionalveranstalter;
  - mittlere Veranstalter (in der Rechtsform der KG).

Kapitalgesellschaften

- Die **rechtliche Existenz der Gesellschaft** ist gänzlich getrennt von der persönlichen Existenz der Gesellschafter bzw. Anteilseigner. Der Wechsel von Gesellschaftern ist vorgesehen. Der Konkurs eines Gesellschafters ist unabhängig von der Gesellschaft.
- **Die Führung des Unternehmens** erfolgt durch Angestellte, die aber auch gleichzeitig Gesellschafter/Anteilseigner sein können. Es kann eine große Anzahl von Gesellschaftern an der Unternehmung beteiligt sein.

Deren Mitwirkungsrechte sind rechtlich begrenzt, abgestimmt wird nach der Höhe der Kapitalanteile.
- Die **Haftung der Gesellschafter** erstreckt sich nur auf das Geschäftsvermögen und ist zudem in ihrer Höhe begrenzt (LUGER 1987: 123).

Die Kapitalgesellschaft ist damit die geeignete Rechtsform für große gewerbliche Unternehmungen. Kapitalerhöhungen zur Ausdehnung des Geschäftsbetriebes sind durch Beteiligungkapital (Eigenkapital) aber auch durch Fremdkapitalaufnahmen in großem Umfange möglich und befördern so die Kapitalkonzentration. Die klassischen Rechtsformen der Kapitalgesellschaft sind GmbH und AG. Die für sie in gesonderten Rechtsvorschriften niedergelegten speziellen Regelungen basieren auf der Rechtsform des Vereins nach BGB. Die Kommanditgesellschaft auf Aktien, obwohl eigentlich eine Kombination aus Merkmalen von Personen- und Kapitalgesellschaften, ist, da diese Gesellschaft eigene Rechtspersönlichkeit hat, den Kapitalgesellschaften zuzuordnen. Demzufolge finden wir Kapitalgesellschaften vornehmlich in folgenden Betriebsarten der Tourismuswirtschaft:
- Reiseausführungsbetriebe:
  Große Betriebe und Unternehmenszusammenschlüsse in Formen der Konzentration (Filialisierung, Kettenbildung) bei Leistungsträgern für Beherbergung (große Hotellerie) und Beförderung (Luft-, Schiffs- Schienen- und Straßenverkehr),
- Reisegestaltungsbetriebe:
  - Große Reisebüroketten und Franchisingsunternehmen,
  - mittlere und große Reiseveranstalter.

Mischformen

Praktische Bedeutung hat hier allenfalls die GmbH & Co. KG erlangt.
Die Gesellschafter der Kapitalgesellschaft treten dabei als Kommanditisten in die KG ein, während die GmbH als eigene Rechtspersönlichkeit Komplementär ist. Damit vereinigen sich wesentliche Vorzüge beider Rechtsformen:
- Das Kommanditkapital haftet nur beschränkt.
- Der Komplementär als Inhaber begrenzt seine Haftung nach GmbH-Recht.
- Die Entscheidungsmacht liegt bei der GmbH.

Die Rechtsform eignet sich so für die Rechtskonstruktion großer Unternehmen.

Die Kapitalgesellschaften bilden die bevorzugte Grundlage für Unternehmenszusammenschlüsse mit dem Ziel einer Erhöhung der Konzentration des Kapitals.

5. 6 Unternehmensverbindungen

Unternehmungsverbindungen verfolgen das Ziel, die Chancen zur langfristigen Gewinnmaximierung zu verbessern. Die mit dem Zusammenschluß erzielbaren Synergieeffekte zeigen sich vor allem auf folgenden Feldern:

- Rationalisierungs- und Kostendämpfungseffekte durch Bildung größerer Wirtschaftseinheiten;
- Erhöhung der Wettbewerbsfähigkeit durch Stärkung der Marktpositionen;
- Risikominimierung durch Aufteilung der Unternehmensrisiken;
- Erlangung wirtschaftlicher Machtpositionen durch Einschränkung oder sogar Ausschaltung von Wettbewerb;
- Verstärkung der Einflußmacht gegenüber politischen Entscheidungsträgern;
- Verstärkung der Verhandlungsmacht in tarifpolitischen Auseinandersetzungen (Vgl. auch WÖHE 1990: 402).

Betrachtet man die Unternehmensverbindungen aus Sicht der wirtschaftlichen und rechtlichen Positionen der zusammengeschlossenen Unternehmen und der Art und Weise ihres Zustandekommens, dann können zwei Gruppen unterschieden werden:

1. Die **Kooperationen** als Formen freiwilliger Zusammenarbeit von Unternehmen, wobei die Kooperationspartner rechtlich selbständig bleiben und nur auf Geschäftsfeldern, die Gegenstand des vertraglichen Zusammenwirkens sind, auch wirtschaftliche Entscheidungskompetenzen abgeben.
   Sie können als dauerhafte Institutionen angelegt sein und treten dann in den Formen von Interessengemeinschaften, Gemeinschaftsunternehmen und Fachverbänden auf. Als Gelegenheitsgesellschaften werden sie in Form von Arbeitsgemeinschaften oder Konsortien gebildet.
   Die Vereinbarung förmlicher Kartelle ist im Prinzip mit dem Gesetz gegen Wettbewerbsbeschränkung (GWB) verboten.
2. Die **Konzentrationen** sind dadurch gekennzeichnet, daß die verbundenen Unternehmen entweder nur ihre wirtschaftliche Entscheidungskompetenz oder auch ihre rechtliche Selbständigkeit verlieren.
   Dabei sind zu unterscheiden:
   - Mehrheitsbeteiligungen an Unternehmen,

- herrschende und abhängige Unternehmen,
- Konzernunternehmen (Unterordnungs- oder Gleichstellungskonzerne),
- Fusionen (Verschmelzungen).

Sie können auf freiwilliger Basis oder als **feindliche Übernahme** vollzogen werden. Kooperationen und Konzentrationen können **vertikal** erfolgen (Integration), dann werden aufeinanderfolgende Produktions- und/oder Handelsstufen verbunden. Sie können **horizontal** erfolgen, dann werden Unternehmen gleicher Produktions- und/oder Handelsstufen zusammengeschlossen. Eine typische Erscheinungsform ist auch der Zusammenschluß von Unternehmen unterschiedlicher Branchen, es entstehen **anorganische Gebilde** oder Konglomerate (Vgl. WÖHE 1990: 407).

Eine besondere Form der Unternehmensverbindung stellt das **Franchise-System** dar. Es wird zumeist auf die Absatzfunktion eingegrenzt und findet zunehmend in der Tourismuswirtschaft Verbreitung. Seiner Natur nach ist es eine Sonderform der Kooperation: Franchising-Geber und Franchising-Nehmer gehen eine Vertragsbeziehung ein, der Franchising-Nehmer bleibt juristisch selbständig, gibt aber wesentliche seiner wirtschaftlichen Entscheidungskompetenzen an den Franchising-Geber ab. Das Treffen eigener unternehmerischer Entscheidungen ist ihm dann nur noch in untergeordneten Fragen möglich. Die Grundkonstruktion eines Franchise-Vertrages besteht in folgendem:

- Die Zusammenarbeit wird vertraglich geregelt und ist auf Dauer angelegt;
- gegen Zahlung einer Einmalgebühr bei Vertragsabschluß und/oder einer Jahresgebühr, die in der Regel auf den Umsatz bezogen wird, erwirbt der Franchising-Nehmer Rechte zur Nutzung einer Marke oder eines Firmennamens, zur Nutzung eines Produktionsverfahrens, zu Produktion und/oder Vertrieb eines Produktes oder einer Dienstleistung;
- der Franchising-Geber stellt Know-How für die Errichtung und Führung des Geschäftsbetriebes zur Verfügung. Er kann auch das gesamte Beschaffungsmarketing für den Franchising-Nehmer übernehmen und dafür dessen Produktionsprogramm maßgeblich oder ausschließlich bestimmen;
- häufig gibt auch der Franchising-Geber die äußere Form des Marktauftritts, Formen und Arten einzusetzender Werbung vor und legt die Formen der Öffentlichkeitsarbeit fest bzw. führt sie selbst für die gesamte Organisation durch. In diesen Fällen tritt die Firma des Franchising-Nehmers völlig in den Hintergrund;

- der Franchising-Nehmer arbeitet in der Regel nach den Weisungen und unter der operativen Kontrolle des Franchising-Gebers, dem deshalb auch weitgehende Einsichten in die laufende Geschäftstätigkeit eingeräumt werden müssen.

Auch in der Touristikwirtschaft ist die Tendenz zur Kooperation und Konzentration sowohl bei Reiseausführungsbetrieben als auch bei Reisegestaltungsbetrieben seit geraumer Zeit zu verfolgen:

- **Reiseausführungsbetriebe**
  Bei den Leistungsträgern für Beherbergung werden die Formen der Konzentration bevorzugt eingesetzt. Die großen Hotelgesellschaften sind in aller Regel als Kapitalgesellschaften begründet, deren wachsender Marktanteil über Beteiligungen und Übernahmen, aber auch durch Kettenbildung ermöglicht wird. Sie operieren zumeist weltweit. Auch die Kooperation in Form des Franchising wird zum Ausbau von Marktpositionen häufig genutzt.
  Beförderungsunternehmen nutzen ebenfalls die Kapitalgesellschaft als bevorzugte Rechtsform, sie bauen ihre Marktmacht über Konzentrationen aus. Eine typische Erscheinungsform der Kooperation ist im internationalen Luftverkehr das Code-Sharing (gemeinsamer Betrieb von Fluglinien durch mehrere Airlines) oder die Bildung sogenannter strategischer Allianzen, die eine weitgehende Abstimmung der Geschäftspolitik beim Betrieb weltweiter Flugnetze zum Inhalt haben (z. B. „Star Alliance" von Lufthansa, United Airlines, SAS, Air Canada, Thai und Varig).
- **Reisegestaltungsbetriebe**
  Reiseveranstalter haben relativ frühzeitig den Vorteil von Unternehmensverbindungen erkannt. Sie setzen sie vor allem mit Konzentrationsformen um: Beteiligung der Großen an kleineren Veranstaltern, Konzernbildungen, Fusionen aber auch feindliche Übernahmen. Interessant ist, daß über diese Wege seit geraumer Zeit auch Branchenfremde mit Erfolg in der Touristik Fuß fassen (z. B. Versandhäuser mit Beteiligungen, Übernahmen oder Tochtergesellschaften; Tabakkonzerne, wie Peter Stuyvesant Travel, Camel Trophy, Adventure Tours, Marlboro Reisen) und daß sich Großbanken über Beteiligung in diesem Markt engagieren (z. B. West LB bei LTU Flug und LTU Touristik sowie TUI und Thomas Cook).

  Die Konzernbildung kombiniert häufig Reiseveranstalter mit Reisemittlern und anderen dienstleistenden Unternehmen (vertikale Integration). Als Beispiel sei hier der TUI-Konzern vorgestellt:

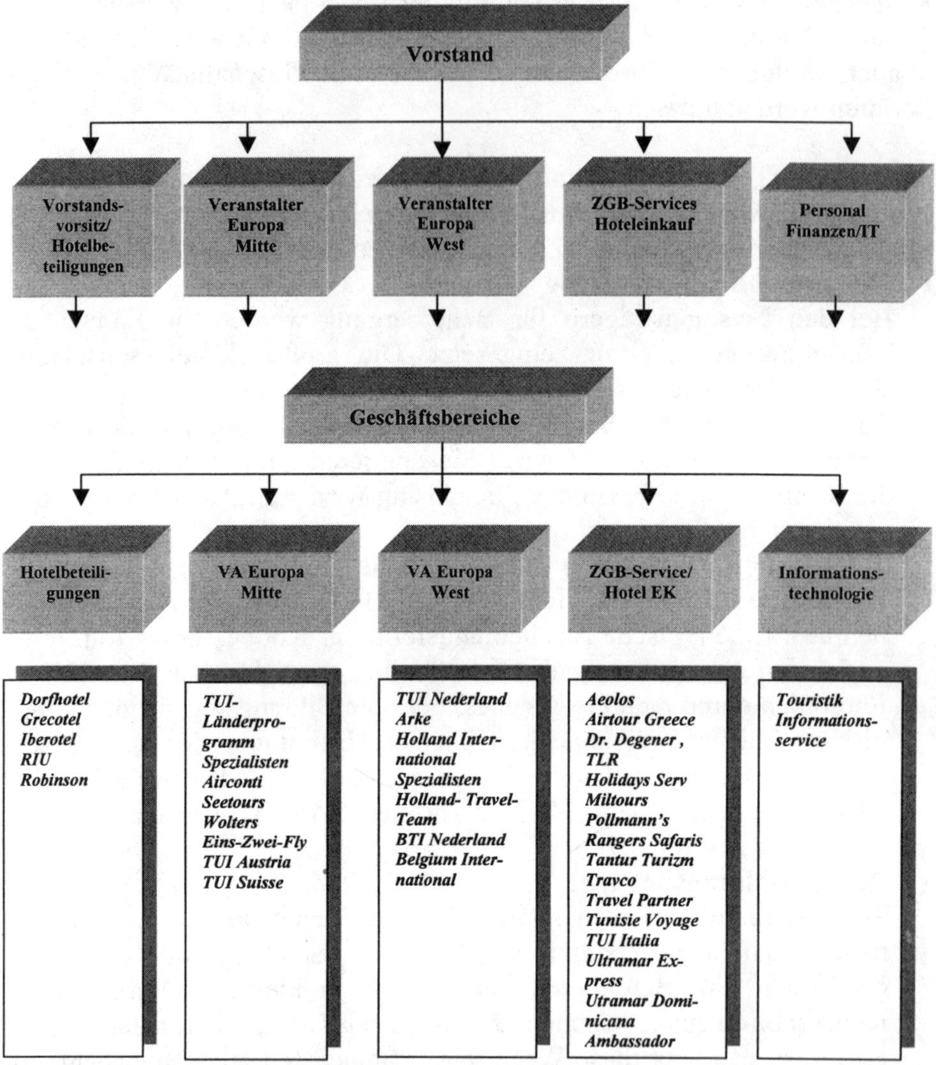

Abb. 11: Konzernstruktur der TUI GmbH & Co. KG
(Quelle: FVW 1997)

Die vertikale Integration von Leistungsträgern, Reiseveranstaltern, Reisemittlern und Banken zeigt sich besonders eindrucksvoll in dem von Preussag (einem ehemaligen Stahlkonzern, der eine Diversifizierung in verschiedene Dienstleistungsbranchen vollzieht) und West LB maßgeblich gestalteten Beteiligungsgeflecht:

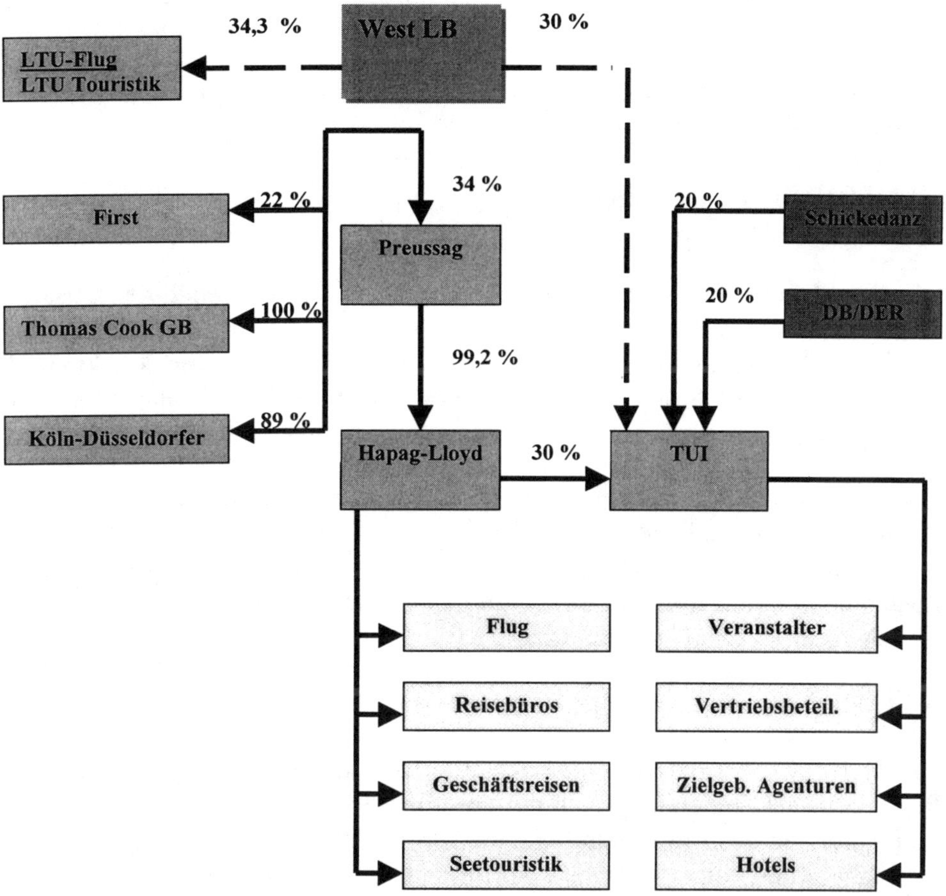

Abb. 12: Beteiligungen von West LB und Preussag
(Quelle: FVW 6/98: 11)

)ie Bildung derartig großer Lager, die alle Stufen der Wertschöpfungskette bdecken, verändert einschneidend die Wettbewerbslandschaft des 'ourismusmarktes. Der Wettbewerb findet so vornehmlich zwischen den Lagern" statt und nicht mehr auf der Ebene der einzelnen Wertschöpfungsstufen es nationalen Marktes. Dieser Trend wird sich angesichts der zunehmenden ilobalisierung auf allen Märkten letztlich nicht aufhalten lassen und ist ein rstrangiger Erfolgsfaktor der deutschen Produzenten von Reisedienstleistungen auf dem Welttourismusmarkt. Im Zuge anhaltender Konzentrationsbestrebungen und Kämpfe um Marktanteile und die Marktführerschaft sind die Verflechtungen durch Beteiligungen ständigen Veränderungen unterworfen.

Auf dem **Reisemittlermarkt** finden sich als typische Formen der Unternehmensverbindungen

- die Reisebürokette,
- das Reisebürofranchising und
- die Reisebürokooperation.

Die **Reisebürokette** ist die weitgehendste Form des Unternehmenszusammenschlusses (Konzentration). Ihr Vertriebsnetz besteht aus Filialen, die keine rechtliche und wirtschaftliche Selbständigkeit haben. Ihr Marktanteil wächst über Aufkäufe ehemals selbständiger Reisebüros oder kleinerer Ketten, aber auch durch Neueröffnungen von Filialen.

Die **Reisebürokooperation** ist eine relativ offene Form der Unternehmensverbindung auf freiwilliger Basis, wobei die Teilnehmer ihre wirtschaftliche und rechtliche Selbständigkeit beibehalten. Ihre vertragliche Zusammenarbeit erfolgt vor allem auf den Geschäftsfeldern

- Einkauf (Beschaffungsmarketing),
- Vertriebsförderung (Absatzmarketing),
- Back-Office-Bereich (CRS-Nutzung, Rechnungswesen u. a.).

Das **Reisebürofranchising** als spezielle Form der Kooperation bietet den Reisebüros als Franchising-Nehmer vor allem folgende Vorteile:

- Leistungen des Franchising-Gebers für Marketing und Verkauf (Marketingberatung und -service, Sortimentsoptimierung, ertragsoptimierte Verkaufssteuerung, Werbeunterstützung, Public-Relations-Maßnahmen u. a.);
- Leistungen für Management- und Controlling-Tools, Finanzberatung und Finanzhilfen, Branchenpolitik und Verbandsarbeit u. a.;
- Leistungen für den Einkauf (Sonderprovisionen für Veranstalter- und Leistungsträger-Produkte, Rahmenverträge für touristische Nebenleistungen wie Reiseversicherungen u. a.);
- Bereitstellung von Informations-, Abrechnungs- und Qualitätssicherungsprogrammen (CRS-Beratung, Softwarelösungen für Akquisition, Abrechnung, Qualitätssicherung und Verkaufsinformationen, Datenbanken u. a.);
- Bereitstellung von Servicenetzen und Kundenbetreuung;
- häufig wird auch Gebietsschutz gewährt (Vgl. FIRST 1996).

Die an den Franchising-Nehmer gestellten Anforderungen bestehen üblicherweise in Folgendem:

- Nachweis der Leistungsfähigkeit und Wirtschaftlichkeit des Reisebüros, dazu wird die Offenlegung der Umsatz-, Kosten-, Ertrags- und Marketingdaten verlangt. Die Erreichung eines bestimmten Mindestjahresumsatzes wird außerdem gefordert;
- Nachweis eines attraktiven Standortes;
- Einmalgebühr bei Vertragsabschluß und/oder Jahresgebühr, berechnet auf den jährlichen Umsatz sowie eventuell Werbekostenzuschuß;
- Mindestumsatz mit den vom Franchising-Geber bereitgestellten Vertragsprodukten, deren Verkauf Vorrang hat.

Auf dem Reisemittlermarkt werden sowohl Franchisekonzepte für größere, umsatz- und ertragsstarke Reisebüros (z. B. FIRST Reisebüro Management GmbH & Co. KG) als auch für kleinere Einzelbüros (z. B. Sunny Miles Touristik AG) angeboten.

Die durch Kooperation oder Konzentration verbundenen Reisemittlerunternehmen realisieren beträchtliche Synergieeffekte, weswegen sie inzwischen den Reisemittlermarkt eindeutig dominieren. Sie realisieren mehr als 70 % des Marktvolumens, davon bei Urlaubsreisen ca. 60 % und im Geschäftsbereich (Firmendienst) ca. 90 % (SÜLBERG 1997: 16).

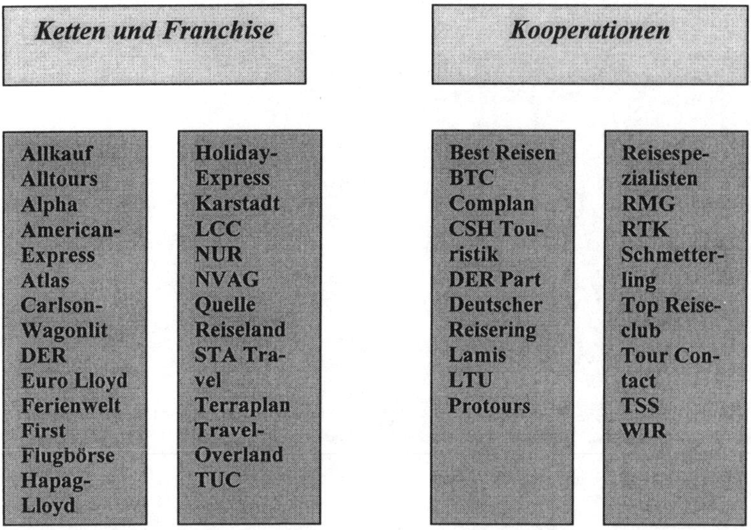

Abb. 13: Ketten, Franchise und Kooperationen auf dem deutschen Reisemarkt

Im Verhältnis zu den ungebundenen Reisebüros haben sich ihre Marktanteile wie folgt entwickelt:

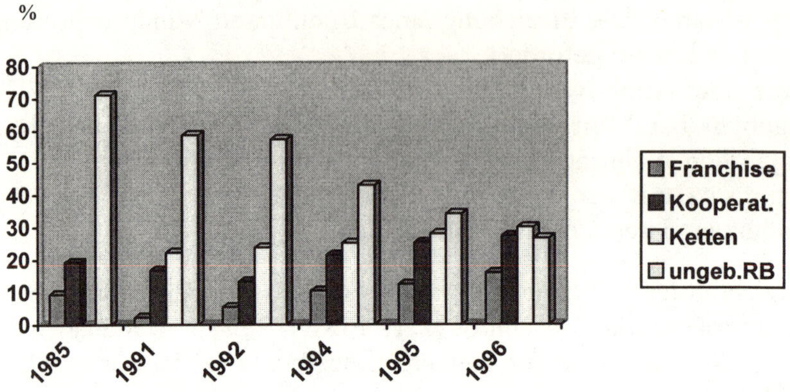

Abb. 14: Umsatzentwicklung im Reisemittlermarkt
(Quelle: FVW Fakten und Zahlen 1997)

Auf den Tourismusmärkten haben sich international operierende Reisebüroketten und –kooperationen etabliert, die in zunehmendem Maße als Mibewerber auf dem deutschen Reisemittlermarkt auftreten:

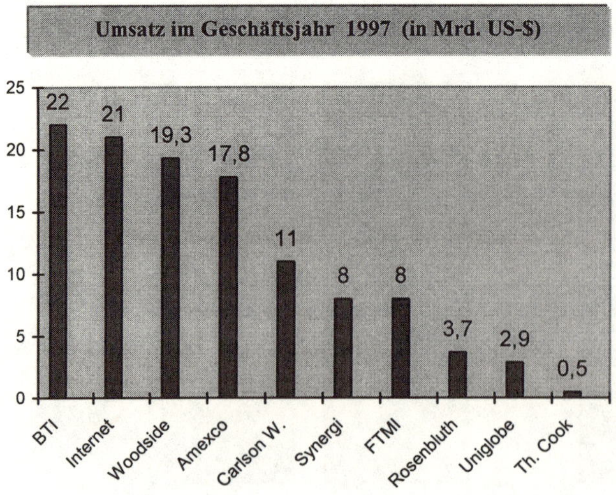

Abb. 15: Internationale Reisebüroketten und –kooperationen
(Quelle: FVW 15/98, Beilage)

6. Die grundlegenden Rechtsbeziehungen in der Tourismuswirtschaft

6. 1 Das System der Rechtsbeziehungen

Die rechtliche Regelung des Wirtschaftsverkehrs ist Grundlage für das Zusammenwirken der die institutionelle Struktur bildenden Reisegestaltungs- und Reiseausführungsbetriebe bei der Erstellung der touristischen Produkte sowie für ihre Vermarktung gegenüber Privat- und Geschäftsreisenden. Als Rechtssubjekte treten natürliche und juristische Personen in Erscheinung; das touristische Produkt - die Urlaubs- und Geschäftsreise - steht in diesen Rechtsbeziehungen als Rechtsobjekt im Mittelpunkt, daneben eine Vielfalt touristischer Teilleistungen (Leistungsbausteine), die sowohl in das touristische Produkt eingehen, als auch selbst unmittelbar Objekte von Rechtsbeziehungen sein können.
Die Rechtssubjekte gehen bezüglich der Rechtsobjekte verschiedene Arten von Rechtsgeschäften ein; im Zentrum unseres Interesses stehen die mehrseitig verpflichtenden Rechtsgeschäfte oder **Verträge**, in der Regel **zweiseitige Verträge**. Diese Verträge nehmen je nach den vertragsschließenden Rechtssubjekten und den Rechtsobjekten, die den Vertragsgegenstand bilden, spezielle Arten und Ausgestaltungsformen an.
Bezüglich der touristischen Produkte schließen die beteiligten Rechtssubjekte vor allem folgende Arten von Vertragsbeziehungen:

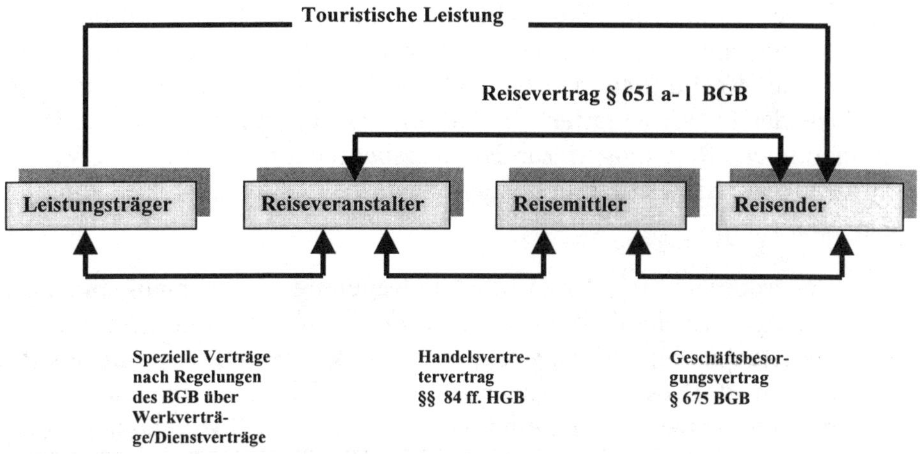

Abb. 16: Rechtssubjekte und Vertragsarten bei Reisedienstleistungen

Reiseveranstalter und **Reisender** schließen den Reisevertrag über das touristische Produkt nach §651a bis l BGB ab.
Reiseveranstalter und **Reisemittler** (Reisebüro) regeln den Vertrieb des Produktsortiments des Veranstalter mittels eines Handelsvertretervertrages (Agenturvertrag) nach §§84 ff. HGB.
Reiseveranstalter und **Leistungsträger** schließen Verträge über touristische Teilleistungen (Leistungsbausteine) ab. Es kommen verschiedene Verträge zur Anwendung, wie z. B. Hotelreservierungsvertrag, Beförderungsvertrag (Flug, Schiff, Bus, Bahn) u. a.. Sie enthalten werkvertrags- und dienstvertragsähnliche Elemente auf der Grundlage der entsprechenden Vertragsart nach BGB.
Zwischen **Reisemittler** und **Reisendem** kommt ein Geschäftsbesorgungsvertrag nach §675 BGB zustande.

Bezüglich einer Vielzahl touristischer Nebenleistungen, wie z. B. Reiseversicherungsleistungen, Vermietungsleistungen u. a. kommen weitere spezielle Vertragsarten zur Anwendung. Daneben greifen andere rechtliche Regelungen in die Vertragsgestaltung über Reisedienstleistungen ein bzw. liegen ihnen mit zugrunde, wie z. B. die speziellen Rechtsnormen über die Personenbeförderung mit den verschiedenen Verkehrsmitteln.

Die Differenziertheit der Rechtsbeziehungen und der sie begründenden Verträge ist wesentlich für die eindeutige Bestimmung der Rechte und Pflichten, in die die Partner eintreten, vor allem aber für die Klärung von Rechtsstreitigkeiten aus ihrer Schlechterfüllung oder Nichterfüllung und für die Haftung. Diese können sehr unterschiedlich ausgestaltet sein. Zur Erhöhung der Rechtssicherheit hat sich die Rechtspraxis deshalb eine Reihe ergänzender Instrumentarien geschaffen, wie Regelungen über Reisepreisminderungen, Regelungen zur Haftungsbegrenzung sowie zum Vertragsrücktritt u. a.. Sie werden üblicherweise in Allgemeinen Reisebedingungen dargestellt.

Die Weiterentwicklung der rechtlichen Regelungen wird maßgeblich durch die Setzung vereinheitlichten europäischen Rechts bestimmt, das von den Mitgliedsstaaten der Europäischen Union verpflichtend in nationales Recht umzusetzen ist. Dies betraf bisher schon die EG-Pauschalreiserichtlinie, die EG-Informationsverordnung und verschiedene EG-Sozialvorschriften sowie Regelungen zur Liberalisierung des Wirtschaftsverkehrs. Sie erzwingen eine ständige Rechtsanpassung. Einschneidende Bedeutung wird auch für die Tourismuswirtschaft der Übergang zur europäischen Einheitswährung haben. Der detaillierte Umfang des hierzu erforderlichen Regelungsbedarfs ist derzeitig noch nicht abzusehen.

Nachfolgend wird auf die Kernbereiche der reisevertragsrechtlichen Regelung näher eingegangen. Zu den speziellen Rechtsnormen, die die Beförderung der Reisenden anbetreffen, wie Bahn-, Luft-, Schiffs- und Omnibusbeförderung, wird in Kapitel II gesondert Stellung genommen.

6. 2 Der Reisevertrag

6. 2. 1 Rechtsobjekte und Rechtssubjekte

Der Reisevertrag ist im BGB unter den Siebenten Titel „Werkvertrag und ähnliche Verträge" eingeordnet worden. Er enthält grundlegende Elemente des Werkvertrages, ist aber ein **Vertrag sui generis**, da sein Rechtsobjekt zahlreiche Spezialregelungen bedingt (SEYDERHELM 1997: 11). Die Umschreibung des Reisevertrages und die Legaldefinition der Reise leitet sich aus §631 ab, der bestimmt:

> §631. /Wesen des Werkvertrages/ (1) Durch den Werkvertrag wird der Unternehmer zur Herstellung des versprochenen Werkes, der Besteller zur Entrichtung der vereinbarten Vergütung verpflichtet.
>
> (2) Gegenstand des Werkvertrages kann sowohl die Herstellung oder Veränderung einer Sache als ein anderer durch Arbeit oder Dienstleistung herbeizuführender Erfolg sein
> (BGB 1997: 130).

Rechtsobjekt des Reisevertrages ist die **Reise**. Sie wird nach §651a als eine **Gesamtheit von Reiseleistungen** bestimmt und erfaßt damit die touristische **Pauschalreise**. Welche Arten von Reiseleistungen hierunter zu verstehen sind, hat die Rechtsprechung so interpretiert, daß mindestens zwei touristische Hauptleistungen als Gesamtheit angeboten werden müssen, die also einander annähernd gleichwertig sein sollten. Derartige Hauptleistungen können zum Beispiel sein:

- Beförderung und Unterkunft,
- Unterkunft und Hobbykurs,
- Unterkunft und organisierte sportliche Aktivitäten,
- Beförderung und Mietwagen oder Wohnmobil/Caravan,
- Unterkunft und Mietwagen,
- Kreuzfahrt (stets Unterkunft, Beförderung und Verpflegung enthal-
- tend),

- Fly & Drive-, Fly & Cruise-, Rail & Cruise-Programme,
- Unterkunft und Kunst- oder Studienführung,
- Beförderung und Verkaufsveranstaltung (Werbeverkaufsfahrt),
- Segeltour und Skipper,
- Beförderung und Hausboot,
- Stopoverprogramm (Flugbeförderung und Übernachtung),

  u. a..

Diese Hauptleistungen müssen als Leistungspaket und zu einem **Gesamtpreis** (Endpreis) in eigenem Namen und auf eigene Rechnung angeboten werden.
Daraus leitet sich der Begriff des Rechtssubjektes **Reiseveranstalter** ab: Reiseveranstalter ist deshalb derjenige, der derartig bestimmte Leistungen in dieser Form anbietet.
Dabei ist es unerheblich, ob es sich um einen gewerblichen Anbieter handelt, oder ob der Anbieter nichtgewerblich ist. Solche nichtgewerblichen Anbieter von Pauschalreisen sind z. B.:

- Volkshochschulen,
- karitative und religiöse Gemeinschaften,
- Vereine,
- Politische Parteien und Gewerkschaften,
- Krankenkassen,
- öffentlich-rechtliche Rundfunk- und TV-Anstalten,

  u. a..

Auch wenn Pauschalreisen nur gelegentlich angeboten werden, erfüllt der Anbieter die Voraussetzungen eines Reiseveranstalters.
Ohne daß die Legaldefinition der Pauschalreise erweitert worden wäre, haben Bundesgerichtshof und Gerichte in ihrer Rechtsprechung die Veranstaltereigenschaft auch dann zuerkannt, wenn die Voraussetzung des Angebotes von mindestens **zwei** Hauptleistungen nicht erfüllt ist. Nach einer Kritik des Bundesgerichtshofes am Gesetzgeber sei das Kriterium für die Anwendung des Reisevertragsrechtes nicht die Anzahl der geschuldeten Reisedienstleistungen, sondern die durch Auslegung festgestellte Eigenverantwortlichkeit des Anbieters (SEYDERHELM 1997: 16). Sie kann sich auch dann ergeben, wenn der Anbieter gegenüber dem Reisenden wie ein Veranstalter auftritt, d. h. sein Angebot veranstaltermäßig offeriert, z. B. ein größeres Angebot in einem Katalog darstellt, darin eventuell eine bestimmte Gestaltung der Reise verspricht und gegebenenfalls eine Reisepreissicherung zusagt. Dies betrifft nach aktueller Rechtsprechung folgende bekanntgewordene Einzelfälle:

- **Ferienhaus oder Ferienwohnung**
  Das katalogmäßige und gewerbliche Angebot dieser Leistung führt zur Anwendung des Reisevertragsrechtes.
- **Hotelzimmer**
  Sofern ein Reisender ein einzelnes Hotelzimmer direkt bei einem Leistungsträger (Hotelier) bucht, handelt es sich um einen Beherbergungsvertrag (Gastaufnahmevertrag). Bietet ein Dritter Hotelzimmer katalogmäßig an, wird zwischen diesem und dem Kunden ein Reisevertrag begründet. Dies entspricht auch der Veranstalterpraxis, wo regelmäßig in einem Angebotskatalog z. B. für Städtereisen sowohl ein Leistungsbündel aus Beförderung und Hotelunterkunft, wahlweise auch nur die Hotelunterkunft bei individueller An- und Abreise buchbar ist. Bietet ein Hotelier Unterkunft in Kombination mit Fitneß-, Wellness- oder Beauty-Programmen direkt an, wird kein Reisevertrag begründet. Das ist erst dann der Fall, wenn diese Leistungsgesamtheit von einem Dritten veranstaltermäßig angeboten wird.
- **Flugbeförderung**
  Ein Vertrag, der lediglich eine Flugbeförderung zum Gegenstand hat, auch wenn diese über einen Handelsvertreter vertrieben wird, ist ein Luftbeförderungsvertrag. Bei sogenannten Stopoverprogrammen von Airlines hingegen liegt ein Reisevertrag vor, da hier die klassische Kombination von Beförderung und Hotelunterkunft angeboten wird.
- **Bootscharter/Wohnmobil**
  Sofern für eine Bootscharter eine bestimmte Gestaltung der Reise versprochen wird, das Boot also nicht nur dem Zwecke der Beförderung dient, neigt die Rechtssprechung auch hier dazu, das Zustandekommen eines Reisevertrages als gegeben anzusehen.
  Auch die Buchung eines Wohnmobils aus einem katalogmäßigen Angebot wird hierunter subsumiert.

Vertragspartner des Reiseveranstalters ist das Rechtssubjekt **Reisender**. Reisende können natürliche Personen und juristische Personen sein. Auf Seiten des Reisenden kann es sich um eine Einzelperson oder um eine Personenmehrheit handeln. Es sind zu unterscheiden:

- **Familienreisen**
  Häufig bucht ein Reisender für sich und seine Familienangehörigen eine Pauschalreise. Er ist dann alleiniger Vertragspartner des Reiseveranstalters und schuldet diesem die Entrichtung des Reisepreises für alle Mitreisenden. Dennoch werden den mitreisenden Familienangehörigen selbständige Erfüllungsansprüche gegen den Veranstalter eingeräumt.

- **Gruppenpauschalreisen**
  Sofern keine anderslautenden Vereinbarungen getroffen sind, tritt der Buchende als Stellvertreter für alle Gruppenmitglieder auf, alle Mitglieder der Gruppe sind Vertragspartner des Reiseveranstalters.
- **Incentive-Reisen**
  Incentive- oder Anreizreisen werden von Unternehmen für deren Mitarbeiter zur Leistungsmotivation bereitgestellt. Das Unternehmen (Arbeitgeber) ist Vertragspartner des Veranstalters (SEYDERHELM 1997: 48 f.).

6. 2. 2. Abschluß des Reisevertrages

Der Reisevertrag kommt wie jeder andere Vertrag nach §§145 ff. BGB durch Antrag (erste Willenserklärung) und Annahme (zweite Willenserklärung) zustande. Der Antrag ist die sogenannte **Reiseanmeldung** des Reisenden, die Annahme die **Reisebestätigung** durch den Veranstalter. Für das Zustandekommen des Reisevertrages ist keine besondere Form vorgeschrieben, es hat sich aber in der praktischen Geschäftstätigkeit durchgesetzt, Reiseanmeldung und Reisebestätigung schriftlich abzufassen. Sofern Computerreservierungssysteme (CRS) eingesetzt werden, stellt die Reservierungsbestätigung über das CRS bereits die Vertragsannahme dar, eine Reisebestätigung wird dennoch später dem Reisenden zusammen mit den anderen Reiseunterlagen ausgehändigt. Sie hat dann nur noch deklaratorische Bedeutung.
Die Verordnung über die Informationspflichten von Reiseveranstaltern (InfVO) fordert jedoch zwingend die Übergabe der schriftlichen Reisebestätigung als **Urkunde über den Reisevertrag** (InfVO 1994: §3, Abs. 1).

Die Ausschreibung der Reisedienstleistungen in den Katalogen der Reiseveranstalter ist kein Angebot, sondern nur eine Produktinformation, eine invitatio ad offerendum (Einladung zur Abgabe eines Antrages durch den Reisenden). Erfolgt auf ihrer Grundlage der Abschluß des Reisevertrages, was in der Regel der Fall ist, werden die Prospektangaben Vertragsbestandteil; die Reiseanmeldung muß dann den Hinweis auf den Prospekt ausdrücklich enthalten (meist Angabe der Buchungsnummer des Prospektes).
Dem Reisenden ist der Prospekt nicht zwingend zu übergeben, die Vorlage zur Einsichtnahme bei Buchung im Reisebüro ist ausreichend. Sofern der

Reiseveranstalter sogenannte Allgemeine Reisebedingungen verwendet, werden sie dann zum Vertragsbestandteil, wenn auf sie ausdrücklich hingewiesen wird, was zumeist durch Vermerk und Abdruck im Katalog oder Einlage in diesen erfolgt. Dem Reisevertragsrecht entgegenstehende Reisebedingungen sind unwirksam. Häufig erfüllt ein Vermerk auf dem Buchungsformular (Reiseanmeldung und/oder Reisebestätigung) die Hinweispflicht auf die Reisebedingungen.
Bei einer telefonischen Buchung ist auf die Anwendung von Allgemeinen Reisebedingungen hinzuweisen.

An den Inhalt des **Reiseprospektes** werden folgende Anforderungen gestellt:

- Reisepreis,
- Höhe einer eventuellen Anzahlung,
- Fälligkeit der Restzahlung,
- Bestimmungsort, bei Rundreisen genaue Reiseroute,
- Reisezeit und Reisedauer,
- Transportmittel und Beförderungsklasse,
- Unterbringung (Art der Unterbringung, genaue Bezeichnung, Klassifizierungsmerkmal),
- Verpflegungsart und –umfang;
- Einreisebestimmungen und Gesundheitsvorschriften (bei Auslandsreisen),
- Mindestteilnehmerzahl und Absagevorbehalt bei deren Nichterreichung für bestimmte Reisearten

(DRV Reisevertrag 1994: 11).

Die Prospektbeschreibung ist für den Reiseveranstalter bindend, auf den Vorbehalt von Leistungsänderungen in bestimmten Fällen ist ausdrücklich zu verweisen.

Nach der Informationsverordnung (InfVO) sind dem Reiseveranstalter bzw. in seinem Auftrag dem vermittelnden Reisebüro umfangreiche **Informationspflichten** auferlegt, die in vier Stufen erfüllt werden müssen:

1. Stufe: im Prospekt,
2. Stufe: vor Vertragsabschluß (bei Buchung),
3. Stufe: in der Reisebestätigung,
4. Stufe: vor Reisebeginn.

Pflichtangaben und solche Informationen, die für die Reise zusätzlich von Bedeutung sind, werden überwiegend bereits in den Katalogen und den

Allgemeinen Reisebedingungen enthalten sein, deshalb ist nur dann noch zusätzlich zu informieren, wenn Änderungen eintreten oder notwendige Ergänzungen mit Bedeutung für den Ablauf der Reise notwendig werden.

Mit dem Abschluß des Reisevertrages sind Reiseveranstalter und Reisender in folgende **Vertragspflichten** eingetreten:

- **Reiseveranstalter:**
  - Sorgfältige Reisevorbereitung (Reiseorganisation, Information);
  - sorgfältig erfolgte Auswahl und Überwachung der Leistungsträger;
  - Richtigkeit und Vollständigkeit der Leistungsbeschreibung;
  - ordnungsgemäße, d. h. mängelfreie Erbringung der vertraglich vereinbarten Leistungen.
- **Reisender:**
  - Bezahlung des vertraglich vereinbarten Reisepreises und eventuell vereinbarter Anzahlungen auf den Reisepreis;
  - termingerechte Abnahme der vertraglich vereinbarten Leistungen;
  - rechtzeitige Erledigung eventuell notwendiger, von ihm zu erbringender Reiseformalitäten zur Einhaltung von besonderen Einreise-, Gesundheits-, Zoll- und Devisenvorschriften (MUNDT 1996: 178 f.).

6. 2. 3 Vertragsänderungen und Aufhebung des Reisevertrages vor Reisebeginn

Das Verpflichtungsgeschäft zum Reisevertrag ist mit der Annahme des Antrages durch den Reiseveranstalter abgeschlosssen. Im Erfüllungsgeschäft leistet, abweichend vom allgemeinen Kaufvertrag, der Reisende die Zahlung des Reisepreises **vor** Leistungserbringung. Erst mit Reiseantritt erfüllt auch der Veranstalter seine Pflichten aus dem Verpflichtungsgeschäft.

Vor Antritt der Reise, also bereits nach Zustandekommen des Verpflichtungsgeschäftes, können sich, sowohl veranlaßt vom Reiseveranstalter als auch vom Reisenden, Änderungen wichtiger Vertragsinhalte ergeben:

- **Leistungsänderungen**
  Sofern Änderungen zu dem vertraglich vereinbarten Leistungsinhalt und –umfang notwendig werden und sie vom Reiseveranstalter nicht wider Treu und Glauben herbeigeführt wurden, sind sie nur dann möglich, wenn sie den Gesamtzuschnitt der Reise nicht beeinträchtigen und nicht erheblich sind. Der Reisende ist von solchen Leistungsänderungen unverzüglich in Kenntnis zusetzen, unter Umständen ist dem Kunden eine kostenlose Umbuchung oder Rücktritt anzubieten. Dies muß

im Einzelfall abgewogen werden. Bei erheblichen Leistungsänderungen kann der Reisende vom Vertrag zurücktreten oder die Teilnahme an einer mindestens gleichwertigen Reise verlangen, wenn diese ihm ohne Mehrpreis anbietbar ist.

- **Preisänderungen**
  Der Gesetzgeber hat im Interesse des Reisenden den Rahmen nachträglicher Preisänderungen sehr eng gezogen:
  - Nachträgliche Preiserhöhungen sind nur möglich bei Erhöhung der Beförderungskosten, Erhöhung von Hafen- und Flughafengebühren u. ä., sowie Wechselkursänderungen;
  - Voraussetzung ist weiterhin, daß zwischen Vertragsabschluß und vereinbartem Reisetermin mehr als vier Monate liegen und der Reisende unverzüglich, spätestens aber 21 Tage vor Reiserantritt informiert wird;
  - Preiserhöhungen um mehr als 5 % berechtigen den Reisenden, ohne Kosten vom Reisevertrag zurückzutreten oder eine andere, mindestens gleichwertige Reise zu verlangen.
- **Übertragung des Vertrages**
  Der Reisende kann statt seiner einen Dritten an der Reise teilnehmen lassen. Beide haften dann als Gesamtschuldner für den Reisepreis und eventuell entstehende Mehrkosten. Der Veranstalter kann dem Eintritt des Dritten nur widersprechen, wenn dieser den besonderen Reiseerfordernissen nicht genügt oder diesem gesetzliche Vorschriften oder behördliche Anordnungen entgegenstehen.
- **Rücktritt durch den Reisenden**
  Vor Reisebeginn kann der Reisende jederzeit ohne Angabe von Gründen vom Vertrag zurücktreten. Er muß sich dann allerdings vom Reiseveranstalter den Ersatz für die getroffenen Reisevorkehrungen und eventuell weitere nachgewiesene Aufwendungen anrechnen lassen. Die Reiseveranstalter nutzen hier in aller Regel die vom Gesetzgeber eingeräumte Möglichkeit der Pauschalierung dieser sogenannten Stornokosten je nach zeitlichem Abstand zwischen Rücktritt und vertraglichem Reisebeginn, die in den Allgemeinen Reisebedingungen Aufnahme findet. Der Reisende kann sich gegen dieses Risiko bei einem Reiseversicherer schützen.
- **Rücktritt durch den Reiseveranstalter**
  Auch dem Reiseveranstalter räumt das Gesetz das Recht ein, vor Reisebeginn vom Vertrag zurückzutreten, dies jedoch nur in besonderen Fällen:

- Bei Nichterreichen einer Mindestteilnehmerzahl, auf die in der Reiseausschreibung hingewiesen wurde oder die behördlich festgelegt ist, kann der Rücktritt bis zwei Wochen vor planmäßigem Reisebeginn erfolgen.
- Wenn die Durchführung der Reise für den Veranstalter nach Ausschöpfung aller Möglichkeiten nicht zumutbar ist, weil er aufgrund des geringen Buchungsaufkommens eine wirtschaftliche Opfergrenze überschreiten würde, kann der Rücktritt bis vier Wochen vor Reisebeginn erfolgen, er muß allerdings die Gründe nachweisen und dem Reisenden ein vergleichbares Ersatzangebot unterbreiten.

  In beiden Rücktrittsfällen erhält der Reisende den bezahlten Reise preis zurück.

- **Kündigung wegen höherer Gewalt**

  Die Kündigung wegen höherer Gewalt, die bei Vertragsabschluß nicht voraussehbar war, ist beiden Vertragspartnern vor Reisebeginn, aber auch während der Reise möglich.

  Höhere Gewalt ist ein plötzliches, von außen kommendes Ereignis, das auch durch äußerste zu erwartende Sorgfalt nicht abwendbar ist und auch von keinem der Vertragspartner zu vertreten ist. Die Rechtsprechung erkennt auf höhere Gewalt bei

  - Naturkatastrophen,
  - Bürgerkrieg und bürgerkriegsähnlichen Unruhen,
  - Kernkraftunfällen,
  - behördlichen Eingriffen.

Allgemeine Lebensrisiken, die jeden Reisenden treffen können, wie z. B. ungünstiges Wetter, schlechte Schneeverhältnisse, Meeresverschmutzung, vereinzelte Attentate u. ä. werden nicht der höheren Gewalt zugerechnet. Allerdings bedarf die Rechtsanwendung angesichts wiederholter Anschläge auf Touristen in bestimmten Destinationen einer weiteren konkretisierenden Ausgestaltung. Unstrittig ist aber, daß Reisewarnungen des Auswärtigen Amtes ein eindeutiger Beleg für höhere Gewalt sind (MUNDT 1996: 186 f.).

Eine Kündigung wegen höherer Gewalt kann auch noch nach Reiseantritt erfolgen. In diesem Falle sind die Mehrkosten der Rückbeförderung von beiden Parteien je zur Hälfte zu tragen. Weitere Mehrkosten fallen dem Reisenden zur Last.

6. 2. 4 Störungen in der Vertragserfüllung

Nachdem die Vertragspartner in das Erfüllungsgeschäft des Reisevertrages eingetreten sind, können sich eine Vielzahl von Störungen einstellen. Erbringt der Reiseveranstalter die Reiseleistungen nicht so, daß die Reise alle vertraglich zugesicherten Eigenschaften hat und nicht mit Fehlern behaftet ist, dann kann der Reisende folgende Gewährleistungsrechte in Anspruch nehmen:

- Abhilfe,
- Minderung des Reisepreises,
- Kündigung des Vertrages,
- Schadensersatz

(§651c bis f).

Voraussetzung für das Geltendmachen von Gewährleistungsansprüchen ist aber, daß eine relevante Beeinträchtigung der Reise nachgewiesen wird. Bloße Unannehmlichkeiten oder Ortsüblichkeiten sind vom Reisenden ersatzlos hinzunehmen und stellen noch keinen Reisemangel dar (SEYDERHELM 1997: 88).

Für den Begriff des **Reisemangels** wird von zwei unterschiedlichen Auffassungen in der Rechtsprechung ausgegangen:

- **Weiter Mangelbegriff:**
  Ausgehend von der Bestimmung der Reise als einer Gesamtheit von Reiseleistungen schuldet der Reiseveranstalter dem Reisenden nicht nur die mängelfreie Erbringung einzelner Leistungsbausteine, sondern den vom Reisenden erwarteten Nutzen als Ganzes.
- **Enger Mangelbegriff:**
  Ein Reisemangel ist nur dann gegeben, wenn geschuldete Hauptleistungen (Beförderung, Unterkunft/Verpflegung) nicht fehlerfrei sind oder ihnen zugesicherte Eigenschaften fehlen
  (SEYDERHELM 1997: 93).

Der weite Mangelbegriff leidet darunter, daß für ihn eine exakte Definition anhand eindeutiger Kriterien nicht vollständig und zweifelsfrei möglich ist, denn der Nutzen der Reise besteht eben nicht nur in der Summe des Nutzens einzelner Teilleistungen; gerade ihre Kombination zum touristischen Produkt führt zu einem Zusatznutzen, der, wenn auch nicht präzise bestimmbar, gleichwohl die Reiseentscheidung maßgeblich beeinflußt und sich letztlich auch in der Gestaltung des Preis-Leistungsverhältnisses ausdrückt. Gerade aus der Beurteilung des Gesamtnutzens der Reise werden häufig Schadensersatzansprüche für entgangene oder geminderte Urlaubsfreuden abgeleitet.

Der enge Mangelbegriff erlaubt hingegen eine relativ exakte Nachweisführung, inwieweit die jeweilige Teilleistung mit einem Fehler behaftet ist oder ihr zugesicherte Eigenschaften fehlen, da die Leistungsbausteine der Pauschalreise in der dem Reisevertrag zugrundeliegenden Reiseausschreibung mit ihren Leistungsparametern detailliert beschrieben sind.

Bei Nachweis von Rechtsmängeln kommt es zu nachstehenden Rechtsfolgen:

- **Abhilfe und Minderung des Reisepreises:**
  Wird auf Reisemangel erkannt, so bedarf es einer weiteren Beurteilung, inwieweit es sich um einen **einfachen Reisemangel** handelt oder ob ein Mangel vorliegt, der die Durchführung der Reise **erheblich beeinträchtigt** oder als **unzumutbar** erscheinen läßt.

  Der **einfache Reisemangel** berechtigt den Reisenden zunächst, **Abhilfe** zu verlangen. Sie ist bei der örtlichen Reiseleitung oder Repräsentanz des Reiseveranstalters unverzüglich nach Entdeckung des Mangels unter Setzung einer angemessenen Frist einzufordern.
  Der Reiseveranstalter kann die Abhilfe nur dann verweigern, wenn sie einen unverhältnismäßig hohen Aufwand erfordern würde. Die Abhilfe kann auch in der Form erfolgen, daß der Veranstalter eine gleichwertige Ersatzleistung erbringt. Wichtig für den Reisenden ist außerdem, daß er eine entsprechende Beweissicherung für den Mangel vornimmt. Die Abhilfe muß so erfolgen, daß sie die vorgetragene Beanstandung restlos beseitigt und den vertraglich geschuldeten Zustand wieder herstellt.
  Läßt der Veranstalter die gesetzte Frist zur Abhilfe untätig verstreichen, dann kann der Reisende auch eine **Selbstabhilfe** tätigen.
  Für die Dauer der nicht vertragsgemäßen Erbringung von Reiseleistungen kann der Reisende eine **Minderung** des Reisepreises verlangen.
  Welche Höhe der Minderung zuerkannt wird, kann sich nur nach den Umständen des Einzelfalles bemessen. Eine Orientierungshilfe für die Rechtsprechung und damit höhere Rechtsicherheit bietet die sogenannte **Frankfurter Tabelle**. Sie enthält eine Auflistung typischerweise vorkommender Reisemängel und bietet die Möglichkeit ihrer vereinheitlichten Abgeltung; sie hat aber keine normative Wirkung (SEYDERHELM 1997: 142).

- **Kündigung des Reisevertrages durch den Reisenden:**
  Bei einer erheblichen Beeinträchtigung der Reise durch Mängel, für die durch den Reiseveranstalter innerhalb der vom Reisenden gesetzten Frist keine Abhilfe geleistet wurde, ist eine Kündigung des Vertrages möglich. Sie kann auch erfolgen, wenn die Abhilfe unmöglich ist oder vom Reiseveranstalter nicht erfolgte oder die Fortführung der Reise aus einem für den Veranstalter erkennbaren Grund nicht zumutbar ist. Soweit bereits erbrachte Leistungen für den Reisenden von Interesse waren, schuldet der Reisende den dafür entfallenden Teil des Reisepreises (DRV Reisevertrag 1994: 25 f.).
- **Schadensersatz:**
  Unabhängig von einer zugestandenen Minderung des Reisepreises und zusätzlich zu ihr sowie im Falle der Kündigung kann der Reisende einen Schadensersatz verlangen. Über seine Höhe muß im jeweiligen Einzelfall entschieden werden.
- **Kündigung des Vertrages durch den Reiseveranstalter:**
  Auch der Reiseveranstalter hat die Möglichkeit, den Reisevertrag nach Beginn der Reise zu kündigen. Das kann erfolgen, wenn sich der Reisende derart vertragswidrig verhält (die Durchführung der Reise nachhaltig stört), daß eine weitere Vertragsdurchführung für den Veranstalter unzumutbar erscheint.

6. 2. 5 Haftungsbeschränkung

Eine Haftungsbeschränkung auf den dreifachen Reisepreis kann zwischen Veranstalter und Reisendem vertraglich vereinbart werden, was in aller Regel in den Allgemeinen Reisebedingungen erfolgt, soweit diese Vertragsbestandteil sind. Allerdings gilt einschränkend:

- Die Haftungsbeschränkung gilt nur für Schäden, die nicht Körperschäden sind;
- der Schaden darf nicht vorsätzlich oder grob fahrlässig herbeigeführt worden sein;
- der Schadensgrund liegt im Verschulden eines Leistungsträgers.

Sofern jedoch für bestimmte Leistungsträger besondere Haftungsregeln gelten, greifen diese. Das betrifft z. B. die internationale Luft-, See- und Eisenbahnbeförderung sowie die Haftung für eingebrachte Sachen bei Gastwirten.

Das bedeutet somit, daß die Ansprüche aufgrund auf internationalen Abkommen beruhender spezialgesetzlicher Beförderungsbestimmungen in ihrem Anwendungsbereich das Reisevertragsrecht verdrängen. Die verschuldensunabhängige Gastwirtshaftung trifft den Reiseveranstalter ohnehin nicht (SEYDERHELM 1997: 281).

6. 2. 6 Sicherstellung durch den Reiseveranstalter

In Anwendung der §§651a und k kann der Reiseveranstalter mit dem Reisenden vor Reiseantritt Zahlungen auf den Reisepreis vereinbaren. Dies erfolgt regelmäßig durch eine **Anzahlung** mit der Reiseanmeldung und die **Restzahlung** des Reisepreises bei Übergabe der Reisebestätigung einschließlich der qualifizierten Reiseunterlagen. Entsprechende Vorauszahlungsklauseln sind in den von nahezu allen Veranstaltern zur detaillierten Bestimmung des Inhalts des Reisevertrages verwandten Allgemeinen Reisebedingungen enthalten. Für den Fall, daß vor Reisebeginn oder nach Reiseantritt Konkurs oder Insolvenz des Reiseveranstalters eintritt, hat der Veranstalter dafür Sorge zu tragen, daß eine **Sicherstellung**

- der geleisteten Zahlungen des Reisenden und
- der für eine Rückreise notwendigen Aufwendungen

gewährleistet ist.

Die Sicherstellung kann in zwei Varianten erfolgen:

1. durch eine Versicherung bei einem dafür im Geltungsbereich des Gesetzes zum Geschäftsbetrieb befugten **Versicherungsunternehmen** (Versicherungsmodell);
2. durch ein Zahlungsversprechen (Bürgschaft) eines im Geltungsbereich des Gesetzes zum Geschäftsbetrieb befugten **Kreditinstituts** (Bankenmodell).

Die Strenge der §§651a und k, wonach das Versicherungsunternehmen oder das Kreditinstitut im Geltungsbereich des Gesetzes zum Geschäftsbetrieb befugt sein müssen, ist durch Art. 59 EVG gemildert; es genügt die Zulassung in einem der Mitgliedsländer. Auch muß es sich nicht um bereits bestehende Institutionen handeln. Die Möglichkeit, Unternehmen zu diesem Zweck neu zu gründen, ist ausdrücklich eingeräumt. Versicherungsmodelle auf dem deutschen Markt sind z. B. TourVers GmbH und der Deutsche Reisepreis-Sicherungsverein AG (DRS); ein Bankenmodell ist die Organisation Tourgarant in Zusammenarbeit mit der Deutschen Verkehrsbank.

Dem Reisenden ist mit den Reiseunterlagen ein entsprechender **Sicherungsschein** zu übergeben.

Die rechtliche Regelung der Insolvenzabsicherung sieht eine Bagatellgrenze vor:

- Wenn ein Unternehmen oder eine andere Institution nur gelegentlich und außerhalb gewerblicher Tätigkeit Reisen veranstaltet;
- wenn die Reise nicht länger als 24 Stunden dauert, keine Übernachtungsleistungen einschließt und der Reisepreis 150 DM nicht übersteigt;
- wenn eine juristische Person des öffentlichen Rechts als Reiseveranstalter tätig wird.

§651k räumt den Garantiegebern eine Haftungsbegrenzung ein. Diese Regelung widerspricht jedoch Art. 7 der EG-Pauschalreiserichtlinie, die eine solche Möglichkeit nicht vorsieht. Werden Reisende aufgrund einer Haftungsbeschränkung nur anteilig entschädigt, stellt sich das Problem der Staatshaftung wegen unzureichender Umsetzung des EG-Rechts in nationales Recht.
Die Höhe der Anzahlung, die vertraglich vereinbart werden kann, ist mit Novellierung des Reiserechts nicht mehr auf einen Höchstbetrag begrenzt.
Für das Reisebüro stellt sich aus der rechtlichen Regelung der Absicherung der Kundengelder gegen Konkurs und Insolvenz des Veranstalters die Entscheidungsfrage, inwieweit es für Veranstalter, die eine solche Sicherung nicht vornehmen, als Absatzmittler weiter tätig wird. Wenn es dies bejaht, gebietet die Sorgfalts- und Informationspflicht gegenüber dem Kunden einen ausdrücklichen Hinweis. Reiseveranstalter, sofern sie als nicht hinreichend seriös und als risikobehaftet angesehen werden, haben ohnehin Probleme, einen Garantiegeber zu finden.

6. 2. 7 Die Verjährung von Ansprüchen aus dem Reisevertrag

Ansprüche aus dem Reisevertrag unterliegen einer verkürzten Verjährung. Sie soll eine beschleunigte Abwicklung von Ansprüchen aus dem Massentourismus ermöglichen, für die häufig eine Beweissicherung vor Ort nur unzureichend möglich ist und außerdem die vorprozessuale Phase der Auseinandersetzung zwischen Reisendem und Veranstalter verkürzen. Obwohl die beschleunigte Verjährung Gesetzesinhalt ist, verpflichtet die InfVO den Veranstalter ausdrücklich, den Reisenden auf sie hinzuweisen. Unterläßt er dies, so greift §195 BGB (SEYDERHELM 1997: 264).

Folgende Ausschluß- und Verjährungsfristen sind nach §§651c bis f einzuhalten:

- Ansprüche auf Minderung des Reisepreises und Schadensersatz bei Schlechterfüllung oder Nichterfüllung vertraglich vereinbarter Leistungen sowie aus Kündigung wegen Mangels (§§651c bis f) sind vom Reisenden innerhalb **eines Monats** nach vertraglich vorgesehenem Reiseende gegenüber dem Reiseveranstalter **geltend zu machen**. Nach Fristablauf ist dies nur dann möglich, wenn der Reisende nachweist, daß er ohne eigenes Verschulden an der Fristeinhaltung gehindert war.
- Die Ansprüche des Reisenden nach §§651c bis f **verjähren** in **sechs Monaten** nach vertraglich vorgesehenem Reiseende.

  Der Lauf der Verjährungsfrist ist gehemmt, wenn der Reisende seine Ansprüche fristgemäß geltend gemacht hat. Die Hemmung endet mit der schriftlichen Zurückweisung durch den Veranstalter, die inhaltlich eindeutig und endgültig sein muß. Eine danach eventuell vom Reisenden nochmals vorgebrachte Gegendarstellung löst keine erneute Hemmung aus. Den Beginn der Hemmung und Unterbrechung muß der Reisende darlegen und beweisen. Das Ende von Hemmung und Unterbrechung ist vom Reiseveranstalter nachzuweisen.

Bei Berechnung der Fristen zur Geltendmachung von Ansprüchen und der Verjährung wird der Tag des vertragliche Reiseendes nicht mitgerechnet.

6. 2. 8 Allgemeine Geschäftsbedingungen für Reiseverträge

Mit der Empfehlung Allgemeiner Geschäftsbedingungen für Reiseverträge, kurz Allgemeine Reisebedingungen, verfolgte der Deutsche Reisebüroverband das Ziel, durch vereinheitlichte Ausgestaltung und Umsetzung der §§651a bis l des BGB in detaillierte Regelungen zur Rechtssicherheit beizutragen. Sie haben vor allem Bedeutung für

- die Durchsetzung der möglichen Haftungsbegrenzung gem. §651h,
- die Pauschalierung der Rücktrittskosten gem. §651 i (DRV 1994: 17).

Sie sind nur dann rechtswirksam, wenn sie ausdrücklich zum Vertragsbestandteil erklärt werden. Das kann im Prospekt, mit der Reiseanmeldung, mit der Reisebestätigung oder durch gesonderte Aushändigung des vollständigen Textes geschehen. Werden Allgemeine Reisebedingungen nur auszugsweise abgedruckt und dem Reisenden zur Kenntnis gebracht, sind auch nur sie Vertragsinhalt. Bei prozessualen Auseinandersetzungen zwischen den Reisenden und Reiseveranstaltern haben jedoch die jeweils verwendeten Allgemeinen Reisebedingungen eine nachrangige Rolle, da sie die Regelung der §§651a ff. des BGB nur konkretisieren können. Von ih-

nen darf zum Nachteil des Reisenden ohnehin nicht abgewichen werden (SEYDERHELM 1997: 46).
Die Allgemeinen Reisebedingungen gestalten folgende Regelungsbereiche aus:

- Abschluß des Reisevertrages,
- Bezahlung,
- Leistungen,
- Leistungs- und Preisänderungen,
- Rücktritt durch den Kunden, Umbuchungen, Ersatzpersonen,
- nicht in Anspruch genommene Leistung,
- Rücktritt und Kündigung durch den Reiseveranstalter,
- Aufhebung des Vertrages wegen außergewöhnlicher Umstände,
- Haftung des Reiseveranstalters,
- Gewährleistung,
- Beschränkung der Haftung,
- Mitwirkungspflicht (des Reisenden),
- Ausschluß von Ansprüchen und Verjährung,
- Paß-, Visa- und Gesundheitsvorschriften,
- Unwirksamkeit einzelner Bestimmungen,
- Gerichtsstand

(DRV 1994: 19 ff.).

6. 3 Der Agenturvertrag

Zweite wichtige Seite der Rechtsbeziehungen in der Tourismuswirtschaft ist die vertragliche Regelung der Zusammenarbeit zwischen dem Reiseveranstalter und dem Reisemittler, der Handelsvertretervertrag nach §§84 ff. des HGB, der üblicherweise die Bezeichnung **Agenturvertrag** trägt.

Die wesentlichen Merkmale des Handelsvertretervertrages sind folgende:

▪ Art der Handlungsvollmacht:	Vermittlungs- oder Abschlußvollmacht;
▪ Rechtsverhältnis zum Produzenten:	Selbständiger Gewerbetreibender; handelt in fremdem Namen und auf fremde Rechnung;
▪ Rechtspersönlichkeit:	natürliche oder juristische Person;
▪ Dauer der Tätigkeit:	dauernd;

- Vergütungsansprüche: Vermittlungsprovision für abgeschlossene Geschäfte, Inkassoprovision für auftragsgemäß eingezogene Zahlungen, Delcredereprovision bei Verpflichtung des Vertreters, für die Erfüllung der Verbindlichkeiten aus den vermittelten Geschäften einzustehen, Ersatz der Aufwendungen, wenn dies handelsüblich ist;
- Übliche Geschäftsobjekte: Waren, Dienstleistungen (z. B. Versicherungen, Finanzdienstleistungen, Reisedienstleistungen u. a.)

Dem Handelsvertreter stehen in Durchführung seiner Tätigkeit bestimmte Rechte zu und ihm obliegen folgende wesentliche **Pflichten**:

Rechte und Pflichten des Handelsvertreters nach HGB

Rechte

- Rechte auf alle zur Durchführung seiner Vermittlungstätigkeit erforderlichen Unterlagen;
- Recht auf Benachrichtigung über Vertragsannahme, Ablehnung oder Änderung;
- Recht auf Abrechnung der provisionspflichtigen Geschäfte (in Zweifelsfällen Recht auf Einsichtnahme in die entsprechenden Geschäftsbücher des Unternehmers);
- die Abrechnung hat in der Regel monatlich zu erfolgen, der Abrechnungszeitraum kann auf höchstens drei Monate vereinbart werden.

Pflichten

- Pflicht zur Bemühung im Interesse des Unternehmers;
- Pflicht zur Benachrichtigung über die vermittelten Geschäfte;
- Sorgfaltspflicht nach den Grundsätzen eines ordentlichen Kaufmannes;
- Pflicht zur Verschwiegenheit gegenüber Dritten, auch nach Vertragsbeendigung.

Abb. 17: Rechte und Pflichten des Handelsvertreters

In den Verträgen zwischen Reiseveranstaltern und Reisebüros werden diese grundlegenden Vertragselemente üblicherweise wie folgt umgesetzt:

- **Vergabe der Vertretung**:
  Die Vergabe der Vertretung erfolgt in der Regel auf Grundlage bestimmter Zulassungskriterien. Sie können sein:
  - Der Reisemittler muß sich hauptsächlich mit dem Vertrieb von Reiseleistungen befassen. Er muß durch Einrichtung und Lage des Reisebüros sowie durch entsprechend qualifiziertes Fachpersonal seine fachliche Kompetenz für die Vermittlungstätigkeit nachweisen. Üblicherweise muß es sich um einen bereits eröffneten Geschäftsbetrieb handeln;
  - das Reisebüro hat eine Bankbürgschaft, bemessen an einem bestimmten Mindestumsatz, zu stellen;
  - je nach Lage des Reisebüros und Ortsgröße werden differenzierte Mindestumsätze gefordert;
  - überwiegend wird die Installation eines Computerreservierungssystems (CRS) verlangt, bei kleinen Veranstaltern und Reisebüros ist aber auch noch „Telefonhandel" üblich.
- **Vertriebswege:**
  Der Reiseveranstalter verpflichtet sich, in der Regel eine eigene Buchungstätigkeit für das dem Reisebüro zur Vermittlung übertragene Produktsortiment nicht durchzuführen. Andere Vertriebswege werden nur dann beschritten, wenn es um den Erhalt oder die Erweiterung bedeutender Marktanteile geht. Im Gegenzug ist die Durchführung von Eigenveranstaltungen durch das Reisebüro im Rahmen des Produktsortiments des Veranstalters auszuschließen.
- **Interessenwahrung:**
  - Die Interessen der Vertreter werden häufig durch Einrichtung von Vertretergemeinschaften (sogenannte Partnerausschüsse) wahrgenommen;
  - die Interessen des Reiseveranstalters werden von diesem unmittelbar wahrgenommen. Sie beziehen sich vor allem auf vertrauliche Behandlung des gesamten Geschäftsverkehrs, Marktauftritt des Reisebüros unter Verwendung des Firmennamens oder der Veranstaltermarke unter Einsatz der vom Veranstalter bereitgestellten Werbemittel und Werbeträger.

- **Beziehungen des Reisebüros zu anderen Unternehmen:**
  Vom Vermittler wird in der Regel verlangt, daß er
  - dem Reiseveranstalter bestehende oder beabsichtige Geschäftsbeziehungen zu anderen Reiseveranstaltern offenlegt;
  - den Vertrieb von Produkten bestimmter Veranstalter unterläßt;
  - mit den Leistungsträgern in den Destinationen, die Vertragsbeziehungen mit dem Veranstalter unterhalten, keine eigenen Geschäftsbeziehungen anknüpft.
- **Vergütungsregelung:**
  Üblicherweise wird als Vergütung eine auf den Umsatz bezogene Provision vereinbart, die dann, wenn der Vermittler den Einzug der Kundengelder übernimmt, auch die Inkassoprovision einschließt. Die verschiedenen Provisionsmodelle enthalten meist sogenannte Staffelprovisionen, je nach Erreichung einer bestimmten Umsatzgruppe. Bonus- oder Malusregelungen sind ebenfalls in Anwendung. An die Erreichung und Übererfüllung der Umsatzziele sind verbreitet außerdem Incentives geknüpft.
- **Abrechnung der Vermittlungsgeschäfte:**
  Die Form der Abwicklung und Abrechnung der Geschäfte wird vom Reiseveranstalter verbindlich vorgeschrieben. Zwischen einzelnen Veranstaltern bestehen durchaus deutliche Unterschiede. Sofern dem Reisebüro das Inkasso der Kundengelder übertragen ist, haftet die Vertretung auch für die Bezahlung des vollen Reisepreises und ist zur treuhänderischen Verwaltung der Kundengelder verpflichtet. Üblicherweise werden diese dann zu gesondert festgelegten Terminen im Bankabbuchungsverfahren eingezogen. Der Veranstalter übergibt dem Vermittler zu bestimmten Terminen einen Abrechnungsnachweis, die operative Kontrolle des täglichen Geschäftsverlaufs wird über eine besondere Kontenführung und entsprechende Kontenauszüge ermöglicht.
- **Preisgestaltung:**
  Der Vermittler hat in der Regel keinerlei eigene Preisgestaltungsmöglichkeiten, er ist an die Veranstalterpreise gebunden (Preisbindung der zweiten Hand oder autonome Preisbindung, vgl. WÖHE 1990: 425). Damit ist auch die Weitergabe von Provisionsanteilen an den Kunden auszuschließen. Eine aktive Preispolitik durch den Mittler kann nicht erfolgen.
- **Haftung:**
  Die Vertretung haftet unbeschränkt für alle Verbindlichkeiten und alle schuldhaft verursachten Schäden gegenüber dem Reiseveranstalter.

- **Beendigung des Vertragsverhältnisses:**
  Generell kann der Handelsvertretervertrag beiderseitig ohne Angabe von Gründen zum festgelegten Termin und unter Einhaltung vereinbarter Fristen gekündigt werden.
  Der Vertrag erlischt, ohne daß es einer Kündigung bedarf bei
  - Wechsel des Reisebüroinhabers oder der Gesellschafter;
  - Verpachtung des Reisebüros;
  - Veräußerung oder Verpfändung von Geschäftsanteilen;
  - Konkurs oder Vergleich gegen den Inhaber der Vertretung oder deren Gesellschafter sowie bei Konkursablehnung mangels Masse oder Leistung der eidesstattlichen Versicherung (Offenbarungseid).

  Eine fristlose Kündigung durch den Reiseveranstalter erfolgt insbesondere bei
  - Änderung der Firma oder des Firmensitzes;
  - groben Verstößen gegen wichtige Vertragsgrundlagen;
  - erwiesener Schädigung der Unternehmensinteressen des Veranstalters;
  - mißbräuchlicher Verwendung der vereinnahmten Kundengelder,
  - Abtretung, Pfändung oder Verpfändung von Provisionsforderungen durch das Reisebüro;
  - einem erheblichen, durch das Verhalten der Vertretung verursachten Buchungs- bzw. Umsatzrückgang.

6. 4 Der Geschäftsbesorgungsvertrag

Die Geschäftsbesorgung ist als besonderer Vertragsgegenstand in das Regelwerk des Dienstvertrages oder Werkvertrages gemäß BGB eingebunden. Die Eigenart der Geschäftsbesorgung ist in den §§663 bis 675 BGB weiter ausgestaltet. Für die Reisedienstleistungen stellt sie sich folgendermaßen dar:

- Mit Aufnahme des Geschäftsbetriebes und öffentlichem Auftritt auf dem Markt erbietet sich das Reisebüro, Reisedienstleistungen zwischen Reisenden sowie Veranstaltern bzw. Leistungsträgern zu vermitteln;
- der Reisende gibt mit seinem Auftrag zur Vermittlung von Reisedienstleistungen gegenüber dem Reisebüro die erste Willenserklärung (Antrag) zum Geschäftsbesorgungsvertrag ab und erteilt dem Beauftragten (Reisebüro) entsprechende Weisungen;

- das Reisebüro nimmt mit der Entgegennahme des Buchungswunsches des Auftraggebers (Kunden) diesen Auftrag an (Annahme, zweite Willllenserklärung);
- einer besonderen Form bedarf der Geschäftsbesorgungsvertrag nicht.

Aus dem Geschäftsbesorgungsvertrag ergeben sich für den Reisemittler als Beauftragtem des Auftraggebers (Reisender) insbesondere folgende Pflichten:

- Pflicht zur Bemühung, den Auftrag des Kunden nach dessen Weisungen zu vermitteln. Sie schließt die qualifizierte fachliche Beratung und Information ein;
- Pflicht zur Auskunftserteilung über den Stand des Vermittlungsgeschäftes sowie Rechenschaftspflicht nach Ausführung des Auftrages;
- Herausgabepflicht bezüglich der erforderlichen qualifizierten Reiseunterlagen;
- Abrechnungspflicht bezüglich des Reisepreises;
- Anzeigepflicht bei Abweichungen von Weisungen des Kunden. Sie schließt auch ein, daß zu derartigen Abweichungen vom Auftrag die Entschließung des Kunden abzuwarten ist.

Die **Haftung** des Reisebüros gegenüber dem Kunden beschränkt sich auf Vermittlungsfehler. Obgleich der Reiseveranstalter regelmäßig die Haftung für falsche Auskunftserteilung mit seinen Allgemeinen Reisebedingungen ausschließt, haftet der Vermittler dennoch, wenn sich die falsche Auskunft auf unmittelbare Vertragsbestandteile bezieht und ihm ein Verschulden durch den Kunden nachgewiesen werden kann. Dies betrifft auch Vernachlässigung der Informationspflichten gemäß InfVO oder eine mangelhafte Bearbeitung des Vermittlungsgeschäftes, soweit dadurch die planmäßige Durchführung der Reise behindert oder sogar verhindert wird. Mangelhafte Bearbeitung liegt vor allem vor, wenn Reiseanmeldung und Änderungswünsche des Kunden verspätet weitergeleitet werden, eine falsche Preisberechnung erfolgt oder die Reiseunterlagen verspätet und/oder unvollständig dem Kunden ausgehändigt werden. Der Kunde hat in diesen Fällen die Möglichkeit, einen Schadensersatz geltend zu machen. Auf Schäden, die hieraus dem Reiseveranstalter entstehen, finden die Regelungen des Handelsvertretervertrages Anwendung (FÜTH/WALTER 1993: 291).

Gegenüber dem Kunden hat das Reisebüro das Recht auf Aufwendungsersatz (z. B. Kommunikationskosten) und auf Vorschuß auf seine Aufwendungen. Diese Rechte werden aber in der Praxis der Vermittlungstätigkeit in aller Regel nicht geltend gemacht. Derartige Aufwendungen müssen mit der vom Veranstalter gezahlten Vermittlungsprovision abgedeckt werden. Vorschläge, für die Beratungsleistung des Reisebüros vom Kunden eine gesonderte Vergütung zu fordern, konnten sich nicht durchsetzen, weil auf dem deutschen Reisemarkt unüblich.

Der Auftrag zur Geschäftsbesorgung kann von dem Beauftragten (Reisebüro) jederzeit gekündigt, vom Auftraggeber (Kunde) jederzeit widerrufen werden. Allerdings ist eine unzeitige Kündigung durch den Beauftragten an einen wichtigen Grund gebunden. Liegt ein solcher nicht vor, ist er dem Auftraggeber gegenüber schadensersatzpflichtig.

6. 5 Rechtsgestaltung für Beherbergungsleistungen

Bei der Ausgestaltung der vertragsrechtlichen Beziehungen für die Unterkunft oder Beherbergung des Reisenden als einer der beiden touristischen Hauptleistungen sind drei Vertragstypen zu unterscheiden:
- Beherbergungsvertrag,
- Gastaufnahmevertrag,
- Hotelreservierungsvertrag.

Der **Beherbergungsvertrag** regelt im deutschen Recht die Beziehungen zwischen **Beherbergungsbetrieb** und **Gast**, wenn dieser eine bloße Unterkunftsleistung beansprucht, die Unterkunft also nicht Leistungsbaustein innerhalb eines Pauschalreiseproduktes ist. Für den Beherbergungsvertrag gibt es im BGB keine explizite Regelung, er ist ein sogenannter **gemischter Vertrag** und enthält Elemente eines Miet-, Dienst- und Werkvertrages. Danach sind auch die grundlegenden Regelungen über sein Zustandekommen, die Rechte und Pflichten der Parteien, über Rücktritt und Kündigung bestimmt.
Der Beherbergungsvertrag ist im Kern ein Mietvertragsverhältnis. Mit ihm verpflichtet sich der Vermieter (Beherbergungsbetrieb) zur Bereitstellung der Unterkunft entsprechend den vereinbarten Konditionen (Kategorie, Lage, Preis, Zeit), der Gast verpflichtet sich zur Zahlung des vereinbarten Mietpreises. Auch für den Beherbergungsvertrag gibt es keine Formvorschrift. Der Antrag zum Vertrag (Zimmerbestellung durch den Gast) und die Vertragsannahme (Bestätigung der Reservierung durch den Vermieter) können schriftlich, mündlich, telefonisch, per Fax oder via Internet erfolgen.

Folgende Störungen in der Vertragserfüllung sind von Bedeutung:

Abb. 18: Störungen in der Erfüllung des Beherbergungsvertrages

Der **Gastaufnahmevertrag** ist ein Vertrag über die gewerbsmäßige Beherbergung im internationalen Reiseverkehr. Er ist eine dem Beherbergungsvertrag adäquate Rechtskonstruktion. Seine rechtliche Ausgestaltung ist in Allgemeinen Geschäftsbedingungen niedergelegt, die auf einem internationalen Abkommen zwischen der IHA und der UFTAA fußen.

Der **Hotelreservierungsvertrag** regelt die Vertragsbeziehungen zwischen Reiseveranstaltern und Beherbergungsbetrieben beim Einkauf von Hotelkontingenten für die Erstellung der touristischen Produkte. Er ermöglicht auf diese Weise die Realisierung besonders günstiger Einkaufskonditionen (z. B. Mengenrabatte), die teilweise an die Reisenden weitergegeben werden und so mitbestimmend für das günstige Preisniveau der Pauschalangebote sind. Je nach Zielland spielen in die konkrete Vertragsgestaltung Elemente des nationalen Rechts mit hinein. Grundlegender Rahmen ist aber auch hier das internationale Abkommen zwischen IHA und UFTAA.

Unabhängig von der jeweiligen Vertragssituation zwischen Reisendem und dem Anbieter oder Vermittler der Unterkunftsleistungen ist im BGB in den §§701 und 702 eine allgemeine **Haftungsregelung** für die im **Beherbergungsbetrieb eingebrachten Sachen des Gastes** getroffen worden. Diese sogenannte Gastwirtshaftung besteht aus folgenden Elementen:

- **Schadensersatzpflicht:**
  Sie erstreckt sich auf Sachen, die der zur Beherbergung aufgenommene Gast in den Betrieb des Gastwirtes eingebracht hat, an denen durch
  - Verlust,
  - Zerstörung,
  - Beschädigung

  ein Schaden aufgetreten ist.
  Ausgeschlossen sind aber Fahrzeuge, Sachen im Fahrzeug und lebende Tiere.
- **Aufbewahrung von Sachen des Gastes:**
  Der Gastwirt ist zur Aufbewahrung von
  - Geld,
  - Wertpapieren, Kostbarkeiten und Wertsachen

  verpflichtet; ein verschlossenes/versiegeltes Behältnis kann dazu vom Gast gefordert werden, es sei denn, daß diese Sachen gegenüber dem Rang der Gastwirtschaft von übermäßigem Wert sind.
- **Haftung und Haftungsbeschränkung:**
  Der Gastwirt haftet unbeschränkt,
  - wenn der Schaden von ihm oder seinen Leuten verschuldet wurde,
  - bei eingebrachten Sachen, die er zur Aufbewahrung übernommen hat, oder deren Aufbewahrung er abgelehnt hat.

  Die Haftung ist ansonsten beschränkt
  - auf das 100fache des Beherbergungspreises für einen Tag, jedoch bis mindestens 1000 DM und höchstens bis 6000 DM,
  - für Geld, Wertpapiere oder Kostbarkeiten bis höchstens 1500 DM.

  Der Gast ist zur unverzüglichen Anzeige des Schadens beim Gastwirt verpflichtet.
- **Pfandrecht an eingebrachten Sachen des Gastes:**
  Der Gastwirt hat für seine Forderungen an den eingebrachten Sachen des Gastes ein Pfandrecht.

7. Informations- und Vertriebstechnologien in der Tourismuswirtschaft

7. 1 Begriffliche Einordnung des Informationsproblems

Dem Führungsprozeß der Unternehmung (Angebotsseite) liegen im Kern unternehmerische **Entscheidungen** über die **Ziele** und **Mittel** des Handelns zugrunde, die dem **Prinzip des rationellen Wirtschaftens** (Wirtschaftlichkeits- oder ökonomisches Prinzip) folgen.

In den Haushalten (Nachfrageseite) laufen ebenso Entscheidungsprozesse ab, die jedoch dem **Prinzip der Nutzenserwägung** folgen. Das Ziel ist hier eine Maximierung des Nutzens von Gütern und Diensten im Verhältnis zu dem dafür eingesetzten Einkommen.

Unternehmen wie Haushalte benötigen für ihre Entscheidungen entsprechende **Informationen**. Diese müssen beschafft, in aufbereiteter Form ausgetauscht und verarbeitet werden. Informationstechnologien befassen sich demzufolge mit der Gestaltung entsprechender technisch-organisatorischer Prozesse in den Stufen

- Informationsgewinnung und –bereitstellung,
- Informationsaustausch,
- Informationsverarbeitung

und ihrer organischen Verknüpfung.

Im touristischen Leistungsprozeß hat die Information über das Produkt einen besonderen Stellenwert, da aufgrund der Eigenarten touristischer Produkte die Anbieter von ihnen nur eine ideelle Vorstellung geben können, auf deren Grundlage die Reisenden ihre Kaufentscheidungen treffen müssen. Es ist nicht die Abwägung eines real meßbaren Nutzens, sondern die bloße Nutzenserwartung, die zur Entscheidung führt. Das bedingt, wie bei anderen Dienstleistungen ähnlicher Art auch, eine besonders intensive Kommunikation und Interaktion zwischen Anbietern und Nachfragern. Touristische Informations- und Kommunikationssysteme müssen diesen Anforderungen Rechnung tragen und lassen sich dann auch zu eigenen Vertriebssystemen ausgestalten.

In der Anwendung der Informationstechnologien können drei Entwicklungsformen unterschieden werden:

1. Traditionelle Informationstechnologien,
2. computergestützte Informationstechnologien (CRS),
3. computerintegrierte Informations-, Kommunikations- und Vertriebssysteme.

Sie sind in den Beziehungen zwischen Reiseveranstaltern und Reisemittlern einerseits sowie zwischen ihnen und den Reisenden andererseits in noch sehr unterschiedlichen Anwendungszuständen anzutreffen. Der sich ankündigende Technologiesprung durch Verschmelzung der Informatik mit der Telekommunikation und der PC-Technik sowie mit der Audio-Video-Technik schafft in der Tourismuswirtschaft völlig neue Marketing- und Vertriebsinstrumente (SCHULZ u. a. 1996: 99).

„Schnittstelle“ für den Informationsprozeß ist der point of sale. Die Arbeitsvorgänge am Counter sind grundlegend informationelle Vorgänge: von den Reiseveranstaltern und Leistungsträgern bereitgestellte Informationen sowie selbst gewonnenen Informationen werden im Kundengespräch umgesetzt, ihre Qualität bestimmt die Qualität der Beratung und entscheidet über den Erfolg des Verkaufsgespräches; die Kommunikation mit dem Kunden ermöglicht eine abschlußorientierte Führung der Beratung. Die Abwicklung des Verkaufsvorganges bis zur Abrechnung mit dem Reiseveranstalter bedingt wiederum umfangreichen Informationsaustausch und entsprechende Informationsverarbeitung. Eine Gliederung in Funktionsbereiche im Front-Office kann folgendermaßen vorgenommen werden:

1. **Funktionsbereich:** Kundeninformation (Informationsbereitstellung)
   - Produktprogramme der Veranstalter und Leistungsträger,
   - Auskünfte über Fahr- und Flugpläne,
   - Länderinformationen,
   - Ein- und Ausreisebestimmungen,
   - Gesundheitsinformationen, Impfvorschriften,
   - Versicherungsinformationen,

   u. a..
2. **Funktionsbereich:** Beratung zum Reisewunsch des Kunden (Informationsaustausch, Interaktion)
   - Bedarfsspezifische Produktinformation,
   - optimale Reisemittel, Reisewege, Reisezeit,
   - kundenspezifische Gesundheits- und Sicherheitsprobleme,

   u. a..
3. **Funktionsbereich:** Buchung und Verkaufsabwicklung (Informationsaustausch und –verarbeitung)
   - Vakanzprüfung,
   - Reservierung,

- Buchung,
- Verkauf,
- Zahlungsabwicklung,
- Verkaufsabrechnung,
  (Vgl. SCHULZ u. a. 1996: 36).

Traditionelle Informationstechnologien bedienen sich im Front-Office bei der Kundeninformation und –beratung der für die verschiedenen Anwendungsbereiche vorliegenden Printmedien:

- **Produktinformation:**
  z. B.:
  - Kataloge der Reiseveranstalter und Leistungsträger,
  - Angebotspublikationen der örtlichen Fremdenverkehrsinstitutionen;
- **Allgemeine Reiseinformationen:**
  (Länderinfo, Zoll- und Devisenbestimmungen, Ein- und Ausreisebestimmungen, Gesundheits- und Impfvorschriften u. a.).
  z. B.:
  - FINK-KÜMMERLY & FREY,
  - Travel Information Manual (TIM);
- **Reiseinformationen für spezielle Produktbereiche:**
  - Für den *Fremdenverkehr*:
    z. B.:
    - International Hotel Guide,
    - Nationale Hotel- und Zimmerkataloge,
    - Deutscher Bäderkalender;
  - für den *Flugreiseverkehr:*
    z. B.:
    - OAG World Airways Guide,
    - Flugpläne der Airlines,
    - Passagetarife;
  - für den *Bahnreiseverkehr*:
    z. B.:
    - Kursbücher der Bahnen,
    - Tarifwerke der Bahnen;
  - für den *Schiffsreiseverkehr*:
    z. B.:
    - OAG Cruise & Ferry Guide,
    - Berlitz Cruise Guide,
    - Berlitz Handbuch für Kreuzfahrten;

- für den *Busreiseverkehr*:
  z. B.:
  - Buskursbücher.

- **Branchenübersichten:**
  z. B.:
  - World Direktory of Travel Agencies,
  - TID Touristik-Kontakt.

Diese liegen zumeist inzwischen auch auf CD-ROM vor und können von Reisemittlern sowie Endkunden eingesetzt werden, sofern sie über entsprechende PC-Ausrüstung verfügen.
Auch wenn mehr und mehr computergestützte Informationssysteme Einsatz finden, behalten in der Kundenberatung am Counter diese traditionellen Printmedien auch künftig ihre Bedeutung.
Die Buchung und Verkaufsabwicklung im Front-Office ausschließlich mittels traditioneller Informationstechnologie ist inzwischen fast vollständig von Computer-Reservierungssystemen ersetzt worden.

Im Back-Office erfolgt die Abwicklung aller derjenigen Funktionen, die nicht der unmittelbaren Kommunikation mit dem Kunden bedürfen. Hier darf der Einsatz der EDV zu Zwecken

- der Kunden- und Vorgangsverwaltung,
- des Rechnungswesens und der Betriebsstatistik, der Planung und des Controlling,
- der Personalverwaltung,

u. a.

durchaus schon zu den traditionellen Informationstechnologien gerechnet werden. Die Back-Office-Funktionen werden entweder im einzelnen Unternehmen selbst realisiert, bei Ketten, Kooperationen und Filialunternehmen zumindest in ihren Kernbereichen zentralisiert, oder es erfolgt ein Outsourcing zu speziellen Dienstleistern (z. B. Rechenzentren).
Als vorherrschende Informationstechnologie im kooperativen Zusammenwirken von Leistungsträgern, Reiseveranstaltern und Reisemittlern bei der Erstellung und Vermarktung der Reisedienstleistungen haben sich inzwischen computergestützte Informations-, Kommunikations- und Reservierungssysteme allgemein durchgesetzt.

7. 2 Computer-Informations- und Reservierungssysteme für Anbieter von Reisedienstleistungen

Ausgangspunkt der Computerisierung in der Reisevermittlung bildeten reine Platzreservierungs- und Verwaltungssysteme der Airlines, daher der noch heute verwandte Begriff „Computer-Reservierungssystem" (CRS), obwohl die heute eingesetzten Systeme wesentlich mehr Funktionen erfüllen.

Die CRS sind im Kern **Vertriebssysteme** in der Hand der Anbieter/ Reisemittler, mit deren Hilfe alle verkaufsrelevanten Daten aus entsprechenden Datenbanken der Veranstalter und Leistungsträger abgefragt und die zum Verkauf erforderlichen Transaktionen (Reservierung, Buchung, Bezahlung, Abrechnung) über ein entsprechendes Netzwerk realisiert werden können. Derartige Transaktionssysteme können unterschiedlich strukturiert sein:

- Einstufige Transaktionssysteme ermöglichen der Buchungsstelle eines Leistungsträgers oder Reiseveranstalters den Zugriff auf dessen Buchungscomputer.
- Mehrstufige Transaktionssysteme ermöglichen den Zugriff einer Buchungsstelle auf mehrere Systeme verschiedener Leistungsträger oder Reiseveranstalter, der entweder direkt oder über einen Vermittlungsrechner erfolgen kann. Sie sind die eigentlichen computergestützten Reservierungssysteme (CRS).

Computergestützte Informations- und Reservierungssysteme werden heute als spezielle Dienstleistung für die Reisebranche von selbständig operierenden Unternehmungen angeboten, die regional, national oder global tätig werden (Vgl. SCHULZ u. a. 1996: 49 f.):

- **Regionale Systeme** werden im Bereich der örtlichen Fremdenverkehrswirtschaft (Incoming-Geschäft) für Unterkunftsnachweis und –reservierung eingesetzt. Sie haben eine Größenordnung unter 1.000 Anschlüssen je System. Als Anbieter stellen sich in ihnen die verschiedenen Leistungsträger für Beherbergung und Fremdenverkehrseinrichtungen dar (z. B. BTL, IRIS, TIBS).
- **Nationale Systeme** sind länderspezifische Multi-Access-Systeme mit kompletter Produktpalette an Reisedienstleistungen der verschiedensten Leistungsträger und Veranstalter. Sie ermöglichen in der Regel den Zugang auch zu den globalen Systemen bzw. sind mit diesen vernetzt (z. B. START, SMART, TRAVISWISS, TRAVIAUSTRIA, ESTEREL, STINET).

Multi-Access-Systeme verfügen über keine eigene zentrale Datenbank, sondern arbeiten als Netzwerkbetreiber für Reisemittler und eröffnen diesen den Zugang zu den Reservierungssystemen der verschiedenen Anbieter.

Der Zusammenschluß der regionalen Systeme im deutschen Incoming-Bereich zu einem nationalen System, in dem alle Fremdenverkehrsregionen mit ihren Leistungsträgern buchbar sind, unter dem Namen SPIRIT wird von der DIRG (Deutschland Informations- und Reservierungsgesellschaft) gefördert. Derzeitig vertreiben die Reisebüros nur einen marginalen Teil des Leistungsspektrums der regionalen Systeme, weil auf sie ein Zugriff über die von den Mittlern genutzten nationalen Systeme kaum möglich ist und immer noch bei deutschen Incoming-Produkten der Direktvertrieb dominiert.

- **Globale Distributionssysteme** (GDS) oder globale Reisevertriebssysteme werden im Single Access betrieben. Alle buchungsrelevanten Daten werden zentral gespeichert, über einheitliche Eingabe- und Ausgabeformate können mit einer Abfrage die Leistungsangebote aller Anbieter dargestellt werden (z. B. AMADEUS, GALILEO, SABRE, WORLDSPAN, SYSTEM ONE). Nationale Systeme kooperieren häufig mit den globalen CRS-Betreibern und erhalten so direkten Zugang auf deren zentrale Datenbanken (z. B. START mit Direct Access zu AMADEUS). Auch zwischen den globalen Systembetreibern haben sich vor allem im technischen Bereich Kooperationsformen entwickelt, teilweise bestehen Unternehmensverbindungen über Beteiligungen.

Name	Zugänge weltweit (ca.)	Beteiligungen	Kooperation mit
ABACUS	*k. A.*	*Cathay Pacific* *Singapore Airlines* *Malaysian Airline System* *Philippine Airlines* *China Airways*	*WORLDSPAN (techn.)*
AMADEUS	*122.500*	*Lufthansa* *Air France* *Iberia*	*SABRE* *START, SMART, ESTEREL; SAVIA*
APOLLO	*70.000*	*United Airlines* *USAir* *British Airways* *Swissair* *Alitalia* *KLM*	*GALILEO (techn.)*
GALILEO	*1.520.000*	*British Airways* *Alitalia* *KLM* *Swissair* *AUA* *United Airlines*	*APOLLO (techn.)*
SABRE	*137.000*	*American Airlines*	*Fantasia*
SYSTEM ONE	*k. A.*	*Continental Airlines (ehem. Texas Air)*	*AMADEUS (techn.)*
WORLDSPAN	*50.000*	*Northwest* *TWA* *Delta Airlines* *ABACUS*	*ABACUS (CRS-Verbund)* *AMADEUS (techn.)*

Tab. 8: Global operierende CRS
(Quellen: FREYER 1995: 197; SCHULZ u. a. 1996: 51; FVW 6/98: 157)

Unter den nationalen Anbietern (vgl. Anlage 3) dominiert das System START (Studiengesellschaft zur Automatisierung für Reise und Touristik) mit über 90 % Anteil den deutschen Markt, ist aber inzwischen auch auf

Auslandsmärkten vertreten (START Hellas, START Polska mit Mehrheitsbeteiligung, Anteil an AMADEUS Austria). START wurde 1971 gegründet. 1990 erfolgte die Umwandlung in eine Holding-Struktur mit den Anteilseignern Deutsche Bahn AG, Lufthansa AG und TUI GmbH & Co. KG. An den Tochtergesellschaften sind neben AMADEUS weitere andere Unternehmen beteiligt. 1998 wird die Holding aufgelöst, und mit dem Ausstieg der DB und der TUI erfolgt dann auch eine Neuordnung der Beteiligungsverhältnisse:

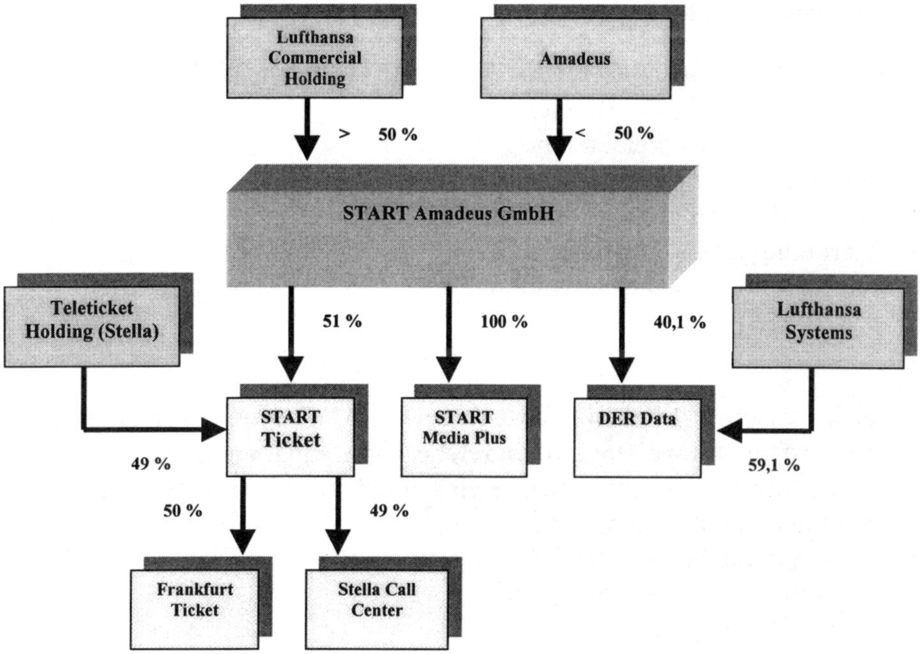

Abb. 19: START-Gruppe
(Quelle: FVW 6/98: 8)

Das System bedient über 11.000 Reisebüros (Gesamte Produktpalette Anlage 4). START bietet in seinen Front-Office-Funktionen Zugriff

- auf die Pauschaltouristik-Angebote von über 150 Reiseveranstaltern,
- auf die Angebote der relevanten Leistungsträger in den Produktbereichen
  - Bahn (6 Anbieter, mit Direct Access zum Bahnsystem Kurs 90),

  - Busreise (7 Anbieter),
  - Fährverbindungen (23 Anbieter),
  - Reiseversicherungsdienstleistungen (4 Anbieter),
  - Veranstaltungsdienstleistungen (Angebote von Eintrittskarten für über 300 Veranstaltungen);
- über den AMADEUS Access auf
  - Hotelangebote der großen Hotelorganisationen (AMADEUS HOTEL),
  - Mietwagenangebote (AMADEUS CARS),
  - Flugangebote aller relevanten Airlines (AMADEUS AIR);
- im Direct Access außerdem auf
  - weitere Flugangebote,
  - weitere 5 Hotelsysteme.

Für den Back-Office-Bereich bietet START ebenfalls umfangreiche Dienstleistungen für die Bereiche
- Verkaufsdatenaufzeichnungen,
- Buchhaltung und Betriebsstatistik (über DER Data),
- elektronischer Zahlungsverkehr,
- Marketingdaten, Kundenprofile,
- touristische Vorgangsverwaltung,

  u. a..

an.

In elektronischen Medien werden von START über START Btx und START Telematik weitere umfangreiche Tools angeboten, wie z. B.:
- Last-Minute-Vertriebskonzepte einschließlich START Btx-Vernetzung mit Last-Minute-Computer,
- Info-Systeme Deutschland, Österreich,
- multifunktionaler PC mit ISDN,
- Infox-Vakanzsystem,
- Last-Minute über Audiotext,

  u. a..

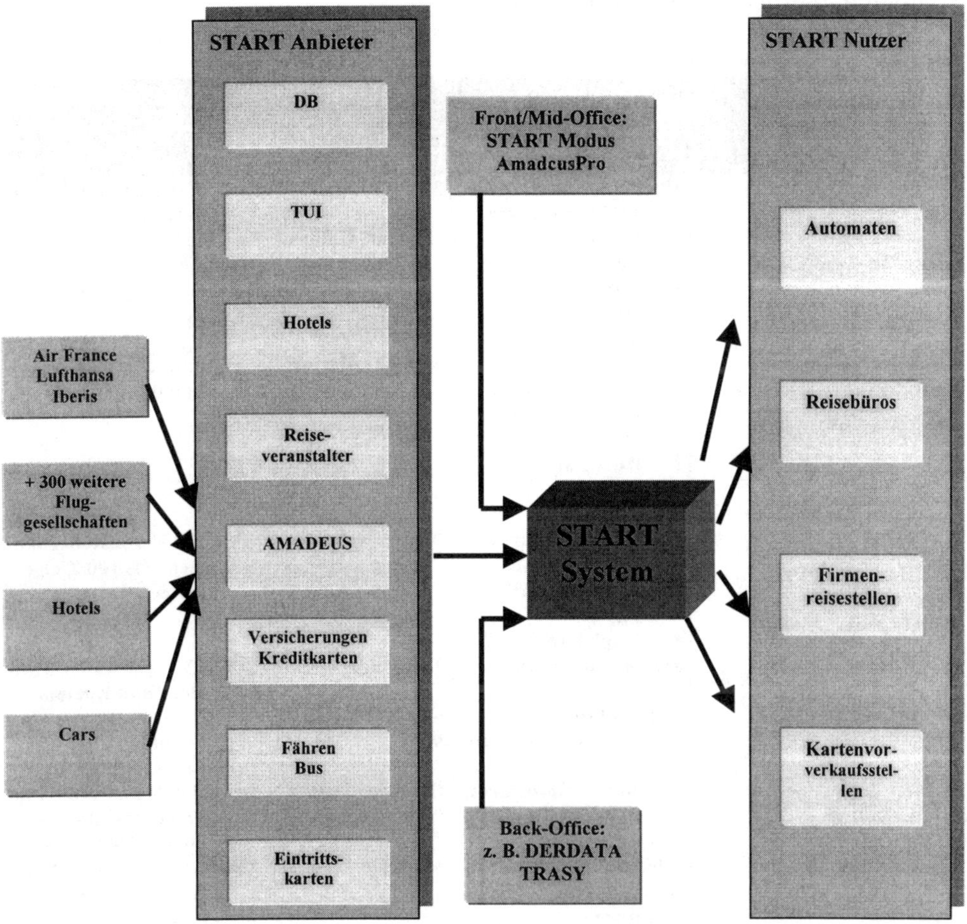

Abb. 20: START Systemarchitektur
(Quelle: START AMADEUS intern)

Mit dieser Angebotsvielfalt ist die Marktführerschaft von START auf dem deutschen Tourismusmarkt weiterhin unangefochten. Sie muß aber durch ständige Innovation ausgebaut und gegen andere Anbieter verteidigt werden. Inzwischen haben sich weitere Reiseangebots- und Informationssysteme auf dem Markt etabliert, die ihr Dienstleistungsangebot auf spezifische Bedürfnisse von Reisemittlern und/oder Veranstaltern zugeschnitten haben und ergänzend zu dominierenden Systemen tätig sind. Besonders jene Systeme sind dabei interessant, die eine Best-Buy-Funktion (Preisvergleich alternativer Angebote) anbieten.

System	Installationen (Stand: Februar 1998)	CRS-Schnittstellen	Besonderheiten
Bistro	Über 1.500 Verträge ▪ TUI Reisecenter, ▪ Pro Tours, ▪ EuroLloyd, ▪ First, ▪ DER-Part, u. a.	START, Stinet, Merlin Geplant: Galileo	170 Flugpauschalreiseveranstalter, Hotel-Info Ähnlichkeitssuche, Gesamtpreisberechnung
Tour Manager	über 750 Reisebüros und 2.500 Terminals ▪ Lufthansa City Center, ▪ DER-Part, ▪ Best, ▪ RZE,	START, Merlin	umfangreiche Family-Angebote
Vista	über 120 Reisebüros (Planung 1998: 800) ▪ L' Tour, ▪ First, ▪ Flugbörse,	Planungsphase	120 Veranstalter mit mehr als 100 Zielgebieten
Rivers	450 Installationen	Testphase	12 Veranstalter Mittelmeer und Karibik
Primus	82 Standorte ▪ Alltours Reisecenter, ▪ andere Reisebüros,	START, Merlin, Stinet Geplant: Galileo, Sabre	Berechnung von Family-Preisen mit Ermäßigung Hotel- und Info-Guide
Urlaub 98	CD-ROM für Endkunden	Planungsphase	12 Veranstalter mit über 5.600 Hotels
Easylink	Pilotphase mit ausgewählten Merlin-Agenturen	Merlin	Gleichzeitige Verfügbarkeitsabfrage
Bestravel	Planungsphase für 1998/99	Planungsphase: START	Nur bei Nutzung werden Systemkosten generiert
MONDIA-Reisemarkt	Einführungsphase 1998	Merlin, START, Galileo, Sabre, Internet	15 Consolidators Last Minute Pauschalreisen (anbieterunabhängige Auswahl) Ferienwohnungen, Mietwagen, Bahnauskunft, Reiseversicherungen, Kart & Events, Allg. Reiseinfos

Tab. 9: Reiseangebots- und Informationssysteme mit Best-Buy-Funktion
(Quelle: FVW 5/98: 41)

Die computergestützten Informations- und Reservierungssysteme sind heute für Reisemittlerunternehmen, die ihre Marktposition auch langfristig sichern und ausbauen wollen, unverzichtbar. Sie ermöglichen:

- durch Verfügbarkeit eines breiten Angebotes an Reisedienstleistungen flexibel und differenziert auf das veränderte Nachfrageverhalten der Kunden zu reagieren;
- durch hohe Reaktionsfähigkeit der Systeme eine schnelle Realisierung der Kundenwünsche;
- dem Kunden einen Full-Service rund um die eigentliche Reise anzubieten;
- eine Aufwandssenkung durch Rationalisierung der Arbeitsabläufe insbesondere des Personalaufwandes durchzusetzen;
- ein aktives Absatzmarketing auf der Grundlage der mit ihnen gewinnbaren Marktdaten.

Ihre technologische Weiterentwicklung wird vor allem dadurch gekennzeichnet sein, daß der derzeitig noch leitungsgebundene Datenaustausch durch eine **Datenübertragung via Satellit** ersetzt wird. Das Satellitensystem Astra wird 1999 ein Rückkanalsystem installieren, über das sich durch Digitalisierung ein störungssicherer Datenverkehr abwickeln läßt. Astra-Net wird von European Satellite Multimedia Services (ESM) betrieben.
Es ermöglicht

- die Einsparung des hohen Aufwandes für die Leitungskosten,
- durch eine erheblich höhere Datenrate eine Beschleunigung der Datenübertragung und damit auch die Übertragung hochkomplexer Datenmengen für multimediale Anwendungen.

Inwieweit sich der Trend zu globalen Systemen fortsetzen wird, oder auch regional anbietende Systeme den Bedürfnissen kleinerer Nutzer besser gerecht werden können, dies auch aus Sicht der Systemkosten, kann nicht eindeutig bestimmt werden (Vgl. FREYER 1995: 201). Es muß aber angenommen werden, daß die den entwickelten Marktwirtschaften eigene Tendenz zu Konzentration und Zentralisation von Produktion, Dienstleistung und Handel, die seit geraumer Zeit auch in der Touristikwirtschaft beobachtet werden kann, die Entwicklung auf dem Gebiet der CRS prägen wird. Mit CRS, die als Nutzer Reisemittler, Firmenreisestellen und andere gewerbliche Nutzer haben, sind aber bereits entscheidende Voraussetzungen geschaffen worden, die eine grundlegende Veränderung der Vertriebsstrukturen für Reisedienstleistungen bewirken können. Je mehr die Ausstattung auch der privaten Haushalte mit elektronischen Medien voranschreitet, werden Formen des Direktvertriebes Anwendung finden, die letztlich eine Vermittlungsdienstleistung überflüssig machen.

7. 3 Nachfragerorientierte Informations- und Kommunikationsmedien

7. 3. 1 Grundprobleme

Computerintegrierte Informations-, Kommunikations- und Vertriebssysteme ermöglichen durch Vernetzung der einzelnen Computerreservierungssysteme der Leistungsträger und Veranstalter mit den Computern der Nachfrager nach Reisedienstleistungen, den Privatkunden und Geschäftskunden, einen völlig neuen Weg des Direktvertriebes. Er ist technisch bereits jetzt mit den vorhandenen Informationstools möglich, mit der Entstehung von Netzen innerhalb von Unternehmensstrukturen (Intranets) und der globalen Vernetzung von Computern (Internet) sind auch die technischen Begrenzungen zur Lösung des Problems gefallen. Allein die noch höchst bescheidene Ausstattung der privaten Haushalte mit einem PC stellt jetzt noch das entscheidende Hemmnis zur vollständigen Durchsetzung der elektronischen Märkte der (nahen) Zukunft dar. Dieses aber darf durchaus optimistisch beurteilt werden, da bisher jede technische Neuerung für eine größere oder kleinere Zeitspanne zunächst eine geringe Ausbreitungsgeschwindigkeit aufweist, ehe sie in einem Quantensprung massenhafte Verbreitung findet. Die Entwicklung multifunktionaler Heimgeräte zu bezahlbaren Preisen wird vorangetrieben.

Wenn Informations- und Kommunikationssysteme die Nachfrager nach Reisedienstleistungen einbeziehen sollen, sind folgende Problemkreise von Bedeutung (SCHULZ u. a. 1996: 99 f.):

- **Akzeptanzproblem**
  Die Akzeptanz elektronischer Märkte ist nur ein temporäres Problem. Mit dem Vordringen des Computers in mehr und mehr Bereiche der Arbeitswelt, seiner Nutzung in schulischer Bildung, Ausbildung und Fortbildung sowie für Animation darf angenommen werden, daß das Akzeptanzproblem bereits jetzt in den jüngeren Käuferschichten kaum noch Bedeutung hat. Die zunächst passive Auslegung elektronischer Informations- und Kommunikationssysteme wird schrittweise durch Entwicklung entsprechender Werkzeuge überwunden.
- **Interaktionsfähigkeit**
  Sie ist besonders für touristische Produkte unverzichtbar, da der Informationsaustausch zwischen Kunden und Anbietern, beginnend mit der

bloßen Reiseinformation, über Buchung, Reservierung und Geschäftsabwicklung bis zur Durchführung der Reise eine interaktive Kommunikation erfordert.

- **Aktualisierbarkeit**
  Elektronische Medien haben gegenüber den traditionellen Informations-Technologien gerade den Vorteil ihrer schnellen Reaktionsfähigkeit bezüglich der aktuellen Angebotsdaten. Sie ist auch besonders geeignet, noch bestehende Akzeptanzprobleme zu überwinden.
- **Anonymität**
  Die Anonymität stellt für den Anbieter und Nachfrager ein Problem dar:
  - Der Anbieter von Reisedienstleistungen muß ein zusätzliches Geschäftsrisiko tragen, da es dem Nutzer überlassen bleibt, wann er seine Anonymität aufgibt und wie die Identität des Nutzers zweifelsfrei feststellbar ist. Das ist für das Zustandekommen des Reisevertrages und für die Behebung von Störungen in der Vertragserfüllung bedeutsam, insbesondere was die Inkassofähigkeit des Systems anbelangt.
  - Der Nachfrager sieht sich ebenfalls vor das Problem gestellt, die Identität des Anbieters zweifelsfrei feststellen zu können, um ihm gegenüber die Erfüllung der vertraglichen Pflichten durchsetzen zu können.
- **Kostenproblematik**
  Elektronische Märkte werden nur dann ihre volle Überlegenheit beweisen können, wenn sie für Anbieter und Nachfrager zu Kostenvorteilen führen. Auf beiden Seiten entstehen für die Systemnutzung
  - *Fixkosten*:
    Kosten für den Anschluß an das System. Sie sind einmalige Kosten für die Installation der Soft- und Hardwarekomponenten sowie laufende Kosten in Form von monatlichen Anschluß- bzw. Freischaltungskosten,
  - *Variable Kosten*:
    Leistungsabhängige (nutzungsabhängige) Kosten nach Nutzungseinheiten, die mit der laufenden Nutzung des Systems anfallen, sowie Aktualisierungskosten für den Anbieter.

Exakte Kostenvergleiche sind derzeitig äußerst erschwert, da der Wettbewerb auf den Kommunikationsmärkten mit der weiteren Liberalisierung Markttransparenz für den Nutzer kaum ermöglicht.

7. 3. 2 Aktuelle Anwendungen nachfragerorientierter Systeme

7. 3. 2. 1 Betriebssysteme

Derzeitig stehen den Reisekunden mediale Informationswerkzeuge zur Verfügung, die als Zwischenstufen zu elektronischen Märkten der Zukunft betrachtet werden können:

- **Videotext**
  Über Videotextprogramme der TV-Sender kann der Kunde über sein Fernsehgerät auch eine Vielzahl von Reiseinformationen abfragen. Da ihnen aber Interaktionsfähigkeit fehlt, sind konkrete Vakanzabfragen, Reservierungen und Buchungen nicht möglich. Nach Informationsabruf ist es notwendig, den Reisewunsch über Telefon oder Onlinedienste unter Einschaltung eines Reisemittlers zu realisieren. Aufgrund seiner Schwächen hat dieser Vertriebskanal in Deutschland nur geringe Akzeptanz. In Großbritannien z. B. ist er bei den großen Reiseveranstaltern verbreitet in Anwendung (SCHULZ u. a. 1996: 104).
- **Audiotex**
  Die Audiotex-Informationsdienste der Telekom ermöglichen dem Reisekunden interaktiven Online-Zugriff auf eine Datenbank. Die Dialogfähigkeit des Systems wird über eine Spracherkennungstechnologie realisiert. Auch andere Anbieter der Audiotex-Technologie sind auf den touristischen Märkten vertreten (z. B. REISEfon der FH Worms).
- **Online-Dienst-Betreiber**
  Online-Dienste sind interaktive zentrale Informations- und Kommunikationssysteme, die durch ihre Rechnerverbundfähigkeit PC-Nutzern den Zugang zu Anbietern und als Service-Provider auch zum Internet ermöglichen. Der PC-Nutzer erhält über PC und Modem, bzw. ISDN-Anschluß oder über Telefon (T-Online) Zugriff auf eine große Leistungsvielfalt der verschiedensten Branchen. Für die Inanspruchnahme des Dienstes ist eine Grundgebühr zu entrichten sowie eventuell Extragebühren für Zusatzdienste. Mit Ausnahme von T-Online wird für den Zugang zum Internet keine Extragebühr erhoben. Für den deutschen Markt sind von Bedeutung
  - *T-Online*
    Der Dienst wird von der Deutschen Telekom AG betrieben und ist durch Nutzung des Telefonnetzes als Netzwerk flächendeckend. Das inhaltliche Angebot besteht in Homebanking, Börsen- und Wirtschaftsinformationen, Zeitungen und dpa, Datenbanken, Reiseinfo, Wetterdienst, ZDF. Im touristischen Segment sind Angebote von Bahn, Lufthansa, TUI, Last-Minute, Hotels, Reisebüros einge-

stellt. T-Online bietet seine Dienste auf dem deutschen Markt an und hatte 1996 über 1,1 Millionen Teilnehmer.

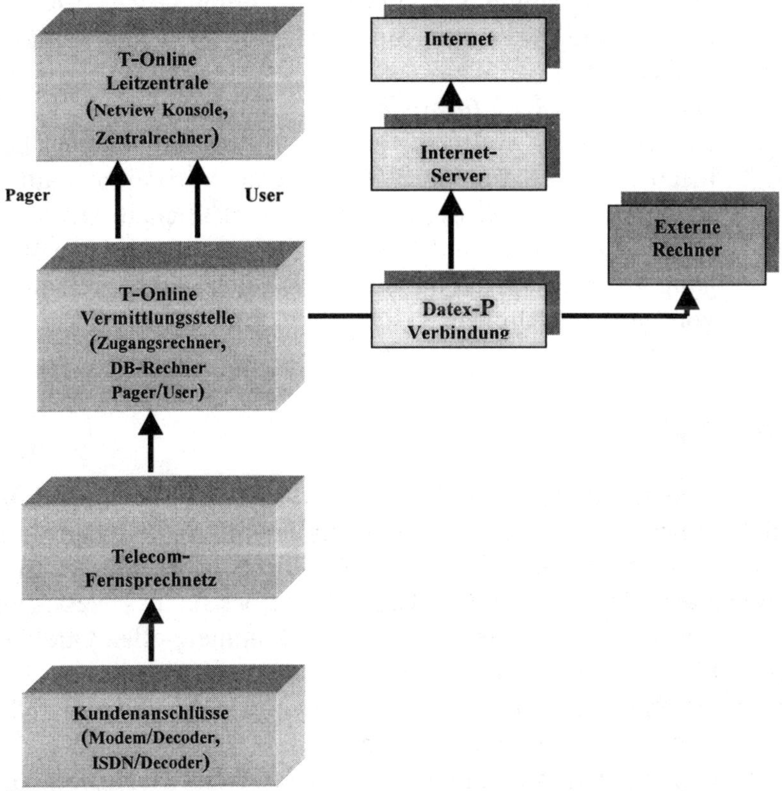

Abb. 21: Systemarchitektur von T-Online
(Quelle: SCHULZ u. a. 1996: 106)

- *America Online* (*AOL*)
  AOL operiert weltweit mit ca. 5,5 Millionen Teilnehmern (1996), davon in Deutschland ca. 100.000. Das Angebot besteht in Foren, Chatting, Zeitschriften, dpa, Homebanking, Entertainment und ermöglicht den Zugang zum Netz von America Online USA. Touristisch relevante Angebote werden von L `Tour, Lufthansa, ADAC, ARD-Ratgeber Reise offeriert.

- *CompuServe*
  CompuServe ist ebenfalls weltweit tätig mit ca. 4,7 Millionen Teilnehmern, davon in Deutschland ca. 230.000. Das inhaltliche Angebot umfaßt Foren, alles um Computer und Software, Datendienste, Der Spiegel sowie den Zugang zu CompuServe USA. Touristische Inhalte sind Angebote von Lufthansa, Deutsche Bahn, LTU und Hapag Lloyd.
- *Microsoft Network (msn)*
  Der Dienst hat weltweit über 1 Million Teilnehmer. Er wird von Microsoft USA betrieben. Über seine Verbreitung auf dem deutschen Markt gibt es derzeitig keine verläßlichen Angaben. Er bietet Foren, Computer- und Software-Infos, Zeitschriften und den Zugang zu msn USA. Touristische Inhalte sind derzeit nur Angebote von Lufthansa und DER.

7. 3. 2. 2 Internet

Das Internet ist ein globales Netzwerk, welches eine Vielzahl lokaler Netze und Rechner miteinander verbindet. Es ist offen für jeden Anbieter und Nachfrager von Informationen, sofern dieser über die technischen Zugangsvoraussetzungen verfügt. Einen Betreiber für das Netz gibt es nicht, was den wesentlichen Unterschied zu den kommerziellen Oneline-Diensten ausmacht. Demzufolge besteht für das Netz auch keine zentral bestimmte, eindeutige Systemarchitektur. Sie war auch zu dem ursprünglichen Zweck des Internet – Austausch wissenschaftlicher Informationen zwischen Forschungs- und Lehreinrichtungen, einzelnen Wissenschaftlern und Studierenden – nicht erforderlich. Inzwischen wird die kommerzielle Nutzung des Netzes als Angebots- und Vertriebsplattform intensiv vorangetrieben. Zugangsvoraussetzungen für den **Anbieter** im Internet sind:

- Betrieb eines eigenen Netzservers und Anschluß an einen Service-Provider,
- Inanspruchnahme der Dienstleistung eines Web-Service-Providers.

Der Betrieb eines eigenen Netzservers lohnt sich in der Regel nur für große Unternehmen mit eigenen Rechenzentren.
Der Web-Service-Provider stellt die erforderliche Infrastruktur bereit, um Produktinformationen und -vertrieb via Internet zu ermöglichen, erstellt Web-Sites, richtet ein Bestellverfahren ein und liefert Daten über die Abrufhäufigkeit.
Zugangsvoraussetzungen für **Nachfrager** im Internet sind:

- PC sowie Telefon und Modem oder ein ISDN-Anschluß,
- Zugangseröffnung zum Netz durch einen kommerziellen Service-Provider, die von den Betreibern der Online-Dienste (AOL, CompuServe, msn u. a.) angeboten wird.
- Eine andere Zugangsmöglichkeit sind die von 3C-Communications in Hotels, Schulen, in Cybercafés, auf Flughäfen und Bahnhöfen aufgestellten Kreditkarten-Internet-Terminals.

Für die Nutzung des Internet selbst hat der Nutzer keine Gebühren zu entrichten, die Service-Provider verlangen entweder eine Monatsgebühr oder bieten den Internet-Zugang bei Nutzung ihrer Online-Dienste zusätzlich ohne weitere Kosten an. Schließlich fallen beim Nutzer die Leitungskosten für die Datenübertragung via Telefonnetz an.
Inzwischen sind eine Vielzahl von touristischen Leistungsträgern, Reiseveranstaltern und anderen Fremdenverkehrseinrichtungen im Internet abrufbar. Reisebüros verhalten sich zu diesem Medium noch eher zögerlich. Die **Nutzungsmöglichkeiten** für den Nachfrager von Dienstleistungen bestehen

- in der Informationsbeschaffung über Reiseziele, Reisemöglichkeiten und Angebote von touristischen Produkten,
- in ihrer Vakanzabfrage, Reservierung und Buchung.

Die aufgrund der chaotischen Struktur des Internet für den Nutzer zeit- und kostenaufwendige **Informationssuche** kann durch Inanspruchnahme entsprechender Suchmaschinen vereinfacht werden. Derartige Dienste werden auch speziell für die Tourismusmärkte angeboten. So besteht über das touristische Suchsystem TII (Tourismus Info Internet) schneller Zugriff z. B. auf eine Vielzahl von Anbieteradressen für

- Flug,
- Bahn,
- Urlaub in Deutschland,
- Last-Minute,
- Hotels/Unterkünfte weltweit,
- Länder-Infos,
- Touristische Quellen.

Andere Dienstleister bieten selektive Informationen an, z. B. Urlaubsplattformen wie Travix, über die Kataloge aller relevanten Reiseveranstalter abgerufen werden können. Für den Geschäftsreisebereich sind ähnliche Dienste verfügbar, so z. B. das von Worldspan angebotene Internet-Tool Trip Manager.

Dem direkten **Vertrieb** touristischer Produkte via Internet sind derzeitig noch bestimmte Grenzen gesetzt. Entscheidendes Hemmnis im Electronic Commerce ist die Zahlungssicherheit. Die Entwicklung entsprechender Standards befindet sich in der Erprobungsphase. Folgende Vertriebswege sind prinzipiell nutzbar:

- **Indirekter Vertrieb** (unter Einschaltung eines Reisemittlers)
  Vakanzabfrage und Reservierung führt der Reisekunde selbst via Internet im Rechner des Anbieters durch, die Buchungsabwicklung, die Bezahlung und die Zustellung der Reisedokumente erfolgt über eine Reisebüroadresse.
- **Direktvertrieb**
  Der Kunde führt Vakanzabfrage und Reservierung sowie Bezahlung per Kreditkarte online im Rechner des Anbieters durch. Die Reisedokumente werden ihm per Postversand zugestellt. Sofern Reisedokumente nicht ausgestellt werden (ticketloses Fliegen), erübrigt sich auch dieser letzte Arbeitsgang.

Leistungsträger und Veranstalter nutzen Formen sowohl des Direktvertriebes wie auch des indirekten Vertriebes, teilweise alternativ. Es ist aber in der Entwicklung der Technologien und Werkzeuge für die privaten und kommerziellen Internet-User der Trend erkennbar, den direkten Vertriebsweg unter Ausschaltung der Reisemittler zu bevorzugen, da er geeignet ist, eine weitere Senkung der Vertriebskosten zu ermöglichen und die Nutzerfreundlichkeit zu verbessern. Grundvoraussetzung für entscheidende Fortschritte bei der Nutzung des Internet als Informations- und Vertriebstechnologie ist die Schaffung eines Tourismus-Intranets, also eines geschlossenen, internen Kommunikationssystems mit für alle User nutzbaren Standards. Das System sollte als einheitliches „Schaufenster" der Tourismuswelt dienen, aber auch Relaisstation zu anderen Systemen sein (FVW 9/98: 36).

7. 3. 3 Elektronische Märkte

Unter Markt versteht man das zusammenhängende Ganze von Nachfrage und Angebot hinsichtlich des Austausches von Gütern und Diensten. Er ist nicht nur ein bestimmter Ort des ökonomischen Tausches, sondern umfaßt die Gesamtheit der Handelsbeziehungen (HEERTJE u. a. 1991: 72).

Elektronische Märkte organisieren diese Beziehungen mittels integrierter Informations-, Kommunikations- und Vertriebstechnologien. Zur Beschreibung des elektronischen Geschäftsverkehrs zum Vertrieb von Gütern und Dienstleistungen über elektronische Medien wird auch der Begriff **Elec-**

tronic Commerce verwandt. Elektronische Märkte werden mit zunehmender Ausbreitung das Marktgeschehen hinsichtlich seiner gewachsenen Strukturen und Mechanismen entscheidend verändern:

- Der **Zugang** zu den Märkten wird für Anbieter/Nachfrager **unbehindert möglich**. Zugangsbeschränkungen aus marktpolitischen Motiven lassen sich, anders als bei den auf die Anbieterseite begrenzten CRS, aufgrund der technologischen Eigenarten, die eine unmittelbare Interaktion von Anbietern und Endnachfragern bedingen, nicht dauerhaft aufrechterhalten. Die Anzahl gleichberechtigter Marktteilnehmer wird sich wesentlich erhöhen. Zugangsschwellen sind nur die technische Ausrüstung und die Nutzungskosten, die sich mit zunehmender Verbreitung des Electronic Commerce kontinuierlich absenken werden.
- Eine lokale Bestimmung des Marktortes, an dem Anbieter und Nachfrager zusammentreffen müssen, um ihre Tauschvorgänge zu realisieren, erübrigt sich. Elektronische Märkte zeichnen sich durch **Ortsungebundenheit** aus. Sie wirken so gegen monopolistische Tendenzen zur Marktaufteilung und Preisdiskriminierung und verhindern die Realisierung von Konsumentenrente (HEERTJE u. a. 1991: 325).
- Die unmittelbare Interaktion der Marktteilnehmer wird die Anzahl der **Glieder in der Wertschöpfungskette** reduzieren. Eine Vermittlungsfunktion zwischen Anbietern und Nachfragern wird überflüssig. Dadurch vermindern sich Aufwendungen der Unternehmen für Beschaffung und Absatz, was sich auf das allgemeine Preisniveau auswirken kann.
- Die schon bei den derzeitigen CRS größere **Markttransparenz** verstärkt sich in nachfragerorientierten Systemen. Dem Endnachfrager sind Preis- und Leistungsvergleiche umfassend möglich, was durch Anwendung entsprechender Tools (z. B. Best-Buy-Funktionen für den Kunden) gefördert wird.
- Elektronische Märkte zeichnen sich durch eine größere **zeitliche Verfügbarkeit** aus. Es bedarf im Prinzip keiner geregelten Geschäftszeiten mehr, um die kommerzielle Interaktion der Marktteilnehmer zu ermöglichen.
- Auf elektronischen Märkten bedarf es keiner festen und dauerhaften vertraglichen Regelung ihrer Geschäftsbeziehungen mehr. Sie wird durch **Flexibilität** der Anbieter- und Nachfragerbeziehungen ersetzt.
- Elektronische Märkte tragen zur Überwindung noch bestehender regionaler und nationaler Schranken der Handelsbeziehungen bei. Das Marktgeschehen erhält universellen Charakter und fördert die **Globalisierung** der Wirtschaftsbeziehungen.

Aus diesen Gründen darf erwartet werden, daß sich letztlich der freie Wettbewerb weiter entfalten wird, die Anbieter konkurrieren global um die Endnachfrager. Die Herausbildung eines wirklich umfassenden Weltwirtschaftssystems wird beschleunigt. Voraussetzungen dafür sind aber eine weitere Deregulierung und Privatisierung der Marktbeziehungen, da staatliche oder staatlich beeinflußte Unternehmen über subventionierte Preisbildung den Markteintritt weiterer Wettbewerber verhindern und somit quasimonopolistische Strukturen entwickeln können. Dies ist z. B. bei vielen Anbietern der Fall. Auch Unternehmenszusammenschlüsse zu marktbeherrschenden Positionen sind bei fehlender oder ungenügender Wirksamkeit der Wettbewerbsaufsicht auf den elektronischen Märkten möglich. Die staatliche Ordnungspolitik, die sich in supranationalen Gebilden überhaupt erst noch entwickeln muß, wird hier vor neue Aufgaben gestellt
(Vgl. SCHULZ u. a. 1996: 165 ff.).

Entscheidende Schritte auf dem Wege der Weiterentwicklung des Electronic Commerce zu globalen elektronischen Märkten werden durch **Innovationen der Multimediatechnologien** vorbereitet:
Mit Einführung des digitalen Fernsehens (DTV) wird die technische Marktzugangsbarriere für den Endverbraucher abgebaut. Dann erübrigt sich für den Privathaushalt zu Zwecken des Homeshopping der zusätzliche PC mit Internetanschluß. Die noch um den Verbraucher konkurrierenden Anbieter werden sich vermutlich auch hinsichtlich des für den digitalen Fernsehempfang notwendigen Decoders auf ein Einheitsgerät einigen.
Auch die Reisebranche wird über das Multimediaterminal in breiter Front zum Direktvertrieb übergehen. Dann können mediale Vakanzabfragen, Reservierungen, Dokumentation und Abwicklung der Buchung und Bezahlung unabhängig von einem Reisemittler erfolgen.
In diesem Zusammenhang sollte auch der Umstand beachtet werden, daß gerade der Vertrieb von Reisedienstleistungen aufgrund der Eigenarten des touristischen Produktes das physische Zusammentreffen von Verkäufer und Käufer an einem bestimmten Marktort nicht zwingend notwendig macht, wenn sich der Käufer die Produktinformationen anderweitig beschaffen kann.

Wenn für den europäischen Markt die durchgängige Etablierung des Electronic Commerce derzeitig noch eher zurückhaltend beurteilt wird, zeigen andere Märkte bereits entscheidende Wandlungen. So haben sich in den USA die Umsätze im Online-Reisevertrieb allein 1997 auf 827 Mill. USD verdreifacht. Die Prognose geht für das Jahr 2000 von einem weiteren Wachstum um 440 % aus. Die dominante Reiseleistung ist dabei die Flugreise, gefolgt von Hotelzimmern, Mietwagen und Pauschalreisen. Die

Erhöhung der Sicherheit der Zahlungsabwicklung im Electronic Commerce über Kreditkarte und Smart Cards wird einen weiteren Wachstumsschub erzeugen (Angaben nach: FVW 7/98: 19).

Die Vorbereitung der Unternehmen auf umfassende elektronische Märkte ist ein erstrangiges betriebswirtschaftliches Erfordernis, weil nur so zukünftig die Marktpositionen erhalten und ausgebaut werden können. Dabei muß man davon ausgehen, daß sich die Zeit für die Akzeptanz und massenweise Ausbreitung neuer Technologien in den privaten Haushalten mit jedem Innovationsschub verkürzt.

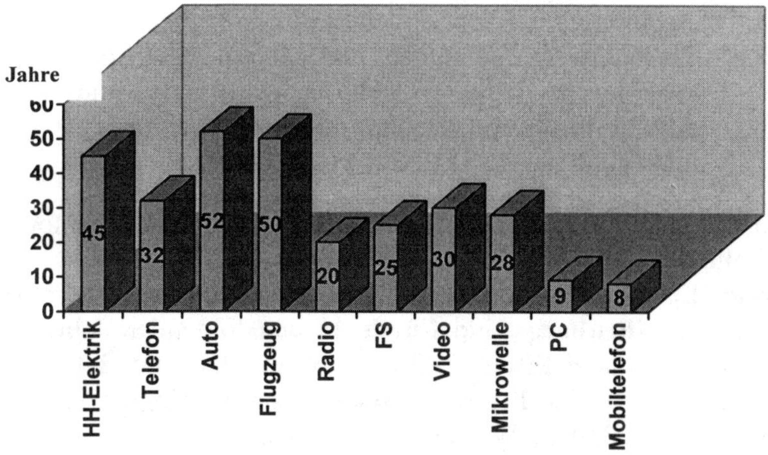

Abb. 22: Dauer der Akzeptanz neuer Technologien in Jahren - Nutzung von 25 % der US-Bevölkerung -
(Quelle: FVW 7/98: 19)

Kapitel II Spezielle Leistungsbereiche der Tourismuswirtschaft

1. Die Bahnreisen

1. 1 Die Entwicklung des deutschen Eisenbahnwesens

Das Eisenbahnwesen trug wie kaum eine andere technische Neuerung zur schnellen Entwicklung der kapitalistischen Massenproduktion bei, wie der

> „wohlfeile, schnelle, sichere und regelmäßige Transport von Personen und Gütern einer der mächtigsten Hebel des Nationalwohlstandes und der Civilisation nach allen ihren Verzweigungen überhaupt" ist (LIST 1838: 1).

Mit ihm war auch das geeignete Massenbeförderungsmittel für touristische Reisen gefunden.
Die **erste Eisenbahn in Deutschland** verkehrte **am 7. Dezember 1835** zwischen **Nürnberg** und **Fürth**. In den folgenden Jahren wurden überall in Deutschland Eisenbahnlinien gebaut. Bau und Betrieb standen anfangs im Zeichen der **Privatwirtschaft**. Nur in einigen süddeutschen Ländern (Bayern, Baden, Württemberg) und in Mecklenburg, Oldenburg und Braunschweig ging man sehr bald zum **Staatsbahnsystem** über.

Die Verschiedenheit der Rechtsformen der deutschen Eisenbahnsysteme war zuerst für die Schnelligkeit der Entwicklung vorteilhaft. Sie führte aber durch Bau von Konkurrenzlinien zur Unwirtschaftlichkeit, hemmte die Verkehrsentwicklung in den ärmeren Landesteilen und ließ, da es an einem zusammenfassenden Reichsorgan fehlte, den nötigen Zusammenhang der einzelnen Netze nicht aufkommen. Diese Erkenntnis führte bald zu der grundsätzlichen Erwägung, daß so große Unternehmungen wie die Bahn nach einem einheitlichen Plan und langfristig ausgerichtet sein müssen, daß der Staat „mehr auf den Nutzen des Ganzen, als den Vorteil des Einzelnen, mehr auf den Staatszweck, als auf den augenblicklichen Ertrag der Unternehmungen sehen" könnte und daß es in seiner Natur liege, „nicht nur die Bedürfnisse der Gegenwart, sondern auch die der künftigen Generationen in's Auge zu fassen" (LIST 1838: 40). Um diese Idee in großem Maßstab zu verwirklichen, bedurfte es jedoch zunächst der politischen Einigung.

Nach der Gründung des Deutschen Reichs im Jahre 1871 bemühte sich Bismarck, die gesamten Eisenbahnen Deutschlands zu einer **einheitlichen Reichseisenbahn** zusammenzuschließen. Die Reichsverfassung vom 16. April 1871 spiegelt bereits den Gedanken einer Einheit des deutschen Verkehrswesens wider.

1873 wurde zur Durchführung der **Reichsaufsicht das Reichs-Eisenbahnamt in Berlin** geschaffen. Wegen Fehlens eines regelnden Eisenbahngesetzes und namentlich bei der beherrschenden Stellung des preußischen Netzes konnte es jedoch keine führende Stellung erringen. Dagegen hat es auf einzelnen Gebieten, insbesondere bei der Regelung des internationalen Rechts, vornehmlich des Tarifrechts, wichtige Arbeit geleistet. Eisenbahn-Bau- und Betriebsordnung, Eisenbahn-Verkehrsordnung und Eisenbahn-Signalordnung entstanden in ihren Grundlagen aus der Tätigkeit dieses Amtes.

Da vor allem die süddeutschen Staaten sich gegen eine Vereinheitlichung der Bahnen in der Hand des Reiches sträubten, ging **Preußen 1879 allein zum reinen Staatsbahnsystem** über. Bis 1895 war die Verstaatlichung vollzogen.

An dieser Organisationsform hatte sich im wesentlichen bis nach dem ersten Weltkrieg nichts geändert.

Die Nationalversammlung des Jahres 1919 forderte zur Stärkung der Reichseinheit, also aus politischen Gründen, eine Vereinheitlichung des Verkehrswesens, insbesondere der Eisenbahnen. In Übereinstimmung aller Länder mit Staatsbahnbesitz wurde in Art. 89 der Weimarer Reichsverfassung die Übernahme aller dem allgemeinen Verkehr dienenden **Eisenbahnen in das Eigentum des Reiches** bestimmt und als Zeitpunkt der **Vereinheitlichung der 1. April 1921** festgesetzt. Verwirklicht wurde dieser Artikel der Verfassung schon zum 1. April 1920 durch einen Staatsvertrag zwischen dem Reich und den damaligen acht Staatsbahnländern unter Leitung des neu errichteten Reichsverkehrsministeriums.

Die **Deutsche Reichsbahn** war gegründet. Sie war eine reine Staatsverwaltung, die an den Staatshaushalt und das Parlament gebunden war.

Diese Verwaltung erwies sich für eine wirtschaftlich und elastisch zu führende Eisenbahn sehr bald als zu schwerfällig. Mußten doch Unterlagen für Voranschläge unter Umständen ein Jahr vor der Genehmigung durch das Parlament beschafft werden, so daß sie, bis die Mittel bewilligt wurden, oft bereits überholt waren. Die Situation wurde noch schwieriger, als die ohnehin durch den Krieg geschwächte Reichsbahn mit ihren Tarifen der raschen Geldentwertung nicht mehr folgen konnte und dadurch in eine Finanzkrise geriet. Die Vorarbeiten zu einem neuen Eisenbahngesetz, nachdem die Reichsbahn weitgehende Selbstverwaltung hätte erhalten sollen, wurden durch die Währungskonsolidierung am 15.11.1923 unterbrochen. Mit diesem Tage wurde die Reichsbahn von den Reichsfinanzen abgekoppelt und war unvermittelt auf sich selbst gestellt.

Durch die **Notverordnungen über die Schaffung eines Unternehmens „Deutsche Reichsbahn" vom 12.2.1924** trug die Reichsregierung der neuen Lage Rechnung und machte die Reichsbahn rechtlich und wirtschaftlich zu einem selbständigen Unternehmen. Das Eigentum an der Reichsbahn verblieb jedoch der Republik.

Die ganze Entwicklung wurde wesentlich von den Reparationsforderungen der Entente beeinflußt. Nach Artikel 248 des Vertrages von Versailles haftete der gesamte Besitz des Deutschen Reiches und damit auch der Deutschen Reichsbahn an erster Stelle für die Bezahlung der Reparationen. Auf Grundlage des Dawes-Planes wurde mit Gesetz vom 30.8.1924 die **„Deutsche Reichsbahn-Gesellschaft"** gegründet und zur Zahlung eines jährlichen Reparationsbeitrages von 600 Mio. RM verpflichtet.

Im **Jahre 1937** wurde die **Deutsche Reichsbahn-Gesellschaft** wieder umgewandelt in die **Deutsche Reichsbahn** und diese Veränderung durch das Reichsbahngesetz vom 4.7.1939 sanktioniert. Das Wichtigste der neuen Verfassung der Deutschen Reichsbahn war:

- Unter Aufgabe der bisherigen Selbständigkeit wird die Reichsbahn ein Sondervermögen des Reichs; sie gehört dem Reich.
- Die Leitung der Reichsbahn liegt in der Hand des Reiches; die Ämter des Reichsverkehrsministers und des Generaldirektors der Deutschen Reichsbahn werden in Personalunion miteinander verbunden.
- Die Reichsbahnbehörden sind wieder Reichsbehörden, die Reichsbahnbeamten wieder Reichsbeamte.

Deutlich zeigt sich hier der totalitären Staatsformen eigene Drang zur Zentralisation.

Der Zusammenbruch im Jahre 1945 hatte die Reichsbahn nahezu völlig lahmgelegt. Nach und nach wurden Betrieb und Verwaltung aus kleinen örtlichen Anfängen wieder aufgebaut. Es dauerte mehrere Monate, bis der Eisenbahnbetrieb über größere Strecken für den Zivilverkehr wieder in

Gang kam. In dieser Zeit war die Einteilung Deutschlands in die Besatzungszonen und die Abtrennung der Ostgebiete durchgeführt worden. So vollzog sich der Wiederaufbau der Deutschen Eisenbahnverwaltung zunächst in jeder der vier Besatzungszonen ganz für sich.

Nach der Schaffung der Bundesrepublik Deutschland hat der Bundesminister für Verkehr, bei dem die Aufsicht über das gesamte Verkehrswesen liegt, mit Erlaß vom 11. Oktober 1949 die Errichtung der **Deutschen Bundesbahn (DB) proklamiert**. Hiermit war zunächst die formelle Einheit der Eisenbahnen in der Bundesrepublik nach Artikel 87 des Grundgesetzes geschaffen.

Mit dem Bundesbahngesetz (BbG) vom 13. Dezember 1951 erhielten die Eisenbahnen der Bundesrepublik wieder einen einheitlichen Aufbau. Die ursprüngliche Idee eines gesamtstaatlich verwalteten Eisenbahnwesens war rekonstituiert. Nach diesem Gesetz verwaltete die Bundesrepublik Deutschland unter dem Namen **Deutsche Bundesbahn** das Bundeseisenbahnvermögen als nicht rechtsfähiges Sondervermögen des Bundes mit eigener Wirtschafts- und Rechnungsführung.

Die Verwaltungsorganisation der Deutschen Bundesbahn wurde nach Maßgabe dieses Gesetzes durch eine **Verwaltungsordnung der Deutschen Bundesbahn** (VwO) geregelt. Die Dienststellen waren Bundesbehörden (DB AG 1995: intern).

In der sowjetischen Besatzungszone und späteren DDR wurde das Eisenbahnwesen als Staatseigentum (Volkseigentum) unter dem alten Namen **Deutsche Reichsbahn** geführt.
Erst die Einigung der beiden deutschen Teilstaaten im Jahre 1989 machte es möglich, seit geraumer Zeit in der Bundesrepublik bestehende Überlegungen zu einer grundlegenden Reformierung des Eisenbahnwesens in die Tat umzusetzen.

1. 2 Die Entwicklung des deutschen Streckennetzes

Das Streckennetz der deutschen Bahnen wuchs von Beginn des Bahnbetriebs an mit anfangs hohen Zuwächsen unaufhaltsam. Deutschland verfügte in den 30er Jahren, nachdem ein kriegsbedingter Rückgang von 1915 bis 1920 eingetreten war, über das dichteste Streckennetz in Europa.

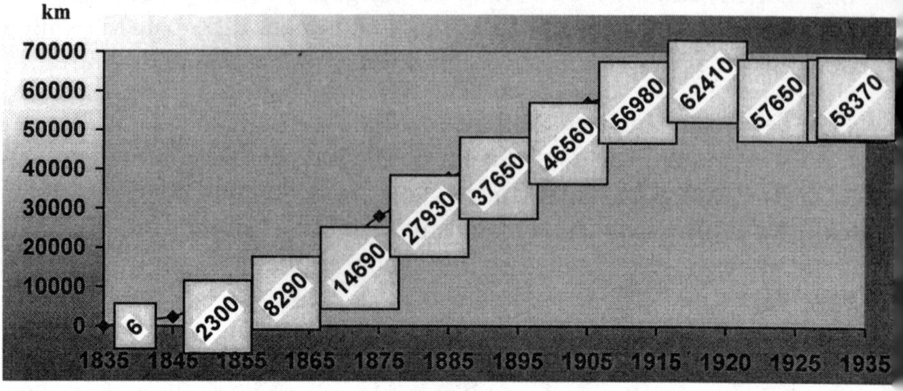

Abb. 23: Entwicklung des Streckennetzes der Bahn 1835 bis 1935
(Quelle: DB intern)

Nach 1945 begann auf dem reduzierten Territorium der verbliebenen deutschen Länder die schrittweise Ingangsetzung des Eisenbahnbetriebes und bald der Ausbau und die Erweiterung der Hauptstrecken. Gleichzeitig wurden zunehmend unrentable Nebenstrecken stillgelegt. Kern des derzeitig ca. 41.000 km umfassenden deutschen Schienennetzes ist das in das europäische Streckennetz integrierte **Fernverkehrsnetz** (Hauptstreckennetz) mit modern ausgebauten Trassen für

- ICE (InterCity Express),
- EC/IC (EuroCity, InterCity),
- IR (InterRegio),
- FD (Fern-D-Züge)

(Vgl. Anlagen 9 und 10).

Es wird ergänzt durch ein Nebenstreckennetz von **Verbindungsbahnen** zwischen den Hauptstrecken sowie einigen Stichbahnen, die von einer Hauptstrecke zu einem Endbahnhof abzweigen. Das von der Deutschen Bahn AG betriebene Schienennetz ist für einen **Wechselverkehr** verzahnt mit

- nicht DB-eigenen Bahnen (DB/NE),
- Seeverkehr (DB/SEE Nordseeinseln),

- Flußschiffahrt (DB/KD auf Schiffsstrecken Köln-Mainz und Koblenz-Cochem),
- Bodenseeschiffahrt.

Ursprünglich als touristische Ergänzung zum Bahnstreckennetz gedacht, jetzt aber überwiegend parallel zu ihm wird von europäischen Bahnverwaltungen das **Europabus-Netz** betrieben. Deutsche Betreibergesellschaft ist die Deutsche Touring GmbH.

Die Qualität des Streckennetzes hinsichtlich seiner

- logistischen
  und
- technischen Komponenten

ist eine entscheidende Grundlage für die Gestaltung wettbewerbsfähiger Bahnprodukte.

1. 3 Die Reformierung des Eisenbahnwesens

Die Idee der Bahnreform wurzelt in der sich in den letzten Jahren mehr und mehr ausbreitenden neoliberalistischen Wirtschaftsauffassung. Sie ist eine Reaktion auf das offensichtliche Unvermögen des Staates, durch Ausdehnung seiner Aktivitäten für ordnungspolitische Rahmenbedingungen zu sorgen, die eine gleichgewichtige Entwicklung der Volkswirtschaft nach dem Maßstab des **magischen Vierecks** (Stabilität des Preisniveaus, Vollbeschäftigung, außenwirtschaftliches Gleichgewicht, angemessenes Wirtschaftswachstum) ermöglichen sollte (Vgl. Stabilitätsgesetz 1967). Progressiv auflaufende Staatsschulden und eine zunehmende Ineffizienz staatlicher wirtschaftlicher Tätigkeit führten zu der Schlußfolgerung, daß in allen Bereichen, soweit nicht hoheitspolitische Aufgaben des Staates berührt werden, Deregulierung und Privatisierung erfolgen müßten. Wesentliches Element der Schaffung einheitlicher wirtschaftlicher Bedingungen für das vereinigte Deutschland war denn auch die rigorose Privatisierung des staatssozialistischen Eigentums in der ehemaligen DDR.
Die negativen ökonomischen Wirkungen staatlicher Wirtschaftstätigkeit werden am Beispiel des Staatsbetriebes Deutsche Bundesbahn überdeutlich :

	1970	**1990**
- Rückgang am Verkehrsaufkommen		
• Anteil am Personenverkehr	8,4 %	6,2 %

• Anteil am Güterverkehr	39,9 %	24,7 %
▪ Anstieg des Jahresverlustes	1,25 Mrd. DM	5,0 Mrd. DM
▪ Anstieg der jährlichen Bundeszuschüsse	3,9 Mrd. DM	13,6 Mrd. DM
▪ Anstieg der kumulativen Verschuldung	13,5 Mrd. DM	44,0 Mrd. DM

Die Status-quo Prognose für 1996 sah bei unveränderten Rahmenbedingungen den Anstieg des Jahresverlustes auf 10,8 Mrd. DM und das Anwachsen der Schulden auf über 80 Mrd. DM als unausweichlich. Für den Bereich der ehemaligen Deutschen Reichsbahn, deren Verkehrsleistungen sich nach der Einigung 1991 gegenüber 1990 halbierten, wurde 1991 ein Jahresverlust von 2,9 Mrd. DM und eine Netto-Neuverschuldung von 2,2 Mrd. DM ausgewiesen. Für die Folgejahre war eine weitere Verschlechterung dieser Situation zu erwarten (Quelle: DB intern).

Die **grundlegenden Ziele dieser Strukturreform** bestehen darin, die **Wettbewerbsfähigkeit** der Bahn innerhalb des Gesamtverkehrssystems zu erhöhen, ihre **Leistungsfähigkeit** zu steigern und sie schrittweise **von staatlichen Subventionen unabhängig** zu machen.

Die Bahnreform wurde eingeleitet mit der Zustimmung von Bundestag (2.12.93) und Bundesrat (17.12.93) zu den Gesetzen zur Reform der Deutschen Bundesbahn und Deutschen Reichsbahn. Die notwendige Änderung des Grundgesetzes (Artikel 87) erfolgte am 23.12.93, und das Gesetz zur Neuordnung des Eisenbahnwesens trat am 1.1.94 in Kraft. Damit konnten die festgelegten Verfahrensschritte der Bahnreform (Anlage 8) ermöglicht werden.

1. Schritt: Fusion der bislang noch getrennt geführten Betriebe Deutsche Bundesbahn und Deutsche Reichsbahn;

2. Schritt: Aufgliederung des Sondervermögens Bundeseisenbahn in einen
- unternehmerischen Bereich,
- öffentlichen Bereich;

3. Schritt: Umwandlung des unternehmerischen Bereichs in die Deutsche Bahn AG,
Umwandlung des öffentlichen Bereichs in
- das Eisenbahnbundesamt mit den verbliebenen hoheitlichen Aufgaben,
- das Bundeseisenbahnvermögen mit der Verwaltung der Altschulden;

4. Schritt: Ausgliederung der Deutschen Bahn AG in eine Holding mit den Töchtern

- Personenfernverkehr AG,
- Personennahverkehr AG,
- Güterverkehr AG,
- Fahrweg AG.

5. Schritt: Auflösung der Holding-Struktur (noch nicht vollzogen).

Prognosen hinsichtlich der Auswirkungen vor allem auf die Verkehrsanteile erwarteten einen Wiedergewinn wesentlicher Marktanteile:

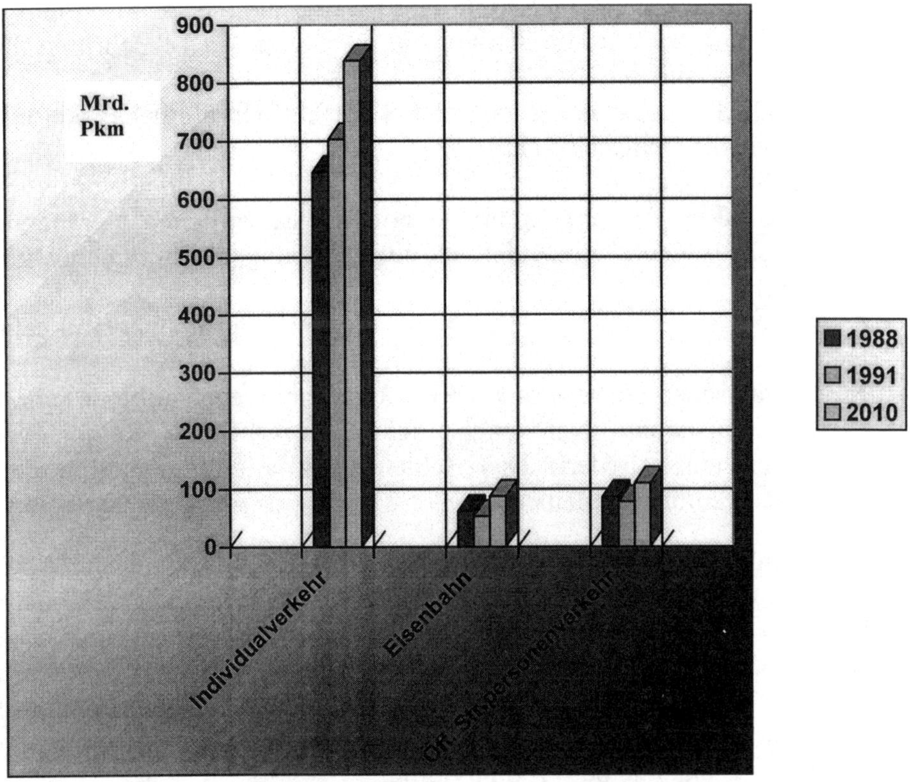

Abb. 24: Entwicklung des Personenverkehrs in Mrd. Pkm
(Quelle: Bundesverkehrswegeplan 1992)

Demgegenüber sah sich die Deutsche Bahn AG 1997 im Vergleich zu 1996 nochmals mit einem Rückgang der Verkehrsleistung um 2 % konfrontiert. Gleichzeitig stiegen die Verkehrsleistungen im Luftverkehr um 6 %, die des Straßenverkehrs um 0,5 % an (FVW 7/98: 97).

Andere **europäische Eisenbahnen** befinden sich ebenfalls in Reformprozessen oder bereiten Reformprojekte vor, die sehr unterschiedlichen Konzepten folgen:

- Aus der einheitlichen Staatsunternehmung **British Railways** sind nach Privatisierung über zwei Dutzend einzelner Bahnunternehmen entstandenen, die zwar bestimmten Mindeststandards beim Fahrplan und im Tarifgefüge folgen müssen, ansonsten aber ausschließlich auf den shareholder value ihrer Anteilseigner verpflichtet sind.
- Die französische Bahn **SNCF** agiert weiter als Staatsbetrieb und befindet sich noch immer im Stadium einer Prüfung von Teilschritten für eine Reformierung.
- Die Niederländische Staatsbahn **NS** verfolgt ein ähnliches Reformkonzept wie die Deutsche Bahn.
- Die Schweizerische Bundesbahn **SBB** realisiert ein Reformvorhaben **Bahn 2000**, das aber keine unternehmensrechtlichen Veränderungen vorsieht, sondern ausschließlich auf Erhöhung der Servicequalität orientiert.
- Das belgische Bahnsystem **SNCB** zeigt sich noch unbeeindruckt von Reformideen.
- Die dänischen Staatsbahnen **DSB** setzen dahingegen auf eine schrittweise Privatisierung. Nahverkehr, IC-Fernverkehr und Regionalverkehr wurden ausgegliedert. Das Schienennetz allerdings soll weiter im Staatseigentum verbleiben.

Alle Bahnen der EU-Mitgliedsländer sind jedoch nach der EU-Eisenbahnrichtlinie verpflichtet, ihre Schienentrassen auch für andere Anbieter zu öffnen. Inwieweit die Reformierungsprozesse der europäischen Bahnen die vorgegebenen Zielkoordinaten erreichen, kann derzeitig nicht beurteilt werden. Die unmittelbaren Auswirkungen für den Bahntourismus zeigen sich zunächst

- in einer Zunahme der Produktvielfalt,
- in einer unübersichtlichen Tariflandschaft,
- in zunehmender Unüberschaubarkeit der Verkehrsstrukturen.

Damit wird der Vertrieb von europäischen Bahnwerten auf dem deutschen Reisemarkt äußerst kompliziert und anspruchsvoll.

1. 4 Die Elemente des Produktes Bahnreise

Ähnlich wie bei der touristischen Pauschalreise können auch für die Bahnbeförderungsleistung verschiedene Produktelemente unterschieden werden:

- **Rechtliche Elemente**
  Die rechtlichen Elemente des Produktes Bahnreise ergeben sich aus der allgemeinen rechtlichen Regelung des Eisenbahnwesens.

Erste Ebene:

Grundgesetz, Artikel 87e

bestimmt:

- Führung der Eisenbahnverkehrsverwaltungen in bundeseigener Verwaltung;
- Übertragbarkeit von Aufgaben der bundeseigenen Eisenbahnverkehrsverwaltung auf die Bundesländer durch Gesetz;
- Führung der Eisenbahnen des Bundes als Wirtschaftsunternehmen in privatrechtlicher Form.

Zweite Ebene:

Gesetz zur Neuordnung des Eisenbahnwesens (ENeuOG)

bestimmt: über Einzelgesetze die Durchsetzung der Eisenbahnreform.

Dritte Ebene:

Allgemeines Eisenbahngesetz

bestimmt:

- Eisenbahnaufsicht,
- Grundsätze der Geschäftsführung und des Rechnungswesens,
- Öffnung des Schienennetzes für Dritte,
- Betriebsgenehmigung,
- Tarifpflicht.

Vierte Ebene:

Eisenbahnverkehrsordnung (EVO)

bestimmt:

- Beförderungspflicht,
- Beförderungsbedingungen,
- Tarife,
- Personenbeförderung (Ausschlußregelungen, Fahrpreisgestaltung, Fahrscheine, Umtausch, Rücknahme, Erstattung, Unterbringung der Reisenden),
- Beförderung von Reisegepäck (Begriff, Aufgabe, Abfertigung, Beförderung, Zollvorschriften, Auslieferung, Haftung),
- Gepäckträger/Gepäckaufbewahrung,
- Beförderung von Expreßgut, lebenden Tieren, Gütern u. a..

Fünfte Ebene:

Deutscher Eisenbahn-Personen-, Gepäck- und Expreßguttarif (DPT)

bestimmt:

DPT I

- Allgemeine Beförderungsbedingungen gemäß EVO,
- Ausführungs- und Zusatzbestimmungen zur Tarifbildung.

DPT II

- Fahrpreisermäßigungen für Fahrpreise,
- Ermittlungsgrundlagen für Einzelpreise (Preistafeln),
- Tarife für besondere Anwendungszwecke.

Insbesondere EVO und DPT enthalten die entscheidenden rechtlichen Elemente für die konkrete Gestaltung und Differenzierung der Bahnprodukte.

- **Organisatorisch-technische Elemente**
  - Logistik der Personenbeförderung (Vernetzung mit anderen Verkehrsträgern),
  - Sicherheitsstandards für den Bahnbetrieb,
  - Reisezeiten, Reisegeschwindigkeiten,
  - Zuggattungen (ICE, IC, EC, IR, FD usw.),
  - Zugausstattung, Komfort,
  - Serviceleistungen,
  - Produkttypen (nur Beförderung, Zusatzleistungen, Bahn-Pauschalreise).
- **Wirtschaftliche Elemente**
  - Fahrpreise und Tarife,
  - Fahrpreisermäßigungen,
  - Preis-Leistungsverhältnis,
  - Vertriebsformen und –aufwand.
- **Soziale Elemente**
  - Image des Bahnreisens,
  - sozialpolitische Aufgaben (Angebote für bestimmte soziale Gruppen: Berufstätige, Schüler, Behinderte u. a.),
  - gesamtgesellschaftliche Aufgaben für Sicherung der nationalen Verkehrsinfrastruktur.

Diese Elemente finden ihren Niederschlag in den Grundlinien der Geschäftspolitik der Bahn und bei Gestaltung der verschiedenen Produktarten.

1. 5 Nationale Angebote und Preise

1. 5. 1 Angebote zu Grundpreisen

1. 5. 1. 1 Merkmale

Für die Standardprodukte des normalen Linienverkehrs mit Regelzügen gelten Grundpreise oder **gewöhnliche Fahrpreise** (Normalpreise). Sie sind nach folgenden Merkmalen differenziert:

1. Merkmal: *Leistungsabhängigkeit*
Dem gewöhnlichen Fahrpreis wird als Maß der Leistung die **Tarifentfernung** zugrunde gelegt. Je Tarifkilometer gilt ein festgelegter DM-Satz.

2. Merkmal: *Differenzierung nach Tarifklassen*
Die Grundpreise sind differenziert nach
1. Klasse (entspricht 150 %),
2. Klasse (entspricht 100 %),
für die jeweils ein unterschiedlicher DM-Satz je Tarifkilometer gilt.

3. Merkmal: *Differenzierung nach Tarifgebieten*
Vorerst noch sind zwei Tarifgebiete (TG) zu unterscheiden:
TG A: alte Bundesländer (entspricht 100 %),
TG B: neue Bundesländer (entspricht 90 %).
Diese Preisdifferenz von 10 %, die seit 1996 gilt, wird mit den allgemeinen Preiserhöhungen für die Grundpreise weiter abgebaut. Das Merkmal hat also nur temporären Charakter.

4. Merkmal: *Zuschlagpflichtigkeit bestimmter Züge*
Für EuroCity/InterCity sowie für IR- und D-Züge werden differenzierte Zuschläge auf den Grundpreis erhoben, die nochmals danach unterschieden sind, ob vor Reiseantritt gelöst oder im Zug nachgelöst wurde.

5. Merkmal: *Ermäßigung der Grundpreise für Kinder*
Kinder bis unter 4 Jahren werden unentgeltlich befördert. Für Kinder im Alter von 4 bis 11 Jahren sind die Hälfte des Grundpreises und der Zuschläge zu zahlen.

6. Merkmal: *Ermäßigung der Grundpreise für Hunde/Katzen*
Kleine Hunde/Katzen im Transportbehälter werden unentgeltlich befördert. Für freilaufende Hunde sind die Hälfte des Grundpreises und der Zuschläge zu zahlen.

7. Merkmal: *Differenzierung der Geltungsdauer*
Bis 100 km Tarifentfernung, für einfache Fahrt, sowie für Hin- und Rückfahrt ist der Fahrschein nur am angegebenen Tag gültig.
Über 100 km Tarifentfernung ist der Fahrschein für

- die einfache Fahrt 4 Tage,
- für die Hin- und Rückfahrt 1 Monat gültig, wobei diese jeweils nur an 4 aufeinanderfolgenden Tagen durchgeführt werden können.

8. Merkmal: *Ermäßigung des Grundpreises für Mitfahrer*
Wenn bis zu 5 Erwachsene und 1 Kind gemeinsam hin- und zurückfahren, muß nur die 1. erwachsene Person den vollen Grundpreis bezahlen. Bis zu 4 ½ Mitfahrer reisen zum ermäßigten Preis, und zwar Erwachsene zu 50 %,

Kinder zu 25 % des normalen Fahrpreises. Voraussetzung ist, daß der gewöhnliche Fahrpreis für die 1. und 2. Klasse einen bestimmten Mindestbetrag ausmacht (Diese Regelung gilt auch für die Sparpreise; vgl. Abschnitt 1. 5. 2. 2).
Insbesondere die Umsetzung des Kriteriums der Leistungsabhängigkeit erfordert die Anwendung eines mehrstufigen Preisermittlungsverfahrens für die gewöhnlichen Fahrpreise. Es besteht jedoch das Projekt, relationsbezogene Grundpreise (sogenannte Loco-Tarife), wie sie für das Produkt ICE bereits in Anwendung sind, im gesamten Personenfernverkehr einzuführen.

1. 5. 1. 2 Grundlagen der Tarifgestaltung

Für die Ermittlung des gewöhnlichen Fahrpreises gelten bestimmte Grundsätze der Tarifgestaltung, die in einem speziellen Tarifsystem zur Wirkung gebracht werden. Ausgehend vom Merkmal der Leistungsabhängigkeit besteht die Aufgabe zunächst darin, die **Tarifentfernung** zu ermitteln. Dazu sind mehrere Arbeitsschritte erforderlich:

1. Arbeitsschritt: Bestimmung der Tarifpunkte

Tarifpunkte sind Bahnhöfe, zwischen denen die Tarifentfernung zu ermitteln ist. Drei Arten von Tarifpunkten sind zu unterscheiden

- Hauptanstoßbahnhof (HAst): besonders wichtiger Anstoßbahnhof. Er ist Anfangs- bzw. Endbahnhof der Grundentfernungen;
- Anstoßbahnhof (Ast): besonders wichtiger Tarifpunkt. Er ist im Streckenentfernungszeiger enthalten.
- Nichtanstoßbahnhof (NAst): Tarifpunkt, der weder HAst noch Ast ist. Er ist im Streckenentfernungszeiger enthalten.

Die Art des Tarifpunktes ergibt sich aus dem **Tarifpunktverzeichnis.** Sie ist außerdem in einer Übersichtskarte zum Tarifwerk kenntlich gemacht. Das Tarifpunktverzeichnis gibt auch Auskunft über die Nummer der Streckentafel, aus der die Tarifkilometer abgelesen werden. Diese Streckentafel-Nr. ist gleichzeitig das entscheidende Ordnungsmerkmal für die im Kursbuch enthaltenen Fahrpläne.

2. Arbeitsschritt: Ermittlung von Grundentfernungen

- Sind die Tarifpunkte beides Hauptanstoßbahnhöfe, ist aus dem **Grundentfernungszeiger** die **Grundentfernung** abzulesen. Zum Grundentfernungszeiger werden angegeben:
  - eine Raumbegrenzung = Abgrenzung eines Raumes im Streckennetz, innerhalb dessen alle Fahrwege in Richtung Reiseziel wahlfrei benutzt werden können;
  - eventuell ein Leitpunkt = bestimmter Tarifpunkt, der den Fahrweg vorschreibt.

  Beide Angaben erscheinen im Fahrschein.

  Für **Wege außerhalb der Grundentfernung**, die somit aus dem Grundentfernungszeiger nicht unmittelbar ablesbar sind, muß die gesamte Fahrstrecke in Teilentfernungen aufgebrochen werden. Dazu sind sogenannte **Brechpunkte** zu bestimmen. Brechpunkte sind Bahnhöfe, die von der gedachten Luftlinie zwischen Abgangs- und Zielbahnhof im rechten Winkel am weitesten entfernt liegen. Brechpunkte können sein:
  - Anstoßbahnhöfe, wenn kein Hauptanstoßbahnhof infrage kommt,
  - Nichtanstoßbahnhöfe, wenn auch kein Anstoßbahnhof infrage kommt.

  Auch Brechpunkte erscheinen im Fahrschein.
- Sind die Tarifpunkte beides Nichtanstoßbahnhöfe oder ist ein Hauptanstoß- bzw. Anstoßbahnhof mit einem Nichtanstoßbahnhof kombiniert, ergibt sich deren **Streckenentfernung** aus dem **Streckenentfernungszeiger**. Die Konstruktion der gesamten Streckenentfernung aus Teilstrecken ist möglich.

3. Arbeitsschritt: Ermittlung der Tarifentfernung

- Die Tarifentfernung setzt sich zusammen aus Grundentfernung und Streckenentfernung.
  - Sind die Tarifpunkte beides Hauptanstoßbahnhöfe, so entspricht deren Grundentfernung der Tarifentfernung;
  - sind die Tarifpunkte Nichtanstoßbahnhöfe oder liegt eine Kombination zwischen Hauptanstoß-/Anstoßbahnhof sowie Nichtanstoßbahnhof vor, so entspricht deren Streckenentfernung der Tarifentfernung.

Die Tarifentfernung wird mit dem aktuellen DM-Satz je Kilometer und Klasse bewertet und ergibt so den Grundpreis (gewöhnlichen Fahrpreis).

Mit Einführung des CRS Kurs 90 erfolgt der Fahrscheinverkauf nur noch über Terminals. Eine manuelle Tarifberechnung erübrigt sich damit.

1. 5. 1. 3 Angebote für besondere Züge

Zur Erhöhung der Wettbewerbsfähigkeit hat die Deutsche Bahn AG eine Anzahl von Qualitätsprodukten entwickelt, deren Preise ebenfalls Grundpreise darstellen, für die aber wesentlich vereinfachte Tarifkonstruktionen gelten (DB VKL 1996).

- **InterCityExpress[1] (ICE)**
  Das Produkt ICE ist der deutsche Hochgeschwindigkeitszug. Der **Typ ICE 1** erreicht ca. 250 km/Std.. Derzeitig sind 60 Züge im Einsatz, deren Anzahl die Deutsche Bahn bis 2000 auf 200 erhöhen will. Vom **Typ ICE 2** mit ca. 280 km/Std. Höchstgeschwindigkeit werden 44 Züge eingesetzt. Ab 1998 kommt der **ICE 3** mit einer Höchstgeschwindigkeit von ca. 300 km/Std. zum Einsatz. Er wird zunächst auf der neuen Schnellstrecke Frankfurt/Main-Köln, mit Halt Flughafen Frankfurt, verkehren. Ein Teil dieser Züge wird technisch für den internationalen Verkehr mit einem Mehrstromsystem ausgerüstet, so daß sie ohne Halt an der Grenze bis Paris oder Amsterdam fahren können. Vollklimatisierung und Fernsehempfang über Platzbildschirm, Anschluß für Laptop-Betrieb, Mobilfunkgängkeit sollen zur Standardausrüstung werden. Bis zum Jahr 2000 werden dann auch **ICT-Neigezüge** mit einer Höchstgeschwindigkeit von 230 km/Std. in Dienst gestellt, die an Altbaustrecken mit engen Kurvenradien liegende Großstädte so miteinander verbinden, daß der Luftverkehr erfolgreich konkurrenziert werden kann. Mit der Inbetriebnahme des ICE 2 wird auch das Konzept der **Flügelzüge** im deutschen Fernreiseverkehr verwirklicht. Diese verkehren auf der Stammstrecke als zwei zusammengekoppelte Züge (jeder nur halb so lang wie ein bisheriger ICE 1), teilen sich an ihrem Ende in zwei Züge mit verschiedenen Reisezielen. Erste Strecken sind Zugverbindungen ab Berlin bis Hamm (Stammstrecke) mit getrennter Weiterfahrt nach Düsseldorf und Bonn, mit dem ab 24. Mai 1998 geltenden Fahrplan.

---

1) Wir geben hier und bei weiteren Produktbezeichnungen die von der Deutschen Bahn AG aus Marketinggründen gewählte, den Rechtschreibregeln jedoch widersprechende Schreibweise wieder.

Damit können mehr umsteigefreie Direktverbindungen auch für die schwächer besiedelten Gebiete ermöglicht werden (FVW 7/98: 96).

Die ICE-Verbindungen werden nicht nur im nationalen Streckennetz angeboten, sondern auch auf einigen Auslandsstrecken (Schweiz und Österreich). Im Gegenzug verkehrt der italienische Pendolino-Expreß von Mailand über Zürich nach Stuttgart.

Für festgelegte Strecken der ICE sind **relationsbezogene Preise** bestimmt. Ihre Differenzierung erfolgt nach

- 1. und 2. Klasse,
- Aufpreisen auf den ICE-Fahrpreis für das Lösen von Übergangsfahrscheinen zur ICE-Benutzung,
- Aufpreisen zu Streckenzeitkarten.

▪ **ICE-Sprinter-Züge**

ICE-Sprinter-Züge verkehren nur auf bestimmten Strecken:

- Isar-Sprinter: Frankfurt (Main), Mannheim-München Hbf.,
- Rhein-Sprinter: München Hbf./München Pasing-Frankfurt (Main).

Für diese Züge gilt ein Spezialpreis 1. Klasse. Er schließt folgende Service-Zusatzleistungen ein:

- eine gastronomische Leistung mit Am-Platz-Service,
- zwei Zeitungen.

▪ **InterCityNight** (ICN)

Die Züge verkehren auf den Strecken:

- Berlin-München,
- Berlin-Bonn/Bad Godesberg,
- Hamburg-München.

Die Preisstruktur zeigt eine

- Komfort-Klasse mit Single-und Double-Abteil sowie Einzelbett im Double-Abteil;
- Tourist-Klasse mit Ruhesesseln.

Der Zug ist ein **rollendes Hotel** mit ständig erreichbarer Rezeption und bietet folgende Serviceleistungen:

- Kartentelefon, Kopierer, Fax;
- Tageszeitungen in der Komfort-Klasse;
- in allen Preisen eingeschlossenes Frühstück.

Die Mitnahme von PKW, Motorrad und Fahrrad ist möglich.

▪ **CityNightLine** (CNL)

Die Züge verkehren auf den Strecken

- Dortmund-Wien,
- Hamburg-Zürich,
- Dresden-Zürich.

Die Preise sind als Globalpreise (Fahrscheine und Reservierung) in folgende Kategorien unterteilt:

- Deluxe: A 1 Single, A 2 Double,
- Comfort: B 1 Single, B 2 Double,
- Economy: ECO 2 Double, ECO 4-Bett, ECO 4 Abteilbuchung, ECO 2 Spezialabteil,
- Ruhesessel.

Der Zug ist ebenfalls als rollendes Hotel mit ständig erreichbarer Rezeption ausgelegt und bietet u. a. folgende besondere Serviceleistungen:

- Spezielle behindertengerechte Abteile,
- Bordshop,
- in allen Preisen eingeschlossenes Frühstück,
- in der Deluxe-Klasse hoher Komfort mit Dusche/WC.

▪ **Sonstige Nachtreisezüge**

Sie führen Schlaf- und Liegewagen auf den Hauptstreckenrelationen, häufig auch Sitzwagen. Für die entsprechende Abteilart werden differenzierte Zuschläge auf die Grundpreise erhoben:

- Bettplatzzuschläge Single (1. Kl.), Double (2. Kl.),
- Abteilarten: Single, Double, Touriste (T3; 2. Kl.),
- Liegeplatzzuschläge (2. Kl.).

▪ **Autozüge**

Die Autozüge können von 15 deutschen Stationen ca. 20 Ziele im Inland und den europäischen Urlaubsregionen erreichen. Sie führen Abteil-Schlafwagen, Liegewagen und Sitzwagen. Im besonderen Autoreisezugtarif (ARZ-T) sind die Preise differenziert nach

- Saisonzeiten,
- Einzelplatzbuchung oder Abteilbuchung,
- Komfort-Kategorien.

▪ **Autozug Rollende Raststätte**

Der Zug verkehrt auf den Relationen

- Berlin-Hannover,
- Berlin-Dortmund

und bietet die 1. Klasse sowie an Bord ein Bistro Café. Die Preise sind Pauschalpreise und werden für Inhaber der BahnCard oder der ADAC-Mitgliedskarte ermäßigt.

▪ **Metropolitan**

Die ab Herbst 1997 im Einsatz befindlichen Metropolitan-Direktzüge verbinden Großstädte ohne Zwischenstop, der Anfang wurde mit Hamburg, Essen, Düsseldorf und Köln gemacht. Die Metropolitan-Züge sind ein Angebot vor allem für Geschäftsreisende, sie bieten jeweils 410 individuell buchbare Sitzplätze in einer einzigen **Business-Klasse**.

Die Plätze verfügen über Serviceruf, Anschluß für Laptop, Audio- und zum Teil auch Fernsehempfang. In zwei Lounges und am Platz werden Speisen und Frühstück serviert.

- **Eurostar und Thalys**
  Ab deutschem Bahnnetz (Köln) können von den Reisenden zu besonderen Globalpreisen auch die internationalen Hochgeschwindigkeitszüge
  - Eurostar (Paris-London und Brüssel) und
  - Thalys (Paris-Brüssel)

  benutzt werden.

1. 5. 2 Preisermäßigte Angebote

1. 5. 2. 1 Grundsätze

Fahrpreisermäßigungen sind aus folgenden Gründen sinnvolle Instrumente der Preispolitik:

- **Erhöhung der Wettbewerbsfähigkeit** gegenüber den anderen Verkehrsträgern.
  Kaufmännische Erwägungen geben Veranlassung, sowohl für jedermann als auch für bestimmte Zielgruppen
  - Fahrpreisermäßigungen auf die Grundpreise (Normalpreise) zu gewähren und
  - spezielle Produkte, die mit einem Preisvorteil ausgestattet sind,

  anzubieten.
  Geplant wird von der Deutschen Bahn AG auch, bei besonders schlecht ausgelasteten Strecken kontingentierte Sonderpreise aufzulegen, Last-Minute-Angebote sind ebenfalls angedacht (FVW 7/98: 97).
- **Sozialpolitische Gründe**
  Fahrpreisermäßigungen aus sozialen Erwägungen sind aufs Engste mit der Organisationsform des deutschen Eisenbahnwesens als Staatsbetrieb, wie sie bis zur Bahnreform bestand, verbunden. Die Eisenbahn sollte als wichtigste Verkehrsinfrastruktur allen sozialen Schichten zu bezahlbaren Preise zur Verfügung stehen. Die kapitalistische Wirtschaftsstruktur verlangte außerdem eine hohe Flexibilität der Arbeitskräfte. Daneben waren auch Gruppen, die andauernd (Behinderte, Kriegsbeschädigte) oder zeitweilig (Wehrdienst- und Zivildienstverpflichtete, Schüler und Studenten) über ein nur geringes oder kein eigenes Einkommen verfügen, Angebote zu einer preiswerten Beförderungsleistung zu unterbreiten. Inwieweit der Umfang dieser Fahrpreis-

ermäßigungen mit dem Umbau der ehemaligen Staatsbahn in ein privatwirtschaftliches Unternehmen, das unter vollem Wettbewerbsdruck am Markt operiert, weiter aufrecht erhalten werden kann, ist aber fraglich.

- **Umweltpolitische Gründe**

  Aus dem gesamtgesellschaftlichen Anliegen zur Senkung des spezifischen Energieverbrauchs für den Personen- und Gütertransport, zur Verminderung der Schadstoffbelastung der Luft und zur Entlastung des Straßennetzes ergibt sich ein allgemeines öffentliches Interesse an einer verstärkten Nutzung der Bahn. Unter marktwirtschaftlichen Bedingungen kann eine solche wünschenswerte Umstrukturierung der Beförderungsleistungen nicht durch direkten Staatseingriff erzwungen, sondern nur über ökonomische Anreize durch Angebote mit entsprechend überzeugendem Preis-Leistungsverhältnis angeregt werden. Da ein solches Anliegen aber mit dem Geschäftsziel eines privatwirtschaftlichen Unternehmens kollidiert und die Bahn sich außerdem gegenüber dem anderen Verkehr in einem logistischen Nachteil befindet, bedarf es zur Durchsetzung umweltpolitischer Anliegen auch zukünftig staatlicher Fördermaßnahmen. Eine Internalisierung dieser externen Kosten in die Preise würde hingegen die Wettbewerbsfähigkeit der Bahn weiter vermindern.

1. 5. 2. 2 Allgemeine Angebote

Preisermäßigte Angebote bzw. Produkte mit Preisvorteil für jedermann sind (DB VKL 1996 und Angebote 1997):

- BahnCard,
- Sparpreis, ICE-Sparpreis, ICE-Super-Sparpreis,
- Guten-Abend-Ticket und
- Schönes-Wochenende-Ticket.

- **BahnCard**

  Die BahnCard gewährt 50 % Ermäßigung auf den normalen Fahrpreis in fast allen Zügen sowie auf den meisten Linien der regionalen DB-Omnibusverkehrsgesellschaften. Sie gibt es als

  - Basiskarte BC (B), Classic;
  - Zusatzkarte für Ehepartner – BC (Z);
  - BahnCard Kinder – BC (K) 4 bis 11 Jahre;
  - BahnCard Teens – BC (T) 12 bis 17 Jahre;
  - BahnCard Junioren – BC (J) 18 bis 22 Jahre;

- BahnCard Senioren – BC (S).
  Personen ab 60 Jahre sowie behinderte Erwerbsunfähige und Schwerbehinderte;
- BahnCard Familien – BC (F).

Die BahnCard gilt 1 Jahr, sie gibt es für die 2. Klasse und als Bahn Card First (BC F) für die 1. Klasse in einer normalen Version sowie in zwei Versionen mit integrierter Zahlungsfunktion (DB/Citybank VISA, Electron BahnCard).

- **Sparpreis, ICE-Sparpreis, ICE-Super-Sparpreis**
  Sparpreise sind günstige Pauschalpreise für Hin- und Rückreise ab einer bestimmten Tarifentfernung:
  - Sparpreis und ICE-Sparpreis erlauben die Hinfahrt von Montag bis Freitag, die Rückfahrt ab frühestens am Sonnabend derselben Woche; bei Hinfahrt am Sonnabend oder Sonntag ist die Rückfahrt bereits am selben Tag möglich. Bei diesen Sparpreisen ist auch die Mitfahrer-Regelung (Vgl. Abschnitt 1.5.1.1) anwendbar.
  - Der ICE-Super-Sparpreis folgt Bedingungen des Sparpreises, er ist jedoch nicht gültig von Freitagmorgen 10:00 Uhr bis Sonnabendmorgen 3:00 Uhr und Sonntagmorgen 10:00 Uhr bis Montagmorgen 3:00 Uhr.
- **Guten-Abend-Ticket** (GAT)
  Das Angebot gilt zwischen 19:00 Uhr und 02:00 Uhr, sonnabends bereits ab 14:00, jeden Tag und in allen Zügen (ausgenommen ICN, CNL, Schlaf- und Liegewagen, Autozüge, Sonderzüge), für die 1. und 2. Klasse.
- **Schönes-Wochenende-Ticket**
  Das Angebot gilt nur in Nahverkehrszügen, S-Bahnen, Regionalbahnen, Regional- und Stadtexpreßzügen, in der 2. Klasse für bis zu 5 Personen von Sonnabend 00:00 Uhr bis Montag 02:00 Uhr zu einem Festpreis für beliebige Tarifentfernungen.

1. 5. 2. 3 Angebote für besondere Zielgruppen

Im nationalen Bahnnetz werden auch für spezielle Zielgruppen eine Reihe von Produkten mit Preisvorteil angeboten:

- **Für Urlaubsreisende**
  FerienTicket
  Das FerienTicket ermöglicht beliebig viele Fahrten in einer von über 50 deutschen Urlaubsregionen und gilt in Verbindung mit einem Fernver-

kehrsfahrschein für Hin- und Rückfahrt ab einem bestimmten Mindestwert.

- **Für Geschäftsreisende**
  - *Großkundenabonnement (GKA)*
    Das GKA bietet bei Abnahme unterschiedlicher Wertkontingente einen Rabatt. Derzeitig gilt:

Wertkontingent in DM	Rabattsatz in %
3.000	15
12.000	17,5
30.000	20

  - *NetzCard*
    Die NetzCard gibt es als persönliche und übertragbare Variante. Sie ermöglicht beliebig viele Fahrten im gesamten DB-Netz und mit allen Zügen. Die persönliche Monatsnetzkarte kann auch für Teilnetze erworben werden.
- **Für Berufspendler**
  Persönliche Streckenkarten (Jahreskarte, Monatskarte, Wochenkarte) ermöglichen innerhalb ihres Geltungszeitraumes beliebig viele Fahrten zwischen zwei Orten.
- **Für Kinder und Jugendliche**
  - *TwenTicket*
    Es gilt für die Altersgruppe von 12 bis 25 Jahren innerhalb Deutschlands, aber auch für Fahrten in das europäische Ausland und Marokko, sowie für eine Anzahl Schiffspassagen in der 2. Klasse. Die einzelnen nationalen Bahnen gewähren auf den normalen Fahrpreis Ermäßigungen zwischen 20 und 60 %.
  - *Monats- und Wochenkarten für Schüler*
- **Für Familien und Gruppen**
  Für Gruppen ab 6 Personen gibt es differenzierte Ermäßigungen auf den normalen Fahrpreis zwischen 40 und 65 % (für Schulklassen bis zu 70 %), deren Höhe von der Reisezeit, der Zugart und der Gruppengröße abhängt.

1. 6 Services

Die Wettbewerbsfähigkeit der Deutschen Bahn AG gegenüber den anderen Verkehrsträgern wird wesentlich von der Qualität der Serviceleistungen rund um das Bahnreisen bestimmt. Derartige entgeltliche Services sind z. B.:

- **KurierGepäck**
  Normal- und Sondergepäck kann von jedem Inhaber eines gültigen Fahrscheines zu unterschiedlichen Preisen von Haus zu Haus aufgegeben werden. Es wird als Normalgepäck am nächsten Werktag, als Sondergepäck spätestens nach 48 Stunden zugestellt;
- **PostGepäck**
  Der Reisegepäck-Service der Deutschen Post AG ermöglicht die Zustellung von der Postfiliale zur Hausadresse für Normalgepäck im Inland;
- **IC-Kuriergut**
  Das Produkt gilt für Sendungen bis 20 kg, die noch am selben Tag den Empfänger erreichen;
- **Gepäckträger-Service**
  Er erfolgt nur an den Bahnhöfen Dresden, Frankfurt (Main), Hamburg, Leipzig, München, Stuttgart;
- **Gepäck- und Fahrradaufbewahrung** auf dem Bahnhof;
- **Schließfächer** auf den Bahnhöfen;
- **Fahrrad-Vermietung** am Bahnhof in touristisch interessanten Gebieten;
- **Park & Rail, Park & Ride**;
- **Rail & Road**;
  Mietwagen an bestimmten Stationen in Zusammenarbeit mit Europcar/Interrent;
- **InnerCity E-Mobil**
  Das Produkt wird derzeitig nur auf den Hauptbahnhöfen von Frankfurt (Main) und München in Zusammenarbeit mit Sixt Budget angeboten und hat eine Reichweite von 90 km.

Daneben bemüht sich die Bahn, vor allem auf Hauptbahnhöfen, den allgemeinen Reiseservice nach bundesweit einheitlichen Maßstäben auszugestalten und ständig zu verbessern.
In Verfolgung dieser Ziele soll auch für die Linienverkehre der Bahn eine durchgehende **Mobilitäts- oder Reisekette** organisiert werden. Ihre Komponenten sind:

- Komplexe Reiseinformationen und Beratung von Haus aus anstelle der bloßen Fahrplanauskunft;
- Buchungsangebote für die individuelle Fahrt zum Bahnhof per Bahntaxi, Mietwagen, ÖPNV-Dienst oder eigenem Wagen, der vom DB-Parkservice betreut und abgeholt wird;
- ein einziger Fahrschein von Haus zu Haus und Umwandlung der BahnCard in eine multifunktionale Chipkarte (FVW 7/98: 96).

1. 7 Besondere Produkte der Bahnen für touristische Zielgruppen

Für spezielle touristische Zielgruppen sind folgende Produkte von Interesse:

- Im **nationalen Streckennetz:**
  - Museumseisenbahnen,
  - historische Eisenbahnen,

    (Vgl. Anlage 12).
- Nostalgiezüge bzw. Züge mit touristischen Highlight's **ausländischer Bahnen:**

  z. B.:

• *Bernina Express*	Schweiz (Zermatt-Bernina)
• *Blue Train (Luxuszug)*	Südafrika (Pretoria-Johannesburg-Kapstadt)
• *China Oriental Express*	China (Strecken entlang der Seidenstraße)
• *Eastern & Oriental Express*	Singapore-Thailand (Bangkok)
• *Glacier Express*	Schweiz (St. Moritz-Zermatt)
• *Indian Pacific Express*	Australien (Sydney-Perth)
• *Orient Express*	Türkei (Istanbul)- Rußland (Drushba/Alatow)-China (Xi ´ an)
• *Palace on Wheels*	Indien (Delhi-Jaipur-Agra)
• *Peninsula Line*	Singapore –Malaysia
• *The Royal Scotsman*	Großbritannien (London-Edinburgh)
• *The Viceroy Spezial*	Sri Lanka (Colombo-Kandy)
• *Tranz Alpine*	Neuseeland (Christchurch-Greymouth)
• *Transsiberian Railway*	Rußland-Mongolei-China

Diese Züge sind nutzbar entweder im normalen Linienverkehr oder als Pauschalangebot, in einigen Fällen werden sie für Sonderfahrten eingesetzt.

- **Bahnpauschalreisen**
  Diese sogenannten Rail Inclusive Tours (RIT) werden von Reiseveranstaltern als Einzel- oder Gruppenreisen angeboten und beinhalten ein touristisches Arrangement zu einem Endpreis.
- **Sonderzüge/Sonderwagen**
  Sonderzüge werden von der Bahn als sogenannter UrlaubsExpreß betrieben und in Kooperation mit Reiseveranstaltern vermarktet.
  Die Anmietung von Sonderwagen von der Bahn kann für touristische und geschäftliche Zwecke sowie für Incentives erfolgen. Sie werden als Kurswagen an Regelzüge angekoppelt.

1. 8 Internationaler Eisenbahnverkehr

1. 8. 1 Grundlegende Regelungen

Die Mitgliedsländer der Europäischen Union haben bereits 1980 ein Übereinkommen über den internationalen Eisenbahnverkehr (COTIF) getroffen und als Koordinierungsstelle ein Internationales Eisenbahntransportkomitee (CIT) sowie zur organisatorischen Umsetzung getroffener Regelungen das Zentralamt für den Internationalen Eisenbahnverkehr (OCTI) installiert. Mit Wirkung vom Jahre 1985 traten Einheitliche Rechtsvorschriften für den Vertrag über die Internationale Eisenbahnbeförderung von Personen und Gepäck (CIV) mit Einheitlichen Zusatzbestimmungen (DCU) in Kraft. Auf ihrer Grundlage wurde ein gemeinsamer Internationaler Tarif für die Beförderung von Personen und Reisegepäck (TCV) vereinbart, der neben den Allgemeinen Beförderungsbestimmungen, speziellen Regelungen für den Verkehr mit einzelnen Staaten und den jeweiligen Tarifregelungen auch die Anwendungsbestimmungen preisermäßigter Angebote für besondere, touristisch relevante Zielgruppen enthält. In die Regelungen sind auch einige außereuropäische Länder einbezogen (RES, Euro Domino, InterRail, Euro-Minigruppe, German Rail Paß, Eurailpaß, Europaß).

In Verfolgung der weiteren Liberalisierung des europäischen Eisenbahnwesens wurden in der Folgezeit eine Anzahl ausgestaltender Regelungen erlassen; die EU-Eisenbahnrichtlinie, die alle Bahnen der Mitgliedsländer zur Öffnung ihrer Schienenwege für Dritte verpflichtet, harrt noch ihrer Umsetzung. Mit den sehr unterschiedlich verlaufenden Reformprojekten der einzelnen Länder wird vermutlich das Bestreben einer europaeinheitlichen Regelung des Eisenbahnverkehrs eher erschwert.

1. 8. 2 Wichtige Tarifbestimmungen

Die **einheitliche Tarifregelung** gemäß TCV wird für die Beförderungen auf Grund von Beförderungsausweisen angewandt, die auf den Strecken einer oder mehrerer Bahnen gelten, mit Ausnahme von Fahrausweisen, die nur auf den Strecken des Ausgabelandes gültig sind. Grundsätzlich sind zu unterscheiden:

- **Durchgehender Fahrschein:**
  Gültig für einfache Fahrt, für Hin- und Rückfahrt oder für Rundreisen (Ausgabe ohne Vorbestellung)
  - ab einem Bahnhof der Deutschen Bahn,
  - ab einem festgelegten Grenzpunkt,
  - ab Bahnhof einer in den TCV einbezogenen nichtbundeseigenen Eisenbahn oder Nordseeinsel,
  - ab einem ausländischen Bahnhof nach einem Bahnhof oder Grenzpunkt der Deutschen Bahn.
- **Streckenfahrschein:**
  Gültig für eine oder mehrere Teilstrecken einer Bahn, die in den entsprechenden TCV-Heften aufgeführt sind (Vorbestellungsfrist von 24 Stunden kann verlangt werden).
  Für beide gilt bezüglich der **Hin- und Rückfahrt:**
  - Hin- und Rückfahrt über denselben Weg,
  - Hin- und Rückfahrt über verschiedene Wege,
  - Rückreise ab einem anderen Bahnhof als dem Zielbahnhof der Hinreise,
  - Rückreise nach einem anderen Bahnhof als dem Abgangsbahnhof der Hinreise.

  Die Fahrausweise gelten für europäische Länder 2 Monate. Für die in die einheitlichen Regelungen einbezogenen nichteuropäischen Länder beträgt die Gültigkeit 6 Monate.

- Die **Kindesaltersgrenzen** für die unentgeltliche Beförderung oder für die Gewährung einer Fahrpreisermäßigung sind nicht einheitlich bestimmt:
  - *Unentgeltliche Beförderung* bis zum
    - 6. Lebensjahr: Österreich, Schweden, Schweiz;
    - 4. Lebensjahr: alle übrigen Bahnen.
  - *Ermäßigung* von 50 % bis zum vollendeten
    - 12. Lebensjahr: Deutschland;
    - 14. Lebensjahr: Ungarn und Seestrecken Niederlande/Belgien/ Frankreich - Großbritannien (Schiff, Jetfoil 14., Hoverkraft 16.!) und Frankreich-Irland;
    - 15. Lebensjahr: Kroatien, Österreich und Slowenien;
    - 16. Lebensjahr: Großbritannien, Irland, Norwegen, Schweden, Schweiz;
    - 17. Lebensjahr: Finnland;
    - 12. Lebensjahr: alle übrigen Staaten.
- Für **Reisegruppen** ab 6 Personen bis maximal 60 Personen werden differenzierte Ermäßigungen gewährt.
- **Reisegepäck** darf im Gesamtumfang von 3 Gepäckstücken je Reisender mitgeführt werden. Jedes Gepäckstück darf maximal ein Gewicht von 25 kg aufweisen und bestimmte Maße nicht überschreiten. Für die Beförderung des Reisegepäcks wird eine entfernungsunabhängige Frachtpauschale je Stück erhoben.

1. 8. 3 Preisermäßigte Angebote

Fahrpreisermäßigungen und Angebote mit Preisvorteil können in Anspruch genommen werden

- bei durchgehenden Fahrscheinen für die DB-Strecke,
- durch Nutzung einheitlicher Spezialprodukte mehrerer Bahnen,
- durch Nutzung spezieller Angebote einzelner Bahnen.

- **Fahrpreisermäßigungen auf durchgehenden Fahrscheinen**
  (VKL 1997: Bd. 1)
  Durchgehende Fahrscheine werden auch mit folgenden Angeboten des Binnenverkehrs ausgegeben, wobei sich die jeweilige Ermäßigung auf den DB-Streckenanteil bezieht:
  - BahnCard,
  - Familienpaß,
  - Mitfahrerfahrpreis,

- Sparpreis und Supersparpreis.

▪ **Gemeinschaftsprodukte mehrerer Bahnen (TCV** 1996: Heft I)

- *Rail Europ S (RES)*
  RES ist eine Netzkarte für 21 europäische Bahnen, gilt für Reisende ab 60 Jahren, die Inhaber einer BahnCard oder einer persönlichen Jahresnetzkarte sind.
  Es wird eine Ermäßigung von
  - ♦ 50 % auf die DB-Strecken,
  - ♦ 30 % auf die Strecken der ausländischen Bahnen gewährt.
- *Euro Domino*
  Diese Netzkarte für 26 europäische Bahnen gewährt differenzierte Preisvorteile für mindestens 1 Land und berechtigt innerhalb eines Monats zu beliebigen Fahrten an 3, 5 oder 10 frei wählbaren Tagen. Eingeschlossen sind Transitreisen auf bestimmten Fährstrecken.
- *Euro Großkundenabonnement*
  Bei Abnahme eines bestimmten Wertkontingents wird eine Ermäßigung von 15 % gewährt. Die Fahrscheine gelten innerhalb eines Monats für je 2 Tage zur Hin-und Rückfahrt.
- *Inter Rail*
  Inter Rail ist ein europaweites Paßangebot für Jugendliche bis 26 Jahre. Sie werden für 1 Zone, 2 oder 3 Zonen sowie 7 Zonen (Global) ausgegeben und gelten für 1 Zone 15 Tage, ab 2 Zonen 1 Monat, auch auf bestimmten Fährreisen. Der Paß ermöglicht Fahrpreisermäßigungen von 50 % auf die gewöhnlichen Fahrpreise, bei den Fährpassagen zwischen 10 und 30 %.
- *Eurail Pass/Europass*
  Diese Pässe können nur von Reisenden aus Übersee nach Europa erworben werden. *Eurail* ist ein Angebot von 17 Bahnen. Er wird ausgegeben mit einer differenzierten Geltungsdauer für die
  - ♦ 1. Klasse: als
    - ✶ Eurailpass,
    - ✶ Eurail Flexipass,
    - ✶ Eurail Saverpass

    an jedermann;
  - ♦ 2. Klasse: als
    - ✶ Eurail Youthpass,
    - ✶ Eurail Youth Flexipass

    an Jugendliche bis 26 Jahre.

Der *Europass* kann für 3, 4 oder 5 Länder erworben werden (Zusatzkauf bis zu 3 Ländern möglich) und hat eine differenzierte Geltungsdauer.
An jedermann wird er in der 1. Klasse ausgestellt, an Jugendliche bis 26 Jahre (Europass Youth) nur in der 2. Klasse.

- *EURO MINIGRUPPE* (Zoom)
  Das Angebot ist ein Gemeinschaftsprodukt der europäischen Bahnen. Für eine Gruppengröße von mindestens einem Erwachsenen und einem Jugendlichen unter 16 Jahren, maximal vier Erwachsenen und einem Jugendlichen wird eine Ermäßigung auf den gewöhnlichen Fahrpreis für die Erwachsenen von 25 %, für die Jugendlichen von 50 % gewährt.
- *Billet international pour jeunes (BIJ)*
  Der internationale Jugendfahrschein wird in Partnerschaft mit anderen europäischen Bahnen angeboten. Ihn erhalten Jugendliche von 12 bis einschließlich 25 Jahren. Es werden nur in der 2. Wagenklasse Ermäßigungen zwischen 20 % und 60 % gewährt. Bei der Deutschen Bahn AG wird er unter dem Produktnamen **Twen Ticket** verkauft.

▪ **Spezialprodukte einzelner Bahngesellschaften**

- *German Rail Pass*
  Dieser Paß ist ein deutsches Spezialprodukt für Reisende aus Übersee, wird mit differenzierter Geltungsdauer als Angebot für jedermann, Twins (2 Personen) und Youth (12 bis 26 Jahre) ausgegeben und erlaubt beliebige Reisen im deutschen Streckennetz, im Europabusnetz, mit der Rhein- und Mosel-Linienschiffahrt sowie bestimmten Ostseefähren. Die Pässe werden für beide Klassen ausgestellt.
- *Angebote anderer Bahngesellschaften*
  Vor allem für touristische Zielgruppen bieten eine Reihe von Bahnen Angebote mit Preisvorteilen in ihrem nationalen Streckennetz an (Anlage 11).

1. 9 Die Vertriebsorganisation für Bahnreisen

Die Vermarktung von Bahnprodukten erfolgt alternativ im Direktvertrieb/Eigenvertrieb der Deutschen Bahn AG und über Reisemittler (Reisebüro) mit Bahn-Lizenz.

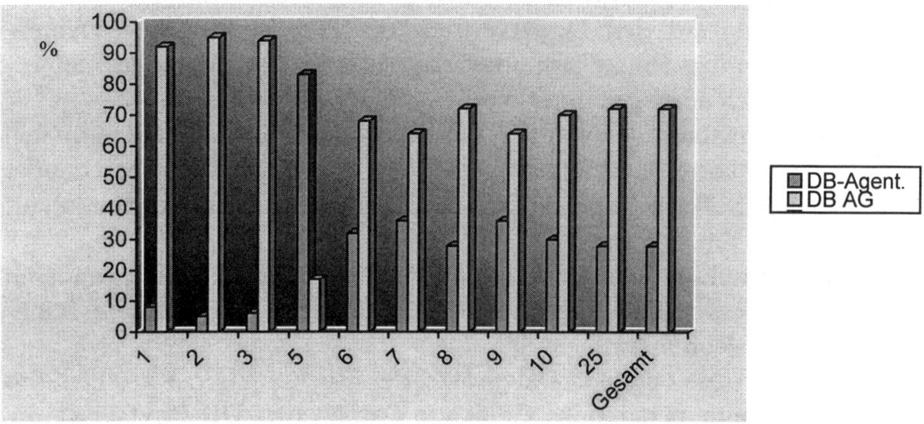

1 = Beruf	5 = Dienst- und Geschäftsreisen	8 = Einzelreisender und Mitfahrer
2 = Ausbildung	6 = BahnCard	9 = Gruppenfahrten
3 = Nahverkehr	7 = Intern. Reisen (DB-Anteil)	10 = Spezialverkehr
		25 = Gepäckverkehr

Abb. 25: Umsatzanteile der Vertriebswege nach Angebotsgruppen 1996
(Quelle: DERRAIL 1996: intern)

Für den Verkauf der Bahnwerte, der inzwischen generell über das CRS-System Kurs 90 erfolgt, das im Direct Access auch über das START-System der Reisebüros genutzt wird, gelten vereinheitlichte Verkaufsbelege. Sie werden auf der Grundlage der Verkaufs- und Abrechnungsbestimmungen für den Personen- und Gepäckverkehr (VAPG, DS 601), und des DPT II in zwei Arten angewandt:

- Fahrscheine Inland: Rail Combined Ticket 1 (RCT 1);
- Fahrscheine Ausland: Rail Combined Ticket 2 (RCT 2) (CIV).

Daneben sind für die verschiedenen Spezialprodukte und Leistungen der Bahn weitere Belegarten in Anwendung.

Die Vertriebswege stellen sich im einzelnen wie folgt dar:

- **Direktvertrieb/Eigenvertrieb der Bahn**
  Derzeitige Vertriebskanäle sind:
  - Fahrkartenausgaben der Bahn (CRS Kurs 90);
  - Verkauf im Zug;
  - Ticketautomaten (für Fern- und Nahverkehr);
  - Internet (Oneline-Ticketbestellung für Internet-User).

In absehbarer Zeit wird die Bahn ihre Vertriebsstrukturen weiter in Richtung auf den Direktvertrieb im Selbstbedienungsverfahren, auch von zu Hause aus, entwickeln. Dafür sind folgende Zielprojektionen vorgegeben:

- Aufrüstung des von der Telecom zur Einführung vorbereiteten Chipkarten-Lesetelefons (Actron conto) mit entsprechender DB-Software zur Aufspeicherung von Reisedokumenten auf eine Smart Card.
- Bestellung von Fahrkarten, Platzreservierungen und anderen Reisedienstleistungen von Haus aus über eine zentrale Bahn-Info-Nummer.
- Überspielung der Datensätze der Buchung via Kartentelefon auf eine persönliche Chipkarte (Arbeitstitel **DB PayCard**), die auch als Elektronische Geldbörse zur Bezahlung eingesetzt wird.
- Legitimation im Zug per Chipkarte im tragbaren Computer des Zugbegleiters. Dieser Computer verfügt bereits über einen Chipkarten-Leseschacht, welcher aber zur Zeit noch nicht aktiviert ist.
- Verkauf von Bahnwerten im Zug ebenfalls mittels DB PayCard (Aufspeicherung der Reisedaten, Bezahlung).
- Einsatz der Chipkarte auch alternativ zu Bargeld oder EC-Geldkarte an den DB-Multifunktionsautomaten.
- Arrangierung von Platzreservierungen für die Rückfahrt, Bahn-Taxi-Buchung am Zielort, Hotelreservierung, Gepäckträgerruf aus dem Zug heraus durch den Zugbegleiter oder den Reisenden im Selbstbedienungsverfahren via Platzbildschirm, der mit ITV-Anschluß (Interaktives TV) ausgestaltet werden müßte (diese Variante ist noch nicht entschieden).

▪ **Indirekter Vertrieb über Reisemittler**

Auch angesichts der hohen Verbreitungsgeschwindigkeit des Electronic Commerce wird der Vertriebskanal über das Reisebüro auf mittlere Sicht noch seine Bedeutung beibehalten. Er hat folgende Organisationsstruktur:

- Die *Lizenz* für den Verkauf von Bahnwerten wird durch den Generalagenten der Deutschen Bahn AG, **DERRAIL** (in der Deutschen Reisebüro GmbH, einer Gesellschaft des DER-Konzerns) an ein Reisebüro nach folgenden Kriterien vergeben:
  - ♦ Kundenbezogenes Erscheinungsbild,
  - ♦ Gewährleistung eines qualifizierten Verkaufs,
  - ♦ START-Terminal und Dokumentendrucker,

- ♦ eingeführter Geschäftsbetrieb, wirtschaftlich und finanziell solide,
- ♦ Mindestumsatz, Beteiligung am Bankeinzugsverfahren.

- *DERRAIL* betreut die Bahnagenturen, erstellt die zentrale Abrechnung einschließlich der Provisionsabrechnung, führt das zentrale Inkasso durch und erstellt nach Produktarten, Verkaufsarten und Tarifen gegliederte und nach Vertriebswegen und Reisemittlergruppen verdichtete Managementinformationen. Die Provision ist eine Staffelprovision, die für 13 Umsatzgruppen differenzierte Prozentsätze zwischen 9 % und 12 % vorsieht.
- Das *Bahn-Agenturnetz* nahm von 1990 bis 1996 folgende Entwicklung:

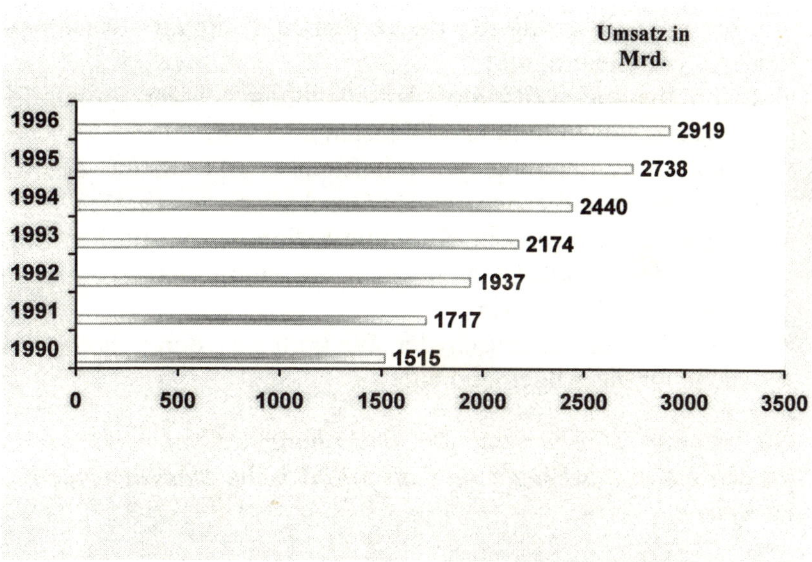

Abb. 26: Bahn-Agenturen 1990 bis 1996
(Quelle: DERRAIL 1996: intern)

- Für **Großkunden** im Firmengeschäft wird zum START-System eine Software (BMIS) eingesetzt, die eine weitere Vereinfachung der Abrechnung ermöglicht und die Erstellung eines detaillierten Reportings anbietet.
  Parallel dazu wird die Einführung eines elektronischen Ticketings im Großkundenabonnement (GKT) realisiert.

2. Die Flugreisen

2. 1 Entwicklungsprobleme des Luftverkehrs

Jedes neue Massentransportmittel war eine entscheidende technische Grundlage und Vorbedingung für gesellschaftlichen Fortschritt. Friedrich LIST gebührt das Verdienst, erstmalig den Zusammenhang des Verkehrswesens mit der kulturellen und sozialen Entwicklung der Zivilisation in komplexer Weise erfaßt und in den Rang einer allgemeingültigen Gesetzmäßigkeit erhoben zu haben, wie wir dies bereits bei Erörterung der Rolle des Eisenbahnwesens zur Kenntnis nehmen konnten. Dieses **List'sche Gesetz** bewährt sich auch bei der Einschätzung des Einflusses des Luftverkehrs auf die grundlegenden Entwicklungstendenzen in der jetzigen postindustriellen Gesellschaft (Vgl. LIST 1838: 10). Er beschleunigt eindrucksvoll die Globalisierung der menschlichen Tätigkeit ausnahmslos auf allen Feldern, vor allem durch:

- Ermöglichung weltweiter Arbeitsteilung bei der Produktion und Vermarktung von Gütern und Diensten aller Art;
- globale Ausdehnung wirtschaftlicher Aktivitäten der Unternehmer durch freien und zeitsparenden Geschäftsreiseverkehr;
- ungehinderte physische Kommunikation der politischen Entscheidungsträger, der Repräsentanten geistigen, kulturellen, sozialen und wissenschaftlichen Fortschritts;
- massenhaften Austausch der Weltkulturen durch hohen Mobilitätszuwachs für die Allgemeinheit.

Gleichzeitig ist aber auf die Bedrohung der menschlichen Zivilisation durch Einsatz der Flugtechnik als militärische Massenvernichtungswaffe zu verweisen.

Der Luftverkehr ist ein prägender Faktor bei der Durchsetzung bedeutsamer **Tourismustrends** um die Jahrtausendwende (Vgl. ROTH u. a. 1992: 17):

- Trend zur Individualisierung der Reiseformen,
- Trend zum zweiten Zuhause,
- Trend zu sonnigen Fernreisezielen,
- Trend zu anspruchsvollen Reisen,
- Trend zu spontanen Reiseentscheidungen.

Dementsprechend zeigt die Flugbeförderung eine ständig steigende Zunahme zu Lasten der anderen Verkehrsträger; sie hat an der Beförderungsleistung derzeitig folgende Anteile erreicht:

Beförderungsmittel	Anteil an den gesamten Personenbeförderungsleistungen in Deutschland %	Beförderungsmittel	Anteil an den Haupturlaubsreisen der Deutschen %
PKW	*81,7*	*PKW*	*51,2*
ÖPNV[1]	*9,2*	*Bus*	*9,9*
Bahn	*6,5*	*Bahn*	*6,7*
Flugzeug	*2,6*	*Flugzeug*	*30,2*
Übrige	-	*Übrige*	*2,0*

Tab. 10: Personenbeförderungsleistung und Urlaubsreisen 1996
(Quellen: IFO-Schätzung; FVW; Reiseanalyse 1996)

Für den Weltluftverkehr wird auch über das Jahr 2000 hinaus mit einem jährlichen Wachstum von ca. 7,5 % gerechnet. Allerdings ist die Flugreise nicht unerheblich an der Verschärfung der durch den Verkehr verursachten Umweltbelastungen beteiligt. Folgende negative Entwicklungen sind evident:

- Fluglärm;
- Landschaftsverbrauch und Beeinträchtigung des Landschaftsbildes durch Flugplatzbau;
- Klimabeeinträchtigung und Luftverschmutzung durch Emissionen;
- Zerstörung der Ozonschicht als natürlicher UV-Schutzschild in der Stratosphäre;
- Treibhauseffekt durch Wolkenbildung infolge von Kondensstreifen;
- ungünstigere Energiebilanz im Vergleich zu allen anderen Verkehrsmitteln.

[1] ÖPNV = Öffentlicher Personennahverkehr

	Bus	Bahn	PKW Kat	PKW Diesel	Flugzeug
1. Emissionen (in Gramm je 500 kg)					
Kohlendioxid	**14. 000**	**19. 000**	**88. 000**	**84. 000**	**130. 000**
Stickstoffoxide	**340**	**57**	**220**	**270**	**490**
Schwefeldioxid	**14**	**17**	**17**	**84**	**62**
Kohlenwasser-stoff	**35**	**9,1**	**65**	**32**	**82**
Kohlenmonoxid	**31**	**17**	**1. 500**	**110**	**230**
2. Primärenergie-verbrauch (in KJ je Personen-km)	**190**	**380**	**1. 300**	**1. 200**	**1.800**
3. Dieseläqui-valent (in l / 100 km)	**1,0**	**2,0**	**6,4**	**5,9**	**9,1**

Tab. 11: Umweltbelastung durch Verkehrsmittel
(Quellen: SCHMID 1995: 84; SABATHIL 1994: 42)

Diese Beeinträchtigungen der Umwelt werden mit dem weiteren Ansteigen des Weltluftverkehrs unausweichlich zunehmen. Technische Innovationen, die zur Reduzierung der Emissionswerte und zur Verbesserung der Energiebilanzen führen, werden in jedem Falle durch das absolute Wachstum der Flugbeförderungen überkompensiert. Ordnungspolitische Überlegungen, im Interesse der dauerhaften Sicherung der Lebensgrundlagen der Zivilisation zumindest eine Begrenzung der Zuwachsraten zu erzwingen, können sich offensichtlich angesichts der expandierenden Nachfrage und der Marktmacht der großen Airlines nicht durchsetzen. Im Gegenteil wird von den politischen Entscheidungsträgern der Wachstumtrend indirekt gefördert, was z. B. in der Steuerbegünstigung für das Flugbenzin besonders deutlich wird. Damit werden die Liberalisierungsbemühungen, die zu einem echten Marktwettbewerb der verschiedenen Verkehrsträger führen sollen, konterkariert.

2. 2 Liberalisierung des Luftverkehrs

Die Liberalisierungsbestrebungen auf dem Gebiet des Zivilluftverkehrs in Europa verfolgen das Ziel, einen einheitlichen Binnenmarkt für alle Verkehrsträger und Nachfrager nach Beförderungsleistungen zu gestalten, zu dem ein ungehinderter Marktzugang besteht und auf dem sich eine marktwirtschaftliche Regulierung umfassend durchsetzt. Sie vollzogen sich bisher in drei Stufen (Vgl. SABATHIL 1994: 33 f.):

1. Stufe (1987)
Beschränkte Freigabe des bisher staatlich restriktiv regulierten Marktzugangs für die Anbieter; Lockerung der Kapazitätsverteilung zwischen EU-Staaten; Aufgabe von Teilelementen staatlicher Tarifreglementierung.

2. Stufe (1990)
Aufhebung der Genehmigungspflicht für Tarife durch die nationalen Verkehrsministerien, Beibehaltung einer Registrierungspflicht;
Einführung von Toleranzgrenzen für preisermäßigte Tarife im Verhältnis zu einem Referenztarif; Erweiterung der Kapazitätsverteilung und der Rechte der 5. Freiheit der Luft (Vgl. Abschnitt 2.3.1).

3. Stufe (1993)
Vollständige Liberalisierung des Marktzugangs auf der Grundlage EU-einheitlicher Zulassungsvorschriften, wonach die Airline nur noch in einem EU-Staat eine Zulassung erwerben muß und dann europaweit operieren kann; Aufhebung der strengen Unterscheidung in Linien- und Charterfluggesellschaften; Aufhebung der staatlichen Kapazitätsverteilung; grundsätzlich freie Bestimmung aller von den Airlines (Line oder Charter) in Rechnung gestellten Flugpreise durch die Vertragspartner.

Folgende Probleme müssen noch einer befriedigenden Regelung zugeführt werden:

- Die Marktpreisbildung gemäß der EU-Verordnung über Flugpreise und Luftfrachten anstelle starrer staatlich genehmigter Tarife kann jederzeit ausgehebelt werden, da sogenannte **Sicherungsmaßnahmen zum Schutz der Interessen der Verbraucher und der Industrie** ausdrücklich zugelassen sind.
- Die Neuregelung der Vergabe sogenannter **Slots**, der An- und Abflugrechte, ist nach wie vor umstritten. Eine durchgängige Marktliberalisierung erfordert im Interesse eines ungehinderten Marktzugangs für neue Mitbewerber (new entrance) eine Umverteilung der Slots, die sich überwiegend in den Händen der großen Airlines befinden. Die Slotvergabe erfolgt für Deutschland bisher über einen vom Bundesverkehrsministerium beauftragten Flugplankoordinator. Airlines, die ihre Slots nut-

zen, dürfen sie behalten (sogenanntes Großvaterrecht). Ungenutzte Slots fallen an einen Pool zurück, aus dem neue Mitbewerber 50 % der verfügbaren Rechte erhalten. Vertreter großer Airlines fordern hingegen, daß Slots ge-und verkauft werden sollten, was indirekt und unter Umgehung geltenden Rechts in einigen Fällen bereits praktiziert wurde. Flughafenbetreiber melden zudem Mitspracherechte an, einige bevorzugen lokale Lösungen unterhalb der EU-Regelungen (FVW 21/96: 61).

2. 3 Der institutionelle Rahmen

2. 3. 1 Organisationen auf staatlicher Ebene

Im **internationalen Rahmen** sind folgende Staatenorganisationen bzw. öffentlich-rechtliche Organisationen tätig:

- **International Civil Aviation Organization** (ICAO)
  Sie wurde auf der Konferenz von Chicago 1944 unter dem Dach der UNO in dem Bestreben gegründet, zwischen den interessierten Mitgliedsstaaten einheitliche Regelungen für die Organisation und Abwicklung des zivilen Weltluftverkehrs zu vereinbaren. Ihre Zusammenarbeitsbereiche sind
  - Technik, insbesondere Flugsicherheit,
  - wirtschaftliche Förderung des zivilen Flugwesens,
  - rechtliche Ordnung der Zivilluftfahrt.

  Die allgemeinen Vereinbarungen zur Umsetzung dieser Ziele sind in einer für alle Mitgliedsstaaten verbindlichen **Convention on International Civil Aviation** niedergelegt. Sie regelt u. a. die Abgrenzung zwischen Linien- und Charterflugverkehr (Vgl. Abschnitt 2. 4. 1) und die sogenannten **Freiheiten der Luft**, die in multilateralen und bilateralen Verträgen zur Gewährung von Verkehrsrechten vereinbart werden müssen. Diese besagen im einzelnen:

  1. Freiheit: das Recht, ein Land zu überfliegen;
  2. Freiheit: das Recht zu einer technischen Zwischenlandung (Auftanken, Reparaturen u. a.), ohne daß Passagiere, Post und Fracht be- und entladen werden dürfen;
  3. Freiheit: das Recht, Passagiere, Fracht und Post vom Heimatstaat in ein Zielland zu befördern;
  4. Freiheit: das Recht, Passagiere, Fracht und Post vom Zielland in den Heimatstaat zu befördern;
  5. Freiheit: das Recht, Passagiere, Fracht und Post zwischen zwei

Drittländern zu befördern, wobei der Flug im Heimatstaat beginnen und enden muß.

Mit zunehmendem Luftverkehr entwickelten sich erweiterte Flugstrekkenvarianten, für die sich ohne festgeschriebene Definition weitere drei Freiheiten eingebürgert haben:

6. Freiheit: Das Recht, Passagiere, Fracht und Post zwischen zwei Drittstaaten zu befördern, wobei eine Zwischenlandung im Heimatstaat der Airline erfolgt;

7. Freiheit: das Recht, Passagiere, Fracht und Post zwischen zwei Drittstaaten ohne Zwischenlandung im Heimatstaat zu befördern;

8. Freiheit: das Recht, Inlandsflugverkehr in einem Drittstaat zu betreiben (Kabotagerecht).

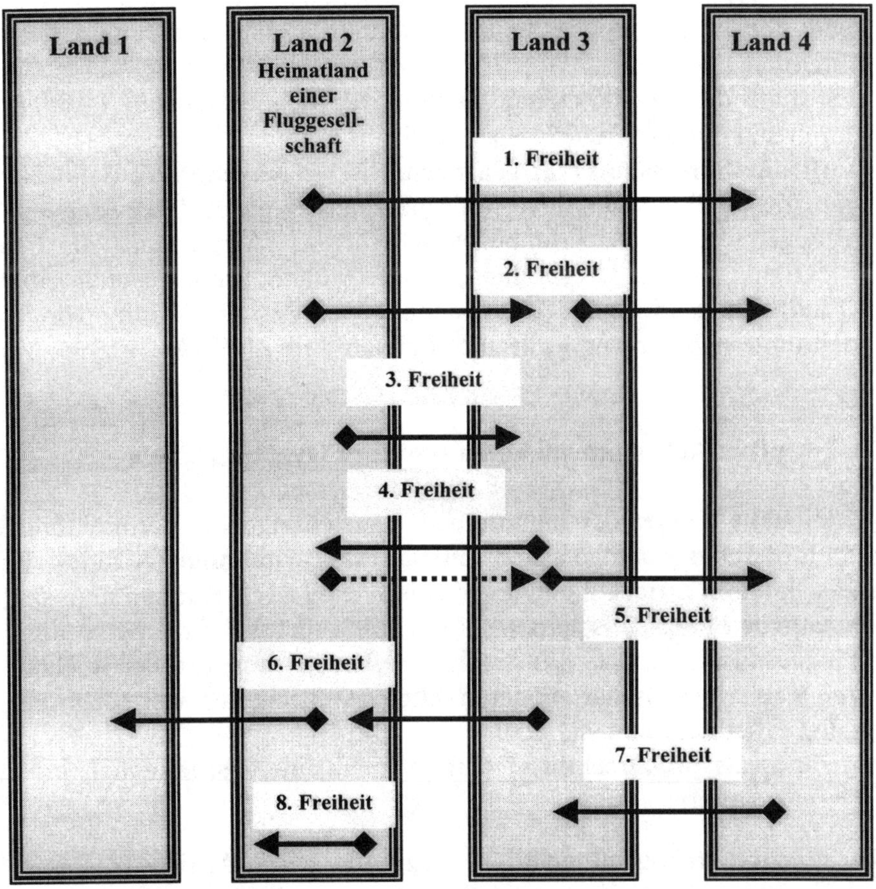

Abb. 27: Freiheiten der Luft

Weitere internationale Organisationen öffentlich-rechtlicher Natur sind:

- **European Civil Aviation Conference** (EVAC) als Institution zur Koordinierung der europäischen Zivilluftfahrt. Ihre Beschlüsse müssen jeweils von den Regierungen der Mitgliedsstaaten Verbindlichkeitsstatus erhalten.
- **Eurocontrol** als gemeinsame europäische Luftsicherheitsorganisation.

Auf **nationaler Ebene** sind zur Durchsetzung förderlicher ordnungspolitischer Rahmenbedingungen für die Zivilluftfahrt tätig:

- **Bundesministerium für Verkehr** (BMV), das als oberste Bundesbehörde die Zuständigkeiten für die Zulassung/Registrierung von Airlines in Deutschland, die Genehmigung/Registrierung von internationalen Linienverkehren, Tarifen, Flugplänen und Beförderungsbedingungen wahrnimmt.
  Das BMW handelt bilaterale und multilaterale Luftfahrtabkommen aus und vertritt die Bundesrepublik Deutschland in den internationalen Gremien.
  Es führt die Rechtssetzungstätigkeit für den nationalen Luftverkehr durch und übt die Aufsicht über das Luftfahrtbundesamt aus.
- **Luftfahrtbundesamt** (LBA) als dem BMV nachgeordnete Behörde mit den Zuständigkeiten für technische Zulassung und Überwachung des Fluggerätes, für das Erlaubniswesen für das Flugpersonal, die Beaufsichtigung seiner Ausbildung, Weiterbildung und gesundheitlichen Tauglichkeit sowie die Überwachung der Betriebsführung von Luftfahrtunternehmen und Luftfahrtschulen (STERZENBACH 1996: 20).

2. 3. 2 Luftverkehrsunternehmen und ihre Organisationen

Institutionelle Träger der unmittelbaren Erstellung und Vermarktung der Luftbeförderungsleistungen sind **Luftfahrtunternehmen** (Airlines, Fluggesellschaften, Carrier), die in unterschiedlichen Rechtsformen tätig sind:

- Staatliche Fluggesellschaften als öffentlich-rechtliche Körperschaften;
- Fluggesellschaften als privatrechtliche Unternehmen in der Rechtsform von Kapitalgesellschaften, deren Alleingesellschafter oder Mehrheitsgesellschafter der Staat ist;
- Airlines als privatrechtliche Unternehmen mit ausschließlich privaten Gesellschaftern.

Über die zweckmäßigste rechtliche Begründung von Airlines gibt es keine übereinstimmende Auffassung. Jedoch hat sich der Trend zur Privatisierung in letzter Zeit mehr und mehr durchgesetzt, um der Marktregulierung umfassenden Spielraum zu geben. Da staatseigene Airlines bei anhaltend ungenügender Ertragslage eine staatliche Subventionierung erwarten dürfen, kommt es zu Wettbewerbsverzerrungen, die den Liberalisierungsbestrebungen im Luftverkehr zuwiderlaufen. Einge Länder halten jedoch weiter beharrlich an ihrem Staats-Carrier fest.

Die **Lufthansa** AG ist die international führend operierende deutsche Linienfluggesellschaft. Sie kooperiert in der Star Alliance weltweit mit anderen Airlines (Vgl. Abschnitt 2. 3. 3). Die ebenfalls international tätige **Condor Flugdienst GmbH** ist Charter-Ferienflieger, bietet aber auch auf ihren festen Routen Nur-Flugbeförderungen (seat only) an. Daneben sind eine Reihe von Regionalfluggesellschaften in Deutschland beheimatet. Sie werden infolge der durch die Liberalisierungsfortschritte erleichterten Kabotage von ausländischen Airlines auf den Inlandsstrecken konkurrenziert, die als Billig-Fluganbieter (low cost Carrier) auftreten, was durch weitgehenden Verzicht auf Service (no frills) ermöglicht wird. Einige der Regional-Carrier bedienen auch ausländische Mittelstrecken-Ziele.

Gesellschaft	*Heimat-flughafen*	*Die wichtigsten Strecken*
Berliner Spezialflug	**Berlin-Tempelhof**	**Berlin-Erfurt Berlin-Salzburg**
COLOGNE AIR TRANSPORT	**Köln**	**Rostock-Köln Rostock-Hannover Rostock-Düsseldorf Erfurt-Köln**
Conti-Flug	**Berlin-Tempelhof**	**Berlin-London Berlin-Venedig**
Eurowings	**Nürnberg Dortmund**	**Von Berlin, Dresden und Leipzig nach Nürnberg und Dortmund; von dort weiter zu fast allen deutschen Flughäfen und in 10 europäische Länder.**
HAMBURG airlines	**Hamburg**	**Berlin-Hamburg Berlin-Riga Berlin-Tallin Berlin-Vilnius Dresden-Hamburg, Saarbrücken Leipzig-Hamburg, Saarbrücken Hamburg-Saarbrücken, Rotterdam, Salzburg**

Gesellschaft	*Heimatflughäfen*	*Die wichtigsten Strecken*
INTEROT	**Augsburg**	**Berlin Tempelhof-Augsburg Leipzig-Augsburg Dresden-Augsburg Augsburg-Köln, Düsseldorf, Florenz**
ROA ROLAND AIR BREMEN	**Bremen**	**Dresden-Berlin Leipzig-Bremen Bremen-Nürnberg, Brüssel**
SAL Saxonia Airlines	**Erfurt**	**Erfurt-München Erfurt-Köln Erfurt-Stuttgart Erfurt-Dresden Erfurt-Dresden-Budapest**

Tab. 12: Wichtige Regionalfluggesellschaften in Deutschland

Zur Identifikation der Fluggesellschaften in Flugplänen, für Reservierung und Ticketing werden für die IATA-Mitglieder einheitliche **Three-Letter-Codes** und **Two-Letter-Codes** (nur für Buchungsabwicklung) angewandt (Anlage 13).

Auf **internationaler Ebene** sind folgende privatwirtschaftliche Organisationen der Luftverkehrsunternehmen tätig:

- **International Air Transport Association** (IATA)
  Die Mitgliedschaft in der IATA steht allen Airlines offen, deren Heimatstaat Mitglied der ICAO ist. Carrier mit internationalem Streckennetz haben als **aktive Mitglieder** volles Stimmrecht. Inlandsfluggesellschaften erhalten den Status eingeschränkt stimmberechtigter **assoziierter Mitglieder**.
  Die IATA koordiniert und vertritt weltweit die Unternehmensinteressen der Airlines mit folgenden Zielsetzungen:
  - Förderung eines wirtschaftlichen, sicheren und regelmäßigen Zivilluftverkehrs;
  - Förderung der Zusammenarbeit der Airlines;
  - Zusammenarbeit mit der ICAO und anderen internationalen Organisationen.

  Dazu hat sich die IATA eine entsprechende Organisationsstruktur geschaffen.

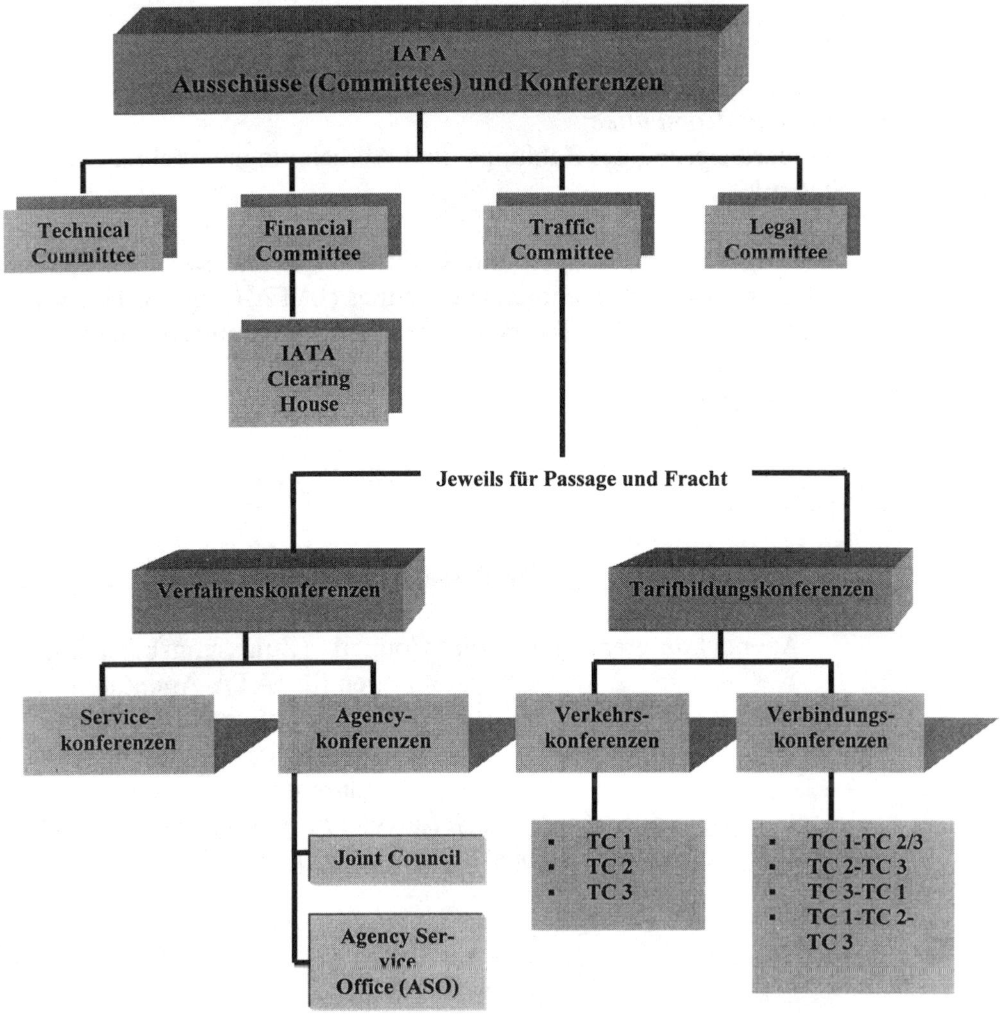

Abb. 28: Organisationsstruktur der IATA (vereinfacht)
(Quelle: SABATHIL 1994: 7)

Die **Ausschüsse** (Committees) und **Konferenzen** sind für folgende Aufgabengebiete zuständig:

- *Technical Committee*:
  Flugsicherheit,
  Flughafenbau-Überwachung,
  meteorologische Fragen,

Flugmedizin,
Navigation,
Telekommunikation;

- *Financial Committee*:
  Standardisierung des Zahlungs- und Abrechnungsverkehrs,
  Statistik,
  Steuern,
  Clearing der Forderungen und Verbindlichkeiten zwischen den am Interline-System teilnehmenden Airlines (IATA-Clearing-House),
  Abrechnung des Ticketverkaufs der IATA-Agenturen (Bank Settlement Plan);
- *Legal Committee*:
  Internationales Flugrecht,
  Beförderungs- und Haftungsregelungen;
- *Traffic Advisory Committee*:
  - *Verfahrenskonferenzen*
    Servicekonferenzen für Passage und Fracht (Standardisierung der Abfertigungsverfahren),
    Agencykonferenzen mit Joint Council (Zulassungsbestimmungen für IATA-Agenturen) und Agency Service Office (ASO, Durchführung des Zulassungsverfahrens);
  - *Tarifbildungskonferenzen* (jeweils für Passage und Fracht)
    Verkehrs- oder Gebietskonferenzen (Traffic Conferences, TC)

TC 1 *Nord-, Mittel- und Südamerika,*
Bermudas,
Westindische Inseln,
Karibik,
Hawaii,
Grönland;

TC 2 *Europa (einschl. Maghreb-Staaten ohne Libyen), darin besonderes Tarifgebiet „Scandinavia“ mit Dänemark (ohne Grönland),*
Norwegen und Schweden,

Afrika,
Mittelost,
Teil Asiens westlich und einschl. des Irans;

TC 3 — *Asien, soweit nicht TC 2,*
Ostindische Inseln,
Australien,
Neuseeland,
Inseln im Pazifik, soweit nicht TC 1;

Verbindungskonferenzen zwischen den TC

TC 1 – TC 2/3 — *Nord-, Mittel- und Südatlantik-Routen,*
TC 2 – TC 3 — *Routen zwischen Europa/Afrika/Mittelost und Südpazifik-Routen,*
TC 1 – TC 2 – TC 3 — *Around-the-World-Routen;*

Regionalkonferenzen (subarea agreements).

Die bis Ende der Siebziger Jahre wichtigste Aufgabe der IATA bestand in der Tariffestsetzung durch die Traffic Conferences (TC). Mit fortschreitender Liberalisierung des Luftverkehrs werden die festen Tarife der IATA zunehmend durch betriebswirtschaftlich kalkulierte Flugpreise der Airlines ersetzt (Vgl. STERZENBACH 1996: 25). Dennoch behalten das Tarifregelwerk und die auf ihm basierenden Tarifstrukturen als einheitlicher Ordnungsrahmen für die Flugpreisbildung durch die IATA-Fluggesellschaften auch zukünftig grundlegende Bedeutung.

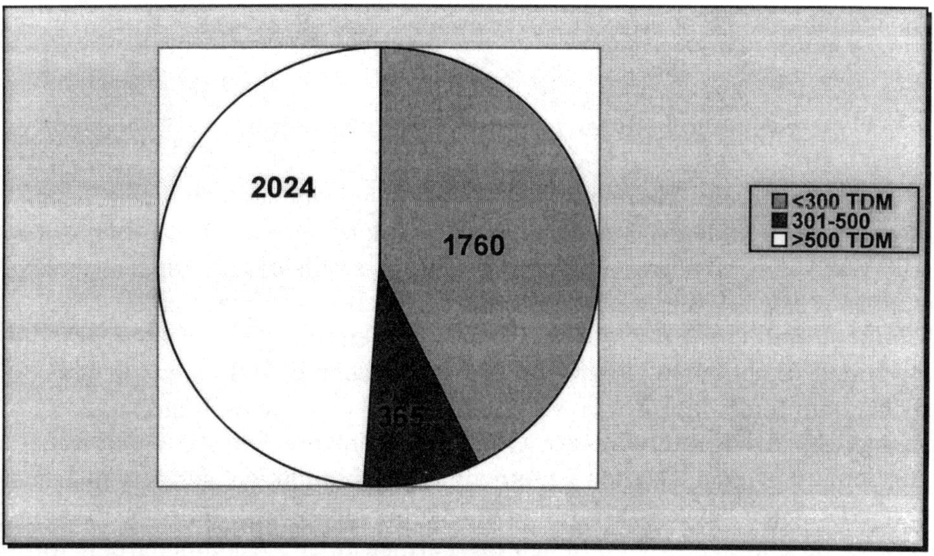

Abb. 29: IATA Büros in Deutschland 1996 nach Umsatzgrößengruppen der Einzelbüros
(Quelle: LH 1996: intern)

Weitere internationale Organisationen im Bereich des Zivilluftverkehrs sind:

- **Association of European Airlines** (AEA)
  Sie vertritt die spezifischen Interessen der europäischen IATA-Airlines gegenüber der IATA und den EU-Institutionen und fördert die Kooperationsbestrebungen der Carrier;
- **ACI Europe** als Vereinigung europäischer Zivilflughäfen.

Organisationen auf **nationaler Ebene** vertreten Unternehmensinteressen vor allem gegenüber den politischen Entscheidungsträgern des betreffenden Staates. In Deutschland sind tätig:

- **Board of Airline Representatives in Germany** (BARIG)
  Die Organisation koordiniert und wahrt die Interessen der in Deutschland vertretenen Airlines, sorgt für eine einheitliche Auslegung und Umsetzung der IATA-Resolutionen und gibt die IATA-Umrechnungsraten (Rates of Exchange) für das Ticketing heraus.
- **Arbeitsgemeinschaft Deutscher Verkehrsflughäfen** (ADV)
  Die ADV ist der Dachverband aller deutschen Flughäfen und Landeplätze. Sie wahrt die Interessen ihrer Mitglieder in allen Belangen der deutschen Luftverkehrsinfrastruktur.
- **Arbeitsgemeinschaft Deutscher Luftfahrtunternehmen** (ADL)
  Die ADL ist der Interessenverband der deutschen Charterfluggesellschaften.

2. 3. 3 Zusammenarbeit der Luftverkehrsunternehmen

Im Zivilluftverkehr können gleiche Vorgänge der Unternehmensverbindungen wie in anderen Branchen auch verfolgt werden. Sie sind eine Reaktion auf den sich mit fortschreitender Liberalisierung verschärfenden Wettbewerbsdruck und ermöglichen umfängliche Synergieeffekte.
Bei der Gestaltung von Zusammenarbeitsformen der Unternehmen sind die jeweiligen rechtlichen Restriktionen zu beachten. Für den deutschen Rechtsraum bildet hier das Gesetz gegen Wettbewerbsbeschränkungen (sogenanntes **Anti-Kartell-Gesetz** GWB) den entsprechenden Rahmen. Es untersagt nicht grundsätzlich Unternehmensverbindungen, sondern nur jene Vereinbarungen zwischen Unternehmen, die geeignet sind, den Wettbewerb zu beschränken (§ 1). Sehen die Partner einer Zusammenarbeitsform ausdrücklich von derartigen Abmachungen ab und bestehen die Ziele ihres Kooperierens in einer Rationalisierung der Leistungserstellung, dann ist dies jedoch mit den Bestimmungen des GWB vereinbar. Für Luftfahrtun-

ternehmen findet im übrigen das Verbot wettbewerbsbeschränkender Vereinbarungen dann keine Anwendung, wenn sie Beförderungsleistungen über die Grenzen der EU hinaus betreffen, selbst wenn auf einem nationalen Markt dadurch eine marktbeherrschende Position entsteht (STERZENBACH 1996: 59 f.).

Die Zusammenarbeit oder Verbindung erfolgt als **Konzentration** oder **Kooperation** (Vgl. Abschnitt 5. 6):

- **Konzentrationen** in Form verbundener Unternehmen, Konzernunternehmen und Fusionen finden sich
  - auf horizontaler Ebene als Zusammenschlüsse (auch durch feindliche Übernahme) mehrerer Airlines;
  - auf vertikaler Ebene durch Einbeziehung vorgelagerter Dienstleistungsstufen in das Luftverkehrsunternehmen;
  - als anorganische Verbindungen durch Ausdehnung der Aktivitäten der Airlines auf benachbarte oder fremde Branchen.

  Sie sind gekennzeichnet durch Verlust der wirtschaftlichen, häufig auch zugleich der rechtlichen Selbständigkeit der verbundenen Unternehmen.
- **Kooperationen** sind freiwillige Formen der Zusammenarbeit auf bestimmten, gemeinsamen interessierenden Gebieten, wobei die Partner im Kern ihrer wirtschaftlichen Entscheidungsmacht und rechtlich vollständig selbständig bleiben. Entscheidungskompetenzen werden nur für die vertraglichen Zusammenarbeitsfelder der Kooperation abgegeben. Sie haben im Luftverkehr vor allem folgende Ausprägungsformen erhalten:
  - *Strategische Allianzen* haben als **große** Kooperationen das Hauptziel eines gemeinsamen Marktauftritts unter einem besonderen Markennamen, der die Streckennetze der Partner regional oder global dem Kunden gegenüber als ein umfassendes Ganzes darstellt. Zu den nach außen kommunizierten Gemeinsamkeiten gehört auch die Koordinierung bzw. Verflechtung von Kundenbindungsinstrumenten (z. B. Vielfliegerprogramme) und Serviceleistungen (z. B. gemeinsame/gegenseitige Nutzung von Flughafen-Lounges, das Durchchecken von Gepäck). In den Innenbeziehungen können Verkauf und Einkauf, Streckenplanung und –betrieb sowie Computerkommunikation Gegenstand gemeinsamen Vorgehens sein.

Fluggesellschaft	*Umsatz in Mrd. US-$*	*Hauptpartner*[1]
American Airlines	*18. 570*	*BA/IB/AR/LO*
United Airlines	*17. 378*	*LH/SK/AC/RG/TG*
Delta Airlines	*13. 946*	*AF/SR/SN/OS*
British Airways	*13. 625*	*AA/QF/CP/HP/IB/AY/LQ/IJ/DI*
Lufthansa	*10. 478*	*UA/SK/SQ/AC/RG/TG/SA/BD*
Northwest Airlines	*10. 226*	*CO/KL/AZ/EW*
Air France	*7. 302*	*DL/CO/AZ/EW/VM*
Continental	*7. 213*	*NW/AF/KL*
Quantas	*6. 150*	*BA*
KLM	*5. 480*	*NW/CO/AZ/MH/EW/KQ*
Alitalia	*5. 157*	*AF/KL/NW/CO*
SAS	*4. 837*	*UA/LH/AC/RG/TG*
Singapore Airlines	*4. 512*	*LH*
Air Canada	*3. 562*	*UA/LH/SK/RG/TG*

Tab. 13: Wichtigste Partner der Mega-Carrier 1997
(Quelle: FVW 6/98: 164)

- *Technische Kooperationen* haben die Bodenabfertigung auf Flughäfen (Handling Agreements), Reparatur-, Wartungs- und Instandhaltungsvereinbarungen oder die gemeinsame Nutzung von Nachrichteninfrastrukturen zum Gegenstand.
- *Kommerzielle Kooperationen* finden sich vor allem auf folgenden Geschäftsfeldern:
  - Gemeinsamer Betrieb einer Strecke oder eines Streckennetzes (Pooling Agreement). Die Verkehrsanteile werden nach bestimmten Schlüsselwerten festgelegt, dementsprechend erfolgt auch eine Teilung der Erträge (LANG u. a. 1993: 100). Als sogenannte Code-Sharing-Flights vereinbaren die kooperierenden Partner Reservierung und Ticketing unter einer einheitlichen Flugnummer, kenntlich gemacht in den Flugplanwerken mit einem Shared Airline Designator Code (OAG 1997: 36).
  - Übernahme der Repräsentanz oder der Funktion des Generalagenten durch eine in einem Staat registrierte Airline für andere Fluggesellschaften gegen Provision.
  - Gegenseitige Anerkennung der Beförderungsdokumente und -bedingungen sowie der Verfahrens- und Abrechnungsmodalitäten zwischen IATA-Airlines, offen auch für NON-IATA-Airlines (Interline-System).

[1] Two-Letter-Code gemäß Anlage 13

- Vercharterung der Nutzlastkapazität des Fluggerätes auf bestimmten Strecken als *On-Behalf* (ständige Durchführung von Flügen im Auftrag eines anderen Carriers), als *Blocked Space* (ständige Vercharterung eines Teils der Beförderungskapazität) oder als *Aircraft Exchange* (Einsatz des Fluggerätes bei Anschlußflügen einer anderen Airline). Derartige *Interchange-Agreements* können sich auch auf eine zeitlich begrenzte Vercharterung erstrecken (STERZENBACH 1996: 63).
- Kauf und Verkauf von Verkehrsrechten mit Kompensationszahlungen für den Umsatzausfall an die veräußernde Airline (Royalty Agreement).

2. 4 Rechtliche Ausgestaltung der Flugbeförderung

2. 4. 1 Linienflugverkehr und Charterflugverkehr

Die von der IACO auf ihrer Chikagoer Gründungskonferenz verabschiedete Convention on International Civil Aviation (Vgl. Abschnitt 2.3.1) ist der Ausgangspunkt für die definitorische Abgrenzung von Linienflugverkehr und Gelegenheitsflugverkehr (Charterflugverkehr) im deutschen Luftverkehrsgesetz (LuftVG). Dort sind zunächst für den **Fluglinienverkehr** folgende Merkmale bestimmt:

- **Gewerbsmäßige Beförderung** von Personen mit Luftfahrzeugen, sie bedingt
  - die Genehmigung/Registrierung des Luftfahrtunternehmens (Gewerbebetrieb);
  - die Pflicht, den Betrieb ordnungsgemäß einzurichten, aufzunehmen und während der Dauer der Genehmigung aufrechtzuerhalten;
- **öffentliche und regelmäßige Beförderung** auf bestimmten Linien, sie bedingt
  - die Beförderungspflicht, wenn den geltenden Beförderungsentgelten, -bedingungen und den behördlichen Anordnungen entsprochen wird und die Beförderung mit den regelmäßigen Beförderungsmitteln möglich ist, sofern sie nicht durch Umstände verhindert wird, die das Unternehmen nicht zu vertreten hat;
  - die Genehmigung/Registrierung und Einhaltung von Flugplänen, Beförderungsentgelten und Beförderungsbedingungen.

Der **Gelegenheitsverkehr** (Charterflugverkehr) wird im LuftVG als derjenige gewerbliche Luftverkehr bestimmt, der nicht Fluglinienverkehr ist. Die bis zur zweiten Stufe der EU-Liberalisierung für Passagierbeförderung geltende strenge Abgrenzung von Linien- und Charterflügen, wonach ein Charterflug nur im Rahmen einer Pauschalflugreise eines Veranstalters angeboten werden durfte, ist inzwischen aufgehoben. Der seat-only-Verkauf in Chartermaschinen ist legalisiert, die großen Charterfluggesellschaften vermarkten ihre regelmäßig angeflogenen Charterziele wie Liniendienste, womit eine höhere Kapazitätsauslastung erzielt wird. Dennoch behält die Unterscheidung nach Charter-Kategorien und Charterkonzepten wegen der Notwendigkeit, auf die differenzierte Nachfrage des Marktes mit unterschiedlichen technisch-organisatorischen Lösungen einzugehen, weiterhin ihr volle Gültigkeit.

Charter-Kategorien	
Bezeichnung	**Allgemeine Merkmale**
Flüge zu humanitären Zwecken oder zur Behebung eines Notstandes (*mercy flights*)	–
Taxiflüge	auf Anforderung, Luftfahrzeuge mit maximal 10 Sitzplätzen
Selbstbenutzer-Charterflüge *(own use oder single entity charter)*	Benutzung für eigene Zwecke des Charterers
Affinitätsgruppen-Charterflüge	Zusammengehörigkeit der Reiseteilnehmer
Studenten-Charterflüge	Studenten, Schüler
Nordatlantik-Charterflüge (NAC)/Veranstalter	Gruppenreise ohne Pauschalarrangement nach USA/Kanada, auch Beförderung auf Linienflugzeug, mindestens 20 Teilnehmer
Special event-Charterflüge	Teilnahme an einem besonderen Ereignis
Pauschalcharterflüge *(ITC=inclusive tour-Charterflüge)*	Pauschalarrangement, nur durch Reiseveranstalter (Gesamtheit von Reiseleistungen zum Endpreis)
Gastarbeiter-Charterflüge	Beschäftigung als Gastarbeiter in Deutschland
Militär-Charterflüge	Zivile Charterflüge für Militärangehörige der USA und Großbritanniens
Frachtcharterflüge	Nur Frachtbeförderung

Charterkonzepte	
Plane-load-charter	Inanspruchnahme des gesamten Flugzeuges durch einen Charterer
Split-charter	Inanspruchnahme des Flugzeuges durch mehrere Charterer
Commingling	Inanspruchnahme des Flugzeuges durch mehrere Gruppen verschiedener Charterkategorien
Intermingling	Rückflug der *commingling*-Gruppen erfolgt zu verschiedenen Zeiten und mit unterschiedlichen Flugzeugen
Part-charter	Inanspruchnahme eines Linienflugzeuges durch eine Gruppe zu Charterflugbestimmungen
mix-charter	Beförderung von Personen und Fracht gemeinsam
Konsolidierung	Zusammenfassung der Nachfrage mehrerer Reise-Veranstalter zu einem *plane-load-charter* durch einen Consolidator
Pro-rata-charter	Charterer zahlt nur die tatsächlich abgenommenen Plätze

Abb. 30: Charterkategorien und Charterkonzepte
(Quelle: MUNDT 1996: 93)

In der Umsetzung der Charterkonzepte gehen die Vercharterer auf spezielle Kundenwünsche durch Angebot unterschiedlichen Fluggerätes, teilweise mit besonderer Ausstattung, ein, z. B.:

- Executive-Flugzeuge für Kleingruppen von Geschäftsreisenden,
- VIP-Flugzeuge,
- First-Class-Flugzeuge,
- historische Flugzeuge für besondere Events (z. B. DC 3 bei Eurowings).

2. 4. 2 Internationale und nationale Rechtsgrundlagen

Die Grundlagen des Luftverkehrsrechts entstammen sowohl dem **öffentlichen Recht** als auch dem **Privatrecht,** ihr Geltungsbereich kann die **internationale** oder die **nationale Flugbeförderung** sein. Die Rechtsnormen sind auf Hierarchieebenen angesiedelt. Vor- und Nachrangigkeit ihrer Anwendung richten sich danach,

- ob die von Start und Landung betroffenen Staaten die jeweilige Regelung ratifiziert haben,

- ob die jeweilige Rechtsvorschrift den betreffenden Regelungsgegenstand enthält.

Im **internationalen Luftverkehr** gelten in **erster Hierarchieebene**:

- das Abkommen zur Vereinheitlichung von Regeln über die Beförderung im internationalen Luftverkehr vom 28.9.1995 (Warschauer Abkommen),
- die Novellierung am 28.9.1955 in Den Haag;
  oder
- das Zusatzabkommen zum Warschauer Abkommen zur Vereinheitlichung von Regeln über die von einem anderen als dem vertraglichen Luftfrachtführer ausgeführte Beförderung im internationalen Luftverkehr vom 18.9.1961 (ZAG von Guadalajara) je nachdem, welcher Fassung die betroffenen Staaten zugestimmt haben.

Wo das Warschauer Abkommen/ Novelle Den Haag/ZAG nicht anwendbar sind, gilt in **zweiter Hierarchieebene**

- das nationale Luftrecht des Bestimmungslandes.

Ist auch dieses nicht anwendbar, gelten in **dritter Hierarchieebene**

- die Beförderungsbedingungen der IATA gemäß Resolution 275b, die sogenannten **Conditions of Contract**,
  und /oder
- die Beförderungsbedingungen des jeweiligen Luftfrachtführers;
  z. B. Deutschland:
  - Allgemeine Beförderungsbedingungen für Fluggäste und Gepäck gemäß §21 LuftVG (ABB),
  - besondere Beförderungsbedingungen der Lufthansa für den internationalen Luftverkehr (übereinstimmend mit Conditions of Contract der IATA).

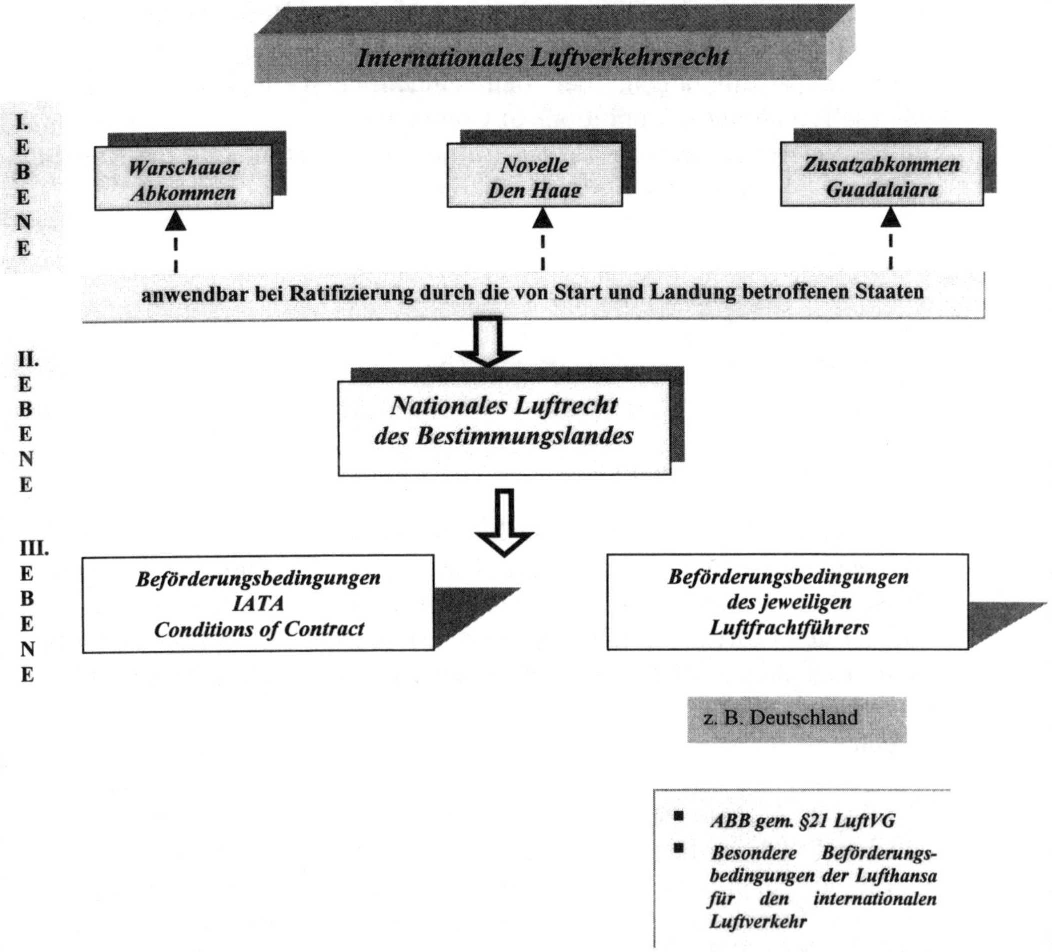

Abb. 31: Hierarchieebenen internationaler Rechtsnormen im Luftverkehr

Im **Inlandsverkehr** gelten die jeweiligen nationalen Luftverkehrsbestimmungen. Für Deutschland sind das LuftVG und die auf ihm fußenden Allgemeinen Beförderungsbedingungen für Fluggäste und Gepäck (ABB) anzuwenden. Fehlen nationale Regelungen oder enthalten sie den betreffenden Regelungsgegenstand nicht, dann greifen die Beförderungsbedingungen der Airlines, danach Parteienvereinbarungen, danach das nationale Privatrecht (SABATHIL 1994: 19).

Die in den jeweiligen Rechtsnormen enthaltenen Regeln über die Flugbeförderung werden in Beförderungsverträgen zwischen Fluggast und Luft-

frachtführer ausgestaltet. Das Dokument über den **Beförderungsvertrag** ist das **Flugticket**. Es enthält üblicherweise einen Auszug der zutreffenden Beförderungsbedingungen, bei den einheitlichen Tickets der IATA-Fluggesellschaften die Conditions of Contract.
Von besonderer Bedeutung für den Beförderungsvertrag sind die Regelungen über die Haftung des Luftfrachtführers.

2. 4. 3 Haftungsregelungen für Flugreisen

Die Partner des Beförderungsvertrages sind
- Fluggast
  und
- vertraglicher Luftfrachtführer.

Daraus folgt, daß der **vertragliche Luftfrachtführer** für Personenschäden und Schäden am Gepäck haftet. Die Haftung aus Flugbeförderungsverträgen ist als sogenannte **Gefährdungshaftung** ausgestaltet, d. h. ein Verschulden des Luftfrachtführers ist nicht erforderlich. Eine Legaldefinition des vertraglichen Luftfrachtführers ist im ZAG zum Warschauer Abkommen enthalten.
Hierunter ist diejenige Person zu verstehen, die mit dem Reisenden einen Luftbeförderungsvertrag abgeschlossen hat, die Beförderung jedoch selbst nicht ausführt. Damit ist bei Flugpauschalreisen der Reiseveranstalter vertraglicher Luftfrachtführer. Die Airline, die für den Reiseveranstalter die Beförderung übernimmt, ist ausführender Luftfrachtführer. Sofern das ZAG zum Warschauer Abkommen Geltung erlangt, haftet der Reiseveranstalter als vertraglicher Luftfrachtführer direkt aus eigener Verantwortlichkeit. Gleichzeitig haftet aber auch der ausführende Luftfrachtführer, d. h. beide sind gegenüber dem Reisenden Gesamtschuldner. Eine Haftungsbeschränkung im Sinne des Reisevertrages nach §651 k BGB greift damit nicht. Für sie ist allenfalls noch mangels Geltung des ZAG Raum (SEYDERHELM 1997: 281, 374).

Entsprechend der Hierarchie der Rechtsnormen sind folgende **Haftungshöchstgrenzen** maßgeblich:
- **Personenschäden**
  (Tötung, Körperverletzung, Gesundheitsbeschädigung)
  - *International*
    - Warschauer Abkommen — 26. 750 DM
    - Novellierung Den Haag/Conditions of Contract/ABB — 53. 500 DM

  - Besondere Beförderungsbedingungen der Lufthansa für den internationalen Luftverkehr 150. 000 DM
  - Sonderregelungen gemäß der sogenannten Montrealer Vereinbarung für einige die USA und Kanada anfliegende Carrier (auch Lufthansa)
    ohne Rechtsverfolgungskosten 58. 000 US-$
    mit Rechtsverfolgungskosten 75. 000 US-$
- *National*
  - Deutschland: LuftVG 320. 000 DM

- **Fluggepäckschäden**
  (Zerstörung, Verlust, Beschädigung)
  - *International*
    - Warschauer Abkommen/Novellierung Den Haag/Conditions of Contract
      aufgegebenes Gepäck 20 US-$/kg
      Kleider/Handgepäck 400 US-$
  - *National*
    - Deutschland: LuftVG 3. 200 DM

2. 4. 4 Besondere Störungen des Luftbeförderungsvertrages

In der Realisierung des Luftbeförderungsvertrages für Linienflüge können eine Reihe von Störungen auftreten:

- Verspätetes Eintreffen des Fluggastes am Flugabfertigungsschalter,
- Nichterscheinen des Fluggastes (No Show),
- Überbuchung des Fluges durch die Airline (Overbooking),
- verspätete Flugbeförderung,
- versäumte Rückbestätigung (Reconfirmation),
- fehlende/unvollständige Reisedokumente des Fluggastes.

Die internationalen Rechtsnormen über die Beförderung legen entsprechende Rechtsfolgen fest, auf die in der Regel bei Buchung und Ticketverkauf für Linienflüge hinzuweisen ist.

Für das **rechtzeitige Eintreffen des Fluggastes zur Flugabfertigung** sind in den Beförderungsbedingungen der Carrier entsprechende Festlegungen über die sogenannte check-in-deadline enthalten. Zwei unterschiedliche Verfahrensweisen sind hier zu befolgen:

- Verpflichtung des Fluggastes zum rechtzeitigen Erscheinen ohne Angabe einer genauen Meldeschlußzeit. Es wird davon ausgegangen, daß vom Reisenden zu erwarten ist, bei internationalen Flügen auch ohne besonderen Hinweis 90 Minuten vor Abflug zu erscheinen.
- Angabe einer genauen Meldeschlußzeit. Sie wird in der Regel auf dem Flugticket angegeben. Außerdem enthalten die Flugplanwerke hierüber entsprechende Informationen. Im Official Airline Guide (OAG) werden die Meldeschlußzeiten z. B. bei erstmaliger Nennung des Abflugortes, gemeinsam mit anderen Airportinformationen, wie folgt dargestellt:

> FROM **BERLIN** Germany **(BER)**
>
> o TEGEL (TXL) 5mls/8kms NW of City Centre (Gedächtniskirche) General Check-in 30mins exept AF, AZ 60, DE 90, DI with baggage 30, without 20, DL 120, IL 60, KM 90, LH 20, OA 60, OS 120, RJ 120, SR 20, TG 90, UA 90, US 60mins.
>
> (OAG 1997: 347)

Die InfVO der EU verpflichtet allerdings nicht zur Angabe der Meldeschlußzeiten.
Rechtsfolge des verspäteten Erscheinens des Fluggastes: Die Beförderung kann abgelehnt werden. Außerdem darf eine Bearbeitungsgebühr erhoben werden, wovon in der Praxis allerdings kein Gebrauch gemacht wird.
Die Fluggesellschaft kann den Platz an Reisende vergeben, die auf einer Warteliste stehen. Läuft der Abfertigungsvorgang noch, so hat der verspätete Fluggast dennoch Vorrang vor diesen. Rechtlich nicht eindeutig ist dabei, ob die Vergabe an auf der Warteliste stehende Passagiere sogleich nach Ablauf der Meldeschlußzeit oder erst kurz vor Abflug erfolgen darf (SEYDERHELM 1997: 378).

Die **Überbuchung** von Linienflügen durch die Airlines ist eine allgemein praktizierte Verfahrensweise, um bei No Shows dennoch eine hohe Auslastung der Beförderungskapazität zu erreichen. Die **Rechtsfolgen** für die betroffenen Fluggäste sind:

- Der Fluggast kann kostenlos vom Beförderungsvertrag zurücktreten und die volle Erstattung des Flugpreises verlangen;
- der Fluggast kann ersatzweise eine schnellstmögliche nächste Beförderung verlangen (Recapture Probability);
- der Fluggast kann einen neuen Abflugtermin vereinbaren.

Bei späterer Beförderung werden dem Passagier außerdem die Aufwendungen für die Wartezeit (Unterkunft, Verpflegung u. a.) erstattet und ihm steht eine Ausgleichszahlung zu, die nach Flugentfernung und Zeit der Verspätung differenziert sein kann. Für die Airline sind dies Fehlmengenkosten.
Bei der Festlegung der Überbuchungsrate geht man von der Analyse des Buchungsverhaltens der Passagiere aus, das sich vor allem in der

- Stornierungshäufigkeit,
- Häufigkeit von No Shows,
- Akzeptanz der Recapture Probability

widerspiegelt. Gleichzeitig ist die Entwicklung der Fehlmengenkosten im Verhältnis zur Ertragssteigerung aus dem Overbooking einzuschätzen.

Bei sonstigen **Verspätungen** in der Flugbeförderung bestehen unter bestimmten Voraussetzungen Schadensersatzansprüche. Findet der Flug im Rahmen einer Pauschalreise statt, greifen u. U. die Minderungsansprüche gemäß Reisevertrag.

Eine **Rückbestätigung** (Reconfirmation) für Linienflüge wird vom Luftfrachtführer häufig vor Ort bei Weiter- oder Rückflug verlangt, welche in der Regel 24 bis 72 Stunden vor dem planmäßigen Termin erfolgen muß. Versäumt der Fluggast diese Verpflichtung, tritt als **Rechtsfolge** die Streichung des Weiter- oder Rückfluges, gegebenenfalls auch weiterer Anschlußflüge, ein. Der Platz kann anderweitig vergeben werden.

Der Flugreisende ist bei Linienflügen auch für die **Beibringung der erforderlichen Reisedokumente** verantwortlich. Die das Ticket verkaufende Stelle ist gemäß InfVO hierüber informationspflichtig. **Rechtsfolgen** aus fehlenden oder unvollständigen Reisedokumenten (besondere Aus- oder Einreisepapiere, Gesundheits- und Impfzeugnisse) können die Verweigerung der Beförderung und die Anlastung eventuell entstehender Kosten sowie vom Luftfrachtführer zu zahlender Strafen sein.

2. 5 Technische und logistische Grundlagen des Flugbetriebes

2. 5. 1 Das Fluggerät

Aus betriebswirtschaftlicher Sicht sind solche technischen Grundlagen von Interesse, die für den wirtschaftlichen Einsatz des Produktionsfaktors **Flug-**

zeug relevant sind. Das Fluggerät wird nach verschiedenen Kriterien klassifiziert.

- Zunächst sind nach den **Beförderungsobjekten** zu unterscheiden:
  - **Passagierflugzeuge**
    Das technisch weitgehend homogene Fluggerät wird für die verschiedenen Beförderungsaufgaben nach seiner unterschiedlichen Ausstattung/Ausrüstung für die jeweiligen Flugbeförderungsklassen eingeteilt (Vgl. Abschnitt 2. 6. 2). Die Produktvariation erfolgt entsprechend der Sitzplatzkonfiguration nach
    - Ein-Klasse-Versionen und
    - Mehr-Klassen-Versionen.

    Eine schnelle Umrüstbarkeit der Versionen bei wechselnden Einsatzzwecken ist eine wesentliche Voraussetzung der Ertragsoptimierung.
  - **Frachtflugzeuge**
    Im Einsatz sind:
    - Reine Frachter (uncompromised freighters),
      die im zivilen Einsatz nur selten Verwendung finden,
    - Nur-Frachter-Versionen von Passagierflugzeugen (dedicated freighters).
  - **Flugzeuge für die kombinierte Personen- und Frachtbeförderung**
    Sie ermöglichen eine flexible Kapazitätsanpassung an Nachfrageschwankungen und kommen in zwei Versionen zum Einsatz:
    - Mixed-Version-Flugzeuge (sogenannte Kombi)
      Ein Teil des Passagierdecks kann zur Frachtaufnahme umgerüstet werden,
    - Quick-Change-Flugzeuge (QC)
      Sie sind relativ unkompliziert und mit geringem Aufwand von der Passagierversion in die Vollfrachtversion umrüstbar (STERZENBACH 1997: 77 ff.).
- Nach dem Kriterium des **Einsatzbereiches** wird unterschieden in
  - Kurzstrecken (Bereich bis um 1. 000 km),
  - Mittelstrecken (Bereich bis um 2. 000 km),
  - Lang- und Fernstrecken (Bereiche über 2. 000 km).

Eine eindeutige Angabe der Streckenlänge für den jeweiligen Einsatzbereich ist allerdings nicht möglich, zumal die einzelnen Versionen des zum Einsatz kommenden Fluggerätes je nach Ausrüstungsvariante in unterschiedlichen Reichweiten geflogen werden können.

- Das Kriterium der **Passagierkapazität** erlaubt ebenfalls nur eine ungefähre Gruppierung der Flugzeugtypen, da auch hier die gewählte Ausrüstungsvariante (Ein- oder Mehr-Klassen-Versionen, bestuhlt für Kurz-, Mittel- oder Fernstrecken) zu sehr unterschiedlichen Kapazitätsangaben führt. Ein Vergleich wichtiger, auf Mittel- und Fernstrecken eingesetzter Flugzeugbaumuster von Boeing und Airbus, der weltweit führenden Produzenten von Fluggeräten, mag dies verdeutlichen:

Boeing			*Airbus*		
Typenbezeichnung	Sitze	Max. Reichweite in km	Typenbezeichnung	Sitze	Max. Reichweite in km
737-300 (City-Jet)	**139**	**4. 200**	**A 319**	**142**	**4. 600**
			A 320	**165**	**5. 600**
757-200	**207**	**5. 500**	**A 321-100**	**199**	**5. 600**
767-300	**263**	**7. 500**	**A 310-300**	**241**	**8. 500**
			A 300-600R	**282**	**5. 000**
777-200 (Triple Seven)	**373**	**7. 500**	**A 330**	**374**	**6. 500**
747-400 (Jumbo Jet)	**440**	**9. 500**	**A 340-300**	**315**	**10. 700**
In Entwicklung: 747-6XX	**548**	**14. 350**	**In Entwicklung: A 3XX**	**555**	**13. 800**

Tab. 14: Passagierflugzeuge in der Mehr-Klassen-Version im Vergleich
(Quellen: FVW 20/96: 70; SABATHIL 1994: 74 f. u. a..Weiterführende Angaben zu Flugzeugtypen anderer Hersteller: z. B.: KREUZER 1993)

Wie weit die jeweilige Kombination von Sitzplatzkapazitäten und Reichweite zu den unterschiedlichen Angaben führt, zeigt z. B. der Vergleich von Boeing 747 und A 340:

- *Boeing 747: Für die Mehrklassenversion 747-400 ergibt sich bei einer Sitzplatzkapazität von 440 eine maximale Reichweite von 9. 500 km. Für die Version mit 384 Sitzplätzen beträgt die maximale Reichweite hingegen 14. 500 km;*
- *A 340: in der Version A 340-200 beträgt bei 262 Sitzplätzen die maximale Reichweite ebenfalls 14. 500 km, in der Version A 340-300 mit 315 Sitzplätzen nur noch 10. 700 km (Vgl. SABATHIL 1994: 74 f.).*

- Ein weiteres Unterscheidungsmerkmal ergibt sich durch die Anordnung der Sitzreihen: Flugzeuge mit zwei Mittelgängen werden als **Großraumflugzeuge** bezeichnet.
- Die Flugzeugtypen sind in den Flugplanwerken mit den von der IATA festgelegten **Aircraft General Designators** (Aircraft Codes) kenntlich gemacht. Zusätzlich wird die jeweilige **Antriebsart** charakterisiert:
  - J: pure jet (Düsenantrieb),
  - T: prop jet (Turbo-Prop-Antrieb),
  - P: propeller
  - H: helicopter (Hubschrauber),
  - A: amphibian/seaplane (Wasserflugzeug).

  Wird das Fluggerät auf einer Strecke gewechselt, ist dies durch die Kennung **EQV** (Equipment varies) vermerkt (OAG 1997: 8).

Für die **optimale Flottengestaltung** einer Airline haben die technischen Leistungsdaten der Flugzeugtypen neben Anschaffungskosten und Betriebskosten eine grundlegende Bedeutung. Sie dienen der Beurteilung eines optimalen Fluggeräteeinsatzes für die verschiedenen Beförderungsaufgaben und bilden den Ausgangspunkt für eine nachfragegerechte **Flugzeugeinsatzplanung**.
Derzeitig bestehen auf dem Flugzeugmarkt bereits beträchtliche Überkapazitäten. Dennoch ist der Trend zu immer größeren Flugzeugen weiter ungebrochen.

2. 5. 2 Die Verkehrsinfrastruktur

Flughäfen und die von den Airlines zwischen ihnen gespannten Streckennetze bilden die Infrastruktur zur Erstellung des Produktes **Flugreise**. Sie sind wesentliche Seiten der Produktqualität selbst.

Die **Zivilflughäfen** dienen der Abwicklung der Passagierbeförderung im Linienverkehr und Charterverkehr sowie der Durchführung von Frachtverkehren aller Art.

Nach ihrem Platz in der Luftverkehrsinfrastruktur können sie unterschieden werden in:

- große Verkehrsflughäfen für Inlands- und internationale Flugverkehre,
- kleine Verkehrsflughäfen für Inlands- und Regionalflugverkehre.

Flughäfen sind maßgebliche regionale Wirtschaftsfaktoren:

- Sie verfügen über ein bedeutendes **Arbeitsangebot** (z. B. Beschäftigte Flughafen Frankfurt/Main ca. 53. 000);
- sie beanspruchen umfangreiche direkte **Zulieferungen und Dienstleistungen**;
- sie erzeugen einen **Multiplikatoreffekt** durch Ansiedlung der an den Verkehrsströmen des Flugplatzes partizipierenden Gewerbe.

Flughäfen führen andererseits jedoch zu erheblichen Umweltbeeinträchtigungen durch

- Fluglärm,
- Entzug großer Bodenflächen,
- Schadstoffemissionen,
- Verdichtung der Verkehrsinfrastruktur und Erhöhung der Verkehrsströme für Zubringerdienste.

Das führt zu einem Akzeptanzproblem insbesondere bei notwendigen Erweiterungsinvestitionen.

Die **organisatorische** und **logistische Struktur** eines großen internationalen Verkehrsflughafens zeigt folgende typische Strukturbereiche:

- *Flugabfertigungsgebäude* (Terminal)

  Das Terminal weist eine Anzahl Gates für die Passagierabfertigung, gegliedert nach Abflug (Departures) und Ankunft (Arrivals) aus. Eine strikte Trennung nach international flight's und domestic flight's ist für diesen Bereich in der Regel nicht mehr relevant, wohl aber auf europäischen Flughäfen die Trennung der Gates und Gate-Räume, der Flugzeugabstellpositionen und der gesamten Airport-Wegführung für die Passagierströme nach Mitgliedsländern des **Schengener Abkommens** (Wegfall der Grenzkontrollen) und anderen Reisezielen.

  *Viele internationale Verkehrsflughäfen verfügen über mehrere Terminals, denen jeweils die einzelnen Fluggesellschaften zugewiesen sind (OAG 1997: 66). Die durch räumliche Trennung bedingten längeren Umsteigezeiten bei Anschlußflügen, die sogenannten **Minimum Connecting Times** (MCT) müssen deshalb in den Flugplanwerken angegeben werden. Für sie ist die Unterscheidung in international und domestic flight's noch von Bedeutung (OAG 1997: 48).*

  Zum Abfertigungsbereich gehören weiter Aufenthaltsräume oder -zonen, V.I.P.-Lounges, Paß- und Zollkontrolle, Gepäckabfertigung und –aufgabe;

- Im *Fluggastbereich* (passenger area) befinden sich außerdem umfangreiche **Serviceleistungen** (Post, Bank, Restaurants, Supermarkt, Spezialgeschäfte, Duty Free Shops, Reisebüros, Animation, Kommunikationseinrichtungen, Sanitäranlagen, Gesundheitsdienste u. a.);
- *Umschlagseinrichtungen* für Fracht, Fluggepäck und Post;
- *Kontrollinstanzen* für die Flugabfertigung;
- *Start- und Landebahnen* sowie Flugzeugabstellflächen;
- *Flughafenverwaltung* und Behörden (Zoll, BGS, Sicherheitsdienste, Polizei u. a.);
- Einrichtungen der *Verkehrsanbindung*:
  - Bahnhof im Airport,
  - Buszubringer,
  - Parkmöglichkeiten für PKW,
  - Mietwagenanbieter u. a.;
- *Flughafenhotels.*

Die deutschen Flughäfen sind **als gewerbliche** Unternehmen in der Regel in der **Rechtsform** einer **Kapitalgesellschaft** (bevorzugt: GmbH, nur Frankfurt: AG) begründet, deren Gesellschafter die Gebietskörperschaften sind. Für ihre Dienste erhalten sie von den sie nutzenden Airlines Start-, Lande- und Abfertigungs- sowie Abstellgebühren. Diese liegen gegenüber anderen Flughäfen im internationalen Vergleich sehr hoch.

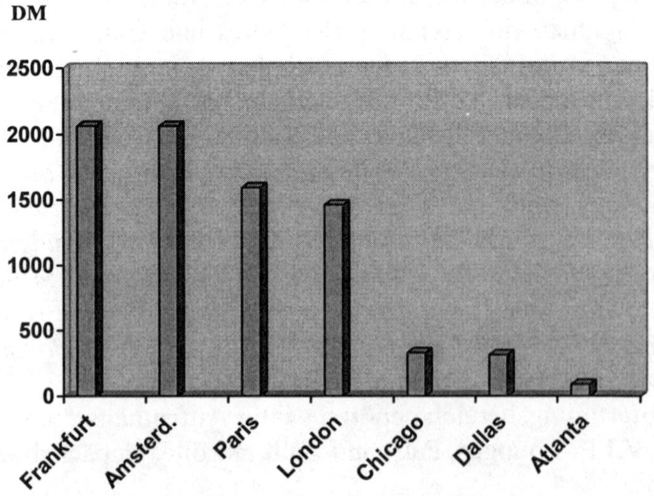

Abb. 32: Landegebühren am Beispiel einer Boeing 737-300 bei einer Auslastung von 70 %
(Quelle: LH Jahrbuch 1992: 95)

Die **Kapazität** des Leistungsangebotes der Airports wird begrenzt durch

- die Anzahl verfügbarer Slots (Start- und Landerechte),
- die zur Gewährleistung der Sicherheits- und technischen Standards maximal möglichen Flugfrequenzen,
- die Probleme der Umweltakzeptanz bei beabsichtigten Kapazitätserweiterungen
  (Deutsche Verkehrsflughäfen vgl. Anlage 14).

Die **Streckennetze** der Fluggesellschaften verbinden sich zu einem internationalen Flugroutensystem. Der Wettbewerb unter den Airlines führt zu vielfachen Überlagerungen des Angebotes auf gleichen Strecken oder in gleichen Streckennetzen. Vor allem auf den großen internationalen „Rennstrecken“ besteht ein massiver Wettbewerbsdruck. Für jede Airline ist die Entwicklung optimaler logistischer Netzstrukturen bestimmend

- für eine dauerhafte günstige Ertragslage,
- für die Durchsetzung einer starken Marktposition.

Gegenüber dem Aufbau von Non-Stop- oder Direktverbindungen zwischen den großen Wirtschaftszentren der Welt (Punkt-zu-Punkt-Verkehr) setzt sich aus Gründen einer optimalen Kapazitätsauslastung zunehmend das **Hub-and-Spoke-System** bei den großen Airlines durch. Es basiert auf der Grundkonzeption der Verkehrswegestruktur in den USA. Dort verbinden transkontinentale Hauptverkehrslinien (trunk-lines) die wichtigsten Zentren der Ost- und Westküstenregion (large hub's). Diese werden durch weitere Langstrecken mit den peripheren Gebieten verbunden (small hub's). Die small und large hub's sind mit Zubringerlinien (feeder lines) oder Regionallinien (local lines) verbunden. Es entsteht so ein zwischen den hub's aufgespanntes maschenförmiges Streckennetz
(STERZENBACH 1997: 97).
Die europäischen Airlines haben die Grundidee dieses Systems insoweit übernommen, daß die großen internationalen Streckenverbindungen von wenigen Drehkreuzen (hub's) aus bedient werden. Zu ihnen erfolgen entsprechende Zubringerdienste. Das bietet den Vorteil einer hohen Kapazitätsauslastung der Maschinen auf den Hauptverkehrslinien, ist aber für die Fluggäste mit der Unbequemlichkeit des Umsteigens verbunden.

2. 6 Der Vertrieb der Flugreisen

2. 6. 1 Absatzwege und Absatzformen

Der Begriff **Absatz** wird in der betriebswirtschaftlichen Literatur nicht einheitlich verwandt. Im engeren Sinne wird darunter gemeinhin diejenige betriebliche **Funktion** verstanden, die der Realisierung der erstellten Güter und Dienste auf den Märkten dient. Im weiteren Sinne ist der Begriff **Absatzmarketing** nicht auf eine betriebliche Hauptfunktion begrenzt, sondern erfaßt alle Führungsaufgaben, die der bestmöglichen Verwirklichung der Unternehmensziele dienen.
Der Begriff **Vertrieb** hingegen bezeichnet bevorzugt die technisch-organisatorische Seite der Leistungsverwertung, d. h. alle Tätigkeiten, die den Absatz bewirken oder anders ausgedrückt: **Ziel und Ergebnis des Vertriebes ist der Absatz** der Güter und Dienste (WÖHE 1990: 620).

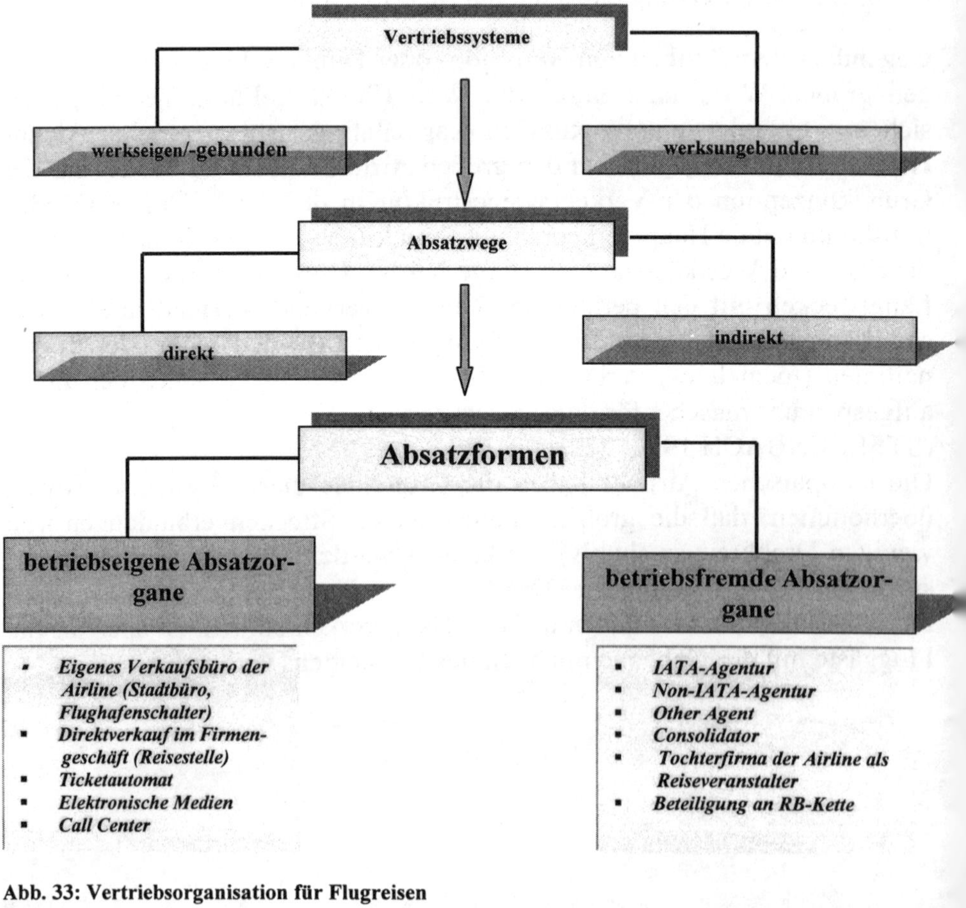

Abb. 33: Vertriebsorganisation für Flugreisen

Die Wahl des Absatzweges und der Absatzform wird zunächst von der Produktart bestimmt:

- Für die **Flugpauschalreise** wird die Airline selbst als Reiseveranstalter tätig oder bedient sich eines Veranstalters;
- für das Produkt **Flugreise,** also die bloße Flugbeförderung, entweder als klassischer Linienflug oder im Seat-Only-Verkauf auf einer regelmäßigen Charterlinie, ist die Airline Leistungsträger.

Beide Produkte können auf direkten oder indirekten Absatzwegen vertrieben werden.

Die **Absatzformen** auf dem **direkten Absatzweg** werden von den Airlines zunehmend eingesetzt, da durch Einsparung von Vermittlerprovision Vertriebskostensenkungen realisierbar sind, eine unmittelbare Verkaufssteuerung ermöglicht wird und Kundenbindungsinstrumente wirksam eingesetzt werden können. Die fortschreitende Verbreitung elektronischer Medien erleichtert diesen Absatzweg und macht das Dazwischentreten von Absatzmittlern entbehrlich:

- **Eigene Verkaufsbüros**
  Der Vertrieb erfolgt in Stadtbüros und an Flughafenschaltern sowohl für Flugpauschalreisen als auch für Linienflugtickets.
- **Direktverkauf** im Firmengeschäft
  Große Unternehmungen unterhalten für die Abwicklung ihres umfangreichen Geschäftsreiseverkehrs eigene Reisestellen. Die Airlines verkaufen an sie Einzeltickets, vor allem aber ganze Ticketkontingente mit erheblichem Discount (bis zu 15 % und mehr). Dieser Vertriebsweg ist nicht legalisiert, da Reisestellen von Unternehmen nicht die Eigenschaft eines IATA-Agenten erwerben können und somit auch nicht zum Ticketvertrieb für IATA-Airlines befugt sind. Häufig wird deshalb für diese Zwecke mit einem IATA-lizensierten Reisebüro kooperiert, unter dessen Namen über einen Satellite Ticket Printer der Verkauf abgewickelt wird.
- **Ticketautomaten**
  Diese werden bevorzugt auf großen Airports installiert. Es wurden auch Versuche unternommen, sie z. B. in Hotels und an Tankstellen aufzustellen. Zunächst erfolgte ihr Einsatz für den Verkauf von Inlandsflügen, der Verkauf auch für Auslandsflüge wird inzwischen ebenfalls praktiziert. Es erfolgt noch der Ausdruck eines Beförderungsdokumentes, das als Automated Ticket and Boarding Pass die Bordkartenfunktion integriert (sogenannte ATB). Mit der schrittweisen Einführung von Chip Cards, aufgerüstet als elektronische Geldbörse, wird sich diese Vertriebsform ausbreiten. Ticket und Bordkarte sind dann überflüs-

sig. Der Einsatzbereich bleibt aber auf wenig beratungsintensive Standardprodukte begrenzt (Vgl.Kap. I, Abschnitt 7).

- **Weitere direkte Vertriebswege**
  Die neuen elektronischen Medien eröffnen den Fluggesellschaften weitere direkte Vertriebswege. Die Nutzung des Internet und der Online-Provider erfolgt zwar derzeitig noch unter Einschaltung eines Reisemittlers (der Internet-User bucht sich selbst in den Airline-Reservierungscomputer ein, das Ticket und die Bezahlung werden über eine Reisebüroadresse geleitet), mit Einführung elektronischer Geldbörsen kann der gesamte Vorgang dann ticketlos und direkt abgewickelt werden.
- **Call-Center**
  Eine aktuelle Direktvertriebsmöglichkeit hat sich auf dem Markt durch Einrichtung von Call-Centern eröffnet. Sie eignet sich ebenfalls für Standardprodukte bei Linienflügen. Dieser Telefonverkauf wird von den Flugreisenden inzwischen mit zunehmender Akzeptanz genutzt.

Die **indirekten Absatzwege unter Einschaltung betriebsfremder Absatzorgane** dominieren auf dem Flugmarkt vorerst noch ganz eindeutig; über sie werden ca. 90 % der Flugbeförderungen umgesetzt:

- Das Reisebüro kann sich als **IATA-Agentur** auf dem Markt etablieren. Es erwirbt damit Handelsvertreterstatus nach HGB. Die Anforderungen für die Erteilung der IATA-Lizenz, basierend auf der IATA-Resolution 814, sind durch deren Joint Council in konkrete Zulassungskriterien umgesetzt worden. Sie beziehen sich auf
  - Nachweis der fachlichen Qualifikation zum Verkauf von Flugprodukten;
  - Nachweis der erfolgreichen Tätigkeit am Markt als Reisemittler;
  - Nachweis der kaufmännischen Bonität und Stellung einer Bankbürgschaft;
  - Gewährleistung bestimmter Sicherheitsstandards für den Geschäftsbetrieb;
  - Anschluß an ein BSP-fähiges Computerreservierungssystem.

  Das Zulassungs- und Genehmigungsverfahren und die fachliche Betreuung erfolgen durch das Agency Service Office (ASO). Die Leistungsabrechnung wird über Bank Settlement Plan beim IATA-Clearing-House vorgenommen. Über das Interline-System können auch Non-IATA Agenturen am BSP-Abrechnungsverfahren teilnehmen (Vgl. Abschnitt 2. 3. 2).

Der Verkauf von Flugtickets wird außerdem generell durch das Interline-System der IATA erleichtert. Es vereinfacht das Ticketing, da z. B. bei Anschlußflügen mit einer anderen Airline dennoch für die gesamte Strecke nur ein Ticket ausgestellt werden muß. Die Abrechnung der anteiligen Umsätze erfolgt dann über BSP nach bestimmten Verfahren (Prorating oder Sampling).

- Sogenannte **Other Agent's** oder Carrier's own Agents, deren Tätigkeit ebenfalls durch die IATA-Resolution 814 legalisiert ist, haben mit einem oder mehreren Carriern eine direkte Vertragsbeziehung, sie können nur Tickets des jeweiligen Carriers ausstellen und sind auch nicht an BSP angeschlossen. Die Abrechnung der Umsätze und Provisionen erfolgt demzufolge direkt mit der betreffenden Airline.
- Der **Consolidator** kann als „Ticketgroßhändler" aufgefaßt werden. Er übernimmt ganze Ticketkontingente von den Airlines gegen erhebliche Mengenrabatte und vertreibt sie auf eigene Rechnung weiter. Die anteilige Provisionsweitergabe beim Vertrieb solcher Kick Backs ist inzwischen durch die IATA-Resolution 814 legalisiert.

Weitere direkte bzw. indirekte Absatzwege eröffnen sich, wenn Airlines selbst als Reiseveranstalter tätig werden, Veranstaltertöchter ausgründen oder Beteiligungen an Reisebüroketten erwerben. Dies ermöglicht der Fluggesellschaft eine direkte Vertriebssteuerung bzw. eine Einflußnahme auf diese.

Ergänzend bzw. alternativ zu diesen Absatzwegen setzen Luftverkehrsgesellschaften und andere Anbieter eine Reihe **besonderer Vertriebsinstrumente** ein, z. B.:

- *Datenbanken über Flugziele und Preise auf CD-ROM oder Diskette, die mit Updates in kurzen Fristen aktualisiert werden. Die Buchung erfolgt hierbei über Telefon oder Fax. Zielgruppe sind vor allem Geschäftsreisende (z. B. Specialflights; LH Info Flyway);*
- *direkte Einbuchungsmöglichkeiten durch Firmenkunden in den Airline-Rechner über Intranet (z. B. LH Corporate Info Flyway);*
- *Oneline-Anschluß per Modem und Software zur Abfrage tagesaktueller Flugpreise, Reiseangebote und Last-Minute-Produkte (z. B. Specialflights);*
- *Airhitch-System per Telefon zur Vermarktung von Flügen in die USA zu Dumpingpreisen. Der Reisende gibt die Abflug- und gewünschte Zielregion an. Die Zeitspanne bis zum Reiseantritt beträgt mindestens fünf Tage, der Reisende muß dann jeden Flug annehmen, den ihm Airhitch anbietet.*

2. 6. 2 Das Reservierungsverfahren für Flugreisen

Wenn wir eingangs feststellten, daß Ziel und Ergebnis des Vertriebs der Absatz der Produkte ist, dann bildet der einzelne Reservierungsvorgang die unmittelbare Schnittstelle zwischen dem über einen bestimmten Absatzweg und in Anwendung bestimmter Absatzformen am Markt tätigen Anbieter und dem Endkunden. Mit ihm wird am point of sale durch Einleitung des Verkaufsvorganges der Umsatz generiert.
Als Reservierungswege kommen infrage:

- Telefonische Reservierung,
- Reservierung per Fax,
- Reservierung via Internet bzw. Online-Provider,
- Reservierung über CRS.

Standardprodukte können, wie dargelegt, auch ohne Hinzutreten einer Kundenberatung umgesetzt werden, indem sich der Kunde alle für ihn relevanten Informationen über die verfügbaren Informationskanäle selbst beschafft. Die Flugpauschalreiseprodukte sind in die Vertriebsschienen für touristische Pauschalreisen eingebunden. Beratungsintensive Flugreisen finden ihren Weg zum Fluggast in der Regel durch das persönliche Verkaufsgespräch mit einem Reisemittler (indirekte Absatzform) oder der eigenen Vertriebsstelle der Airline (direkte Absatzform), an dessen Anfang eine detaillierte Beratung des Kunden entsprechend seinen Wünschen steht.

Der in der Praxis nach wie vor meist verbreitete Vertriebskanal ist die **Reservierung** und Buchungsabwicklung mit Hilfe eines an ein Computerreservierungssystem angeschlossenen **Reisebüros**. Auf sie soll näher exemplarisch eingegangen werden:

- Sofern der Reservierungswunsch des Kunden für einen bestimmten Flug nicht realisiert werden kann, da die betreffende Maschine ausgebucht ist, kann er sich zunächst auf eine **Warteliste** (stand by) setzen lassen. Die Eintragung in mehrere Wartelisten für alternative Flüge ist für den Fluggast ohne Kosten möglich. Sie verpflichtet ihn nicht zur Buchung eines freiwerdenden Platzes.
- Ist ein Platz entsprechend dem Kundenwunsch verfügbar, erfolgt die **Reservierung**. Im CRS, z. B. START, werden dann alle für die Reservierung und Ticketausstellung erforderlichen Daten erfaßt; es wird ein sogenannter Passenger Name Record (PNR) aufgebaut. Er enthält:
    - Name,
    - Flugbuchungsdaten (unter „Segment"),
    - die Frist für den Ticketkauf (unter „Option") und
    - die Kundenadresse (unter „Contact").

Die Flugbuchungsdaten sind dem jeweiligen Flugplanwerk zu entnehmen bzw. werden über CRS abgefragt. Sie sind üblicherweise wie folgt dargestellt:

Validity From To	**Days of Service**	**Dep**	**Arr**	**Flight No.**	**Acft**	**Class**	**Stops**
FROM	**AALBORG**	Denmark	**(AAL)**				
(Airport-Info einschl. MCT)							
Amsterdam	AMS						
9Dec 6Jan	1234---	**0715**	0800 CPH	**SK** 200	M80	CSMBH	0
		0925 CPH	**1050**	**SK** 551	M87	CSMBH	0

Es bedeuten:

Validity:	*Wenn nur in bestimmtem Zeitraum angeboten*
Days of Service:	*Tage der Woche (1 = Montag...7 = Sonntag)*
Dep.:	*Abflugszeit*
Arr:	*Ankunftszeit*
Flight No.:	*Flug-Nr. der Airline*
Acft:	*Aircraft General Designator (techn. Kennung des Flugzeugtyps)*
Class:	*angebotene Reservierungsklassen*
Stops:	*Anzahl der Zwischenstops*

Ist die Flugverbindung in einer Zeile ausgedruckt, handelt es sich um einen Direktflug. Umsteigeverbindungen werden in mehreren Zeilen darstellt. (Im Beispiel Umsteigeverbindung via Kopenhagen).

Abb. 34: Flugreservierungsdaten
(Quelle: OAG 1997: 176)

Die erfolgte Reservierung wird durch einen Buchungsschlüssel (filekey) dokumentiert. Über ihn kann für Umbuchungen, Änderungen, Stornierungen u. ä. die PNR jederzeit wieder aufgerufen werden. Die Reservierungsbestätigung verpflichtet die Airline zur Freihaltung eines Platzes in der gebuchten Maschine. (Zum Problem des Overbooking vgl. Abschnitt 2. 4. 4).

Bestimmte Platzwünsche können entgegengenommen werden, sind aber unverbindlich (z. B. Raucher/Nichtraucher, Fenster, Fenster- oder Gangseite). Der Fluggast hat das Recht zur jederzeitigen kostenlosen Umbuchung oder Streichung. Jedoch sind ihm Doppel- oder Mehrfachbuchungen nicht erlaubt, sie können zur Streichung der Reservierung durch die Airline führen.

- Die Buchung erfolgt für verschiedene **Reservierungsklassen.** Ihnen sind die jeweiligen Tarife zugeordnet. Ihre Bezeichnung variiert aus

Wettbewerbsgründen, insbesondere bei den Geschäftsreisenden angebotenen Konditionen.
Einen Anhaltspunkt bietet folgende Einteilung:

- *Vollzahlertarife:*
  Supersonic: SSC nur für die „Concorde" (BA/AF);
  First Class: Kennung J, C, D;
  Business Class: Kennung J, C, D.
- *Economy*: Kennung alle übrigen Buchstaben.
  Die auf diese Flugreservierungsklassen zugeschnittenen Tarife sind in ihrer Grundkonstruktion ebenfalls Vollzahlertarife, auf sie können aber eine Vielzahl von Preisermäßigungen angewandt werden.
- *Sondertarife*: Sie bieten differenzierte Konditionen für preisgünstige Flüge, sind aber mit Restriktionen verbunden (Vgl. Abschnitt 2. 7. 3).
  In den Tarifwerken werden Sondertarife zusätzlich unter „Note" kenntlich gemacht.

▪ Der Reservierungsvorgang schließt die Prüfung der anwendbaren **Gepäckregelung** und sonstiger Beförderungseinschränkungen mit ein. Auf **internationalen** Flügen ist zwischen zwei Konzepten oder Systemen für aufgegebenes Gepäck (checked-in baggage) zu unterscheiden:

- *Piece-Concept*
  Es findet Anwendung bei Flügen über Antlantik-Routen nach USA/Kanada/Mexiko/Karibik.
  Für das Freigepäck sind eine festgelegte Anzahl Gepäckstücke bestimmter Abmessungen zugelassen. Für das Übergepäck erfolgt eine Berechnung nach differenzierten Gebühreneinheiten.
- *Weight- Concept*
  Das Weight-System findet auf alle anderen internationalen Flüge Anwendung und gibt für das Freigepäck eine nach den Flugreservierungsklassen differenzierte Gewichtsbegrenzung vor. Das Übergepäck wird mit gestaffelten Prozentsätzen auf den First Class Oneway-Tarif berechnet.
- Für das Handgepäck (carry-on baggage) sind ebenfalls entsprechende begrenzende Vorschriften in Anwendung.
- Für die Mitnahme von Tieren sind bestimmte Vorschriften vorgegeben.
- Die Airlines untersagen außerdem die Mitnahme gewisser Gegenstände und Güter (restricted articles).

Für **innerdeutsche Flüge** gilt das piece concept in modifizierter Form (Vgl. Anlage 15).

Auf den Reservierungsvorgang erfolgt das sogenannte Ticketing, d. h. das Ausstellen des Flugscheines, der außer den Flugreservierungsdaten den Flugpreis sowie weitere verkaufsrelevante Daten aufnimmt.

2. 6. 3 Das Ticketing

Auch wenn eine wachsende Anzahl von Carriern Möglichkeiten für das ticketlose Fliegen unter Anwendung des elektronischen Ticketings (z. B. ETIX-Verfahren) erproben und einige schon seit längerer Zeit mit Erfolg praktizieren (z. B. Airlines auf dem nationalen USA-Markt, LH für innerdeutsche Flüge und auf ausgewählten internationalen Strecken), wird auf mittlere Sicht die Ausstellung eines Flugtickets weiter die Verkaufsvorgänge dominieren. Die technischen Lösungen sind im Prinzip erprobt, um mittels Chip-Karte Reservierung, Bezahlung und Legitimation beim Check-in abzuwickeln. Es bedarf zunächst aber erst einmal der massenhaften Einführung der multifunktionalen Chip-Karte, und es sind im Luftverkehr noch eine Reihe rechtlicher Probleme zu klären, insbesondere hinsichtlich der Dokumentation des Luftbeförderungsvertrages.
Der **Flugschein** oder das **Flugticket** ist das Dokument über den Abschluß eines Beförderungsvertrages. Es kann manuell ausgestellt werden, es wird aber inzwischen fast ausschließlich nur noch über Computerreservierungssysteme erstellt.

- Die IATA gibt als Standard-Verkehrsdokumente (SVD) über BSP **neutrale Vordrucksätze** für das Ticketing heraus, die von allen beteiligten Airlines und Ticketverkaufsstellen anzuwenden sind. Jeder Vordruck besteht aus:
  - dem Audit Coupon (1. Coupon) als Abrechnungsunterlage;
  - dem Agent Coupon (2. Coupon) als Beleg für die ausstellende Agentur;
  - den Flight Coupons (Coupon Nr. 3, 4, 5, 6);
  - dem Passenger Coupon (7. Coupon) als Beleg für den Fluggast.
- Jedes Ticket erhält seinen **Gültigkeitsvermerk** (Validator), der bei manuell erstellten Flugscheinen mittels Imprinter angebracht wird. Bei über CRS erstellten Tickets (Transitional Automated Ticket) erfolgt die Validierung automatisch mit dem Flugscheinausdruck. Die Vorschriften für das Erstellen von Flugtickets sind umfangreich, viele Daten erscheinen in verschlüsselter Form (Vgl. LH Passagehandbuch für Agenten).
- Der **Flugpreis** wird je nach manuellem oder maschinellem Ticketing unterschiedlich dargestellt:

- Im manuellen Ticket erscheint eine detaillierte Flugpreisberechnung in der sogenannten Fare Calculation Box, die auch Angaben zu Mindestpreisüberprüfungen enthält (Vgl. Abschnitt 2. 7. 2).
- Im Transitional Automated Ticket werden die Flugpreiselemente in verkürzter Form aufgeführt, da die vom Rechner vorgenommene Fare Calculation eine nachträgliche Überprüfung erübrigt.

▪ Ein wesentlicher Ticketbestandteil ist die Information über die **Reiseverkaufsart,** da sie die Anwendung unterschiedlicher Tarifregeln bedingt. Es wird unterschieden nach dem Ort der Ticketausstellung und des Ticketverkaufs in bezug auf das jeweilige Reiseantrittsland (country of commencement of travel, COC). Diese internationalen Verkaufskennungen (International Sales Indicators) bedeuten:
- *SITI*: Sale outside, Ticket inside (Verkauf und Flugscheinausstellung im Reiseantrittsland);
- *SOTI*: Sale outside, Ticket inside (Verkauf außerhalb des Reiseantrittslandes, Flugscheinausstellung im Reiseantrittsland);
- *SOTO:* Sale outside, Ticket outside (Verkauf und Flugscheinausstellung außerhalb des Reiseantrittslandes);
- *SITO*: Sale inside, Ticket outside (Verkauf im Reiseantrittsland, Flugscheinausstellung außerhalb des Reiseantrittslandes)

(LH Passagehandbuch: 23).

Reiseverkaufsart	***Sale***	***Ticket***	***Commencement***
SITI	SFO	SFO	SFO
SITO	BSL	SCN	BSL
SOTI	LON	FRA	FRA
SOTO	BSB	BSB	FRA

Abb. 35: Reiseverkaufsarten – Beispiele –

▪ Bei den **maschinell erstellten Tickets** sind folgende Unterscheidungen zu treffen:
- *Transitional Automated Ticket* (TAT):
  Maschinell ausgestellter Flugschein über das Reservierungssystem START der deutschen Reisebüros. Im Ausland benutzen Flugscheinverkaufsstellen eigene Tickets im IATA-Format oder die im jeweiligen Land gebräuchlichen.
- *Automated Ticket and Boarding Pass* (ATB):
  Schließt die Bordkartenfunktion mit ein.

  - *Transitional Stored Ticket* (TST):
    Im START/AMADEUS-System werden Buchungsdaten (PNR) und Flugscheindaten (TST) getrennt gespeichert, um ihre Verarbeitung zu erleichtern. Das TST kann als Maske (Panel) oder als „cryptic" (komprimierte Strukturdaten) aufgerufen werden (LH Passagehandbuch: 48).
- Bei der **Ausstellung, Bezahlung und Hinterlegung von Flugscheinen** sind zwei, unterschiedlichen Zwecken dienende Verfahrensweisen von Bedeutung:
  - *Ticket on Departure* (TOD):
    In Ausnahmefällen kann das Reisebüro für seine Kunden Lufthansa-Flugscheine an deutschen Flughäfen hinterlegen, wenn eine postalische Zustellung zeitlich nicht mehr möglich ist. Das Verfahren darf nur angewandt werden, wenn die Buchung und Datenübermittlung an den Flugscheinschalter auf dem Airport frühestens 72 und spätestens 4 Stunden vor Abflug vorgenommen werden.
  - *Prepaid Ticket Advice* (PTA):
    Diese sogenannten Rufpassagen finden weltweite Anwendung. Eine Person kann in einem Reisebüro oder dem Verkaufsbüro einer Airline ein Ticket kaufen, das an einem anderen Ort zugunsten einer anderen Person ausgestellt wird.
- Für die Bezahlung von Dienstleistungen im Zusammenhang mit einer Flugreise oder für eine spezifizierte Pauschalreise (IT) wird eine sogenannte **Miscellaneous Charge Order** (MCO) eingesetzt. Ihr Grundaufbau ähnelt dem Standard-Verkehrsdokument für das Flugticket, anstelle der Flight-Coupons enthält sie jedoch einen oder zwei Wertcoupons. Sie wird in zwei Varianten ausgestellt:
  - *Spezifizierte MCO*
    Die mit der MCO bezahlte Leistungsart wird benannt, z. B.
    ADDITIONAL COLLECTION (Zuzahlung),
    CANCELLATION FEE (Stornierungsgebühr),
    CHANGE OF RESERVATION FEE (Umbuchungsgebühr),
    CLASS DIFFERENTIAL (Buchungsklassendifferenz),
    PREPAID TICKET ADVICE (PTA-Gebühr),
    EXCESS BAGGAGE (Übergepäck),
    INCLUSIVE TOUR (IT, Flugpauschalreise).
  - *Unspezifizierte MCO*
    Sie enthält nur eine Wertangabe bis 350 US-$ oder in einer anderen Währung den Gegenwert von 350 NUC (umgerechnet zur aktuellen Rate of Exchange der IATA) und kann für verschiedene Dienstleistungen zur Bezahlung verwandt werden.

Beginnend 1997 sind schrittweise vereinheitlichte neutrale Dokumente (Multiple Purpose Documents, MPD) in Gebrauch. MCO bzw. MPD sind ebenso wie Flugtickets über CRS maschinell erstellbar.

2. 7 Grundlagen der Flugpreisbildung

2. 7. 1 Veröffentlichte Flugpreise

Die Liberalisierung des EU-Luftverkehrsmarktes ersetzt die früheren, relativ starren und einheitlichen IATA-Tarife durch Flugpreise, die von den Airlines nach primär betriebswirtschaftlichen und marktlichen Erfordernissen kalkuliert werden. Deren Grundgerüst orientiert sich aber nach wie vor an den Tarifbildungskriterien der IATA. Veröffentlichte Flugpreise sind in systematischen Preisanforderungsverzeichnissen oder Tarifen dargestellt, die für alle Nachfrager gelten (STERZENBACH 1996: 281). Sie werden von den Airlines in bestimmten Zeitabständen über Printmedien (z. B. Lufthansa Passagetarif, Pt), heute bevorzugt über CD-ROM und in den CRS, bekanntgegeben.

- Die Darstellungsform der **Common Fares** (Normaltarife) ist in allen **Tarifwerken** ähnlich und soll nachfolgend am Beispiel der Lufthansa erläutert werden:

Von/nach Carrier/LVG	DEM		NUC		Rout.	Note
BAYREUTH (BYU)		Germany				
Fare Basis	OW	RT	OW	RT		
ANTANANARIVO	**EH 6579**					
F	**5967**	**9445**	**3408,05**	**5394,52**	**EH**	
C	4112	6675	2348,57	3812,43	EH	
Y	3915	6353	2236,05	3628,52	EH	
ANTIGUA	**AT 5543**					
F	4483	8105	2560,47	4629,18	AT	
C	3133	5663	1789,41	3234,42	AT	
Y	2848	5148	1626,63	2940,28	AT	
LH HHEE6M		3662		2091,55	AT	R862

Es bedeuten:

Fare Basis: Reservierungsklasse, für die der Tarif gilt, (hier: F, C, Y und Sondertarif)
DEM: Deutsche Mark

NUC: Neutral Unit of Currency, neutrale Konstruktionseinheit nur für tarifliche Zwecke
OW: Oneway (Reiseart)
RT: Return (Reiseart)
EH/AT: Richtungscode, unter Spalte OW neben dem Richtungscode die tariflich maximal erlaubten Meilen (Maximum Permitted Mileages, MPM)
hier: EH 6579
Rout.: Richtungscode, Reiseweg, für den der angegebene Preis anwendbar ist
Note: Hinweis auf die für den Sondertarif unter einer gesonderten Note abgedruckten Anwendungsbestimmungen

Abb. 36: Flugpreisdarstellung - Beispiel -
(Quelle: Lufthansa Flugpreise: A/1)

- Die **Reiseart** ist ausschlaggebend dafür, welcher der beiden dargestellten Flugpreise (OW oder RT) angewandt werden darf. Es werden folgende Reisearten unterschieden:
  - Oneway (OW),
  - Roundtrip (RT),
  - Circletrip (CT),
  - Open Jaw (OJ),
  - Round-the World-Trip (RTW).

  Für Oneway-Flüge müssen auch OW-Flugpreise angewandt werden. Für alle anderen Reisearten, auch für solche, für die keine veröffentlichten Flugpreise verfügbar sind, ist der RT-Flugpreise (1/2 RT je geflogenen Sektor) anzusetzen (ausführliche Darstellung der Reisearten vgl. Anlage 16).
- Die **Richtungscodes** geben eine Flugwegvorschrift an, für die der veröffentlichte Flugpreis gilt (Routing). Es sind folgende Richtungscodes (Global Indikators) zu unterscheiden (Vgl. Abschnitt 2. 3. 2):
  - AP: Atlantik-Pazifik-Routings,
  - AT: Atlantik-Routings,
  - PA: Pazifik-Routings,
  - PO: Nordpolar-Routings,
  - SP: Südpolar-Routings,
  - TS: Transsibirien-Routings,
  - EH: Eastern Hemisphere (innerhalb TC 2, TC 2 – TC 3, jedoch nicht AP und PO),
  - WH: Western Hemisphere (innerhalb TC 1).

Bestimmte Routings werden als sogenannte **Leitwege** in Leitwegkarten dargestellt (Anlage 17).

2. 7. 2 Die Konstruktion von Flugpreisen

Sofern veröffentlichte Flugpreise zum Normaltarif für einen Reiseweg nicht anwendbar sind, muß ein Flugpreis errechnet werden (Fare Construction). Dafür gelten folgende Tarifregeln der IATA:

- **Bestimmung der Farebreakpoints**

  Farebreakpoints oder Tarifberechnungspunkte sind diejenigen Flugorte, zwischen denen der Flugpreis ermittelt werden soll.
  - Die Strecke zwischen zwei Farebreakpoints wird als Sektor oder Tarifkomponente bezeichnet;
  - die Gesamtstrecke für eine Flugreise ist gegebenenfalls in mehrere Sektoren aufzubrechen;
  - für jeden Sektor sind die Flugpreise in Reiserichtung aus den Preistabellen der Tarifwerke abzulesen;
  - als Farebreakpoints sind in Anwendung der Standardberechnung die am weitesten entfernten Flugorte zu bestimmen. Bei OW- und RT-Reisen sind sie mit dem Abflugort und Bestimmungsort/Rückkehrort identisch. Bei anderen Reisearten müssen sie gesondert festgelegt werden.
- **Anwendung des Mileage Systems**

  Das Meilensystem dient der Überprüfung, ob eine Flugreise, die nicht auf direktem Weg, sondern auf Umwegen erfolgt, zu dem veröffentlichten Tarif geflogen werden darf. Gegebenenfalls ist der Flugpreis für den jeweiligen Flugsektor zu korrigieren. Das Mileage System schreibt folgende Arbeitsschritte vor (stark vereinfachte Prinzipdarstellung):
  - Zunächst sind die *Ticketed Points* zu bestimmen. Sie sind die im Ticket aufgeführten Zwischenorte innerhalb des internationalen Durchgangstarifs, an denen ein Stopover (Zwischenaufenthalt von mehr als 24 Stunden) oder ein Transfer (Zwischenaufenthalt bis 24 Stunden) erfolgen kann.

    Für den der Preisbildung zugrunde zu legenden möglichen Reiseweg haben die Leitwege nach Leitwegekarten Vorrang, sind solche nicht vorgegeben, ist der Richtungscode zu beachten (Vgl. Abschnitt 2. 7. 1).
  - Zwischen den Ticketed Points sind die Meilenentfernungen festzustellen. Diese *Ticketed Point Mileages* (TPM) können den Tarifwerken entnommen werden. Sämtliche TPM sind zu addieren.

    Die Summe der TPM ist mit den erlaubten Maximalentfernungen, den sogenannten *Maximum Permitted Mileages* (MPM) zu vergleichen. In sie ist eine Überschreitung von 20 % bereits eingearbeitet.

Die MPM sind mit vorangestelltem Richtungscode angegeben (Vgl. Abschnitt 2. 7. 1).

Sofern $\sum$ TPM > MPM, erfolgt ein prozentualer Aufschlag zwischen 5 % und 25 % auf den in NUC abgelesenen Durchgangstarif, bei mehr als 25 % sind die Sektorpreise anzusetzen.

- Für bestimmte Flugstrecken darf vor Ermittlung der Aufschläge auf den tariflichen Preis zunächst von den TPM ein Meilenabzug für gewährte *Extrameilen* erfolgen (Excess Mileage Allowances, EMA). Sie sind ebenfalls in den Tarifwerken gesondert aufgeführt (Vgl. LH Rules and Regulations).

- **Überprüfung auf Mindestflugpreise** (Minimum Fare)

  Sofern innerhalb eines Sektors ein **höher tarifierter Zwischenort** (Higher Intermediate Point, HIP) existiert, muß der ermittelte Flugpreis zwischen den Tarifberechnungspunkten auf diesen angehoben werden:
  - Die Flugpreise in NUC sind in Tarifrichtung zwischen allen Orten innerhalb eines Sektors zu vergleichen; bei den meist angewandten Verkaufsarten SITI und SOTI (Vgl. Abschnitt 2. 6. 3) ist nur eine Preisüberprüfung von/nach und zwischen den Stopoverpunkten erforderlich.
  - Ergeben sich mehrere HIP's, ist der Flugpreis auf den am höchsten tarifierten HIP anzuheben.

    Ist auf einen HIP anzuheben, so ist auf ihn auch ein eventuell ermittelter Meilenaufschlag zu berechnen.
  - Generell gilt, daß veröffentlichte Durchgangstarife nicht durch Aufbrechen in Sektortarife unterboten werden dürfen.
  - Der gegebenenfalls unter Anwendung eines HIP ermittelte Flugpreis ist danach, mit Ausnahme von RT-Reisen, auf Einhaltung des Mindestflugpreises (Minimum Fare) zu überprüfen. Ist die Constructed Fare niedriger als die veröffentlichte Minimum Fare für die betreffende Flugstrecke, muß die Differenz dem errechneten Flugpreis zugeschlagen werden.

    Bei OW-Reisen ist der veröffentlichte Durchgangstarif der Mindestflugpreis (OW Backhaul Check).

    Bei CT-Reisen ist der Mindestflugpreis (Circle Trip Minimum) der höchste ablesbare RT-Tarif ab Ausgangsort zu irgendeinem Stopoverpunkt der Reisestrecke (Circle Trip Minimum Check).
  - Der endgültig in NUC bestimmte Gesamtflugpreis ist dann mit Hilfe der Rate of Exchange (ROE) in die entsprechende Landeswährung umzurechnen (Berechnungsbeispiele siehe Anlage 18).

Diese in Grundzügen dargestellte aufwendige Fare Construction wird beim Verkauf von Flugtickets, der heute nur noch über Computerreservierungsterminals erfolgt, nicht mehr manuell durchgeführt. Nach Eingabe der Flugdaten in das CRS erfolgen alle notwendigen Arbeitsoperationen im Rechner, der Gesamtflugpreis wird komprimiert dargestellt und in das Flugticket eingedruckt. Der Expedient am Counter kann sich überdies für jede gewünschte Flugreisestrecke über alle Normaltarife der für sie angebotenen Reservierungsklassen sowie über die verfügbaren Sondertarife informieren und in Anwendung der von den verschiedenen Systemen angebotenen Best-Buy-Funktion den für seinen Kunden günstigsten Flugpreis selektieren lassen.
Bestimmte Fluggäste können auf den Flugpreis zum Normaltarif **Flugpreisermäßigungen** in Anspruch nehmen. Das betrifft z. B.:

- Kinder und Kleinkinder,
- Jugendliche, Schüler und Studenten,
- Ehegatten, andere Familienangehörige,
- Gruppenreisende,
- Behinderte,
- Agenten,
- Gastarbeiter,

usw..

2. 7. 3 Anstoßflugpreise

Anstoßflugpreise (Add-on Fares) gelten für Flüge ab Deutschland. Sie vereinfachen die Fare Construction für direkte Durchgangstarife, die im Tarifwerk nicht enthalten sind. Für lokale Beförderung dürfen sie nicht angewandt werden.
Im Tarifwerk (z. B. LH Pt, Teil E)

- wird die Durchgangsstrecke vom Anstoßort im Gebiet (eventuell Leitweg) zum sogenannten Konstruktionsort gezeigt;
- werden die Flugpreise in Landeswährung und in NUC angegeben. Manche Anstoßflugpreise sind richtungsgebunden.

Folgendes Beispiel verdeutlicht den Arbeitsvorgang:

Flugreise: von FRA über MKE nach NYK.

Der Tarif zeigt nur einen veröffentlichten Flugpreis FRA-MKE, z. B. Klasse F OW = NUC 2. 583,31.

In der Tabelle der Anstoßtarife ist für die anstoßende Strecke MKE-NYK ein Anstoßflugpreis = NUC 336,00 angegeben.

Der Gesamtflugpreis beträgt danach:

Veröffentlichter Flugpreis	*FRA-MKE:*	*NUC*	*2. 583,31*
Anstoßflugpreis	*MKE-NYC*	*NUC*	*336,00*
Gesamtflugpreis	*FRA-MKE-NYK:*	*NUC*	*2. 919,31*

2. 7. 4 Sondertarife und Airpässe

Sondertarife und Airpässe ermöglichen teilweise erhebliche Preisermäßigungen gegenüber den Normaltarifen. Allerdings ist ihre Anwendung an eine Reihe von Restriktionen geknüpft.
Für internationale **Sondertarife** sind **Standardbedingungen** veröffentlicht. Sie folgen einer festgelegten Gliederung.

Die wesentlichen **Einschränkungen** bestehen bei folgenden Tarifbedingungen:

- Häufig ist ein **Mindestaufenthalt** vorgeschrieben, z. B. mit der sogenannten SU-Regel (sunday return rule), d. h. der Rückflug darf frühestens an dem dem Hinflug folgenden Sonntagmorgen 00:01 Uhr erfolgen.
- Die **Geltungsdauer** der Sondertarife ist gegenüber dem ein Jahr gültigen Normaltarif häufig verkürzt.
- Bezüglich des Einlegens von **Stopovers** bestehen ebenfalls meistens Begrenzungen.
- Häufig wird die Bezahlung und Ausstellung des Tickets innerhalb einer bestimmten **Vorausfrist** nach Reservierung oder in Gleichzeitigkeit gefordert.
- Auch für die **Umbuchung oder Stornierung** sind Restriktionen üblich.
- Die Tarife sind verbreitet nur in einer bestimmten **Saisonzeit** anwendbar. Es werden unterschieden:
  - H: Hochsaison (High),
  - L: Nebensaison (Low),
  - K: Zwischensaison (Shoulder),
  - J, F, T: Zwischensaison bei mehreren Zwischensaisonzeiten.

Gebräuchliche **internationale Sondertarife** sind:

- **Excursion Tarif**
  - Farebasis: EE,
  - Mindestaufenthalt: auf Fernstrecken 14 Tage, innereuropäisch SU-Regel,
  - Geltungsdauer: 6 Monate,
  - Stopover/Transfers: ohne Einschränkung,
  - Vorausbuchungsfrist: keine,
  - Umbuchung/Stornierung: jederzeit gebührenfrei möglich;
- **PEX Tarif** (Purchase Excursion, auch Flieg & Spar, Holiday)
  - Farebasis : PX,
  - Mindestaufenthalt: wie EE,
  - Geltungsdauer: 3/6 Monate,
  - Stopovers: nicht erlaubt,
  - Transfers: in der Anzahl begrenzt erlaubt,
  - Vorausbuchungsfrist: Bezahlung und Ticketausstellung gleichzeitig und innerhalb von 24 Stunden nach Reservierung,
  - Umbuchung/Stornierung: gebührenpflichtig;
- **APEX Tarif** (Advanced Purchased Excursion, auch Super Flieg & Spar)
  - Farebasis: AP,
  - Mindestaufenthalt: SU-Regel, bei Fernflügen i.d.R. 7 Tage,
  - Geltungsdauer: 3/6 Monate,
  - Stopovers: nicht erlaubt,
  - Transfers: innereuropäisch i.d.R. nicht erlaubt, bei Fernflügen begrenzt,
  - Vorausbuchungsfrist: Reservierung/Bezahlung/Ticketausstellung gleichzeitig und 7 Tage vor Reiseantritt (bei europ. APEX Tarifen 14 Tage),
  - Stornierung: vor dem Tage des Reiseantritts mit 50 % Erstattung,
  - Reservierungs-/Reisewegänderung: unter Einhaltung der 7-Tage-Frist.
- **Jugendtarife**
  - Farebasis: ZZ,
  - Mindestaufenthalt: nicht vorgeschrieben,
  - Geltungsdauer: wie APEX,
  - Stopovers/Transfers: i.d.R. nicht gestattet,
  - Vorausbuchungsfrist: unterschiedliche Regelungen

  (Quelle: LH Flugreise 1994: Abschnitt B).

Im **innerdeutschen Flugverkehr** werden angeboten:

- **Spar-7-Tarif** mit 7 Tagen Vorausbuchungsfrist und 2 Tagen Mindestaufenthalt sowie fester Reservierung für Hin- und Rückflug und einem Transfer je Richtung;
- **Wochenendtarif** ohne Vorausbuchungsfrist, SU-Regel, sonst wie Spar-7-Tarif;
- **Spar-14-Tarif** mit 14 Tagen Vorausbuchungsfrist, nur Direktflüge, sonst wie Spar-7-Tarif;
- **Nachttarif** ohne Vorausbuchungsfrist, ohne Mindestaufenthalt, nur für Direktflüge ab 19:30 Uhr
  (Quelle: SABATHIL 1994: 250).

Mit der Verschärfung des Wettbewerbs entwickeln die Airlines ständig neue Formen von Sonder- und Vorzugstarifen.

Airpässe sind Zusatzangebote beim Verkauf von Langstreckentickets für Flüge im Streckennetz des Ziellandes. Sie sind meistens im Zielland nicht erhältlich und werden bevorzugt in folgenden drei Varianten verkauft:

- **Bestimmte Anzahl von Flügen** zum Einheitspreis. Der Airpass enthält entsprechende Coupons (z. B. Australia Explorer Pass mit zwei bis acht Flügen);
- **Zeittickets für unlimitiertes Fliegen** in einem bestimmten Streckennetz (z. B. Discover India);
- **Echte Rundflugtickets** mit vorgeschriebenem Routing (z. B. Pacific Air Pass).

2. 8 Besondere Kundenbindungsinstrumente

Die Airlines setzen eine Reihe von Kundenbindungsinstrumenten ein, die teils als Angebot an jedermann, teils nur für ausgewählte Zielgruppen konzipiert sind. Sie sollen am Beispiel der Lufthansa verdeutlicht werden:

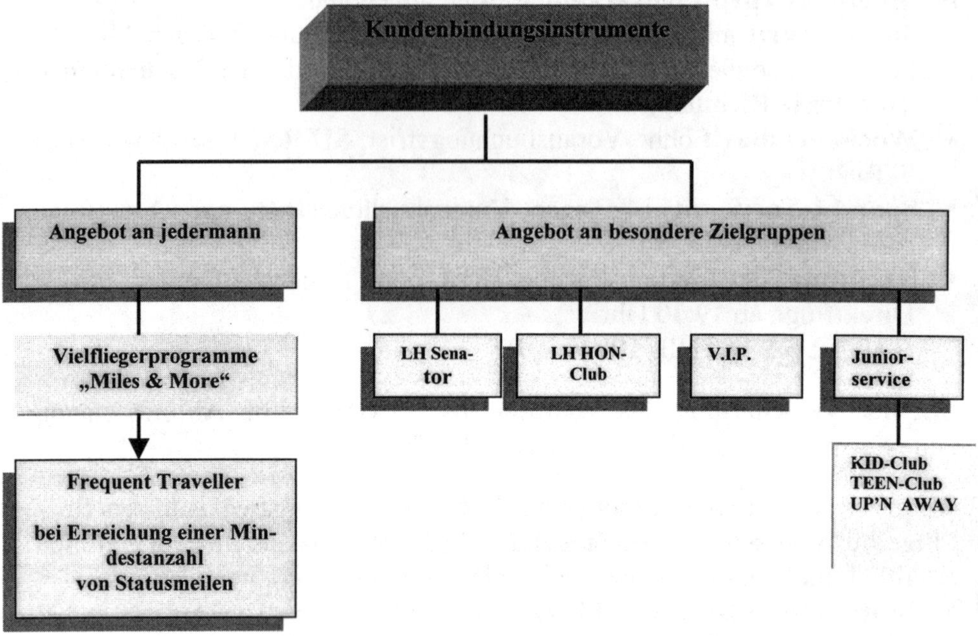

Abb.: 37: Kundenbindungsinstrumente der Lufthansa
(Quelle: Lufthansa Schulung Verkauf und Verkehr: intern)

- Im speziellen Vielfliegerprogramm **Miles & More** können nach einem bestimmten System sogenannte Bonuspunkte gesammelt werden, für die zu ihrer Einlösung ein Prämiensystem gilt.
- Kunden, die anhand des in Miles & More nachgewiesenen persönlichen Lufthansa-Flugaufkommens in 12 Monaten 50. 000 sogenannte Statusmeilen geflogen sind, erhalten den Status eines **Frequent Travellers**, der mit zusätzlichen Seviceleistungen unter Vorlage der Frequent Traveller Card verbunden ist:
  - *Einladung in die LH Frequent Traveller Lounges und die Red Carpet Lounges der Partnergesellschaft United Airlines,*
  - *zweithöchste Wartelistenpriorität,*
  - *Check-in am Business Class Schalter auch bei Buchung von Economy Class,*
  - *Servicetelefon,*
  - *Freigepäckmenge der First Class,*
  - *automatische Teilnahme am Miles & More Programm,*
  - *spezieller Service in den LH Miles & More Partnerhotels.*

- Kunden, die ein persönliches Flugaufkommen von 150. 000 Statusmeilen innerhalb von 12 Monaten auf Lufthansa-Linienflügen im Miles & More Programm gesammelt haben, erhalten den Status eines **Lufthansa-Senators:**
  - *Die SenatorCard kann auf Wunsch kostenlos mit einer AirPlus Kreditkarte mit integrierter Euro- und/oder VisaCard kombiniert werden,*
  - *Einladung in die Lufthansa Senator Lounges,*
  - *höchste Wartelistenpriorität,*
  - *Buchungsgarantie bis 48 Stunden vor Abflug in der Business Class, bis 72 Stunden in der Economy Class,*
  - *Check-in am First-Class Schalter, unabhängig von der gebuchten Klasse,*
  - *bevorzugte und beschleunigte Gepäckausgabe,*
  - *Vorteile bei ausgewählten Autovermietungen,*
  - *Lufthansa Kreditgewährung zum Flugscheinkauf und beim Bordkauf sowie die bei den Frequent Travellers gewährten Serviceleistungen.*
- Die Mitgliedschaft im **Lufthansa HON-Club** wird nur Kunden angeboten, die aufgrund ihrer Position in ihrem Unternehmen, der insgesamt von ihrem Unternehmen getätigten LH-Firmenumsätze oder ihrer Stellung in der Öffentlichkeit als Entscheidungsträger und Meinungsbildner aus Wirtschaft, Politik und Gesellschaft für Lufthansa wichtig sind.
  Der HON-Club bietet alle flugbezogenen Leistungen der SenatorCard und einen zusätzlichen Betreuungsservice.
- Als **V.I.P.** (very important person) werden Fluggäste eingestuft, die im Einzelfall von besonderer Bedeutung für Lufthansa sind. Ihnen werden zusätzlich zu den den Senatoren eingeräumten Präferenzen weitere Sonderleistungen gewährt.
- Die **Mitglieder des Deutschen Bundestages** werden von der Lufthansa mit einer speziellen Lufthansa Card ausgestattet. Sie berechtigt zu allen flugbezogenen Leistungen der SenatorCard, jedoch nicht zur Teilnahme am Miles & More Programm.
- Mit dem **Junior Service** erhalten Kinder und Jugendliche die Möglichkeit der Mitgliedschaft in entsprechenden Clubs mit einem altersgruppengemäßen Service:
  - KID-Club für Kinder bis 10 Jahre,
  - TEEN-Club für die Altersgruppe von 11 bis 16 Jahren,
  - für die Kundengruppe der TWENs (17 bis 26 Jahre) wird ein besonderes Flugprogramm unter dem Namen **UP'N AWAY** angeboten.

3. Die Schiffsreisen

3. 1 Entwicklung der Passagierschiffahrt

Während alte Quellen davon berichten, daß bereits um das 3. Jahrtausend v. Chr. die Schiffahrt zu Zeiten der Handelszüge der ersten Pharaonen nach Phönizien vornehmlich zur Beförderung von Gütern ihren Ursprung nahm, datiert die regelmäßige Linien-Passagierschiffahrt erst seit den 20er und 30er Jahren des 19. Jahrhunderts, mit einer der großen Auswanderungswellen in die Neue Welt. Dies war erst möglich, nachdem die Dampfkraft auch zum Antrieb der Schiffe Verwendung fand. Bald gründeten sich die ersten großen Reedereien, wie z. B. 1840 die Cunard Line, 1847 die Hapag (Hamburg-Amerikanische Packetfahrt-Actien-Gesellschaft), 1857 der Norddeutsche Lloyd und 1873 die Holland-Amerika-Line (HEINEMANN u. a. 1992: 7).

Der Einsatz von Schiffen für touristische Zwecke wurde im Jahre 1835 erstmals erörtert. Arthur ANDERSON veröffentlichte eine Idee zu einer Kreuzfahrt von Stromness in Schottland um Island und die Färöer in seiner Zeitschrift *„Shetland Journal"*. Er gründete 1837 mit seinem Partner Brodie WILCOX die britische Peninsular Steam Navigation Company, aus der später die Reederei P & O entstand (WARD 1997: 43).

In Deutschland war es Albert BALLIN, damaliger Direktor der Hapag, auf dessen Initiative 1891 die AUGUSTA VICTORIA auf eine Kreuzfahrt bis Konstantinopel, Jaffa und Beirut ging. In der Folgezeit wurden regelmäßig jedes Jahr Kreuzfahrten veranstaltet. 1900 stellte die Hapag mit der PRINZESSIN VICTORIA LUISE das erste speziell für Kreuzfahrten gebaute Schiff in Dienst (BAUMANN in: MUNDT 1996: 295).

In der Folge war die Passagierschiffahrt von einem steten Wachstum gekennzeichnet, nur unterbrochen von den Kriegseinwirkungen. Nach dem zweiten Weltkrieg allerdings brachte die Aufnahme regelmäßiger Transatlantik-Flüge für die Linien-Passagierschiffahrt einen tiefen Einschnitt: Das Linienschiff wurde bis zum Ende der 60er Jahre vom Flugzeug als dem neuen Massenfernverkehrsmittel vollständig verdrängt. Heute gibt es längst keinen regelmäßigen Transatlantik-Dienst mit Linienschiffen mehr, nur noch im Sommerhalbjahr macht die Queen Elizabeth 2 mehr zu touristischen Zwecken die Atlantiküberquerung zwischen Southampton und New York.

Die Einstellung der Linienschiffahrt zwang die Reedereien, in neue Geschäftsfelder zu diversifizieren. Naheliegend war es, den in ständigem Aufwärtstrend befindlichen Kreuzfahrtmarkt weiter zu forcieren.

Zunächst wurden ehemalige Linienschiffe für die Seetouristik umgerüstet, einige von ihnen sind noch heute im Dienst, wie z. B. ss NORWAY (Indienststellung 1962), dann aber bald der weitere Bau spezieller Kreuzfahrtschiffe beschleunigt in Gang gesetzt. In den letzten Jahren dominieren Neubauten immer größeren Ausmaßes. Das derzeitig größte Kreuzfahrtschiff der Welt, die GRAND PRINZESS mit 104.000 BRT, wird diesen Rang bald an andere Megaliner, die im Bau befindlich oder in der Planungsphase sind, abgeben. So will die Royal Caribbean Cruise Line (RCCL) 1999 bei der Kvaerner Werft mit dem Bau der EAGLE 1 und 2 mit je 130.000 BRT beginnen lassen, denen dann im Jahre 2000 EAGLE 3 folgen soll. Noch ein Gerücht, vielleicht bald Realität, ist die Bauabsicht der AMERICA WORLD CITY mit 250.000 BRT und 6.200 Passagieren (Quelle: Plus 2-Ferry Consultation und FVW). Trotz Zunahme des Passagieraufkommens hält dieses schon heute mit der Kapazitätserhöhung durch Neubauten nicht Schritt, es gibt, saisonal unterschiedlich, Auslastungsprobleme, und es ist eine Marktsättigung in nicht ferner Zeit absehbar. Noch ist man jedoch optimistisch, neue Zielgruppen für den Kreuzfahrtmarkt gewinnen zu können.

3. 2 Die Arten der Schiffsreisen

Wir gehen zunächst von der Unterscheidung in Linienschiffahrt sowie See- und Flußtouristik aus:

- **Linienschiffahrt** ist der Schiffsverkehr zwischen zwei oder mehreren See- oder Flußhäfen im regelmäßigen Turnus, also nach einem Fahrplan. Für sie besteht Betriebsgenehmigung und Beförderungspflicht. Linienverkehre finden heute noch statt, z. B.
  - an der Norwegischen Küste mit sogenannten Postschiffen,
  - im Mittelmeer,
  - im Schwarzen Meer,
  - in fernöstlichen Inselregionen,
  - auf Flüssen und Binnenseen (in Deutschland z. B. Bodensee, Starnberger See, Rhein, Main, Mosel),
  - im deutschen Küstenbereich (Seebäderdienste Nordsee),
  - im Sommerhalbjahr Southhampton – New York (Queen Elizabeth 2).

  Eine Sonderform der Linienschiffahrt sind die **Fährschiffsdienste**, die regional erhebliche Bedeutung haben können (z. B. Nordsee-, Ostseefähren, Mittelmeerfähren). Sie sind auch wichtig für die straßengebundenen Verkehre, insbesondere für touristische Zwecke (PKW und Reisebus).

- **See- und Flußtouristik**, die als Gelegenheitsverkehr keiner allgemeinen Beförderungspflicht unterliegt, nicht nach einem festen Fahrplan durchgeführt wird, bietet dennoch ihre Dienste häufig zu ganz bestimmten Zeiten in bestimmten Regionen an. Sie ist der Kern des heutigen Passagierschiffsmarktes und kann nach folgenden Produktarten unterschieden werden:
  - *Kreuzfahrt*
    Die Kreuzfahrt ist eine von den Reedereien und Reiseveranstaltern angebotene, in der Regel 7 bis 21 Tage dauernde Reise. Mit Ausnahme von Landausflügen bleiben die Passagiere während der gesamten Reisedauer an Bord des Schiffes. Es kann unterschieden werden in
    - Hochseekreuzfahrten,
    - Küstenkreuzfahrten und
    - Flußkreuzfahrten.

    Sonderformen der Seekreuzfahrt sind Welt- und Langreisen.
  - *Seetouristik auf Fährschiffen*
    Viele Fährschiffe sind heute für die Absolvierung kompletter seetouristischer Kurzprogramme ausgerüstet.
  - *Seetouristik auf Frachtschiffen*
    Manche Reedereien bieten auf ihren Frachtschiffen Passagierkabinen an. Die touristische Reise auf einem Frachter unterscheidet sich natürlich wesentlich von einer klassischen Kreuzfahrtreise, was vor allem Komfort, Animation, Betreuung, Reiseroute und Reisedauer anbelangt. Sie ist deshalb kein Produkt für den durchschnittlichen Kreuzfahrtkunden.
  - *Kombinierte Reisen*
    Häufig sind Kreuzfahrten, da ihr Abfahrts-/Ankunftshafen in Übersee liegt, nur mit dem Flugzeug zu erreichen. Aber auch für längere Festlandstrecken in Europa werden Fly & Cruise-Programme angeboten. Sie können mit einem Landarrangement kombiniert sein, sie werden auf der Flugbeförderungsstrecke sowohl mit Liniendiensten als auch mit Chartermaschinen abgewickelt. Auch Kombinationen mit Landbeförderungsmitteln sind möglich. Bei Welt- und Langzeitreisen besteht oft die Möglichkeit, in einem Fly & Cruise-Paket nur Teilstrecken der Seereise zu buchen.
  - *Sonderformen der Seetouristik*
    Für besondere Zielgruppen wurden spezielle seetouristische Produkte entwickelt. Als Beispiele sollen genannt werden:

- Reisen mit *Segeljachten* (Tall Ships),
- *Expeditionskreuzfahrten* mit speziell konstruierten Schiffen (z. B. mit eistauglichen Schiffen in Arktis und Antarktis);
- Reisen mit *Großseglern*, konstruiert für echte Segelkreuzfahrten;
- Reisen mit *Segelkreuzfahrtschiffen,* modernen, den Windjammern nachempfundenen Schiffen, die nicht primär mit Segelkraft fahren (sogenannte Computersegler);
- *Bootscharter* von Kreuzfahrtjachten einschließlich Crew (z. B. sy Colombaio Sky und Colombaio Star bei Hanseatic Tours);
- Reisen mit *Postschiffen* (Hurtigruten Norwegen).

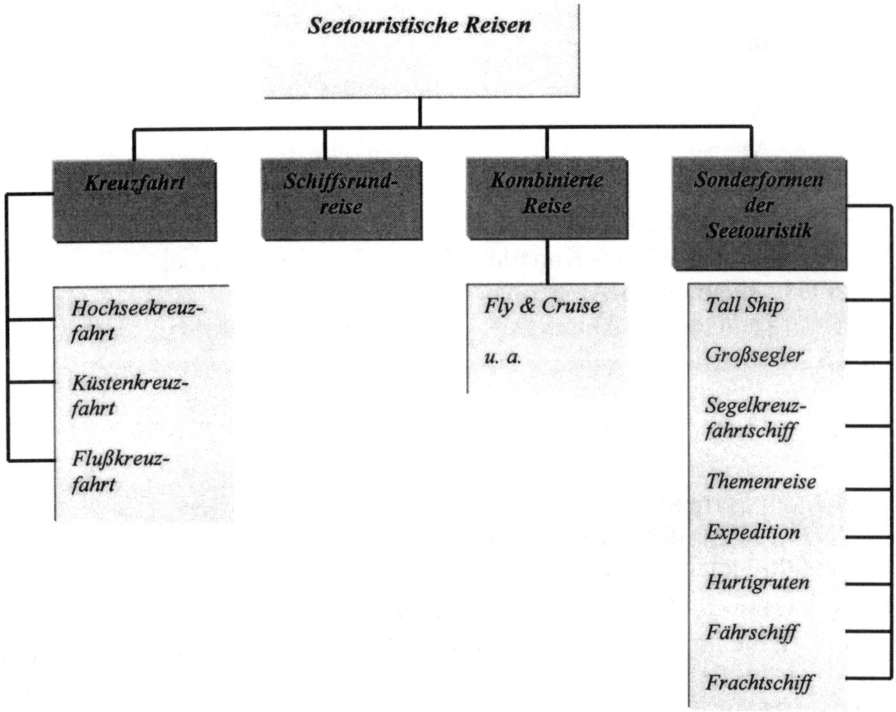

Abb. 38: Arten der See- und Flußtouristik

3. 3 Die Kreuzfahrt

3. 3. 1 Die Kreuzfahrtgebiete

Kreuzfahrten finden heute auf allen Meeren der Welt und vielen großen Strömen statt. Manche der Kreuzfahrtregionen werden das ganze Jahr über befahren, andere wiederum nur in einer bestimmten Saison:

- **Kreuzfahrtgebiete für Seekreuzfahrten**

I.	Ostsee	ca. Mai bis September
II.	Nordland/Island/ Grönland	ca. Mai bis Mitte September
III.	Britische Inseln/Europäische Atlantikküste	ca. Mai bis September
IV.	Atlantische Inseln/ Westafrika	ganzjährig
V.	Mittelmeer/Schwarzes Meer	ganzjährig
VI.	Karibik/Südamerikanische Karibikküste	ganzjährig
VII.	Ostküste USA/Kanada	ca. Mai bis Oktober
VIII.	Südamerika/Amazonas/ Galapagos/Antarktis	ca. Januar bis April
IX.	Mexiko/Westküste USA/ Alaska/Kanada	ganzjährig
X.	Ind. Ozean/Rotes Meer/ Australien/Neuseeland	ganzjährig
XI.	Fernost	ganzjährig
XII.	Pazifik/Hawaii/Südsee	ganzjährig

(Quelle: KREUZFAHRTEN WELTWEIT 1996/97: 3).

- **Kreuzfahrtgebiete für Flußkreuzfahrten**

I. **Elbe** mit Havel, Oder, Moldau, Weser, Elde, Nord-Ostseekanal, Mittellandkanal, Mecklenburger Seenplatte, Elbe-Seitenkanal,
II. **Rhein** mit Main, Mosel, Saar, Neckar,
III. **Donau** mit Rhein-Main-Donau-Kanal,
IV. **Holland/Belgien** mit Flüssen und Kanälen,
V. **Frankreich** mit Rhône, Saône, Seine und Kanälen,
VI. **GUS** mit Dnepr, Wolga, Don, Newa, Swir, Moskwa, Jenissey,
VII. **Nil**

(Quelle: FLUSSKREUZFAHRTEN 1996: 3).

Außerhalb Europas und Nordafrikas werden Flußkreuzfahrten z. B. auf folgenden Flüssen angeboten:

VIII. **USA** mit Mississippi, Ohio, Tennessee,
IX. **China** mit Jangtsekiang,
X. **Myanmar (Burma)** mit Irrawaddy,
XI. **Australien** mit Murray
(Quellen: Victoria Cruises; The Delta Queen Steamboat Co.; WARD 1997: 198 ff.).

3. 3. 2 Kreuzfahrtreedereien und Kreuzfahrtschiffe

Die Reederei ist der Schiffseigentümer. Aus steuerlichen und sicherheitstechnischen Gründen werden die Schiffe häufig ausgeflaggt, d. h. in einem Land mit entsprechend günstigeren Bedingungen registriert. Deshalb stimmt das für ein Schiff genannte Heimatland nicht immer mit dem Firmensitz der Reederei überein, z. B.
ss **CostaRiviera**
Reederei: Costa Crociere, Head Office: Genoa/ Italy
Heimatland: Liberien
(WARD 1997: 286; OAG Cruise 1997: 23).
Kreuzfahrtschiffe wechseln nicht selten ihren Eigentümer und erhalten nach dem Verkauf einen anderen Namen. Beispiele für mehrfachen Namenswechsel:
ms **CostaPlaya**
Frühere Namen: Pearl, Ocean Pearl, Pearl of Scandinavia, Finnstar.
mv **Italia Prima**
Frühere Namen: Völkerfreundschaft, Stockholm, Fritjof Nansen
(WARD 1997: 285, 334).

Die großen Reedereien, nach dem Kriterium „Einheiten mit mind. 1.000 BRT“, sind:

Kreuzfahrtreederei	Anzahl Schiffe	BRT insgesamt (in 1.000)	Betten	BRT-Anteil (in %)	Durchschnittsalter
Carnival-Gruppe	33	443	39.824	25,9	10,4
RCI/Celebrity	17	45	30.074	18,7	6,0
P & O-Gruppe	14	621	15.898	11,1	15,6
Norwegian Cruise Line	7	292	9.564	5,2	13,0
Cunard	5	141	3.168	2,5	17,2
Cruise Holdings	5	136	4.517	2,4	37,0
Star Cruises	4	128	5.920	2,3	11,0
NYK Cruises	3	128	2.504	2,3	5,0
V-Ships	7	119	3.176	2,1	21,7
Black Sea Shipping	7	111	3.296	2,0	25,6
Mediterranean Shipping	4	89	3.142	1,6	31,8
Royal Olympic Cruises	7	86	3.479	1,5	37,7
Louis Cruise Lines	6	77	3.636	1,4	38,3
Hapag-Lloyd	4	67	1.376	1,2	7,4
Deutsche Seetouristik	3	65	2.096	1,2	13,3
Mitsui OSK	3	65	1.541	1,2	13,3
Airtours	3	63	2.922	1,1	26,3
Effjohn	3	60	2.426	1,1	5,3
Andere	78	843	30.637	15,1	-
Insgesamt	**213**	**3.579**	**169.196**	**100,0**	**19,1**

Tab. 15: Kreuzfahrtreedereien 1997, Einheiten mit mind. 1.000 BRT
(Quelle: ISL Bremen, nach FVW 1997)

Die Reedereien erneuern und erweitern ständig ihre Flotten; Schiffe, die den Anforderungen des modernen Kreuzfahrtmarktes nicht mehr entsprechen und auch durch Umbauten unter Berücksichtigung der Opportunitätskosten nicht mehr sinnvoll auf heutige Standards gebracht werden können, werden abgewrackt. Seit 1998 wurden u. a. folgende neue Megaliner in den Dienst gestellt bzw. sind bestellt:

Name des Neubaus	BRZ	*Baujahr*	Passagiere	Werft	Eigner
America World City[1]	250.000	1999	6.200	k. A.	k. A.
RCCL Eagle 1	130.000	1999	3.100	Kvaerner	RCCL
RCCL Eagle 2	130.000	1999	3.100	Kvaerner	RCCL
RCCL Eagle 3	130.000	2000	3.100	Kvaerner	RCCL
Carnival Triumph	101.350	1998	2.600	Fincantieri	Carnival
Carnival Victory	101.350	2000	2.600	Fincantieri	Carnival
Disney Magic	85.000	Frühj. 1998	2.400	Fincantieri	Disney
Disney Wonder	85.000	Dez. 1998	2.400	Fincantieri	Disney
Sea Princess	77.000	1999	2.100	Fincantieri	P & O

[1] geplant

Name des Neubaus	*BRZ*	*Baujahr*	*Passagiere*	*Werft*	*Eigner*
Star Princess	77.000	1999	2.100	Fincantieri	P & O
Canberra	76.000	2000	2.000	Meyer Werft	P & O
Superstar Leo	75.000	1999	2.800	Meyer Werft	Star Cruises
Superstar Virgo	75.000	1998	2.800	Meyer Werft	Star Cruises
Elation	70.367	Febr. 1998	2.040	Kvaerner	Carnival
Paradise	70.367	Herbst 1998	2.040	Kvaerner	Carnival
Vision of the Seas	70.000	April 1998	2.000	Chantier	RCCL
Hal 6	65.000	1999	1.440	Fincantieri	Holland Am.
Hal 7	65.000	1999	1.440	Fincantieri	Holland Am.

Tab. 16: Neue Megaliner in der Kreuzfahrt ab 1998
(Quelle: FVW 1996)

Es ist zweckmäßig, für eine richtige Auswahl der Kreuzfahrtprodukte entsprechend den unterschiedlichen Bedürfnissen der Nachfrager eine Einteilung in Größengruppen vorzunehmen, da die Schiffsgröße Wesentliches über die spezielle Produktqualität aussagt:

- Intim: unter 250 Passagiere,
- Klein: 250 bis 500 Passagiere,
- Mittel: 500 bis 1.000 Passagiere,
- Groß: 1.000 bis 2.000 Passagiere,
- Riesig: über 2.000 Passagiere
  (Vgl. Anlage 19).

Die Vorteile und Nachteile größerer und kleinerer Schiffe bestehen vor allem in folgendem:

- **Große Schiffe:**
  - *Vorteile:*
    - Breites Angebot an öffentlichen Räumen und Einrichtungen und häufig mehr Raum;
    - die neuen Großen haben hochmoderne elektronische interaktive Animationseinrichtungen;
    - große Schiffe liegen bei schlechten Wetterverhältnissen meist ruhig im Wasser;
    - große Schiffe eröffnen mehr Aktivitäten für alle Altersgruppen.
  - *Nachteile:*
    - Es müssen Wartezeiten bei Ein- und Ausschiffung, Landgängen u. a. in Kauf genommen werden;
    - der Schiffsservice wird mit der Schiffsgröße unpersönlicher;
    - Qualität und Abwechslung der Verpflegung läßt meist zu wünschen übrig.

- **Kleine Schiffe:**
  - *Vorteile:*
    - Keine Wartezeiten;
    - persönliche Kommunikation unter den Passagieren und mit der Crew wird gefördert;
    - Verpflegung nach hohem Standard und entsprechend individuellen Wünschen möglich;
    - die Raumverhältnisse des Schiffes sind übersichtlich, die Wege kurz.
  - *Nachteile:*
    - Kleine Schiffe liegen bei rauher See nicht ruhig im Wasser;
    - das Angebot an öffentlichen Räumen ist eher begrenzt;
    - die Animationsmöglichkeiten sind weniger vielfältig.

Wichtig für die Beurteilung der Produktqualität ist auch das Alter der Kreuzfahrtschiffe:

- **Neue Schiffe:**
  - *Vorteile:*
    - Höchster und modernster technischer Sicherheitsstandard;
    - fortschrittlichste Schiffskonstruktion und modernes Design;
    - großes Angebot an öffentlichen Räumen und Einrichtungen.
  - *Nachteile:*
    - Häufig zu kleine Standardkabinen;
    - Kabinenfenster aufgrund Vollklimatisierung nicht zu öffnen;
    - der flache Tiefgang ermöglicht zwar leichter das Ansteuern von Häfen, mindert aber ihre Wetterfähigkeit (wird durch Stabilisatoren meistens kompensiert).
- **Ältere Schiffe** (vor 1970):
  - *Vorteile:*
    - Starker, beplankter Schiffskörper;
    - hohe Wetterfestigkeit;
    - große Kabinen und variable Aufteilung, Fenster/Bullaugen können geöffnet werden;
    - Innenausstattung mit traditionellen Materialien;
    - Antrieb meist von gegenüber Dieselaggregaten wesentlich geräusch- und vibrationsärmeren Dampfturbinen.
  - *Nachteile:*
    - Technische Anlagen (Installationen, Klimaanlagen) störanfälliger und nicht auf neuestem Standard;
    - Für den Reeder mit höheren Betriebskosten verbunden (schlechtere Energiebilanz, höhere Personalkosten durch größere

- Arbeitsintensität, durch größeren Tiefgang Zusatzkosten für Hafenschlepper und Liegeplätze u. a.)
  (WARD 1997: 68 ff.)

Für die Beurteilung des Preis-Leistungsverhältnisses eines Kreuzfahrtangebotes ist eine international anerkannte **Schiffsbewertung** hilfreich. Sie erfolgt seit 1980 durch die **Maritime Evaluations Group** (MEG) und wird bei der BERLITZ Publishing Co., Princeton, veröffentlicht. Das Bewertungssystem basiert auf der Ermittlung einer bestimmten Punktzahl, deren Erreichung von der Erfüllung einer Vielzahl von Kriterien abhängt. Je nach erreichter Gesamtpunktzahl werden Sterne, eventuell mit einem zusätzlichen + vergeben:

Gesamtpunktbewertung Punkte	Anzahl der Sterne
135,1 - 150,0	*****+
125,1 - 135,0	*****
115,1 - 125,0	****+
105,1 - 115,0	****
100,1 - 105,0	***+
90,1 - 100,0	***
85,1 - 90,0	**+
80,1 - 85,0	**
80,0 und weniger	*

Tab.: 17: Bewertung von Kreuzfahrtschiffen gemäß MEG
(Quelle: WARD 1997: 230)

Die Bewertungen und Beurteilungen erfolgen in vier Hauptgebieten:

- **Das Schiff**
  - Allgemeiner Zustand/Sauberkeit,
  - Raum/Stil/Komfort,
  - Dekor/Einrichtung,
  - Fitnesseinrichtungen,
  - Raumangebot (Passagier-Raum-Verhältnis, sogenannte Passenger Space Ratio, PSR).
- **Unterkünfte**
  - Komfort/Einrichtung der Kabinen (Design, Grundriß),
  - Ausstattung.
- **Küche/Service**
  - Speisesaal (Architektur, Ausstattung),

- Buffets/Imbisse,
- Qualität des Essens (Abwechslung, Kreativität, Ausgewogenheit, Qualität der Zutaten, Wein- und Getränkeliste),
- Servicequalität in den Speisesälen,
- Service und Ambiente in den Bars,
- Kabinenservice (Steward oder Butler, Augenmerk auch auf scheinbar nebensächliche Details).

▪ **Das Kreuzfahrtprodukt**
- Unterhaltung,
- Animation,
- Professionalität und soziale Kompetenz des Personals,
- Wassersporteinrichtungen,
- Sonderkriterien für
  - Expeditionskreuzfahrtschiffe,
  - Großsegler/Segelkreuzfahrtschiffe

(Ein Bewertungsbeispiel zeigt Anlage 20).

3. 3. 3 Der Ablauf einer Kreuzfahrt

Der Ablauf einer jeden Kreuzfahrt wird durch das ihr zugrunde liegende Gesamtprogramm der Reise bestimmt. Die Reederei ist für den Schiffsbetrieb und die Schiffsführung verantwortlich und erbringt die **Hotelleistungen.** Der Kreuzfahrtveranstalter muß das Gesamtprogramm in Tagesprogramme umsetzen und für deren Realisierung Sorge tragen. Dazu wird auf dem Kreuzfahrtschiff ein **Cruise-Staff** eingesetzt, der sich in der Regel in folgende Funktionen unterscheiden läßt:

- Cruise Director,
- Ausflugsmanager,
- Administration,
- Hosteß,
- Animation,
- TV-Operator,
- Lektor

(POLLAK in ROTH u. a. 1992: 327).

So unterschiedlich auch die einzelnen Kreuzfahrtprodukte gestaltet sind, kann man doch für bestimmte organisatorische Elemente im Ablauf der Reise Gemeinsamkeiten und Ähnlichkeiten feststellen:

1. **Anreise**
   Sie erfolgt individuell oder ist in den Varianten Fly & Cruise, Rail & Cruise, Park & Cruise im Leistungspaket der Reise enthalten.
2. **Einschiffung**
   Bei der Einschiffung erfolgen:
   - der Datenabgleich mit dem **Schiffsmanifest,**
   - eventuell ein security-check,
   - die Ticketkontrolle,
   - die Gepäckbeförderung an Bord.

   Diese notwendigen Vorgänge sollten den Passagier sowenig wie möglich belasten.
   Desweiteren wird der Passagier informiert über:
   - die Kleiderordnung,
   - die Tischordnung,
   - die Zahlungsformen an Bord (Bordwährung, andere Zahlungsmöglichkeiten),
   - die Trinkgeldregelung (10 bis 15 % je Dienstleistung/pauschal/im Reisepreis includiert).

   Diese Informationen hat der Passagier hoffentlich bereits bei der Buchung der Reise vom Expedienten erhalten. Dennoch ist es üblich, sie nochmals zu geben.
   Den Passagieren wird der **Purser** (Zahlmeister und Chef der gesamten Bordhotellerie) als Hauptansprechpartner vorgestellt. Für angebotene Landgänge erhält jeder Passagier eine Landgangskarte.
3. **Events an Bord**
   Zum Standard der Events an Bord gehören:
   - Bewillkommnung,
   - Cocktailparty/Dinner des Kapitäns,
   - Orientierungsrundgang an Bord,
   - Sicherheitsübung.

   Je nach dem konkreten Reiseprogramm werden weitere Events mit einem Veranstaltungsplan bekanntgegeben und die sportlichen Fitnessmöglichkeiten sowie besondere kulturelle Angebote offeriert.
4. **Landausflüge**
   Sie sind in der Regel nicht im Pauschalpreis für die Kreuzfahrt enthalten und werden beim Purser gebucht. Eventuell muß eine Paßkontrolle erfolgen, meist ist zur Legitimation die Landgangskarte ausreichend. Ankert das Schiff auf Reede, muß eine Ausbootung erfolgen, bei längerer Hafenliegezeit wird meist ein regelmäßiger Tenderverkehr eingerichtet.

Bei Expeditionskreuzfahrten werden Fahrten vom Kreuzfahrtschiff aus zur Tier- und Naturbeobachtung, meist in Zodiaks (motorgetriebene Schlauchboote), angeboten.

5. **Ausschiffung**

Die Ausschiffung sollte ebenfalls für die Passagiere mit möglichst wenig Unbequemlichkeiten organisiert sein. Ihr geht am letzten/vorletzten Tag voraus:
- Abschiedscocktailparty und Abschiedsdinner,
- Gepäckbereitstellung vor der Kabine,
- Bezahlung der offenen Rechnungen beim Purser.

Die Ausschiffung erfolgt in der Regel ohne Formalitäten und Kontrollen.

3. 3. 4 Die Vermarktung der Kreuzfahrtprodukte

Der Kreuzfahrtmarkt hat im Verhältnis zu anderen touristischen Leistungsbereichen mit einem Anteil von etwa über 7 Mio. Teilnehmern 1996 nur einen relativ kleinen Marktanteil. Er ist aber mit jährlichen Zuwachsraten weltweit von ca. 10-15 % ein ausgesprochener Wachstumsmarkt. Kreuzfahrten liegen voll im Trend der Tourismuswirtschaft (WARD 1997: 47). Dies verdeutlicht auch die Entwicklung des deutschen Kreuzfahrtmarktes (Vgl. Tabelle 18):
- Einer steigenden Anzahl von Passagieren entspricht der Zuwachs der Gesamtumsätze insgesamt und in den beiden Marktsegmenten Hochseekreuzfahrt und Flußkreuzfahrt;
- die mittlere Reisedauer hat eine sinkende Tendenz;
- dementsprechend reduzierten sich auch der mittlere Preis für eine Reise und die mittlere Tagesrate.

Derartige Erscheinungen deuten daraufhin, daß auch auf dem Kreuzfahrtmarkt, wie auf dem allgemeinen Pauschalreisemarkt, eine höhere Reiseintensität mit einem größeren Preisbewußtsein der Reisenden einhergeht als Folge der wachsenden direkten und indirekten Einkommensbelastungen. Das Preisniveau hingegen ist im betrachteten Zeitraum äußerst stabil geblieben, das Angebot besonders preiswerter Produkte nahm sogar deutlich zu.

	1997	1996	1995	1994
Gesamtmarkt				
Umsatz	*1.311.193 TDM*	*1.173.524 TDM*	*1.130.334 TDM*	*1.148.000 TDM*
(Verhältnis zum Vorjahr)	*(+11,73 %))*	*(+3.8 %)*	*(-1,5 %)*	
Passagiere	*400.860*	*357.004*	*308.721*	*296.700*
(Verhältnis zum Vorjahr)	*(+12,3 %)*	*(+15,6 %)*	*(+4,1 %)*	
Hochseekreuzfahrten				
Umsatz	*1.084.395 TDM*	*971.506 TDM*	*955.675 TDM*	*968.050 TDM*
(Verhältnis zum Vorjahr)	*(+11,6 %)*	*(+1,7 %)*	*(-1,3 %)*	
Passagiere	*283.317*	*254.520*	*217.771*	*213.150*
(Verhältnis zum Vorjahr)	*(+11,3 %)*	*(+16,9 %)*	*(+2,2 %)*	
Mittlere Reisedauer	*11,2 Tage*	*12,5 Tage*	*13,9 Tage*	*13,2 Tage*
Mittlerer Preis	*3.827,50 DM*	*3.817,- DM*	*4.388,- DM*	*4.541,- DM*
(Verhältnis zum Vorjahr)	*(+0,2 %)*	*(-13 %)*	*(-3,4 %)*	
Mittlere Tagesrate	*331,- DM*	*315,- DM*	*315,- DM*	*344,- DM*
(Verhältnis zum Vorjahr)	*(+5 %)*	*(±0 %)*	*(-8,4 %)*	
Flußkreuzfahrten				
Umsatz	*226.798 TDM*	*202.018 TDM*	174.659 TDM	*180.450 TDM*
(Verhältnis zum Vorjahr)	*(+12,27 %)*	*(+15,7 %)*	*(-3,2 %)*	
Passagiere	*117.543*	*102.484*	*90.950*	*83.550*
(Verhältnis zum Vorjahr)	*(+14,69 %)*	*(+12,7 %)*	*(+8,9 %)*	
Mittlere Reisedauer	*7,5 Tage*	*7,9 Tage*	*7,8 Tage*	*8,5 Tage*
Mittlerer Preis	*1.929,50 DM*	*1.971,- DM*	*1.920,- DM*	*2.160,- DM*
(Verhältnis zum Vorjahr)	*(-2,1 %)*	*(+2,6 %)*	*(-11,1 %)*	
Mittlere Tagesrate	*250,,- DM*	*250,- DM*	*245,- DM*	*254,- DM*
(Verhältnis zum Vorjahr)	*(±0 %)*	*(+1,8 %)*	*(-3,5 %)*	

Tab. 18: Entwicklung des deutschen Kreuzfahrtmarktes
(Quelle: Das Reisebüro 3/98: 13)

Hinsichtlich der bevorzugten Fahrtgebiete können folgende Nachfragetrends ausgemacht werden (Vgl. Tabelle 19):

- Bei Hochseekreuzfahrten hat sich die Nachfrage deutlich von den Kreuzfahrtgebieten in nordeuropäischen Gewässern in den Mittelmeerraum und in die USA-Gewässer sowie die Karibik verschoben.
- Bei Flußkreuzfahrten ist die Nachfrage nach Reisen auf deutschen und russischen Flüssen sowie auf der Donau rückläufig. Bei Kreuzfahrten auf französischen Flüssen kann kein eindeutiger Trend ausgemacht werden. Die Nachfrage nach Nilkreuzfahrten hat sich mehr als verdoppelt.
- Es darf vermutet werden, daß für Kreuzfahrten auf Flüssen in überseeischen Ländern noch beträchtliche Marktpotentiale erschließbar sind. Der Bekanntheitsgrad derartiger Produkte ist auf dem deutschen Quellmarkt noch völlig ungenügend.

Fahrtgebiet	*1994 %*	*1995 %*	*1996 %*
Hochseekreuzfahrt			
Europäische Gewässer	*68,0*	*65,0*	*64,0*
Davon:			
Europäisches Nordland	*30,0*	*29,0*	*20,0*
Mittelmeerraum	*24,0*	*20,6*	*31,0*
Westeuropäische Gewässer	*14,0*	*15,4*	*13,0*
Überseeische Gewässer	*32,0*	*35,0*	*36,0*
Davon:			
Übersee (Ohne USA)	*15,0*	*14,2*	*16,0*
USA und Karibik	*17,0*	*20,8*	*20,0*
Flußkreuzfahrt			
Deutsche Flüsse	*34,0*	*32,1*	*26,5*
Donau	*38,5*	*33,8*	*35,5*
Russische Flüsse	*12,5*	*8,8*	*7,7*
Französische Flüsse	*5,0*	*8,3*	*6,7*
Nil	*10,0*	*17,0*	*22,2*
Sonstige:	*-*	*-*	*1,4*

Tab. 19: Fahrtgebietsanteile der deutschen Kreuzfahrtteilnehmer 1994 bis 1996
(Quelle: POLLAK 1997: 18)

Bei der Entwicklung entsprechender **Vermarktungsstrategien** ist analog der Betrachtungsweise für die allgemeine touristische Pauschalreise zweckmäßig an die speziellen **Produktelemente** anzuknüpfen:

- **Soziale Elemente**

  Sie sind an erster Stelle zu beachten, da der hohe **Imagewert des Kreuzfahrtproduktes** von kaum einem anderen touristischen Produkt erreicht, geschweige denn übertroffen wird:

  - Die Kreuzfahrt ist, ihrer langen Tradition folgend, auch in der heutigen Zeit des Massentourismus ein exklusives Produkt, über dessen Konsum sich bestimmte soziale Gruppen der Gesellschaft definieren. Auch wenn die Produktdifferenzierung inzwischen zu Preiswertangeboten geführt hat, bleibt die Kreuzfahrt auf einen kleinen Teil der Touristen beschränkt. Sie ist die komfortabelste und niveauvollste Art zu reisen. Unbestritten ist, daß für den Kreuzfahrtmarkt weitere, einkommensstärkere Zielgruppen erschlossen werden können, die der elitäre Touch der Kreuzfahrt zunächst immer noch abschreckt.
  - Die Kreuzfahrt bietet in zwangloser und entspannter Atmosphäre eine sonst nirgends in vergleichbarer Reisezeit mögliche Erlebnisdichte und –vielfalt.

- Die Kreuzfahrt erlaubt die Entwicklung und Übung von Kommunikationsformen und –beziehungen weitab vom Alltagserleben unter den Passagieren aber auch zwischen ihnen und der Crew sowie dem Cruise-Staff des Schiffes.
- Auf einer Kreuzfahrt wird der Passagier durch vielfältigste Angebote zur Aktivierung und Entfaltung seiner geistigen und körperlichen Fähigkeiten angeregt, ohne daß ihm irgendein Zwang auferlegt würde.

Die spezielle Beratungskompetenz des Reisemittlers oder Generalagenten und Veranstalters unterstreicht das Image der Kreuzfahrt zusätzlich. Kreuzfahrtprodukte können nicht professionell vermarktet werden, wenn sie als Beisortiment im Reisebüro verkauft werden, der Produktspezialist ist hier allemal überlegen.

- **Technisch-organisatorische Elemente**
  Das Kreuzfahrtprodukt ist ein besonderes Ensemble spezieller touristischer Leistungsbausteine, die in ihrer verschiedenen Kombination eine jeweils unverwechselbare Produktqualität erzeugen und den Passagier fast vollständig persönlicher Organisationsanstrengungen entheben:
  - Die Beförderungsleistung ist nicht bloße Ortsveränderung. Das Beförderungsmittel Kreuzfahrtschiff ist selbst „an und für sich schon ein Urlaubsziel, das andere Urlaubsziele anläuft“ (WARD 1997: 29) und damit signifikantes Produktmerkmal.
    Die gewählte Schiffsroute ist ebenfalls keine bloße Beförderungsstrecke, die es schnell zu überwinden gilt, sie ist ein zweites signifikantes Produktmerkmal. Schiff und Route erzeugen beim Reisenden prägend die Erwartung eines immateriellen Zusatznutzens, der bei keinem anderen Pauschalreiseprodukt so deutlich in Erscheinung tritt.
  - Unterkunft und Verpflegungsleistungen auf einem Kreuzfahrtschiff weichen ebenfalls in ihrer spezifischen Qualität wesentlich von anderen touristischen Produkten ab.
  - Rahmenprogramme für sportliche und kulturelle Aktivitäten, für Animation und Entertainment bilden die adäquate Abrundung des organisatorischen Produktkonzeptes.
- **Wirtschaftliche Elemente**
  Reisepreis und Preis-Leistungsverhältnis bilden den Kern der wirtschaftlichen Produktelemente:

- Der Preis für eine Kreuzfahrt ist ein Gesamtpreis (Endpreis) für ein touristisches Leistungsbündel, eine Gesamtheit von Reiseleistungen, die in Umfang und Qualität weit vor anderen Pauschalreiseprodukten rangiert. Der Gesamtpreis für die Kreuzfahrt includiert in der Regel:
  - ♦ die Beförderungsleistung,
  - ♦ die Kabinenunterkunft,
  - ♦ die Nutzung öffentlicher Räume und Einrichtungen,
  - ♦ sämtliche Mahlzeiten, oft einschließlich Getränke,
  - ♦ Unterhaltung, Animation und Service an Bord,
  - ♦ Lande- und Einschiffungsgebühren.

  Der Reisende muß zusätzlich zum Reisepreis nur noch für eigene Nebenleistungen Aufwendungen tätigen:
  - ♦ Hafengebühren,
  - ♦ Trinkgelder, sofern nicht ebenfalls in den Reisepreis eingeschlossen,
  - ♦ Landausflüge,
  - ♦ Persönliche Ausgaben (meist alkoholische Getränke, Kleiderpflege, Friseur, Masseur, Telefon, Fax u. a.).
- Das Preis-Leistungsverhältnis ist demzufolge so beschaffen, daß der Reisende für den zunächst gegenüber anderen Pauschalreiseprodukten relativ höher erscheinenden Preis alle essentiellen Leistungen für einen Kompletturlaub erwirbt, die bei separater Beschaffung zu wesentlich höheren Ausgaben führen würden. Die Qualität der Leistungen bewegt sich zudem auf einem hohen Standard je nach Schiffsklasse, der einer ständigen Kontrolle und Bewertung unterliegt (WARD 1997: 25).

Unter diesen Aspekten bietet die Kreuzfahrt ein besonders günstiges Preis-Leistungsverhältnis.

- **Rechtliche Elemente**

Die Rechtsbeziehungen zwischen Reisendem und veranstaltendem Unternehmen sind zunächst in das Pauschalreiserecht einzuordnen, es kommt ein Reisevertrag nach §§651a-l BGB in Verbindung mit den Reisebedingungen des Veranstalters der Kreuzfahrt zustande, und es ist die EU-Informationsverordnung (InfVO) zu beachten. Die in das Reiserecht des Reisevertrages eingebundenen Haftungsregelungen, wonach der Veranstalter eine Haftungsbegrenzung für Schäden, die nicht Körperschäden sind, vereinbaren kann, werden durch die besonderen seefahrtsrechtlichen Vorschriften verdrängt. Die grundlegenden Regelungen über Schiffahrt und Seehandel finden sich im Binnenschiffahrtsgesetz und im HGB (§§474-905). Die für die touristische Beförderung relevanten Haftungsregelung folgt dem sogenannten **Zweiten Seerechtsänderungsgesetz** aus 1986. Ähnlich der Rechtskonstruktion für die Haftung des Luftfrachtführers (Vgl. Abschnitt 2. 4. 3) ist auch die Haftung im Seerecht als Gefährdungshaftung ausgestaltet, d. h. ein Verschulden ist nicht erforderlich:

- Der Seereiseveranstalter als Beförderer haftet bis zu folgenden Höchstsummen:
  - Tod/Körperverletzung 320.000 DM
  - Verlust/Zerstörung/Beschädigung von Kabinengepäck 4.000 DM
  - anderes Gepäck 6.000 DM
  - Verlust/Beschädigung/Zerstörung von Fahrzeugen 16.000 DM
- Die Haftungsansprüche verjähren nach zwei Jahren;
- Die Haftungsregelung gilt für alle Arten von Schiffsreisen (HEINEMANN u. a. 1992: 101).

Der **Vertrieb der Kreuzfahrtprodukte** erfolgt unter alternativer Nutzung direkter und indirekter Absatzwege:

- **Direkter Absatzweg**
  - Buchung bei der veranstaltenden Reederei oder
  - einem Kreuzfahrtveranstalter;
- **Indirekter Absatzweg**
  - Buchung bei einem Voll-Reisebüro, das in der Regel Kreuzfahrtprodukte von Veranstaltern in seinem Sortiment führt oder
  - bei einer schwerpunktmäßig auf den Kreuzfahrtmarkt spezialisierten Agentur (sogenannter Kreuzfahrtberater), dem Generalagenten einer Reederei oder
  - bei einem Kreuzfahrtbroker, wenn eine Buchung erst kurz vor Reiseantritt vorgenommen wird (Preisvorteil durch Rabatt).

Der **Kreuzfahrtveranstalter** kann in verschiedenen Funktionen tätig werden:

- Er vermarktet Kreuzfahrten einer Reederei auf **Einbucherbasis** ohne Übernahme des Absatzrisikos und erhält dafür eine Vertreterprovision. Er hat keinen Einfluß auf Produkt- und Preispolitik; ihm werden keine Exklusiv-Vertriebsrechte eingeräumt. Aufwendungen für seine Sales Promotions muß er aus seiner Provision finanzieren.
- Der Veranstalter vermarktet Produkte für einen Reeder, dessen **Generalagent** er ist. Obwohl hier auch keine direkte Einflußnahme auf Produkt- und Preispolitik gegeben ist (bestenfalls kommt ein Empfehlungs-

und Vorschlagsrecht infrage), hat er den Vorteil der Vertriebsexklusivität und erhält eine höher bemessene Generalagentenprovision sowie einen Etat für promotionelle Maßnahmen. Das Absatzrisiko verbleibt beim Reeder.

- Der Veranstalter **chartert ein Kreuzfahrtschiff** und übernimmt damit das Geschäftsrisiko. Aber er bestimmt im Gegenzug alle Details der Produktgestaltung, der Produktpolitik, der Preisbildung, der Vertriebskonditionen sowie der Werbung und Promotion der Produkte. Der Chartervertrag mit der Reederei kann sich beziehen auf
  - **Bareboat-Charter** (nur das Schiff wird gechartert),
  - **Vollcharter** (Schiff und Crew werden gechartert),

  oder es erfolgt ein
  - **Ankauf** von Kapazitäten von einem anderen Veranstalter, der ein Schiff unter Vollcharter hat.
- Im Spezialfall ist der Veranstalter gleichzeitig Reeder (Schiffseigner) und Kreuzfahrtveranstalter. Es werden dann Einzelgesellschaften in einer Konzernstruktur geführt oder die verschiedenen Geschäftsfelder in einer einheitlichen Firma zusammengefaßt (z. B. Hapag Lloyd Seetouristik mit den Marken Hanseatic Tours, Hapag Lloyd Tours, Hanseatic Cruises und Hapag Lloyd Kreuzfahrten)
  (POLLAK in: ROTH u. a. 1992: 325).

	Passagiere	*Umsatz in TDM*
Air Maritime Seereisen	27.564	53.000
Arkona Reisen	39.501	94.800
Carnival Cruise Lines	1.500	k. A.
Costa Kreuzfahrten	24.500	53.000
Cunard Line	8.225	62.700
Peter Deilmann Reederei	26790	k. A.
Delphin Seereisen	7.930	40.300
DER Tour	9.120	k. A.
Discoverer Reederei	1.100	12.000
Festival Kreuzfahrten	12.600	25.000
Hapag-Lloyd Seetouristik	39.510	269.300
Hurtigruten	11.397	48.700
Intermaris Kreuzfahrten	8.180	12.400
KD DF	29.600	k. A.
Neckermann Seereisen	k. A.	k. A.
Nicko Tours	2.315	5.050
Norwegian Cruise Line	2.500	4.750
Phoenix Reisen	45.491	161.800
RCI	6.200	12.000
Royal Olympic Cruises	4.177	8.500
Seabourn Cruise Line	96	1.300

	Passagiere	*Umsatz in TDM*
Seetours	*26.000*	*154.000*
Silversea Cruises	*1.530*	*ca. 9.000*
Star Clippers	*2.550*	*7.380*
Star Line Cruises	*7.964*	*k. A.*
Transocean Tours	*21.000*	*89.000*

Tab. 20: Kreuzfahrt-Reedereien, Kreuzfahrtveranstalter und Generalagenten auf den deutschsprachigen Quell-Märkten im Touristikjahr 1996/97
(Quelle: FVW 1997 nach Angaben der Unternehmen)

4. Reisen mit Straßenbeförderungsmitteln

4. 1 Die Omnibusreisen

4. 1. 1 Die Bedeutung des Omnibusses für den Tourismus

Deutschland bietet mit seinem dichten und hervorragend ausgebauten Straßennetz von über 227.000 km, wovon 11.000 km auf die Bundesautobahnen, über 42.000 km auf die Bundesstraßen und 85.000 km auf Landes- und Staatsstraßen entfallen, für den touristischen Straßenverkehr hervorragende infrastrukturelle Bedingungen (TOURISMUSBER. 1994: 46). Der Omnibus (oder kurz: Bus) hat seit den 80er Jahren bei den Urlaubsreisen der Deutschen mit Marktanteilen zwischen 8 % und 11 % eine relativ stabile Position und liegt damit an dritter Stelle bei den Reisearten nach Beförderungsmitteln. Die auch in der Tourismuswirtschaft als Folge der gesamtwirtschaftlichen Konjunkturabschwächung zu verzeichnende Wachstumsverlangsamung hat sich auf die Zahl der Busreisen negativ ausgewirkt. Gut 5 Millionen Busurlauber haben 1996 insgesamt 6,1 Millionen Busreisen gemacht und damit 200.000 weniger als im Vorjahr. Diese Tendenz setzte sich 1997 fort.
Besonders stark ist die Haupturlaubsreise vom Rückgang betroffen, wo den 4 Millionen Busreisen 1996 etwa 4,5 Millionen Reisen für 1995 gegenüberstehen. Auch die durchschnittliche Reisedauer verringerte sich 1996 auf 13,8 Tage gegenüber 14,1 Tagen in 1995 (RDA 1997: 36) und folgt damit dem allgemeinen Tourismustrend.
Signifikant für die Spezifik des Busreisens zeigen sich die Ergebnisse einer Fallstudie im Rahmen der Reiseanalyse 1997:

- Der Reisebus hat bei Jugendlichen und Älteren eine größere Akzeptanz, als bei den mittleren Jahrgängen, die Altersgruppe der über 60jährigen ist deutlich überrepräsentiert;
- Busreisende gehören vorwiegend mittleren und einfacheren Bildungsschichten an;
- Ostdeutsche führen gegenüber den Westdeutschen doppelt so viele Busreisen durch;
- Ausländische Urlaubsziele dominieren leicht gegenüber inländischen Destinationen.
- Der Anteil der Kurzreisen (2 bis 4 Tage Dauer) liegt für den Bus mit 13,5 % 1996 deutlich höher als bei der Haupturlaubsreise. Dieses Marktsegment hatte einen Zuwachs von 150.000 Kunden zu verzeichnen.

Angaben in %				Reisen		Alter			
	Reisen Gesamt	West	Ost	Ziel Inl.	Ziel Ausl.	14-29 Jahre	30-39 Jahre	40-59 Jahre	60+ Jahre
Fallzahl	7311	5812	1499	2207	5104	1715	1341	2527	1728
Projektion (Mio.)	61,18	48,64	12,54	18,47	42,71	14,35	11,22	21,15	14,46
Bus	9,9	8,0	17,0	8,1	10,6	7,0	2,9	7,0	22,2

Angaben in %	Schulbildung		
	Haupt-schule	Real-schule	Abitur+
Fallzahl	2938	2502	1871
Projektion (Mio.)	24,58	20,94	15,66
Bus	13,4	7,7	7,2

Tab. 21: Befragte, die mindestens eine Urlaubsreise ab 5 Tage gemacht haben
(Quellen: RDA 96/97: 37; Reiseanalyse 1997)

Die weitere Entwicklung des Bustourismus wird dabei sehr stark von den Reiseerfahrungen geprägt. Abb. 39 veranschaulicht das Ergebnis einer repräsentativen Umfrage zu den Busreiseabsichten.

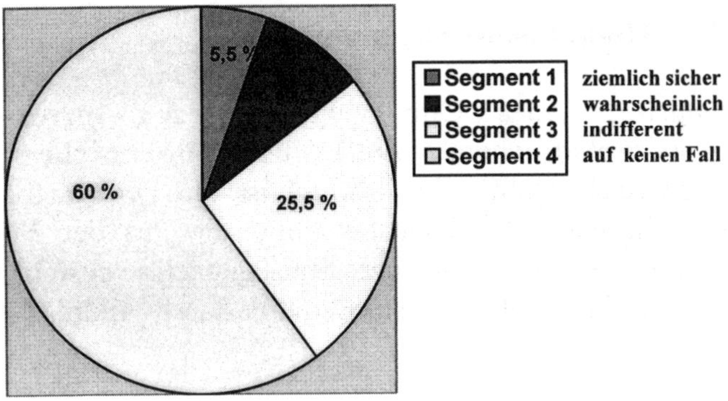

Abb. 39: Reiseabsichten mit dem Bus für die nächsten drei Jahre
(Quellen: RDA 96/97: 36; Reiseanalyse 1997)

Das Interesse der Deutschen an den Busreisen ist aber deutlich höher als die schon gefestigten Reiseabsichten, was auf beträchtliche Marktpotentiale schließen läßt und sichtbar macht, daß die Reiseerfahrung auch für die Akzeptanz der Busreise ausschlaggebend ist:

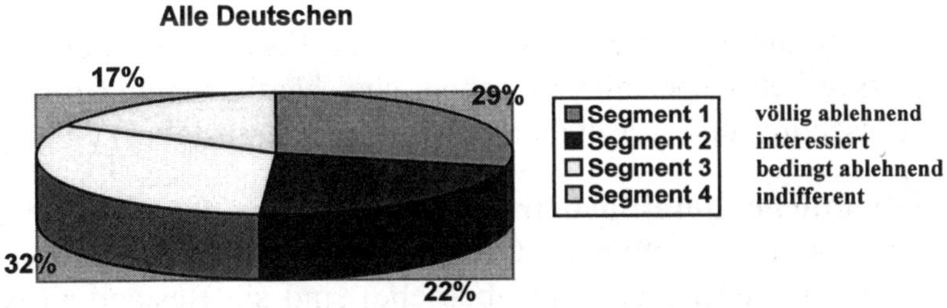

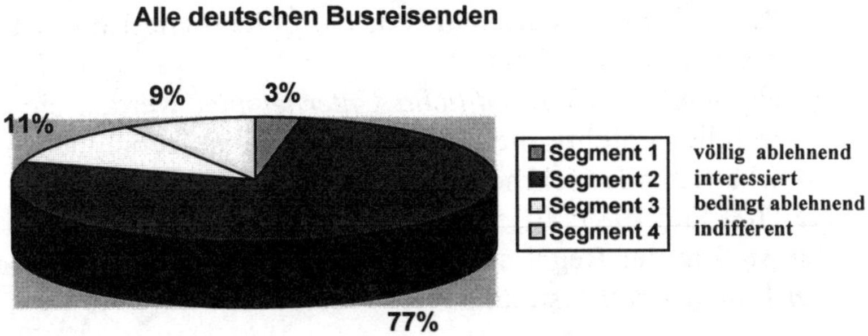

Abb. 40: Interesse der Deutschen an Busreisen
(Quelle: RDA 96/97: 45)

4. 1. 2 Der institutionelle Rahmen des Omnibusverkehrs

4. 1. 2. 1 Omnibusunternehmungen

Leistungsträger des Omnibusverkehrs sind **private Betriebe** (mit erwerbswirtschaftlichem Ziel) und **öffentliche Betriebe** (nicht erwerbswirtschaftlich). Ihr Produkt ist die Personenbeförderungsleistung als eine immaterielle Dienstleistung, die "in der Ortsveränderung der beförderten Personen und ihres Reisegepäcks" besteht (STERZENBACH 1991: 21). Diese Hauptleistung wird durch vielfältige Zusatzleistungen ergänzt.

Private Omnibusunternehmen sind in den verschiedensten Rechtsformen institutionalisiert. Es dominieren mittlere Betriebsgrößen. Die Unternehmungen betreiben:

- Linienverkehr (Öffentlicher Personennahverkehr, ÖPNV) unter 0,01 % der privaten Betriebe;
- Gelegenheitsverkehr (Ausflugs- und Urlaubsverkehr, Mietomnibusverkehr) ca. 8,6 % der privaten Betriebe;
- beide Verkehrsarten in Kombination ca. 90,4 % der privaten Betriebe.

(Zur Definition von Linien- und Gelegenheitsverkehr vgl. Abschnitt 4.1.3)

Omnibusunternehmen, die sich auf die Erbringung touristischen Gelegenheitsverkehrs spezialisiert haben, sind häufig gleichzeitig als Reisemittler (Reisebüro) und Reiseveranstalter (Eigenveranstalter) tätig.

Öffentliche Omnibusbetriebe sind Betriebe, die sich gänzlich oder überwiegend im Eigentum der Öffentlichen Hand befinden:

- als *Regiebetriebe* (Eigenbetriebe) sind sie Bestandteil der öffentlichen Verwaltung und ohne eigene Rechtspersönlichkeit;
- als *kommunale Gesellschaft* sind sie zwar in einer privatrechtlichen Rechtsform institutionalisiert, die Öffentliche Hand ist aber der Alleingesellschafter (Inhaber);
- als *gemischtwirtschaftliche Unternehmen* werden sie ebenfalls privatrechtlich geführt, die Öffentliche Hand ist jedoch neben anderen Gesellschaftern der Mehrheitsgesellschafter

(STIGLITZ 1989: 30, 56).

Sie sind in der Regel ausschließlich im Öffentlichen Personennahverkehr, der Linienverkehr ist, tätig.

Die **Unternehmenszusammenarbeit** in Form von **Kooperationen der Omnibusunternehmen** sowie mit anderen Verkehrsträgern (z. B. Bahn) hat sich über die Zwischenstufen von Verkaufsgemeinschaften und Tarifgemeinschaften oder –verbänden im Zuge der Regionalisierung des ÖPNV entwickelt:

- *Verkehrsgemeinschaften* sind in einem regionalen Verkehrsraum auf der Grundlage einer einheitlichen Netz- und Fahrplangestaltung tätig. Die beteiligten Unternehmen behalten jedoch grundsätzlich ihre Entscheidungskompetenz;
- *Verkehrsverbände* (oder –verbünde) sind durch Abgabe auch der betrieblichen Entscheidungskompetenz an eine Nahverkehrsgesellschaft gekennzeichnet., die in eine vertragliche Beziehung zum Nahverkehrsverband der Gebietskörperschaft tritt

(BDO 1993: 38 ff.).

4. 1. 2. 2 Unternehmensorganisationen

Freiwillige Vereinigungen der Unternehmer/Unternehmen werden vorwiegend zu folgenden Zwecken gegründet:

- Durchsetzung der gemeinsamen Unternehmensinteressen der Branche gegenüber den politischen Entscheidungsträgern bei Exekutive und Legislative;
- Wahrnehmung der Aufgaben der Tarifpolitik als Arbeitgeberkoalition gegenüber den Gewerkschaften;
- Zusammenarbeit auf gemeinsam interessierenden Gebieten mit anderen Verbänden und Organisationen, auch branchenübergreifend;
- gemeinsame Lösung von Aufgaben, an deren Ergebnissen alle Unternehmen der Branche partizipieren (Nichtrivalität);
- Förderung der gemeinsamen wirtschaftlichen Interessen.

Die wichtigsten derartigen Unternehmensorganisationen sind BDO, RDA und Gütegemeinschaft Buskomfort.

Der **Bundesverband Deutscher Omnibusunternehmer e. V.** ist der Gesamtverband der privaten Omnibusunternehmen in Deutschland. Entsprechend der föderalen politischen Struktur der Bundesrepublik gliedert er sich in Landesverbände bzw. Fachvereinigungen und Vorstand/Präsidium auf Bundesebene:

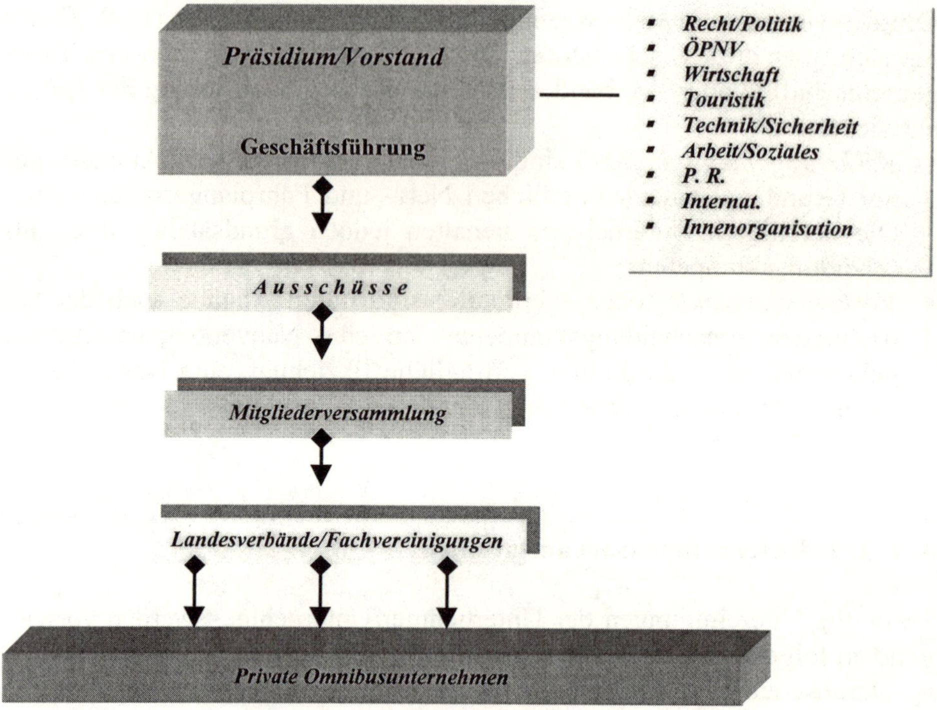

Abb. 41: Bundesverband Deutscher Omnibusunternehmer e. V.

Der Verband beschreibt seine wesentlichen Aufgaben und Ziele wie folgt:
- Wahrnehmung der Interessen der privaten Omnibusunternehmen;
- Erhaltung eines gesunden mittelständischen Omnibusgewerbes;
- Information der Öffentlichkeit,;
- Beratung der Mitglieder.

Der **Internationale Bustouristik Verband e. V.** (RDA: ehemals Reisering Deutscher Autobusunternehmungen) ist ein branchenübergreifender internationaler Verband aller an der Bustouristik interessierten Unternehmen und Institutionen. In ihm sind Mitglied:
- Reiseveranstalter, die Busreisen mit eigenen oder fremden Fahrzeugen durchführen,
- Busunternehmen und Verkehrsbetriebe,
- Reedereien, Fährlinien, Bergbahnen u. a., die mit der Bustouristik zusammenarbeiten,
- Fremdenverkehrsverbände und –vereine,
- Zielgebietsagenturen,

- Incomingbüros,
- Hotellerie- und Gastronomiebetriebe,
- Omnibushersteller,
- Verlage und Fachmedien,
- Zulieferer und Beratungsunternehmen.

Der Verband umfaßt derzeitig über 3.000 Mitglieder aus 30 Nationen. Er hat sich folgende Aufgaben und Ziele gesetzt:
- Förderung des Vertriebes von Busreisen;
- Innovation und Erfahrungsaustausch für Bustouristik;
- tourismuspolitische Interessenvertretung gegenüber Behörden, Organisationen und Öffentlichkeit;
- Zusammenarbeit mit anderen Verbänden, Organisationen und Verkehrsträgern;
- Beratung der Mitglieder, Schulung und Fortbildung;
- Öffentlichkeitsarbeit.

Seine Organisationsstruktur umfaßt:
- den Vorstand mit Geschäftsstelle,
Imageausschuß,
RDA-Workshop Touristik Service,
RDA-Akademie,
Außenrepräsentanz,
- den Touristik-Beirat,
- die Ausschüsse für einzelne Gruppen von Sparten.

Die **Gütegemeinschaft Buskomfort e. V.** sorgt für einheitliche und hohe Standards der Reisebusse und führt die Klassifizierung der Busse durch (Vgl. Abschnitt 4. 1. 4. 1). Sie formuliert Qualitätsanforderungen für die einzelnen Busprodukte/Busreisearten (Vgl. Abschnitt 4. 1. 5). In Lösung ihrer Aufgaben arbeitet sie eng mit den Prüfungsausschüssen von TÜV und DEKRA zusammen.

4. 1. 3 Der rechtliche Rahmen des Omnibusverkehrs

4. 1. 3. 1 Übersicht über die Rechtsgrundlagen

Für die bustouristischen Reisen sind neben der Geltung des Reisevertragsrechtes nach §651 a-l BGB für jede Art von Buspauschalreise (Vgl. Abschnitt 4. 1. 5) folgende spezielle Rechtsvorschriften von Bedeutung:

Personenbeförderungsgesetz (PBefG)
Das Personenbeförderungsgesetz bildet den Kern der rechtlichen Regelung für Busreisen. Es definiert vor allem die Formen des Busverkehrs, die Genehmigungsvoraussetzungen und –verfahren für den Betrieb von Omnibusunternehmungen und gilt auch für Reisebüros und andere Institutionen, wenn sie als Busreiseveranstalter (Eigenveranstaltung) tätig werden.

Verordnung über den Betrieb von Kraftfahrunternehmen im Personenverkehr (BOKraft)
Die BOKraft regelt die Führung von Omnibusbetrieben hinsichtlich
- einer ordnungsgemäßen Betriebsführung und Einhaltung der gesetzlichen und anderen Vorschriften für die Betriebsanlagen;
- des Verhaltens des Personals im Fahrdienst;
- der Grundsätze von Sicherheit und Ordnung bei Unterbringung von Sachen und Tieren im Bus;
- der Steh- und Sitzplatzordnung, Raucher-/Nichtraucherzonen im Bus.

Straßenverkehrsordnung (StVO) und Straßenverkehrszulassungsordnung (StVZO)
- Die StVO bildet den allgemeinen Ordnungsrahmen für das Verhalten aller Verkehrsteilnehmer im öffentlichen Straßenverkehr.
- Die StVZO formuliert die Anforderungen an die technische Beschaffenheit von Fahrzeugen, um deren Zulassung zur Teilnahme am öffentlichen Straßenverkehr zu gewähren. Für Omnibusse sind folgende wesentliche Vorschriften relevant:
  - Maximalabmessungen und –gewicht von Omnibussen:
    max. Breite: 2,55 m,
    max. Höhe: 4,00 m,
    max. Länge: 12,00 m, bei Gelenkfahrzeugen 18,00 m (sogenannte Megaliner: 15,00 m);
  - max. Gesamtgewicht 18 t, bei Gelenkfahrzeugen 28 t;
  - Sicherheitstechnisch relevante Ausstattung und Einrichtung,
    beanspruchungsgerechte Sitzkonstruktionen,
    leichte und sichere Bedienbarkeit der Einrichtungen zum Führen des Fahrzeuges, ausreichendes Sichtfeld für den Fahrzeugführer;
  - Anordnung der Türen rechts, Sicherung gegen unbeabsichtigtes Öffnen, Notausstiege;
  - Feuerlöscher und Erste-Hilfe-Ausrüstung;
  - elektrische Innenbeleuchtung;
  - Sicherheit der Trittstufen, max. Höhe 40 cm über dem Boden;

- Anzahl der Sitzplätze muß im Reiseverkehr der Anzahl der Fahrgäste entsprechen, Stehplätze sind nur im Linienverkehr erlaubt ;
- turnusmäßige Untersuchungen zur Verkehrssicherheit;
- Vorschrift eines besonderen Führerscheines zur Fahrgastbeförderung

(NEUMANN 1995: 25 f.).

Arbeitszeitregelungen

- Die Verordnung (EWG) Nr. 3820/85 (aus den sogenannten EG-Sozialvorschriften) regelt die Arbeitszeit für Busfahrer innerhalb der EU-Mitgliedsstaaten;
- das Europäische Übereinkommen über die Arbeit des im internationalen Straßenverkehr beschäftigten Fahrpersonals (AETR) regelt die Arbeitszeit der Busfahrer im Verkehr der EU-Staaten mit einer Reihe anderer europäischer Staaten;
- die Arbeitszeitordnung (AZO) gemäß Arbeitszeitgesetz (ArbZG) ist eine nationale Regelung.

Die Arbeitszeitregelungen sind von besonderer Bedeutung für die Sicherheit des Busverkehrs (Vgl. Abschnitt 4. 1. 4. 2).

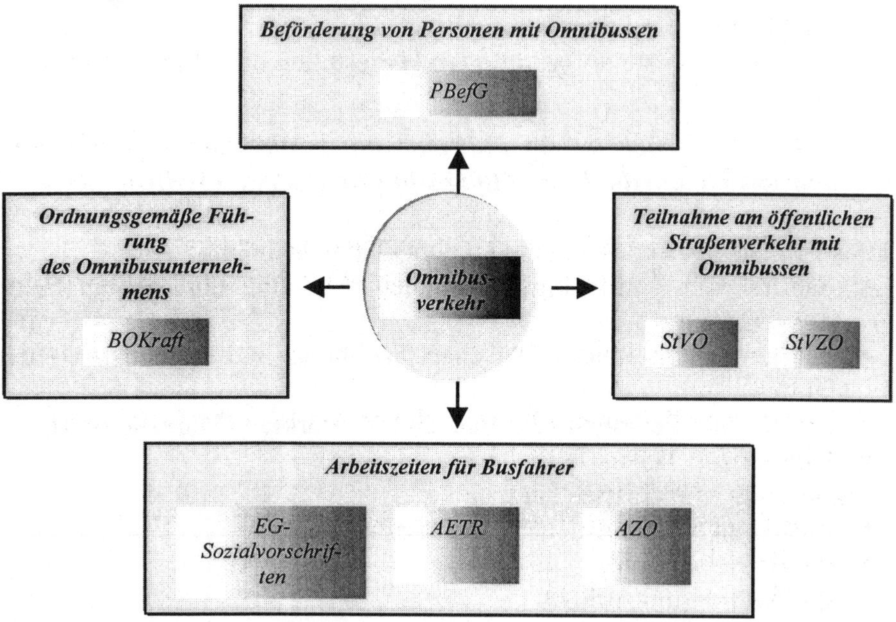

Abb. 42: Wichtige Rechtsbereiche für den Omnibusverkehr

4. 1. 3. 2 Verkehrsformen im Personenverkehr

Für jeden Personenverkehr gelten zunächst folgende Merkmale:
- Genehmigungspflicht,
- Genehmigung durch die von der Landesregierung bestimmte Behörde,
- Genehmigungsvoraussetzungen:
  - Gewährleistung der Sicherheit und Leistungsfähigkeit des Betriebes;
  - fachliche Eignung, durch angemessene Tätigkeit in einem Unternehmen des Straßenpersonenverkehrs oder durch eine Prüfung nachzuweisen;
  - Unternehmereigenschaft.

Das Personenbeförderungsgesetz unterscheidet zwei grundlegende Formen des Personenverkehrs:
- Linienverkehr und
- Gelegenheitsverkehr,

für die jeweils spezielle Merkmale ergänzend zu den allgemeinen Merkmalen hinzutreten:

Linienverkehr

Nach §42 ist Linienverkehr
- eine zwischen bestimmten Ausgangs- und Endpunkten eingerichtete
- regelmäßige Verkehrsverbindung,
- auf der Fahrgäste an bestimmten Haltestellen ein- und aussteigen können.

Nicht erforderlich ist ein Fahrplan mit bestimmten Abfahrts- und Ankunftszeiten und die Einrichtung von Zwischenhaltestellen.

Als Sonderformen des Linienverkehrs gelten nach §43 :
- Fahrten von Berufstätigen zwischen Wohnung und Arbeitsstätte (Berufsverkehr),
- Fahrten von Schülern zwischen Wohnung und Lehranstalt (Schülerfahrten),
- Fahrten von Personen zum Besuch von Märkten (Marktfahrten),
- Fahrten von Theaterbesuchern.

Ergänzende Vorschriften sind:
- Eine Genehmigungsdauer von maximal 8 Jahren,
- die Betriebspflicht,
- die Beförderungspflicht.

Gelegenheitsverkehr

Nach §46 sind als Formen des Gelegenheitsverkehrs nur zulässig:

- Verkehr mit Taxen,
- Ausflugsfahrten und Ferienzielreisen,
- Verkehr mit Mietomnibussen und mit Mietwagen.

Die Genehmigungsdauer beträgt maximal 4 Jahre.

Ansonsten bestimmt das Gesetz für die jeweilige Form des Gelegenheitsverkehrs spezielle Anforderungen und Merkmale. Uns interessieren an dieser Stelle nur die für die touristisch relevanten Verkehrsformen bedeutsamen Regelungen.

- Die **Ausflugsfahrt** ist nach §48 Abs. 1 und 3 durch folgende Merkmale gekennzeichnet:
  - Durchführung nach Plan des Unternehmers (Unternehmerbindung),
  - Durchführung zu einem für alle Teilnehmer gleichen und gemeinsam verfolgten Ausflugszweck,
  - Rückkehr an den Ausgangsort,
  - Unterwegsbedienungsverbot, d. h. es dürfen unterwegs keine Fahrgäste aufgenommen werden (Ausnahme: benachbarte Orte oder in ländlichen Räumen bis zu 30 km entfernte Orte).
- Die **Ferienzielreise** ist nach §48 Abs. 2 und 3 durch folgende Merkmale gekennzeichnet:
  - Reisezweck ist ein Erholungsaufenthalt,
  - Durchführung nach Plan des Unternehmers,
  - Leistungsbündel aus Beförderung und Unterkunft mit oder ohne Verpflegung zu einem Gesamtentgelt (Pauschalarrangement),
  - Durchführung zu einem für alle Teilnehmer gleichen Reiseziel und Rückbeförderung an den Ausgangspunkt der Reise,
  - Unterwegsbedienungsverbot wie bei der Ausflugsfahrt.

  Werden Busse für Ferienzielreisen in der jeweiligen Saison im Pendelverkehr eingesetzt, sind die erste Rückfahrt und die letzte Hinfahrt dann Leerfahrten.
- Der **Mietomnibusverkehr** ist nach §49 wie folgt charakterisiert:
  - Durchführung nach Plan des Mieters/Mieterbindung,
  - Anmietung zur Beförderung nur im ganzen durch einen zusammengehörigen Personenkreis.

  Bei der Anmietung eines Busses kommt ein Werkvertrag nach BGB zustande.

*Die Zuordnung der sogenannten **Werbeverkaufsfahrten** ist nicht eindeutig. Sie können mehrere Tage umfassen und enthalten dann ein Leistungsbündel aus Beförderung, Unterkunft/Verpflegung, Besichtigungsprogramm und Werbeverkaufsveranstaltung zu einem Gesamtpreis. Damit weisen sie wesentliche Merkmale einer Pauschalreise auf, weshalb sie die Rechtsprechung häufig unter das Reisevertragsrecht subsumiert. Andere Rechtsauffassungen ordnen sie dem Mietomnibusverkehr zu*
(STERZENBACH 1991: 60).

4. 1. 4. Die Arten bustouristischer Reisen

Die Definition von Ausflugsfahrt und Ferienzielreise durch den Gesetzgeber erfüllt zunächst die Grundaufgabe, den Gelegenheitsverkehr eindeutig vom Linienverkehr abzugrenzen. Sie reicht allerdings für eine differenzierte Zielgruppenansprache nicht aus. Die Gütegemeinschaft Buskomfort e. V. (gbk) hat deshalb Empfehlungen für eine sinnvolle Produktdifferenzierung ausgesprochen:

- **Ausflugsfahrt**
  Als Ausflugsfahrt im engeren Sinne wird die **Tagesausflugsfahrt** verstanden:
  - Der **Reisezweck** ist in der Regel durch Reiseprogramm vorgegeben;
  - die Tagesausflugsfahrt ist eine **Zielreise**;
  - die **Reisedauer** ist bis zu einem Tag, ohne Übernachtung; bei An- und Abreise über Nacht zählt die Nachtfahrt zum Reisetag;
  - es ist von einer überschaubaren **Gruppengröße** auszugehen;
  - eine **Reiseleitung** erfolgt nicht, der Busfahrer betreut die Reisegäste;
  - als Buskategorie sollte mindestens die STANDARD CLASS gewählt werden (Vgl. Abschnitt 4. 1. 5);
  - es ist ein angemessenes Verhältnis zwischen Programm und Leistungen anzustreben;
  - der **Reisepreis** bewegt sich auf einem relativ günstigen Niveau.
- **Kurzreise**
  - Der **Reisezweck** der Kurzreise ist durch das ausgeschriebene Programm thematisch bestimmt. Zum Thema der Reise muß ein akzentuierter Eindruck vermittelbar sein;
  - die **Reiseroute** richtet sich nach dem Thema der Kurzreise. Neben dem festgelegten Programm können fakultative Ausflüge, Stadtrundfahrten u. a. angeboten werden;

- die Kurzreise ist eine **Zielreise**, auf der Anreise können thematisch bedingte Zwischenstops eingelegt werden;
- die **Reisedauer** beträgt in der Regel zwei bis vier Tage;
- die **Gruppengröße** sollte überschaubar sein;
- es ist eine **örtliche Reiseleitung** erforderlich, während der Fahrt erfolgt die Betreuung durch den Busfahrer;
- als **Buskategorie** sollte mindestens die STANDARD CLASS, bei längeren Strecken besser die TOURIST CLASS eingesetzt werden;
- die Unterkunftsqualität wird in der Ausschreibung fest bestimmt und muß dem Zuschnitt der Reise entsprechen;
- das **Preisniveau** ist relativ günstig, nicht immer sind Ausflüge, Besichtigungen u. ä. im Reisepreis enthalten.

▪ **Städtereise**

- Der **Reisezweck** der Städtereise ist Aufenthalt in einer Stadt mit historischem oder kulturellem Bekanntheitsgrad. Es ist ein Reiseprogramm festgelegt. Die Unterkunft erfolgt in der besuchten Stadt. Bei längerer Anreisestrecke kann Zwischenübernachtung erfolgen;
- die Städtereise ist eine **Zielreise**;
- die **Reisedauer** beträgt mindestens drei Tage;
- die **Größe der Gruppe** sollte überschaubar sein, bei geführten Besichtigungen maximal 35 bis 40 Personen;
- eine **Reiseleitung** und **Stadtführung** in der besuchten Stadt sind obligatorisch, erstere sollte auch bei längeren Distanzen während der Fahrt gewährleistet sein;
- als **Buskategorie** ist mindestens die TOURIST CLASS, bei längeren Distanzen die COMFORT CLASS zu wählen;
- die Qualität der Leistungen, insbesondere des Hotels, muß dem niveauvollen Zuschnitt der Reise entsprechen;
- der **Reisepreis** entspricht dem qualitativ soliden Leistungsangebot, er ist ein Pauschalpreis.

▪ **Rundreise**

- Der **Reisezweck** der Rundreise ist der Besuch mehrerer Orte mit einem Besichtigungsprogramm. Die einzelnen Besichtigungs- und Aufenthaltsorte sind fester Programmbestandteil, Ausflüge können fakultativ angeboten werden;
- die Rundreise kann auf ein bestimmtes **Zielgebiet** ausgerichtet sein;
- die **Reisedauer** beträgt ab fünf Tage;
- die **Gruppengröße** ist überschaubar zu halten;

- eine ständige **Reiseleitung/Reisebegleitung** ist obligatorisch, im Zielgebiet bzw. in den einzelnen besuchten Orten kann eine örtliche Reiseleitung erfolgen;
- die **Buskategorie** ist mindestens TOURIST CLASS; besser COMFORT CLASS;
- die Leistungen, insbesondere die Hotelunterkünfte, sollen der Busklasse und dem anspruchsvollen Reiseprogramm adäquat sein;
- der pauschale **Reisepreis** bewegt sich im mittleren bis oberen Preissegment, fakultative Events sind in ihn nicht eingeschlossen.

▪ **Studienreise**

- Der **Reisezweck** wird durch die ausgeschriebene Thematik fest umrissen, das Thema muß während der Reise ausgefüllt werden. Die Anreise ist dem Niveau der gesamten Reise sorgfältig anzupassen, der Aufenthalt im Zielgebiet wird auf der Grundlage eines bereits in der Ausschreibung enthaltenen Besichtigungsprogramms organisiert;
- die Studienreise kann **Ziel- oder Rundreise** sein;
- die **Reisedauer** beträgt mindestens fünf Tage;
- die **Gruppengröße** ist so überschaubar zu halten, daß eine intensive Betreuung ermöglicht wird, bei Besichtigungen nicht mehr als 35 bis 40 Personen;
- die organisatorische und thematische Betreuung durch entsprechend **geschulte Reiseleiter** ist obligatorisch, vor Ort kann auch der Einsatz örtlicher Reiseleiter erfolgen;
- die **Buskategorie** sollte dem anspruchsvollen Niveau der Reise gemäß mindestens COMFORT CLASS sein, bei besonders hochwertigen Programmen auch EXCLUSIVE CLASS;
- die Qualitätsanforderungen an die Leistungen, insbesondere die Hotelkategorie müssen dem gehobenen Standard der Reise adäquat sein;
- der **Reisepreis** ist ein Pauschalpreis für das gesamte Reiseprogramm und liegt im gehobenen Preisniveau.

▪ **Urlaubsreise**

Die Busurlaubsreise ist eine echte Pauschalreise, bestehend aus touristischen Haupt- und Zusatzleistungen unterschiedlichen Programms:

- Der **Reisezweck** ist der Urlaubsaufenthalt in einer bestimmten Destination mit einem eventuell angebotenen Rahmenprogramm;
- die Urlaubsreise ist eine **Zielreise;**
- die **Aufenthaltsdauer** beträgt mindestens eine Woche;
- die **Reiseleitung** beschränkt sich auf eine örtliche Vertretung in der Destination als Ansprechpartner der Urlauber;

- als **Buskategorie** wird COMFORT CLASS oder EXCLUSIVE CLASS eingesetzt;
- die Qualitätsanforderungen an die Leistung variieren je nach Gesamtzuschnitt der Pauschalreise;
- das **Preisniveau** ist unterschiedlich entsprechend der angebotenen Leistungsqualität und des Leistungsumfangs. Sonderleistungen sind nicht in den Preis includiert.

4. 1. 5 Busklassifizierung und Buskomfort

Das Omnibusunternehmen muß entsprechend des von ihm gewählten Marktsegments, in dem es tätig sein will, seinen Fuhrpark adäquat ausrüsten. Die offizielle Statistik unterscheidet zwar nicht zwischen Linienbussen und Reisebussen, die Anbieter/Hersteller gehen jedoch mit ihren Produkten auf die differenzierten Bedürfnisse der Nachfrager mit unterschiedlichen Modellen, deren technische Parameter und Ausstattungsmerkmale variieren, ein. Der Markt der Bushersteller wird von vier Großen dominiert: MAN, Mercedes-Benz, Neoplan/Gottlob Auwärter GmbH und Setra (bis 1995 Marke der Kässbohrer Fahrzeugwerke, jetzt Marke der Mercedes-Benz Omnibusgesellschaft EvoBus).
Neben den Anbietern von Komplettbussen sind am Markt auch Aufbauhersteller tätig, die Busse auf Fahrgestelle karossieren.

Anbieter von Omnibussen	*Typ/Marke*
1. Die großen Vier	
MAN	**Lion's Star, Lion's Coach, Lion's Comfort**
Mercedes-Benz	**0 404 in diversen Ausführungen** **0350** **0550 Kombibus**
Neoplan/Gottlob Auwärter	**Starliner, Cityliner, Jetliner, Spaceliner, Skyliner, Megaliner, ein dreiachsiger und ein vierachsiger DD, Transliner, Kombibusse**
Setra (Marke von EvoBus)	**S 300 HD/HDM, S 328 DD** **S 215 HDH, S 250 Spezial** **und Kombibusse**

2. *Kleinere Anbieter auf dem deutschen Markt*	
Bova (Niederlande)	**Reisebus Futura**
Ernst Auwärter	**Eurostar, Teamstar, Clubstar Supersprinter**
Renault (Frankreich)	**Iliade, FR 1**
Van Hool (Belgien)	**Acron, Alicron, Altano**
Volvo Deutschland/Drögmöller	**B12-600 EuroComet**

Tab. 22: Bushersteller/Anbieter auf dem deutschen Markt
(Quelle: RB 1997)

Es darf davon ausgegangen werden, daß von dem zur Zeit vorhandenen Gesamtbestand an Bussen in Deutschland ca. 1/3, zwischen 25.000 und 30.000 (genaue Daten nicht verfügbar), Reisebusse sind.

Die Bustouristik-Unternehmen und ihre Kunden benötigen eine Orientierung, unabhängig von der jeweiligen Herstellermarke, die ihnen Auskunft über den Reisekomfort bietet. Eine solche **Klassifizierung** nach Ausstattungsmerkmalen wird von der Gütegemeinschaft Buskomfort e. V. in Zusammenarbeit mit den Güteausschüssen von TÜV und DEKRA angeboten. Die Teilnahme an dem Klassifizierungsverfahren ist für den Busunternehmer freigestellt, sie empfiehlt sich aber, da sie zum einen eine Qualitätsbewertung nach objektiven Maßstäben ermöglicht und zum anderen ein wesentlicher Bezugspunkt für Vermarktungsstrategien ist.

Die Klassifizierung erfolgt mit Sternen und inzwischen mit entsprechenden Klassenbezeichnungen:

Ausstattung Gütestufe 1	*	TRANSPORT CLASS,
Ausstattung Gütestufe 2	**	STANDARD CLASS (Ausflugsbus),
Ausstattung Gütestufe 3	***	TOURIST CLASS (Reisebus),
Ausstattung Gütestufe 4	****	COMFORT CLASS (Fernreisebus),
	*****	EXCLUSIVE CLASS (Fernreisebus).

Die Zuerkennung der Gütestufen ist verbunden mit der Berechtigung, am Fahrzeug das Gütezeichen *Buskomfort RAL* zu führen. Es muß jedes Jahr neu verliehen bzw. nach einer Überprüfung durch TÜV oder DEKRA verlängert werden.

Für alle Gütestufen gelten als Grundforderungen ein guter Gesamtzustand des Busses, keine Roststellen und Blechschäden, keine verschmutzten Polster oder Innenverkleidung, die Sitze müssen Stoff- oder Lederbezüge aufweisen; Aschenbecher, Radio/Mikrofonanlage sowie eine motorunabhängige Heizung sind obligatorisch. Wesentliches Klassifizierungskriterium ist der Sitzkomfort für den Fahrgast (Sitzabstand und Höhe der Rückenlehne; Übersicht über alle Klassifizierungskriterien siehe Anlage 21).

4. 1. 6 Bussicherheit, Bus und Umwelt

Der Omnibus ist im Vergleich mit den anderen Reiseverkehrsmitteln hinsichtlich der **Sicherheit** und der **Umweltfreundlichkeit** führend.
Die **Bussicherheit** wird demgegenüber entsprechend Umfrageergebnissen von den Reisenden anders bewertet bewertet:

	Sicherheit Note:
Bahn	**1,79**
Auto	**2,80**
Flugzeug	**2,06**
Reisebus	**2,98**

Tab. 23: Sicherheitsbewertung nach Umfrage
(Quelle: WWF und DB AG; Universität Hannover; zit. nach FVW 1996)

Nach dieser Umfrage erhielt der Bus die schlechteste Note. Betrachtet man hingegen die Anzahl der verletzten Personen im Verkehr, bezogen auf eine Mrd. Personen-Kilometer, rangiert der Bus auf Platz zwei, wählt man die Anzahl tödlich Verunglückter, dann hat der Bus die günstigste Position. Zu dem relativ schlechten Sicherheitsimage des Reisebusses tragen sicherlich die Medien nicht unwesentlich mit ihrem Drang zur Horrorberichterstattung bei, denn ein einzelnes Busunglück läßt sich natürlich mediengerecht sehr auswerten. Deshalb muß in der Öffentlichkeit und bei der Entwicklung von Vermarktungsstrategien gerade das Sicherheitsargument einen zentralen Stellenwert einnehmen.

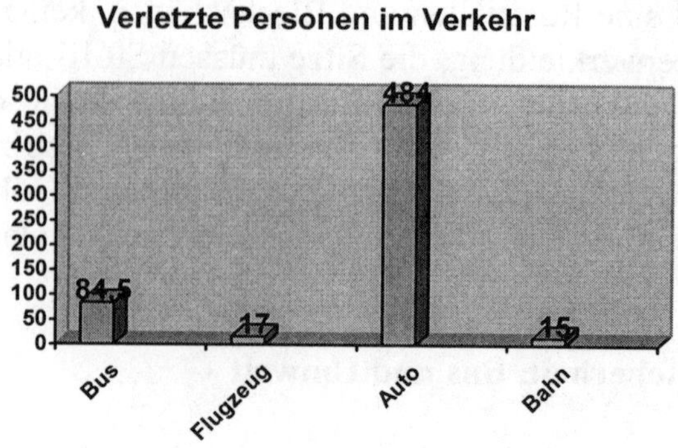

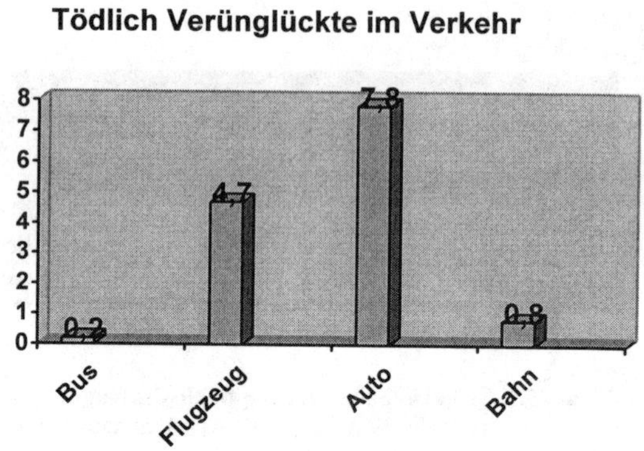

Abb. 43: Sicherheit des Reisebusses
(Quelle: WWF und DB AG; Universität Hannover, zit. nach FVW 1996)

Der Gewährleistung einer hohen Bussicherheit dient außer der regelmäßigen sicherheitstechnischen Überprüfung gemäß StVO und StVZO, den strengen Genehmigungsvorschriften gemäß PBefG auch die konsequente Anwendung der **Arbeitszeitvorschriften** für das Fahrpersonal (Vgl. auch Abschnitt 4. 1. 3. 1).

Sie legen maximale Lenkzeiten pro Tag und Woche sowie Mindestpausenzeiten- und –anzahl und Mindestruhezeiten pro Tag und Woche fest. Auszugsweise werden nachfolgend nur die Vorschriften bei Einsatz *eines* Fahrers angegeben; sie sind in drei Regelungsgebiete zu unterscheiden:

- Internationale Vorschriften für die EU-Mitgliedsländer: EG-Sozialvorschriften;
- internationale Regelungen für den Verkehr der EU-Mitgliedsländer mit anderen europäischen Staaten: AETR;
- nationale Vorschriften für innerdeutschen Verkehr: AZO.

	EG-Sozialvorschriften	AETR	AZO
Tägliche Lenkzeit	*9 Stunden 2 mal wöchentlich 10 Stunden je Schicht*	*8 Stunden 2 mal wöchentlich 9 Stunden je Schicht*	*8 Stunden oder Tarifvertrag*
Unterbrechung der täglichen Lenkzeit	*Nach Lenkzeit von 4,5 Stunden 45 Minuten, aufteilbar in Teilunterbrechungen von mind. 15 Minuten*	*Nach Lenkzeit von 4 Stunden 30 Minuten oder Teilunterbrechung 2 mal 20 Minuten/ 3 mal 15 Minuten*	*Gemäß EG-Regelung*
Tagesruhezeit	*11 Stunden mit Verkürzung auf 3 mal wöchentlich 9 Stunden oder 12 Stunden bei Aufteilung in 2 oder 3 Abschnitte, davon einer mind. 8 Stunden*	*10 Stunden oder 11 Stunden mit Verkürzung auf 2 mal wöchentlich 9 Stunden und 2 mal wöchentlich 10 Stunden*	*10 Stunden oder Tarifvertrag*

Tab.: 24: Arbeitszeitvorschriften für Fahrer von Kraftomnibussen (ein Fahrer, je Tag)
(Quelle: BDO)

Die Einhaltung der Arbeitszeitvorschriften durch das Fahrpersonal wird mit einem Fahrtenschreiber (EG-Kontrollgerät) über personenbezogene Schaublätter dokumentiert.

Auch hinsichtlich der Beurteilung der **Umweltfreundlichkeit** des Reisebusses besteht eine deutliche Diskrepanz zwischen öffentlichem Image und den tatsächlichen Daten:

Bewertung nach Umfrage:

	Umweltfreundlichkeit Note:
Bahn	**1,69**
Auto	**3,41**
Flugzeug	**3,16**
Reisebus	**3,15**

Tab. 25: Umweltfreundlichkeit des Reisebusses
(Quelle: Universität Hannover, zit. Nach FVW)

Wir hatten im Zusammenhang mit der Bewertung der Umweltverträglichkeit des Flugzeugs die Vergleichsdaten des Busses mit dargestellt (Vgl. Tabelle 11, Seite 138). Daraus ergibt sich, daß der Reisebus äußerst günstige Werte bei Schadstoffemissionen aufweist, bei einigen Schadstoffen sogar die besten Minimalwerte hat und das Verkehrsmittel mit dem weitaus geringsten Primärenergieverbrauch ist.
Die Note der Umfragebewertung zeigt ihn aber nur auf Platz zwei.
Das Umweltargument sollte also ebenfalls offensiv bei der Vermarktung der Busreisen eingesetzt werden. Dazu hat der RDA ein sogenanntes **B**ustouristisches **U**mweltschutz **S**ystem entwickelt (RDA BUS) und auf vier Hauptrichtungen zur Öffentlichkeitsarbeit für ein positives Busimage abgestellt:

1. *Die besondere Umweltverträglichkeit des Verkehrsmittels Bus in technischer Hinsicht muß stärker im Bewußtsein von Entscheidungsträgern, Multiplikatoren und Öffentlichkeit verankert werden.*
2. *Maßnahmen gegen den Bus - und damit gegen die Umwelt – müssen national wie international verhindert werden.*
3. *Die Bustouristik muß sich als ökologisch orientierter Markenartikel durch eine moderne Produktpolitik unter Umweltgesichtspunkten etablieren.*
4. *Die Busreiseveranstalter und deren Partner müssen für das Thema Umweltschutz sensibilisiert werden*

(RDA Geschäftsbericht 96/97: 96).

4. 1. 7 Die Vermarktung von Omnibusreisen

Die **Vertriebsorganisation** für Busreisen bedient sich unterschiedlicher Vertriebswege:

Vertriebsweg	Anteil an der Zahl der Unternehmen %
Direktvertrieb	*60*
Eigene Reise-/Verkaufsbüros	*75*
Akquisiteure	*7*
Telefonakquisition	*11*
Fremde Reisebüros	*71*
Touristische Verkaufsstellen (Hotels u. a.)	*5*
Branchenfremde Verkaufsstellen	*8,5*

Tab. 26: Vertriebswege für Busprodukte
(Quelle: GAUF u. a. 1996: 6, gerundete Werte)

Die beiden wichtigsten Vertriebskanäle für Busreisen sind **eigene Reisebüros** und **fremde Agenturen**. Aufgrund von Vorbehalten fremder Reisebüros gegenüber der Vermittlung von Busreisen müssen die Busreiseveranstalter sehr stark auch auf direkte Absatzwege setzen: Direktvertrieb (Eigenvertrieb), Akquisiteure, Telefonakquisition.
Aus Sicht des Buchungsverhaltens der Reisekunden ergeben sich im Umfrageergebnis, das einen längerfristigen Durchschnitt der letzten Jahre bestätigt, folgende hauptsächliche Points of Sale:

Buchung in einem Reisebüro	28 %
Buchung im Büro eines Busreiseveranstalters	17 %
Buchung im Büro eines Omnibusunternehmens	18 %
Buchung bei einer karitativen oder kirchlichen Einrichtung	12 %
Buchung bei einer öffentlichen Institution (z. B. Volkshochschule, Handelskammer)	4 %
Buchung bei einer privaten Organisation/Verein/Verband	6 %

(Quelle: GAUF u. a. 1996: 4, gerundete Werte).

Der Absatz von Busprodukten auf **indirektem Wege** über fremde Absatzmittler (Reisebüros) soll aus Gründen der Erhöhung der Vertriebschancen und der Absatzkostenreduzierung forciert werden. Dem liegt folgende **Argumentationskette** zugrunde:

- Viele Busreisearten, vor allem Rund- und Studienreisen liegen auf einem gehobenen Preisniveau und sind deshalb für den Reisemittler provisionsintensiv;

- Busreisen sind häufig für den Kunden die zweite oder dritte Urlaubsreise. Mehrfach-Urlauber gehören zu den gehobenen Einkommensschichten. Mehr qualitativ hochwertige Kurzreiseprodukte für den Bus im Reisebürosortiment können zusätzlichen Umsatz generieren;
- Busreisen entsprechen mit ihrem spezifischen Preis-Leistungsverhältnis dem allgemeinen Trend zu kürzeren Reisen besonders gut;
- neue Märkte und neue Zielgruppen können durch den Einsatz von Luxusbussen, die im Ausstattungsstandard über dem anspruchsvollen Niveau von Flugreisen liegen sowie maßgeschneiderte Angebote erschlossen werden;
- der Reisebus eignet sich hervorragend für den Einsatz kleiner aber auch größerer Gruppen von Geschäftsreisenden und kommt mit seinem besonders günstigen Preis-Leistungsverhältnis den Sparmaßnahmen der Unternehmen bei den Reisekosten entgegen.

Als spezielle **kundenorientierte Verkaufsargumente** sind einsetzbar:
- Der Komfort der modernen Reisebusse ermöglicht ein anspruchsvolles, bequemes und angenehmes Reisen;
- der Reisebus ermöglicht eine Punkt-zu-Punkt-Beförderung durch kundenfreundliche Zusteigemöglichkeiten und eine problemlose Gepäckbeförderung;
- die Bussicherheit und Umweltfreundlichkeit gegenüber anderen Verkehrsmitteln ist überzeugend;
- die Busreise ermöglicht ein spezifisches Gruppenerlebnis;
- die fachlich qualifizierte Reiseleitung ist eine Kernleistung jedes qualitativ anspruchsvollen Busproduktes

(GAUF u. a. 1996: 5).

Für den Busunternehmer kommt es darauf an, seine unternehmerische Kompetenz entsprechend den wachsenden Anforderungen des Reisemarktes ständig zu erhöhen. Dazu ist es vor allem notwendig, die eigene Position zu bewerten (Checkliste siehe Anlage 22).

4. 2 Reisen mit Mietfahrzeugen

Als von kommerziellen Anbietern vermarktete Mietfahrzeuge kommen für touristische Zwecke in Betracht:
- Der Personenkraftwagen (PKW),
- der Caravan ohne eigenen Motorantrieb (Wohnmobil),
- der Motorcaravan (Motorhome).

Soweit der Tourist seine Urlaubsreise mit privatem PKW oder Caravan durchführt, wird dies hier nicht näher erörtert. Auf die Anmietung von Omnibussen für touristische Zwecke wurde bereits eingegangen (Vgl. Abschnitt 4. 1. 3. 2).

Der **Mietfahrzeugmarkt** befindet sich auf Expansionskurs: Einmal wählen heute viele Urlaubsreisende, denen eine lange An- und Abreise mit dem PKW zu beschwerlich ist, die aber in der Destination auf hohe Mobilität nicht verzichten wollen, die Anmietung eines PKW. Zum anderen ist es für einige Zielgebiete mit wachsender Nachfrage typisch, Reisen mit Motorhomes durchzuführen. Überdies gibt es eine nicht kleine Gruppe von Personen, die ihren Urlaub im eigenen Mobilheim im Dauercamping auf einem Campingplatz, einem Mobilheimplatz oder einem Freizeitpark verbringen. Der Gesamtcaravanbestand in Deutschland beträgt über 750.000 (TourLex 1993: 28). Ziele, die gern und in zunehmendem Umfang mit Mietfahrzeugen bereist werden, sind zur Zeit die USA und Kanada. Neben Anbietern von Miet-PKW (Siehe Anlage 23) hat sich dort ein wachsender Markt für Motorhomes etabliert:

Anbieter	**Fahrzeuge**		**Stationen**	
	1996	**1997**	**1996**	**1997**
Canadream	*500*	*500*	*4*	*4*
Candan	*210*	*220*	*2*	*2*
Cruise America	*2500*	*3000*	*19*	*19*
Cruise Canada	*1200*	*1400*	*4*	*4*
El Monte	*1500*	*>1800*	*5*	*7*
Fraserway	*300*	*320*	*2*	*2*
Go Alaska/Alaska Economy	*50*	*50*	*2*	*2*
Go West	*240*	*260*	*2*	*2*
Moturis	*400*	*450*	*5*	*6*
Rocky Mountain Campers	*75*	*200*	*2*	*3*
Westcoast Mountain Campers	*150*	*150*	*2*	*2*
Western Motorcoach	*100*	*600*	*1*	*15*

Tab. 27: Motorhome-Anbieter USA und Kanada
(Quelle: FVW 8/97: 58)

Für die Anmietung eines Ferienfahrzeuges gibt es verschiedene Möglichkeiten:

- Buchung eines Pauschalarrangements eines Reiseveranstalters über einen Reisemittler, in dessen Leistungsbündel und Pauschalpreis das Mietfahrzeug eingeschlossen ist;

- Zubuchung eines Mietfahrzeuges zu einer Pauschalreise;
- Buchung eines Mietfahrzeuges in der Destination bei einem dort ansässigen Unternehmen (auch von Haus aus via Internet möglich);
- Nur-Buchung eines Mietfahrzeuges über einen Reisemittler bei im übrigen individuell organisierter Reise.

Alle großen Autovermieter sind inzwischen in den Top-Destinationen mit Stationen vertreten.
Die Mietkonditionen werden in verschiedenen Varianten angeboten:

- Differenzierter Tages-/ Wochenmietsatz je nach angebotenem Typ;
- Tages-/Wochenmietsatz einschließlich begrenzter Kilometerleistung;
- Super-Inclusive-Tarife zu Pauschalen mit unbegrenzter Kilometerleistung sowie allen sonstigen Nebenkosten;
- die Fahrzeuge sind versichert, jedoch in der Regel jeweils nach den ortsüblichen Mindesttarifen, so daß der vom Reisenden für erforderlich erachtete Versicherungsschutz bei Buchung überprüft werden sollte;
- für die Vermietung wird auch ein bestimmtes Mindestalter gefordert. Für gewisse jugendliche Altersgruppen wird zur Abdeckung ihrer erhöhten Fahrrisiken von verschiedenen Anbietern ein Aufschlag auf den Normaltarif angesetzt (Vgl. Anlage 23);
- üblich ist auch die Stellung einer Kaution. Sie entfällt, wenn der Kunde mit einer vom Vermieter akzeptieren Kreditkarte zahlt, da dann die Kreditkartenorganisation für die Risiken eintritt.

	Tagespauschale			**Wochenpauschale**	
	Inkl. aller km, inkl. Vollkasko- und Insassenunfallschutz				
Fahrzeuggruppe	**Fahrzeug-Typ**	**1-2 Tage pro Tag DM**	**3-4 Tage pro Tag DM**	**Woche 5-7 Tage DM pau.**	**Zusatztag Woche DM**
P 1	**Ford KA**	**111,--**	**105,--**		
P 2	**Fiat Bravo**	**145,--**	**129,--**	**569,--**	**81,--**
P 3	**Opel Vectra**	**185,--**	**139,--**	**639,--**	**91,--**
P 4	**Ford Mondeo T. Ren. Laguna Grandtour**	**195,--**	**149,--**	**679,--**	**97,--**
P 5	**Mercedes C 180**	**209,--**	**169,--**	**729,--**	**104,--**
P 6	**Merc. C 180 T Opel Omega Caravan**	**219,--**	**179,--**	**779,--**	**111,--**
P 7	**VW Caravelle/ Ford Tourneo: Minib. (9 Sitze)**	**365,--**	**319,--**	**1399,--**	**199,--**

Tab. 28: Miet-PKW-Konditionen Inland - Beispiel-
(Quelle: ADAC 1998)

Der Reisende, der in der Hauptsaison in ein vielbesuchtes Zielgebiet fährt, wird gut daran tun, sein Mietfahrzeug bereits in der Heimat vorauszubuchen. Dies ist auch deshalb günstiger, weil viele lokale Anbieter in der Hauptsaison die Preiskonditionen manipulieren und Leistungsstandards in zuschlagspflichtige Extras umwandeln. Ein Vergleich der Preise ist für den Touristen ohnehin problematisch, da der Umfang der Inclusiv-Leistungen sehr unterschiedlich ist. Vor allem der in die Mietrate eingeschlossene Versicherungsschutz kann extrem abweichen. So ist z. B. bei spanischen Autovermietern der Vollkaskoschutz regelmäßig nur bei Selbstbehalten von 350 bis 1000 DM gewährt (FVW 11/98: 78).

5. Die Reiseversicherungen

Das Angebot von Versicherungsprodukten für den Reiseschutz ist eine wichtige touristische Zusatz- oder Ergänzungsleistung für den Reisenden. Sie sollte in jedem Beratungsgespräch zur Buchung einer Reise am Counter unterbreitet werden. Die aktive Vermarktung von Versicherungsprodukten kann überdies die Verbesserung der Ertragslage eines Reisebüros fördern. Je nach Anbieter unterscheiden sich die Versicherungsleistungen punktuell in ihrer Art und Kombination; jeder Versicherer legt Wert darauf, sich durch unverwechselbare Produkte und Produktnamen von den Mitbewerbern am Markt deutlich abzuheben. Dennoch finden sich im Kern des jeweiligen Produktsortiments bei allen Anbietern folgende typischen Risiken, gegen die sich der Reisende versichern kann:

- Reiserücktrittskosten;
- Krankheit auf der Reise und im Urlaubsort;
- Krankenrücktransport;
- Unfall auf Reisen;
- Haftpflicht auf Reisen;
- Verlust, Vernichtung, Beschädigung von Reisegepäck;
- spezielle Versicherung für bestimmte Beförderungsmittel, -arten (z. B. Bus, Auto, Bahn).

Die Versicherung gegen diese Risiken kann durch Abschluß von Einzelversicherungen bis hin zu kompletten Versicherungspaketen erfolgen, die alle denkbaren Reiserisiken einschließen. Der Reiseversicherer bietet im Zusammenhang mit einem Versicherungsvertrag auch einen Hotline-Service, den der Reisende aus dem Ausland jederzeit in Anspruch nehmen kann.

Für alle Versicherungsarten gelten üblicherweise folgende grundsätzlichen Konditionen:

- **Versicherter** ist der Versicherungsnehmer oder alle auf der Prämienrechnung zum Versicherungsschein genannten Personen bzw. der beschriebene Personenkreis;
- der **Versicherungsschutz beginnt** mit der Zahlung der Prämie, nicht jedoch vor dem vereinbarten Zeitpunkt;
- der **Versicherungsschutz endet** mit dem vereinbarten Zeitpunkt, spätestens mit dem Reiseende;
- **nicht versicherte Schäden** sind in der Regel Schäden durch Streik, innere Unruhen, Kriegsereignisse und Kernenergie;
- die **Mitwirkungspflichten** des Versicherungsnehmers im Versicherungsfall bestehen in der Vermeidung unnötiger Kostenerhöhungen, in der unverzüglichen Anzeige des Versicherungsfalls bei der Versicherungsgesellschaft und in der Unterstützung bei Untersuchungen über Ursache und Höhe der Leistungspflicht.

Für das **Abschlußverfahren** gibt es zwei Möglichkeiten:

- Abschluß über CRS: Die am Markt anbietenden Versicherungsgesellschaften sind in den bei den Reisebüros installierten CRS buchbar;
- manueller Abschluß mittels der von den Versicherungen vorgeschriebenen Standardvordrucke.

Die großen Gesellschaften sind inzwischen auch via Internet erreichbar, entsprechende Technologien für den Direktvertrieb werden entwickelt bzw. erprobt.

Da die **Reiserücktrittskostenversicherung** pflichtgemäß entsprechend EU-InfoVO jedem buchenden Reisenden anzubieten ist, soll auf ihre Bedingungen näher eingegangen werden:
Der mit ihr gewährte Versicherungsschutz deckt das Risiko der Zahlung von Stornogebühren bei Rücktritt vom Reisevertrag gemäß §651 a-l BGB ab. Gelegentlich wird sie als Bestandteil des Leistungsbündels einer Pauschalreise angeboten, meist jedoch als gesonderte Leistung, da preispolitische Erwägungen eine „optische Verkleinerung" des dem Kunden gegenüber ausgewiesenen Pauschalreisepreises anstreben.
Neben den Stornokosten lt. Reisevertrag trägt diese Versicherungsart auch eventuell anfallende Mehrkosten für nicht in Anspruch genommene Reiseleistungen. Der Versicherungsfall tritt ein bei Tod, Unfall, unerwartet schwerer Erkrankung, Schwangerschaft, Impfunverträglichkeit und Schaden am Eigentum. Auch unerwartet eintretende Arbeitslosigkeit wurde in-

zwischen von einigen Versicherern zusätzlich in die Risiken aufgenommen. Typisch ist ein Selbstbehalt und es sind bestimmte Fristen für den wirksamen Abschluß des Versicherungsvertrages, bezogen auf den Tag des Abschlusses des Reisevertrages (in der Regel Zugang der Buchungsbestätigung) einzuhalten.

Reiseversicherungen

Einzelversicherungen

- *Reisekrankenversicherung mit Notfallservice*
- *Soforthilfeversicherung (Beistandsleistungen, Rücktransport)*
- *Reisegepäckversicherung*
- *Reiseunfallversicherung*
- *Luftfahrtunfallversicherung*
- *Reiserücktrittskostenversicherung*

Spezielle Versicherungen für Beförderungsmittel

- *Autoreisezugversicherung*
- *Autoreiseschutz*
- *Zusatz-Haftpflichtversicherung für Mietwagen*
- *Busreiseversicherung (Rücktrittskosten, Krankheit, Soforthilfe, Reisegepäck)*
- *Fährversicherung*
- *Bahnreiseschutz (BahnCard, Unfall, Reisegepäck)*

Pauschalversicherungen

- *Ferienpaket Europa, Mittelmeer, Kanaren (mit/ohne Rücktrittskosten, Krankheit, Soforthilfe, Reisegepäck)*
- *Rat & Tat (wie Ferienpaket, zusätzlich: Unfall, Haftpflicht)*
- *Vier-Jahreszeiten-Paket weltweit (wie Rat & Tat)*
- *Business-Paket weltweit*

Abb. 43 a: Produktprogramm eines Reiseversicherers
(Quelle: Europ. Reiseversicherung AG)

Kapitel III Die örtliche Fremdenverkehrswirtschaft

1. Grundlagen

1. 1 Reiseziel Deutschland

Bei der Untersuchung der örtlichen Fremdenverkehrswirtschaft gehen wir von der eingangs gewählten begrifflichen Abgrenzung aus (Vgl. Seite 3): Die örtliche Fremdenverkehrswirtschaft umfaßt alle Aktivitäten und Bedingungen für die Reisen

- der Deutschen zu inländischen Zielgebieten (Binnenreiseverkehr oder domestic tourism);
- der Ausländer zu deutschen Zielgebieten (Incoming-Tourismus oder inbound tourism).

Der deutsche Fremdenverkehr ist ein bedeutender Wirtschaftsbereich, an dem eine Vielfalt von Wirtschaftszweigen partizipieren. Er hat am Bruttosozialprodukt einen Anteil um 5 % und liegt damit allerdings deutlich unter dem vom World Travel and Tourism Council festgestellten weltweiten Anteil von über 10 %. Im mehrjährigen Durchschnitt ergibt sich aufgrund repräsentativer Befragungen, daß allein bei der Haupturlaubsreise von 100 Deutschen ab 14 Jahren

- 36,5 % in das Ausland reisen,
- 24,3 % im Inland verreisen und
- 39,3 % keine Urlaubsreise vornehmen

(BAT 1996, eig. Ber.).

Im Vergleich der beliebtesten Inlandsreiseziele nach Bundesländern zeigt sich folgendes Bild:

Bundesland	1996 %
Bayern	25, 5
Schleswig-Holstein	13,9
Mecklenburg-Vorpommern	11, 9
Niedersachsen	11, 3
Baden-Württemberg	10, 3

Bundesland	1996 %
NRW	5,0
Rheinland-Pfalz/Saarland	3,6
Hessen	3,6
Sachsen	3,6
Thüringen	3,0
Brandenburg	2,0
Sachsen-Anhalt	1,9
Übrige	4,4
Zusammen	**100,0**

Tab. 29: Inlandsreisen der Deutschen nach Bundesländern
(Quelle: FVW Reiseanalyse 1996, eig. Ber.)

Dem entspricht die regionale Verteilung der deutschen Reisegebiete (Anlage 25). Der Incoming-Tourismus hat nach Übernachtungszahlen folgende Quell-Länder:

Länder	Übernachtungen in Tausend	Veränderung in % zum Vorjahr
Übersee	**8 700**	**+ 3,0**
USA	*3 300*	*+ 5,0*
Asien (Ohne Japan)	*2 000*	*+ 2,0*
Japan	*1 300*	*+ 1,0*
Europa	**23 000**	**+ 1,0**
Nordeuropa		
Dänemark	*1 053*	*- 1,0*
Schweden	*963*	*+ 1,0*
Norwegen	*366*	*- 8,0*
Finnland	*265*	*- 1,0*
Osteuropa		
Polen	*918*	*- 1,0*
Rußland	*719*	*- 6,0*
Tschech. Republik	*480*	*+ 1,0*
Ungarn	*359*	*- 3,0*
West- und Südeuropa		
Niederlande	*5 100*	*+ 1,0*
Italien	*1 800*	*+ 6,0*
Schweiz	*1 700*	*+ 1,0*
Belgien	*1 400*	*+ 1,0*
Österreich	*1 300*	*+ 3,0*
Spanien	*700*	*+ 6,0*
Insgesamt	**32 400**	**+ 1,0**

Tab. 30: Übernachtungen ausländischer Gäste in Deutschland 1996
(Quelle: FVW 1996, Hochrechnungen DZT)

Die Qualität des deutschen Fremdenverkehrs ist im Ausland wesentlicher Imageträger für die vorrangig als Industrieland bewertete Bundesrepublik. Mit der notwendigen Ergänzung der industriellen Struktur durch einen starken Dienstleistungssektor erhält die Entwicklung des Fremdenverkehrs eine wachsende Bedeutung. Demgegenüber hat dieser Wirtschaftszweig in gesamtwirtschaftlichen Überlegungen immer noch einen viel zu geringen Stellenwert (TOURISMUSBER. 1994: 8).

1. 2 Der institutionelle Rahmen des deutschen Fremdenverkehrs

Anknüpfend an die grundsätzlichen Erörterungen zum institutionellen Rahmen der Tourismuswirtschaft (Vgl. Kapitel I, Abschnitt 5. 4) wird nachfolgend näher auf die speziellen organisatorischen Strukturen des deutschen Fremdenverkehrs einzugehen sein. Ihre Basis bilden örtliche und regionale Institutionen. Diese sind in beträchtlichem Umfang im Bereich der öffentlichen Verwaltung angesiedelt, der Logik folgend, daß die Entwicklung des Fremdenverkehrs zu denjenigen Aufgaben gehört, an deren Erfüllung und Durchführung ein gesellschaftliches Interesse besteht (MATTERN 1989: 40).

Kommunale Ebene

Auf kommunaler Ebene sind **Fremdenverkehrsstellen** mit der Zielsetzung tätig, für den Fremdenverkehr vor Ort zu werben, die Entwicklung und den Ausbau der für den Fremdenverkehr erforderlichen Infrastrukturen zu fördern und bestimmte Dienstleistungen für einzelne touristische Einrichtungen und Leistungsträger zu erbringen. Fremdenverkehrsförderung gehört jedoch nach den haushaltsrechtlichen Regularien nicht zu den Pflichtaufgaben bzw. den pflichtigen Selbstverwaltungsaufgaben der Kommunen, sondern zu den freiwilligen Selbstverwaltungsaufgaben (STIGLITZ 1989: 671). Mit diesen hat die Kommune relativ weite Handlungsspielräume. Die Wahrnehmung solcher Gestaltungsmöglichkeiten drückt sich denn auch in unterschiedlichen Bezeichnungen der Einrichtungen und Zuordnungen der Aufgaben aus: Fremdenverkehrsamt, Kurverwaltung, Tourist-Information, Verkehrsamt, Verkehrsbüro, Amt für Wirtschaftsförderung und Tourismus u. v. a..

Fremdenverkehrsstellen oder Teile von ihnen können geführt werden als

- **Regiebetrieb** (Amt): auf der Grundlage der Gemeindeordnung bestehender öffentlich-rechtlicher Teil einer Körperschaft des öffentlichen Rechts (Kommune);
- **Eigenbetrieb**: auf der Grundlage der Gemeindeordnung und des Eigenbetriebsgesetzes bestehender öffentlich-rechtlicher Teil einer Körperschaft des öffentlichen Rechts;
- **Privatwirtschaftliches Unternehmen**: privatrechtlich auf der Grundlage des GmbH-Gesetzes bestehend, „echt“, wenn von privaten Gesellschaften getragen, „unecht“, wenn die Kommune der Gesellschafter ist.

Regiebetriebe und Eigenbetriebe der Kommunen verfügen über folgende Finanzierungsmöglichkeiten:
- Haushaltsmittel im Rahmen des kommunalen Haushaltsplanes als Hauptquelle ihrer Finanzierung;
- projektbezogene Fördermittel der öffentlichen Hand;
- Mittel aus eigenwirtschaftlicher Tätigkeit (Veranstaltungen, Vermittlungsgebühren, Direktverkauf von Reiseliteratur und Souvenirs, Insertionserlöse u. a.).

Neben den kommunalen Fremdenverkehrsstellen existieren häufig gleichzeitig **Fremdenverkehrsvereine**. Sie sind freiwillige Zusammenschlüsse aller an der Fremdenverkehrsförderung interessierten touristischen und anderen Anbieter. Ihre Finanzierungsquellen sind:
- Mitgliedsbeiträge,
- Zuschüsse der Kommunen,
- Zuschüsse Dritter,
- Mittel aus eigenwirtschaftlicher Tätigkeit.

Regionale Ebene
Regionale **Fremdenverkehrsverbände** betreiben Werbung für ihre touristische Region und pflegen den Kontakt zu Reiseveranstaltern, Reisemittlern, Beförderungsunternehmen und anderen touristischen Leistungsträgern vor Ort. Sie beteiligen sich auf Messen nach dem Anschließungsprinzip. Ihre Finanzierung erfolgt durch Mitgliedsbeiträge, sie erhalten aber auch Mittel der öffentlichen Hand (Kreis, Land). Hierzu gehören außerdem Spartenorganisationen, wie z. B. regionale Bäderverbände.

Landesebene
Auf Landesebene sind Landesfremdenverkehrsverbände für die Entwicklung des jeweiligen Bundeslandes als touristische Destination informierend, werbend, beratend und koordinierend tätig. Sie finanzieren sich

hauptsächlich aus Mitgliedsbeiträgen; Anteile ihres Werbeetats, dessen Mittel häufig projektgebunden sind, trägt das Bundesland. Die Landesfremdenverkehrsverbände repräsentieren das Land auf Touristikmessen im In- und Ausland. Auch hier besteht die Tendenz, bestimmte Aufgabenkomplexe privatwirtschaftlich auszugründen.

Bundesebene
Auf Bundesebene ist die Deutsche Zentrale für Tourismus (DZT) im Ausland werbend und informierend für den Incoming-Tourismus nach Deutschland tätig. Sie ist unmittelbar dem Bundesministerium für Wirtschaft zugeordnet und wird ganz überwiegend aus dessen öffentlichen Mitteln finanziert. Sie koordiniert gemeinsame Auslandsaktivitäten mit den Landesfremdenverkehrsverbänden, hat gegenüber diesen jedoch keinerlei Anleitungs- oder Weisungsbefugnis. Die DZT unterhält Auslandsvertretungen in Amsterdam, Brüssel, Kopenhagen, London, Los Angeles, Madrid, Mailand, New York, Paris, Stockholm, Tokio, Toronto, Wien und Zürich sowie Repräsentanzen in Chicago, Helsinki, Hongkong, Johannesburg, Ljubljana, Mexico City, Moskau, Oslo, Sao Paulo, Sydney, Tel Aviv (REISEN IN DEUTSCHLAND 1995: V 11).

1. 3 Das touristische Angebot des örtlichen Fremdenverkehrs

1. 3. 1 Systematisierungsaspekte

Das touristische Produkt des örtlichen Fremdenverkehrs ist der Fremdenverkehrsort oder das Fremdenverkehrsgebiet mit der Gesamtheit seiner Angebotskomponenten, die **destination zone** mit ihren „services, facilities, things to see and to do" (zit. nach ALTHOF 1996: 7). **Destination** ist inzwischen zur Bezeichnung des Zieles einer Reise, des Bestimmungsortes, Zielortes oder Zielgebietes im touristischen Sinne im praktischen Sprachgebrauch allgemein eingebürgert (TOURLEX 1993: 35).
Die Angebotskomponenten der Fremdenverkehrsdestination werden bevorzugt in Anlehnung an die auf der SAY'schen sogenannten trinitarischen Formel beruhenden volkswirtschaftlichen und betriebswirtschaftlichen Theoriebildungen systematisiert. Danach benötigt jeder Produktionsprozeß die drei Faktorinputs **Kapital, Boden** und **Arbeit**. Ihre differenzierte Betrachtung führt zu der weiteren Unterscheidung in

- **Primäre** (ursprüngliche) Faktorinputs, das sind Arbeit und Boden (einschließlich aller natürlichen Ressourcen). Sie sind nicht Ergebnis ökonomischer, sondern biologischer, physikalischer u. a. Vorgänge;

- **Sekundäre** (abgeleitete) Faktorinputs, das sind die Kapitalgüter. Sie sind Ergebnis der stofflichen Umwandlung der primären Faktorinputs in wirtschaftlichen Vorgängen

(SAMUELSON I 1987: 102).

In diesem Sinne, wenn auch mit gewissen Inkonsequenzen, unterscheidet z. B. FREYER, bezogen auf den Produktionsprozeß des touristischen Produktes

- das ursprüngliche Angebot mit seinen Komponenten
  natürliches Angebot,
  sozio-kulturelles Angebot,
  allgemeine Infrastruktur;
- das abgeleitete Angebot mit seinen Komponenten
  allgemeine touristische Infrastruktur,
  Freizeitinfrastruktur,
  spezielle touristische Angebote

(FREYER 1995: 179).

ALTHOF hingegen bietet eine auf die wesentlichen Angebotsbestandteile konzentrierte Sicht mit einer Unterscheidung nach nur zwei Faktorengruppen

- natürliches Angebot,
- touristische Infrastruktur, gegliedert in allgemeine und spezielle Bestandteile

(ALTHOF 1996: 103).

Wenn diesem Vorschlag als dritte Angebotskomponente die **Siedlungsgestalt** der Fremdenverkehrsdestination hinzugefügt wird, die aus Sicht des touristischen Produktes ebenfalls ein ursprüngliches, weil für die Leistungserstellung vorauszusetzendes Angebotselement darstellt, kann folgende Grundsystematik gewählt werden:

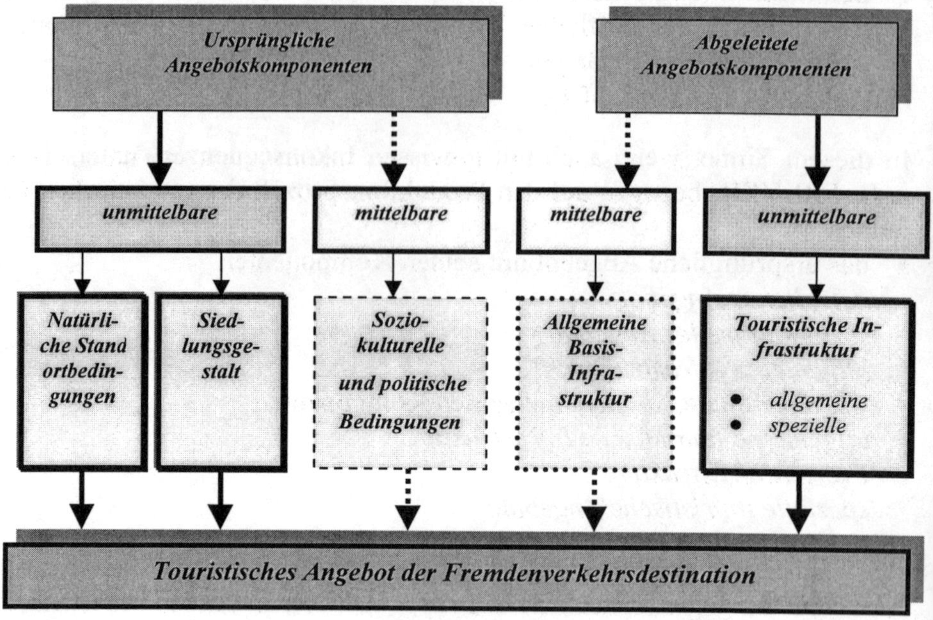

Abb. 44: Systematisierung des touristischen Angebotes

1. 3. 2 Die natürlichen Standortbedingungen

Die **natürlichen Bedingungen** eines Ortes, Gebietes oder einer Region bilden zusammen mit der **Siedlungsgestalt** und der **touristischen Infrastruktur** die Grundlagen für das Leistungsangebot des Fremdenverkehrs. Unter den natürlichen Bedingungen, die eine Destination für touristische Reisen attraktiv machen, sind in Europa, zumal im dichtbesiedelten Deutschland, keine ursprünglichen Naturlandschaften zu verstehen, sondern vom Menschen seinen zivilisatorischen Zwecken dienstbar gemachte Kulturlandschaften. Ein großer Teil von ihnen ist durch die andauernden menschlichen Eingriffe teilweise großräumig so geschädigt, daß sie nicht ohne weiteres für eine touristische Nutzung geeignet sind. Selbst die Mikroklimate einzelner Regionen blieben von nachteiligen Auswirkungen menschlicher Aktivitäten nicht verschont. Andererseits hat der Massentourismus in den stark frequentierten Regionen so nachhaltige Schädigungen der natürlichen Umwelt verursacht, daß ihr Erholungswert und ihre Attraktivität merklich abzunehmen beginnen. Die Sicherung und Erhaltung noch vorhandener günstiger Standortbedingungen und der Wiedergewinn touristisch nutzbarer Landschaftsqualität sind demzufolge vorrangige Aufgaben. Zu ihrer Lösung sind folgende generellen Maßnahmen geeignet:

- Aktiver Natur- und Landschaftsschutz,
- Landschaftspflege durch landwirtschaftliche Nutzung von Freiflächen bei drohender Brache,
- Rekultivierung,
- Sicherung von Gewässern und Gewässerrändern.

Sie werden vor allem mit nachstehenden Methoden umgesetzt:

- Landschaftsplanung,
- Umweltverträglichkeitsprüfungen,
- Gesetzgebung (Natur-, Wasser-, Waldschutzgesetze u. a.),
- staatliche Förderungsprogramme

(KLEMM 1993: 2).

Seitens der touristischen Anbieter ist auf die Realisierung von Kompetenzen eines nachhaltigen Tourismus abzustellen, um den bestehenden Zielkonflikt zu lösen (Vgl. Kapitel I, Abschnitt 3. 1).
Die natürlichen Standortbedingungen können aus Sicht ihrer Eignung für touristische Aktivitäten wie folgt typisiert werden:

- **Bevorzugte Naturtypen**
  - Meeresküsten mit weiträumigen Sandstränden, Inseln;
  - Mittel- und Hochgebirgsformationen;
  - ausgedehnte Mischwaldgebiete mit Binnengewässern und abwechslungsreichen Geländeformen;
  - Flußlandschaften;
  - artenreiche Flora und Fauna;
  - hohe Luft- und Wasserqualität;
  - nur extensive land- und forstwirtschaftliche Nutzung;
  - besonders geschützte Landschaften (Nationalparks, Naturparks, Biosphärenreservate), soweit in ihnen touristische Aktivitäten erlaubt sind.
- **Eingeschränkt geeignete Naturtypen**
  - Weniger abwechslungsreiche Landschafts- und Geländeformen;
  - Meeresküsten mit beengten, steinigen Stränden und küstennahe Regionen;
  - arteneingeschränkte Flora und Fauna;
  - gelegentliche Beeinträchtigung der Luftqualität, geringfügig belastetes Wasser;
  - mittlere land- und forstwirtschaftliche Nutzung (Übergang von extensiver zu intensiver Nutzung).

- **Ungeeignete Naturtypen**
  - Eintönige Landschafts- und Geländeformen (Flachland), sichtbar geschädigt;
  - sichtbare Folgen der Flurbereinigung (Einebnung, Begradigungen und technischer Ausbau von Flüssen und Bächen, Beseitigung von Hecken- und Knickformationen usw.);
  - Artenarmut von Flora und Fauna;
  - schlechte Luft- und Wasserqualität;
  - intensive landwirtschaftliche Nutzung auf Großflächen, intensive Forstwirtschaft (Monokulturen).

Bei der Bevorzugung der verschiedenen Landschaftsformen ist überdies eine weitere Differenzierung nach Alterszielgruppen festzustellen:

Bevölkerung insgesamt n= 6,036[1]	Gesamt	14-19 Jahre	20-29 Jahre	30-39 Jahre	40-49 Jahre	50-59 Jahre	60-69 Jahre	70 Jahre und älter
Seen	*71,0*	*76,8*	*72,3*	*76,9*	*71,5*	*69,7*	*66,6*	*62,1*
Mittelgebirge	*66,0*	*54,0*	*53,0*	*64,7*	*68,0*	*76,4*	*76,9*	*69,5*
Inseln	*64,8*	*81,9*	*80,0*	*74,7*	*65,6*	*57,0*	*47,8*	*40,6*
Meer im Norden	*60,1*	*65,4*	*66,8*	*68,1*	*60,9*	*56,4*	*52,8*	*46,8*
Flußlandschaften	*56,7*	*52,9*	*54,9*	*61,1*	*56,5*	*56,6*	*57,5*	*57,4*
Hochgebirge	*51,0*	*46,8*	*48,9*	*52,9*	*58,8*	*54,1*	*52,6*	*41,1*
Flachland	*40,6*	*37,1*	*38,2*	*40,4*	*37,1*	*39,7*	*43,1*	*50,8*
Städte	*37,4*	*44,3*	*44,1*	*35,0*	*34,6*	*33,0*	*38,7*	*32,1*

Tab. 31: Bevorzugung von Landschaftsformen
(Quelle: KLEMM 1993: 12)

Die natürlichen Standortbedingungen sind das entscheidende Kriterium bei der Wahl des Reiseziels:

Reisende n= 3 447	%
Landschaft	*51,4*
Gesundes Klima	*44,5*
Reine Luft	*37,3*
Wetter	*35,8*
Urlaubsgebiet insgesamt	*30,9*
Ruhe, wenig Lärm	*27,0*
Wasserqualität	*24,1*

[1] Anzahl der Probanden

Unterkunftsqualität	*21,7*
Unberührte Natur	*20,9*
Wald	*18,8*
Attraktivität des Urlaubsortes	*17,2*
Freizeitangebote	*14,8*
Kulturelles Interesse	*10,3*

Tab. 32: Gründe für die Reisezielwahl
(Quelle: KLEMM 1993: 11)

Obwohl eindeutig attraktive Landschaftsformen mit möglichst viel unberührter Natur von Touristen präferiert werden, zeigt sich als neuerer Trend, daß die künstlichen Welten von Freizeitparks ebenso angenommen werden (Anlage 26). Sie bieten von der „nachgebauten" Natur zu Fantasia- und Sci-fi-Welten ein breites Freizeitangebot für unterschiedlichste Aktivitäten und Zielgruppen. Sofern für den Bau von Freizeitparks eine Umwidmung ehemaligen Industriegeländes erfolgte (z. B. Movie World Bottrop), sind aus umweltpolitischen Erwägungen keine Akzeptanzprobleme zu befürchten. Anders für Standorte in touristisch bevorzugten Naturlandschaften. Andererseits darf in Rechnung gestellt werden, daß die Lenkung von Touristenströmen in künstliche Freizeit- und Urlaubsanlagen durchaus die natürliche Umwelt entlasten kann. Die bisherige Erfahrung zeigt allerdings, daß sich der Tourist nicht alternativ für die „natürliche" oder „künstliche" Urlaubswelt entscheidet, sondern beide Angebote gleichermaßen nutzt. Das Nachfrageverhalten läßt darauf schließen, daß diesem Marktsegment ein bedeutendes Wachstumspotential innewohnt.

1. 3. 3 Die Siedlungsgestalt

Die Siedlungsgestalt einer touristische Destination wird geprägt durch
- das **Ortsbild**,
- die Einbettung des Ortes in die landschaftliche **Umgebung**.

Das **Ortsbild**, sein **Imagewert als Reiseziel** wird durch folgende Komponenten erzeugt:
- Die **Ortssilhouette**
  - *Positiv*: Geschlossenes Ortsbild mit klarer Gliederung und Unterscheidbarkeit von Ortsteilen mit eigenen, unverwechselbaren Besonderheiten (Grünräume, Fachwerkensembles u. a.), so daß sich eine interessante und bemerkenswerte Gesamtkulisse im Flachland, im Tal, am Hang usw. ergibt.

- *Negativ:* Zerrissenes Ortsbild mit störend aus ihrer Umgebung herausragenden modernistischen Hochbauten für Wohnen, Industrie, Verwaltung, die mit ihren Baumaßen historische Bauwerke unterdrücken, so daß sich eine maßstabsprengende Wirkung im Ort oder in der Ort-Landschaftsbeziehung ergibt und die Ästhetik des Ortsbildes verletzt wird.

▪ Die **Ortsränder**

- *Positiv:* Geschlossene Wirkung alter, dicht bebauter bis aufgelokkerter, deutlich gegen die Landschaft abgegrenzter Orte bzw. Ortsteile. Optisch wirksame Ortskanten, zusätzlich betont durch historische Ortsrandmarkierungen (Reste von Stadtmauern, Wallanlagen u. a.).
- *Negativ*: Zerrissene Ortsränder, durch Zersiedlung und Wildwachstum nicht mehr klar von der umgebenden Landschaft abgegrenzt. Industrie- und Gewerbeparks, unklare Einfallspunkte in den Ortskern und damit Verlust an Orientierungsmöglichkeit.

▪ Die **Dachlandschaft**

- *Positiv:* Einheitliche Dachlandschaft mit vorherrschenden Steildächern und charakteristischen, natürlichen und überkommenen Bedeckungsmaterialien (Ziegel, Schiefer, Rohr u. a.) in dem für das Siedlungsgebiet entsprechenden historischen Kontext. Harmonische Farb- und Materialwirkung im Gleichklang zur umgebenden Natur.
- *Negativ*: Zerrissene Dachlandschaft ohne erkennbares ästhetisches und gestalterisches Prinzip. Wechsel von Steil- und Flachdächern, damit gebrochene Zahnlinien gegen den Horizont. Verwendung ortsfremder und industrieller Dachbedeckungen in einer gesichtslosen Modernität.

▪ Die **örtlichen Besonderheiten**

- *Positiv*: Orte mit optisch dominierenden, historischen Bauwerken und Bauensembles, Anziehungspunkten und Orientierungsmarken (Burg, Schloss, Kirchturm, Altstadtkern u. a.).
- *Negativ*: Orte mit durch Überbauung zerstörter historischer Struktur und fehlender überkommener Bausubstanz. Überwiegende Neubebauung in gesichtsloser, austauschbarer Modernität.

▪ Das **Verkehrswegenetz** (Straßen und Plätze)

- *Positiv*: Orte mit einem lebendigen Wechsel von offenen und geschlossenen Raumwegen, erkennbar strukturiert. Historische Rundgänge entlang alter Ortsbefestigungen oder –begrenzungen mit einzelnen Erkundungs- und Entdeckungszentren (historische Einzelgebäude, Brücken, Brunnen, Denkmäler u. a.). Verkehrsberuhigte Altstadtkerne.

  - *Negativ*: Orte mit zerstörtem historischen Verkehrswegenetz, geraden und breiten, primär auf die Bedürfnisse des fließenden Verkehrs ausgerichteten Straßenzügen. Belastung des Altstadtkerns mit fließendem und ruhendem Verkehr.
- Die **Kontakträume**
  - *Positiv*: Orte mit Bestand an Raumfolgen (Plätzen), frei zugänglichen Innenhöfen und idyllischen Winkeln der Ruhe und des Verweilens, Örtlichkeiten zwangloser Begegnung und Bereiche mit Sichtbeziehungen und harmonischen Übergängen in die angrenzende Landschaft.
  - *Negativ*: Orte mit hektischer Betriebsamkeit, einer vorherrschenden Präsens von Verkehrs- und Gewerbeflächen und –räumen ohne ausgleichende Gemütsbindung.
- **Ergänzende Details**
  - *Positiv:* Orte mit prägnanten Einzelheiten historischen Charakters (besondere Art der Straßen- und Gehwegbeläge, Torbögen, Wandmalereien, Brunnen, Denkmäler, Freiplastiken, historische Verkehrsmittel u. a.).
  - *Negativ:* Orte, deren Einzelheiten durch technische Zeichen gesetzt werden, die ohne optische Reize sind, häufig das ästhetische Empfinden verletzen, in verwirrender Dichte und Aufdringlichkeit (Trafostationen, Oberleitungen, Verkehrszeichen, Reklametafeln).

Die **Einbettung des Ortes in die landschaftliche Umgebung** ergänzt notwendig die empfundene Ästhetik einer Siedlungsgestalt:
- Die **landschaftliche Lage**
  - *Positiv*: Attraktive, malerische Lage und harmonische Einbindung des Ortes in die angrenzende Landschaft.
  - *Negativ*: Ortslage ohne Bezug zur umgebenden Landschaft, mit ästhetischen Brüchen.
- **Landschaftliche Besonderheiten**
  - *Positiv*: Landschaftsbereiche mit charakteristischer Prägung, die in Sichtbeziehung zum Ort oder Ortsteilen liegen, wie z. B. besonders geformte Berggipfel und –räume, Felsformationen, markante Baumgruppen oder Einzelbäume, Taleinschnitte, Hohlwege, Fluß- oder Bachlauf, Seen oder Weiher.
  - *Negativ*: Minderung oder sogar Zerstörung der Landschaftsqualität durch sichtbare Beeinträchtigungen, wie Deponien, Hochspannungstrassen, Gewerbeflächen, Reklametafeln, Verkehrsbauten (Bahntrassen, Hochstraßen u. a.)

(Quelle: DSF).

- ***Ortssilhouette***
- ***Ortsränder***
- ***Dachlandschaft***
- ***Örtliche Besonderheiten***
- ***Verkehrswegenetze***
- ***Kontakträume***
- ***Ergänzende Details***

- ***Landschaftliche Lage***
- ***Landschaftliche Besonderheiten***

Abb. 45: Komponenten der Siedlungsgestalt

Ortsbild und landschaftliche Einbindung sind durch die gestaltende Tätigkeit der Menschen erzeugt. Ihr Imagewert als attraktive Fremdenverkehrsdestination kann nur erhalten und entwickelt werden, wenn ein sorgsamer und bewahrender Umgang mit dem historischen „Erbe“ erfolgt und seine harmonische Verbindung mit dem notwendig zu schaffenden Neuen ermöglicht wird. Gleichzeitig müssen, soweit wirtschaftlich vertretbar, negative Eingriffe der Vergangenheit in die Siedlungsgestalt gemildert oder rückgängig gemacht werden. Dies kann nur im Rahmen eines planerischen Gesamtkonzeptes erfolgen, in dem gemeinschaftliche Maßnahmen der kommunalen Selbstverwaltungsorgane mit der privaten Initiative verbunden werden. Eine wichtige Funktion haben hier regionale und landesweite Wettbewerbe zur Erhöhung der Qualität der Siedlungsgestalt (Anlage 27). Gleichzeitig ist es notwendig, in die Siedlungsgestalt eine spezielle touristische Infrastruktur zu integrieren.

1. 3. 4 Die Infrastruktur

Vorzüge des natürlichen Standortes und eine fremdenverkehrsadäquate Siedlungsgestalt sind grundlegende Voraussetzungen für die Eignung eines Ortes, Ortsteiles oder einer Region als touristische Destination. Der heutige Reisende erwartet darüber hinaus eine perfekt funktionierende und seine Bedürfnisse voll erfüllende Infrastruktur.
Der Begriff Infrastruktur wird verschieden interpretiert und verwandt. Die klassische Auffassung geht davon aus, daß zur Infrastruktur „die (meist) öffentlichen Einrichtungen, die eine Grundvoraussetzung für das wirtschaftliche Leben sind." gehören (GABLER 1988: 2458). In ähnlicher Weise werden die infrastrukturellen Leistungen auch als „Vorleistungen" des öffentlichen Sektors für die private Produktion betrachtet (HARDES 1988: 205). Ausgangspunkt dieser Definition ist die Theorie der öffentlichen Güter. Im Ordnungsmodell einer Marktwirtschaft wird der größere Teil der volkswirtschaftlichen Ausbringung von privaten Unternehmen erstellt und angeboten und von privaten Konsumenten und Investoren angekauft. Der Preismechanismus des Marktes verbürgt die optimale Allokation der Produktivkräfte. Doch entstehen Situationen, bei denen der Markt keine optimalen Ergebnisse zu erzielen vermag, im Extremfall tritt Marktversagen ein (MUSGRAVE 1996:7). In diesen Fällen wird dem Staat die Funktion zuerkannt, Basisleistungen für den geregelten Ablauf des wirtschaftlichen und sozialen Lebens zu organisieren. Diese infrastrukturellen Leistungen materieller und immaterieller Art können bereitgestellt werden als

- **öffentliche Güter**, die der Staat unmittelbar selbst erstellt;
- **Güter, die der Staat öffentlich bereitstellt**, nachdem sie in seinem Auftrag privat produziert wurden.

Ihre direkte Nutzung kann unentgeltlich, teilentgeltlich oder entgeltlich erfolgen. Bei ihrem Konsum herrscht Nonrivalität. Je nach vorherrschender Auffassung über die konkreten Ausprägungsformen marktwirtschaftlicher Modelle wird auch die Frage unterschiedlich beantwortet, auf welche solcher infrastrukturellen Basisleistungen der Staat festzulegen sei. Im Zuge des Wiedererstehens eines neoliberalen Wirtschaftsverständnisses setzt sich der Trend auch im praktischen Leben immer stärker durch, bisherige staatliche Aktivitäten zur Vorhaltung der Infrastruktur, soweit irgend vertretbar, zu privatisieren, d. h. infrastrukturelle Leistungen unmittelbar auch als **private Güter** zu erzeugen und anzubieten. Dennoch bedarf die Entwicklung einer funktionierenden Infrastruktur zumindest des ordnungspolitischen Eingriffs des Staates, um alle notwendigen Einzelmaßnahmen langfristig orientiert zu planen und zu koordinieren. Wir gehen davon aus, daß die Infrastruktur der Kommunen, Regionen und Territorien sowohl durch öffentliche Güter, als auch durch öffentlich bereitgestellte und privat erstellte Güter sowie durch private Güter entwickelt werden kann. Die technische und soziale Infrastruktur umfaßt im wesentlichen

- die Einrichtungen, Anlagen und Netze der Energie- und Wasserwirtschaft sowie der Entsorgung, des Verkehrswesens, des Post- und Fernmeldewesens;
- die Einrichtungen kommunaler Dienstleistungsbetriebe sowie des Bildungs-, Gesundheits- und Sozialwesens, der Kultur und des Sportes;
- die Einrichtungen der öffentlichen Verwaltung.

Der Begriff der **touristischen Infrastruktur** leitet sich nun aus der eingangs dargestellten Überlegung ab, daß zu ihr alle Vorleistungen gerechnet werden, die zur Erstellung touristischer Produkte notwendig sind:

- Die allgemeine Basisinfrastruktur wird zur touristischen Infrastruktur, insoweit sie auf die spezifischen Anforderungen des örtlichen Fremdenverkehrs abstellt.
  Das betrifft vor allem
  - das Verkehrswesen,
  - das Einzelhandels- und Dienstleistungsnetz,
  - allgemeine Sportstätten, das Grundnetz der medizinischen Versorgung, die öffentliche Sicherheit.
- Zur touristischen Infrastruktur gehören alle Vorleistungen, die unmittelbar der Erstellung touristischer Produkte durch Reiseausführungs- und Reisegestaltungsbetriebe dienen. Sie hat allgemeine Komponenten, die zur „Grundausstattung" einer jeden Fremdenverkehrsdestination gehören und spezifische Komponenten, die der Entwicklung von Produktspezialitäten einzelner Orte, Ortsteile oder Gebiete dienen und auf bestimmte Zielgruppen Bezug nehmen:
  - *Allgemeine Komponenten*
    - Gastgewerbe,
    - Beherbergungsgewerbe,
    - Gästebetreuung, touristische Information,
    - Unterkunftsvermittlung,
    - Freizeiteinrichtungen,
    - Sehenswürdigkeiten.
  - *Spezielle Komponenten*
    - Kur- und Bädereinrichtungen,
    - Themenparks,
    - Spezielle Freizeitanlagen und Attraktionen,

- Einrichtungen für besondere Urlaubsformen (Kreativ-Urlaub, Urlaub auf dem Bauernhof, Reiterferien u. ä.),
- Einrichtungen zur Durchführung von Messen, Tagungen und Kongressen.

1. 4 Die Normierung der Fremdenverkehrsleistungen

Die Normierung der Leistungskomponenten des touristischen Angebotes der Destinationen entspringt dem praktischen Bedürfnis, mit einem überschaubaren, sachbezogenen und vereinheitlichten Leistungsstandard die Transparenz der unterschiedlichen Angebote zu erhöhen und Voraussetzungen für den Einsatz eines deutschlandweiten Informations- und Reservierungssystems zu schaffen. Gleichzeitig ermöglicht die Leistungsnormierung eine harmonisierte Darstellung der deutschen Incoming-Produkte auf den ausländischen Quellmärkten. Schließlich bildet die Normierung den Maßstab für die Durchsetzung eines einheitlichen Qualitätsstandards der deutschen Anbieter.
Mit diesen Zielstellungen wurde eine **T**ouristische **I**nformations-**N**orm (TIN) entwickelt und der Praxis zur Anwendung empfohlen (FRIED 1992). Sie verwendet für die Beschreibung des touristischen Angebotes Merkmale, die sich zunächst

- nach dessen **Struktur** und
- nach ihrer **Relevanz** für die Informations- und Reservierungssysteme

unterscheiden.

Die Gliederung nach der touristischen **Angebotsstruktur** bietet folgende Selektionsstufen der Beschreibungsmerkmale:

- Touristisches Angebot Deutschland,
- touristisches Angebot eines Bundeslandes,
- touristisches Angebot einer Region,
- touristisches Angebot einer Kommune,
- Angebotseinheit Beherbergungsbetrieb,
- Angebotseinheit Zimmer.

Die Gliederung nach der **Relevanz** für Informations- und Reservierungssysteme unterscheidet nach

- **Selektionskriterien**, die auf den Stufen der Angebotseinheiten *Beherbergungsbetrieb* und *Zimmer* nach einer Standardselektion und einer ausführlichen Selektion dargestellt sind;

- **Informationskriterien,** die nach obligatorischen und frei wählbaren Merkmalen dargestellt sind und ausschließlich der Beschreibung des touristischen Angebotes dienen

(FRIED 1992: 9 ff.).

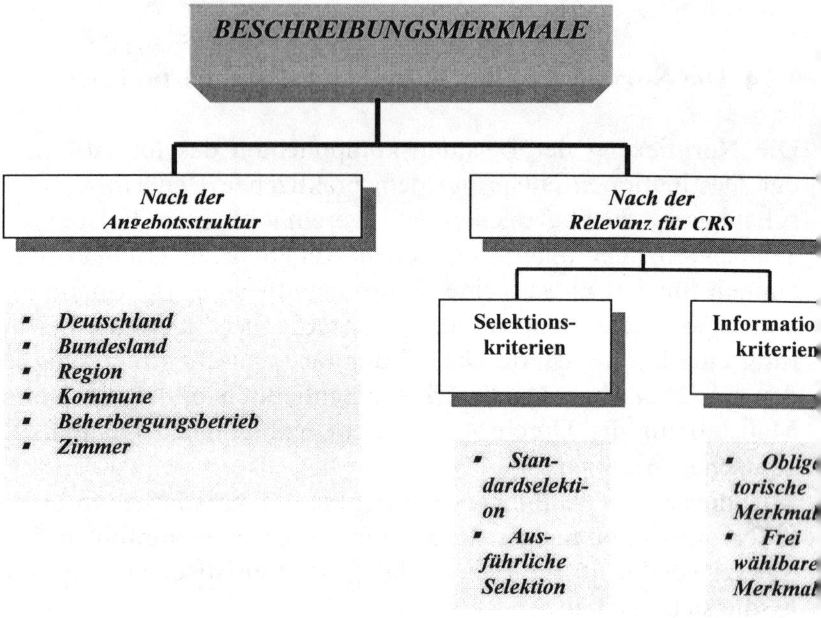

Abb. 46: Struktur der Touristischen Informations-Norm (TIN)
(Quelle: FRIED 1992: 10, 12)

Die Kriterienkataloge zur Selektion nach der Angebotsstruktur enthalten folgende Hauptkriterien:

Deutschland, Bundesländer, Regionen:	*Kommune:*
	▪ *Verkehrsanbindung*
▪ *Höhenlage*	▪ *Höhenlage*
▪ *Charakteristik der Landschaft*	▪ *Charakteristik der Landschaft*
	▪ *Beherbergungsangebote*
▪ *Unterhaltung /Freizeit/ Sport*	▪ *Unterhaltung/Freizeit/Sport*
▪ *Veranstaltungen*	▪ *Veranstaltungen/Kurse*
▪ *Kur/Gesundheit*	▪ *Kur/Gesundheit*
▪ *Pauschalangebote*	▪ *Pauschalangebote*
▪ *Sonstiges (Tagungen, Kongresse, Messen)*	▪ *Sonstiges (Tagungen,Kongresse, Messen)*

Tab. 33: Selektionskriterien nach Angebotsstruktur gem. TIN

Obwohl mit der TIN ein praktikabler Vorschlag zur vereinheitlichten und standardisierten Angebotsstrukturierung vorgelegt wurde, bestehen nach wie vor eine große Anzahl lokaler und regionaler Informations- und Reservierungssysteme, die sich unterschiedlicher Informations- und Selektionskriterien bedienen. Die von der Deutschland Informations- und Reservierungsgesellschaft (DIRG) im Auftrage der Verbände des deutschen Fremdenverkehrs betriebene Arbeit zielt darauf ab, die Buchbarkeit aller Deutschland-Angebote in einem zentralen Computer-Informations- und Reservierungssystem zu ermöglichen. Damit würde sich der Weg zum Vertrieb der deutschen Fremdenverkehrsprodukte auch über Reisebüros in stärkerem Umfang eröffnen.

1. 5 Die Fremdenverkehrskonzeption

Die Komplexität des touristischen Angebotes der Fremdenverkehrsdestination erfordert eine vorausschauende und zielorientierte Koordinierung aller Aktivitäten auf der Grundlage einer **Fremdenverkehrs**- oder **Tourismuskonzeption**. Sie wird auf der Ebene eines Bundeslandes, einer Region oder Kommune auszuarbeiten sein. Ihre wichtigsten Aufgaben sind:

- Darstellung eines klaren Angebotsprofils,
- Abstimmung der einzelnen Leistungsbausteine des touristischen Angebotes,
- Bestimmung der Zielgruppen,
- Einsatz der Marketingstrategien und -instrumente,
- Anforderungen an Vorleistungen anderer Bereiche.

Fremdenverkehrskonzeptionen sind in enger Verbindung mit den wirtschaftlichen Planungen zu entwickeln. Sie sind in die Grundlinien der Entwicklung des jeweiligen Wirtschaftsraums einzuordnen. In den deutschen Reisegebieten wird der Fremdenverkehr häufig sogar zum strukturbestimmenden Element der wirtschaftlichen Entwicklung. Voraussetzung für die konzeptionelle Gestaltung von Fremdenverkehrsstrukturen sind

- die Analyse der touristischen Angebotsfaktoren (Vgl. Abschnitt 1. 3),
- die Analyse der Nachfrage,
- die Analyse der Mitbewerber.

Ihre Ergebnisse dienen der Erstellung eines **Polaritätenprofils** (auch Stärken-Schwächen-Analyse):

- Es arbeitet diejenigen Bereiche heraus, mit denen sich die Destination gegenüber Mitbewerbern profilieren kann;

- es deckt solche Mängel und Nachteile auf, die notwendigerweise zu beseitigen sind;
- es weist auf Negativfaktoren hin, die in Kauf genommen werden müssen.

Aus den Erkenntnissen des Polaritätenprofils ist das **Touristische Leitbild** zu entwickeln. Es drückt die Grundphilosophie und Zielsetzung des unverwechselbaren touristischen Angebotes der Destination mit einem Wiedererkennungseffekt aus und enthält vor allem folgende Komponenten:
- Spezifische Stärken und Vorzüge der Destination,
- Grundpositionen und Leitmotive des Angebotes,
- Qualitätsmaßstäbe des Angebotes,
- Nachfrageorientierung,
- Zielgruppenbestimmung,
- Alleinstellungsmerkmal des Angebotes (Unique Selling Proposition).

Aus dem touristischen Leitbild sind die einzelnen marketingpolitischen Maßnahmen abzuleiten und umzusetzen:
- Maßnahmen der konkreten Produktentwicklung,
- preispolitische Maßnahmen (Preis-Leistungsverhältnis, Preisniveau, Konditionen),
- vertriebspolitische Maßnahmen (Absatzwege, Absatzformen),
- Werbung und Öffentlichkeitsarbeit.

Die Erstellung von Fremdenverkehrskonzeptionen wird bevorzugt in die Hände selbständiger Projektentwickler gegeben. Ihre Auftraggeber sind die Fremdenverkehrseinrichtungen der Länder und Kommunen. Bei den Kommunen liegt auch die Hoheit über die gebietliche Planung ihrer Region (Regionalplanung), des Ortes (Ortsplanung) und der konkreten Entwicklungsvorhaben (Objektplanung), abgeleitet aus den übergeordneten Planungsvorgaben der Gebiets- und Landesentwicklungspläne. Diese bilden auch den Planungsrahmen für die Umsetzung der Fremdenverkehrskonzeptionen.

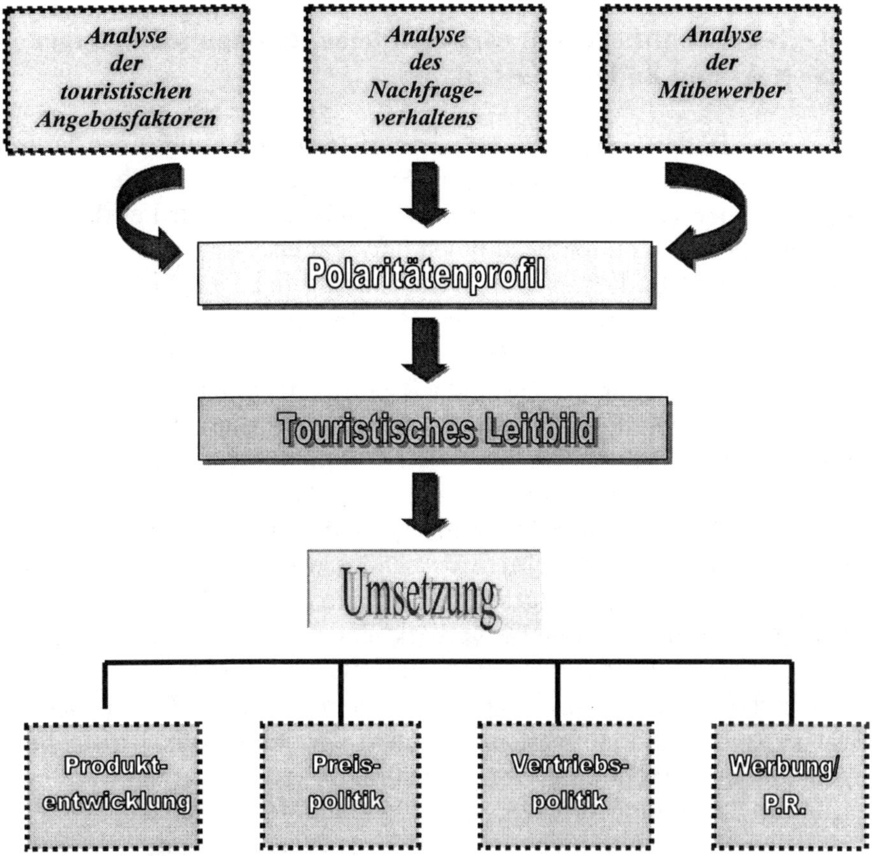

Abb. 47: Die Fremdenverkehrskonzeption - Arbeitsstufen und Inhalte -

2. Die Kur- und Bäderreisen

2.1 Gesellschaftliche und wirtschaftliche Rahmenbedingungen des Kur- und Bäderbetriebes

Kur- und Bäderreisen nehmen im touristischen Angebot der Fremdenverkehrsdestinationen eine besondere Stellung ein. Sofern die Voraussetzungen für einen Kur- und Bäderbetrieb gegeben sind, wird er das touristische Leitbild der Destination bestimmen und prägen.
Das Kur- und Bäderwesen in Deutschland blickt auf eine lange Tradition zurück. Schon frühzeitig wurden Bestrebungen sichtbar, diesem Bereich einen ordnungspolitischen Rahmen zu geben, um so eine optimale Förderung und Umsetzung der Gesundheitspolitik als Staatsaufgabe zu bewirken. Erster markanter Punkt auf diesem Wege war die Gründung des Schlesischen Bäderverbandes im Jahre 1878. Ihm folgte am 23. April 1892 der Allgemeine Deutsche Bäderverband mit einem im ganzen Reichsgebiet tätigen Ständigen Ausschuß für die gesundheitlichen Einrichtungen in den Kur- und Bäderorten. Ziel des Verbandes war vor allem, einheitliche Ordnungsgrundlagen für das gesamte deutsche Kur- und Bäderwesen zu schaffen. Dies wurde schrittweise verwirklicht mit den Nauheimer Beschlüssen 1911, den Salzuflener Beschlüssen 1932 und der Anordnung 22 des Reichsfremdenverkehrsverbandes aus dem Jahre 1937. Der Deutsche Bäderverband konstituierte sich nach dem Zweiten Weltkrieg im Jahre 1947 neu. Er legte 1951 eine Normensammlung zu Begriffsbestimmungen für Kur- und Erholungsorte vor, die 1953 und 1987 überarbeitet wurde und 1991 auf die Bedingungen des vereinigten Deutschlands angepaßt worden ist. Sie wird durch eine Anzahl weiterer ordnungspolitischer Regelungen ergänzt.
Heute verfügt Deutschland über ein Kur- und Bäderwesen mit einem auf der Welt einmaligen Standard. Es leistet einen beträchtlichen Beitrag für die Volksgesundheit durch vorbeugende Gesundheitsfürsorge und Rehabilitation. Ein enges Netz von Kur- und Bädereinrichtungen, organisatorisch verzahnt mit den Systemen der staatlichen und privaten Krankenversicherung, ermöglicht ein breites Behandlungsspektrum auf der Grundlage moderner wissenschaftlicher Behandlungsmethoden. Gleichzeitig ist der Kur- und Bäderbetrieb in seiner engen Verflechtung mit dem allgemeinen Fremdenverkehr ein beträchtlicher Wirtschaftsfaktor.

Zwischen den Kureinrichtungen der alten und neuen Bundesländer bestehen naturgemäß erhebliche Qualitäts- und Quantitätsunterschiede, die auch in naher Zukunft nur schrittweise gemindert werden können. Der Rückstand des östlichen Kur- und Bäderwesens kann dabei als Wachstumspotential der gesamten Branche dienen. Allerdings muß berücksichtigt werden, daß der Kur- und Bäderbetrieb in seinen Existenz- und Wachstumsbedingungen in starkem Maße von den Zielsetzungen der gesamtstaatlichen Gesundheitspolitik abhängt, wird doch ein beträchtlicher Anteil der von ihm erbrachten Leistungen von den Trägern des Sozialversicherungssystems finanziert. Soweit Leistungen privater Finanzierung unterliegen, wird ihre Entwicklung erheblich von der durch die gesamtwirtschaftliche Situation und die staatliche Wirtschaftsordnungspolitik bestimmten Einkommenssituation beeinflußt. Die mit Beginn der 90er Jahre registrierte Stagnation in der Leistungsentwicklung ist Ausdruck derartiger Wirkungen. Sofern es tatsächlich zu tiefen Einschnitten in die sozialen Systeme, wie politisch beabsichtigt, kommt, sind weitere negative Folgen unausbleiblich.

Die Bäderstatistik, die aufgrund der unterschiedlichen Niveaubedingungen für die alten und die neuen Bundesländer vorläufig noch immer getrennt geführt werden muß, zeigt folgende Daten:

Jahr	Erfaßte Kurbetriebe	Gäste[1]			Kurtage[1] i. Taus.	Abgegebene Kurm. i. Taus.
		Ausländer i. Taus.	Inländer i. Taus.	Gesamt i. Taus.		
1. Früheres Bundesgebiet						
1988	263	242	8. 290	8. 532	108. 377	45. 432
1989	264	247	8. 264	8. 511	101. 522	39. 578
1990	266	265	8. 648	8. 913	105. 397	49. 493
1991	268	328	9. 069	9. 397	114. 338	41. 776
1992	267	311	8. 998	9. 309	112. 115	41. 391
1993	269	241	9. 123	9. 364	113. 607	38. 258
1994	270	236	9. 172	9. 408	111. 919	36. 371
1995	267	234	9. 111	9. 345	111. 474	33. 501
2. Neue Bundesländer						
1995	k. A.	k. A.	k. A.	341	k. A.	k. A.

Tab. 34: Der Kurverkehr
(Quellen: STAT. BUNDESAMT 1996: 175; DBV BER. 1996: 52)

[1] Nur Gäste ab vier Übernachtungen im Kurort

Den Anteil der Sozialkuren an der Gesamtzahl der Kurgäste und ihre Verteilung auf die Bädersparten zeigt Tabelle 35.

	Gesamtzahl aller Kurgäste	Heilkuren von Sozialvers.-Trägern	Anteil der Soz.-Kuren in v. H.	Alle Übernachtungen	Übernachtungen Soz.- Kuren	Anteil der Übern. Soz. in v. H.
Mineral- und Moorbäder	2 615 828	1 157 327	44, 2	42 178 687	28 433 971	67, 4
Seebäder	3 419 561	177 349	5, 2	34 789 461	4 217 428	12, 1
Kneippkurorte	687 136	133 577	19, 4	8 792 276	3 458 358	39, 3
Heilklimatische Kurorte	2 578 004	161 428	6, 3	21 661 344	4 782 296	22, 1
Alle Heilbäder und Kurorte	**9 300 529**	**1 629 681**	**17, 5**	**107 421 768**	**40 892 053**	**38, 1**

Tab. 35: Heilkuren von Mitgliedern der Sozialversicherungsträger 1996 – westliche Bundesländer – (Quelle: JAHRESBER. 1997: 69)

2. 2 Merkmale des Produktes Kur- und Bäderreise

Es ist davon auszugehen, daß das Produkt Kur- und Bäderreise über spezifische Merkmale verfügt, die die Art und Weise seiner Vermarktungen entscheidend bestimmen. Sie leiten sich vom Begriff der Kur ab:

> Unter Kur ist eine komplexe, vorwiegend ärztlich geleitete Übungsbehandlung zur Prävention und Rehabilitation bei verschiedenen Erkrankungen zu verstehen. Sie ist mit einem Orts- und Milieuwechsel verbunden
> (DBV BEGR. 1991: 57).

Die Kur strebt folgende Ziele an:
- Vorbeugende Stabilisierung der Gesundheit (Prävention): Vorsorgekur;
- Wiederherstellung der Gesundheit nach Erkrankung (Rekonvaleszenz): Rehabilitationskur.

Dazu bedient sie sich bestimmter **Wirkprinzipien**:
- Ausschaltung schädlicher Einflüsse aus der Umwelt des Kurpatienten;
- Übung der körpereigenen Regulation;

- Steigerung der Organkapazität durch Anpassungsleistungen;
- Gesundheitserziehung.

Zur Umsetzung dieser Wirkprinzipien kommen drei Gruppen von Faktoren zum Einsatz, die sich nach ihrer medizinischen und psychisch-sozialen Indikation unterscheiden lassen:

- **Medizinische Indikation**
  - *Spezielle Behandlungsprodukte*
    Hier sind zu nennen:
    - natürliche Heilmittel des Bodens (Heilwasser, Heilgase, Peloide),
    - natürliche Heilmittel des Meeres (Meerwasser).

  Sie werden sowohl im Rahmen erprobter Naturheilverfahren (Anwendung natürlicher Behandlungen) als auch mittels spezieller Therapiemethoden zur Wirkung gebracht.
  - *Nutzung positiver Umweltfaktoren* (dem Kurerfolg förderliche Standortbedingungen)
    Das sind
    - Klima als begleitender Milieufaktor jeder Kur,
    - Höhenlage,
    - besondere Luft- und Wasserqualität,
    - Ruhe.
- **Psychische und soziale Indikation**
  - *Den Kurerfolg begünstigende Faktoren des Kurbetriebes*
    wie z. B.:
    - Kulturelle Faktoren,
    - Angebote zur Kunstrezeption und eigener künstlerischer Betätigung,
    - Pflege spezieller, von der Berufswelt und der Familie deutlich abgehobener Sozialkontakte.

Die Kur wird als

- **Ambulante Kur** (früher „offene" Badekur) bei weitgehend freier Wahl des Kurortes sowie der Unterkunft und Verpflegung außerhalb der eigentlichen Kureinrichtung durch den Patienten im ärztlichen Einvernehmen
  oder als
- **Stationäre Kur** (geschlossene Kur) durch Einweisung in eine Vertragskureinrichtung (Kurklinik, Sanatorium, Reha-Einrichtung)

bewilligt. Ausschlaggebend ist die medizinische Indikation.

Die **Kompaktkur** ist eine neuere Ergänzung der ambulanten Kur. Die Patienten wählen wie bei anderen Formen einer ambulanten Kur die Unterkunft und Verpflegung selbst aus. Die Kuren sind streng indikationsbezogen strukturiert, sie werden in Gruppen mit ca. 15 Patienten durchgeführt, die Einberufung erfolgt nur zu bestimmten Terminen.

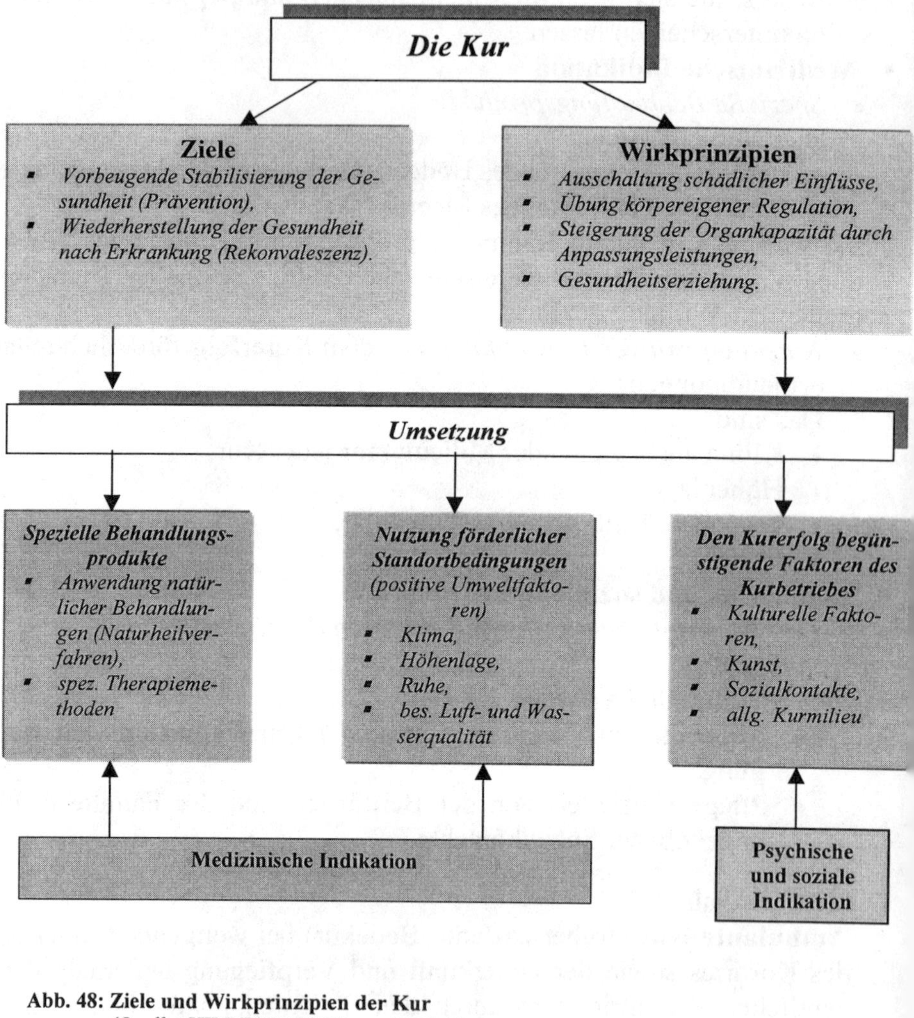

Abb. 48: Ziele und Wirkprinzipien der Kur
(Quelle: HILDEBRANDT u. a. 1995: 9)

Hinsichtlich ihrer allgemeinen formalen, wirtschaftlichen, rechtlichen und sozialen Elemente erfüllt auch die Kur- und Bäderreise die Kriterien einer Pauschalreise. Ihre konkrete Umsetzung entsprechend dem besonderen Ziel eines Kuraufenthaltes führt zur Ausprägung eines spezifischen Charakters, der für die kompetente Vermarktung dieses Produkts bedeutsam ist.

Merkmale des Produktes **Kur- und Bäderreise:**

- **Spezielles Produkt** der Fremdenverkehrswirtschaft mit
  - *medizinisch indizierten*
    - besonderen Anforderungen an die Art der Unterkunft (Stationär, ambulant),
    - besonderen Anforderungen an die Art der Verpflegung (Spezielle Diätverpflegung),
    - besonderen Anforderungen an die vorgefundenen Standortbedingungen der Kureinrichtungen,
    - Anwendungen spezieller Behandlungsprodukte und Heilverfahren;
  - *psychisch und sozial indiziertes Angebot für kulturelle und künstlerische Nebenleistungen;*
- das Produkt befriedigt die **spezifische Nachfrage besonderer Zielgruppen**
  - *im Bereich der Privatkuren*
    - Menschen mit stark ausgeprägtem Gesundheitsbewußtsein,
    - soziale Schichten im gehobenen Einkommensbereich;
  - *im Bereich der Sozialkuren* ausschließlich auf der Grundlage einer medizinischen Indikation
    - Patienten, deren Gesundheit vorbeugend stabilisiert werden soll,
    - Rekonvaleszenz nach einer Erkrankung.

    Mit weiter ansteigenden Selbstbeteiligungen der Patienten an der Kur wird vermutlich auch die konkrete Einkommenssituation die Entscheidung über eine Sozialkur mit beeinflussen;
- **die Vermarktung** des Produktes Kur- und Bäderreise erfordert besondere Verkaufskenntnisse und Beratungskompetenz, vor allem hinsichtlich
  - der Kurarten und ihrer Indikationen,
  - der Ziele und Wirkprinzipien der Kur,
  - der Finanzierungsformen für die Kur,
  - der Besonderheiten des Vertriebs über Reiseveranstalter, Reisemittler oder Leistungsträger;
- **die Preisbildung** für das Produkt Kur- und Bäderreise wird bei Sozialkuren über die Sozialgesetzgebung staatlich beeinflußt, so daß die Angebots- und Nachfrageverhältnisse nur im Bereich der Privatkuren uneingeschränkt wirken können.

2. 3 Der Kurortbegriff und die Kurortarten

2. 3. 1 Grundcharakteristik des Kurortes

Die Normen der „Begriffsbestimmungen für Kurorte, Erholungsorte und Heilbrunnen" des Deutschen Bäderverbandes stellen keine verbindliche gesetzliche Regelung dar. Sie haben Orientierungscharakter, liegen aber weitestgehend den Anerkennungsverfahren in Verantwortung der Bundesländer zugrunde. Damit tragen sie entscheidend zu einer überschaubaren, klaren und einheitlichen Ordnung des Kur- und Bäderwesen bei und ermöglichen auch eine sachkompetente Vermarktung von Kur- und Bäderreisen. Hiernach sind zunächst zwei Gruppen von Artbezeichnungen zu unterscheiden: **Kurorte und Erholungsorte.**

- **Kurorte**

  Kurort ist ein Gebiet, Ort oder Ortsteil mit
  - einem artgemäßen Kurortcharakter,
  - artgemäßen Kureinrichtungen,
  - wissenschaftlich anerkannten und durch Erfahrung bewährten klimatischen Eigenschaften, natürlichen Heilmitteln des Bodens und des Meeres und besonderer Luftqualität.

Die jeweilige Artbezeichnung unterliegt dem staatlichen Anerkennungsverfahren.

Zum artgemäßen **Kurortcharakter** gehören vor allem
- besondere natürliche/landschaftliche Gegebenheiten,
- ein entsprechendes Ortsbild,
- hohe Anforderungen an Umweltqualität und Umweltschutz (z. B. Trinkwasserqualität, Abfall- und Abwasserwirtschaft, Verkehrsberuhigung, keine Industrianlagen),
- eine entsprechende Infrastruktur mit Sportanlagen, Kultureinrichtungen usw..

Zu den artgemäßen **Kureinrichtungen** gehören vor allem
- kurgemäße Unterkünfte und medizinische Einrichtungen (Krankenanstalten, Kurkliniken, Sanatorien, Kurmittelhäuser sowie Hotels, Pensionen und Privatunterkünfte auf entsprechendem Standard),
- kurgemäße Verpflegung (insbesondere Diätverpflegung und -beratung),
- medizinische Betreuung durch Kur- und Badeärzte bzw. bei heilklimatischen Kurorten durch speziell ausgebildete Fachkräfte,

- eine kurgemäße Betreuung und Unterhaltung der Kurpatienten und Kurgäste.

Die besonderen **klimatischen Eigenschaften** und die **Luftqualität** sind differenziert nachzuweisen. Mindestanforderungen sind vor allem
- eine Besonnung im Kurgebiet von mindestens 1.350 Stunden im Jahr,
- das Auftreten von Nebel von April bis September an maximal 15 Tagen, sonst maximal an 50 Tagen.

Die Luftqualität wird nach Luftgütegraden bewertet:
0 - nahezu unbelastet,
1 - kaum belastet,
2 - schwach belastet,
3 - mäßig belastet,
4 - erhöht belastet,
5 - stark belastet.

In den einzelnen, entsprechend der Bewertung für den Kurbetrieb unter therapeutischen Gesichtspunkten unterschiedenen Ortsbereichen wird die Anforderung an den Luftgütegrad mit entsprechenden Obergrenzen definiert:

Ortsbereich		Luftgütegrad
KT	*Klimatherapeutisch genutzte oder dafür vorgesehene Bereiche,*	*bis 1*
FA	*für längeren Freiluftaufenthalt (ohne Klimatherapie) bestimmte Bereiche,*	*bis 2*
OZ	*vom Verkehr nicht unmittelbar beeinflußtes Ortszentrum,*	*bis 3*
VZ	*verkehrsreichste Stelle im Aufenthaltsbereich der Kurgäste,*	*bis 4*
GI	*Gewerbe- und Industriebereiche, insoweit Einwirkungen auf die Kurgäste nicht ausgeschlossen werden können.*	*bis 4*

Tab. 36: Anforderungen an den Luftgütegrad in Kurorten
(Quelle: DBV BEGR. 1991: 54 f.)

Die **Bio-Klima-Charakteristik** erfolgt über zwei Wirkungskomplexe:
- *Thermischer Wirkungskomplex* (T)
  Er weist die Häufigkeit von Kältereizen in den Stufen
  0 - selten,
  1 - unzureichend,
  2 - vermindert,

3 - häufig,
4 - überwiegend,
5 - dauernd
aus.

- *Aktinischer Wirkungskomplex* (A)
  Er weist die Intensität der Sonnenstrahlung in den Stufen
  1 - unbedeutend,
  2 - schwach,
  3 - mild,
  4 - mäßig,
  5 - stark
  nach.

2. 3. 2 Die Arten der Kurorte

Die Kurortarten sind in vier **Bädersparten** gegliedert, für die differenzierte Kriterien zur ergänzenden Charakteristik bestimmt sind (DBV BEGR. 1991: 15 ff.):

1. Bädersparte: *Mineral-* und *Moorheilbäder*
- Heilbäder,
- Heilquellen- oder Peloid-Kurbetriebe.

Zutreffendenfalls können auch die Bezeichnungen Soleheilbad, Solekurbetrieb, Moorheilbad o. ä., je nach dem hauptsächlich eingesetzten Kurmittel, geführt werden. Die Artbezeichnungen setzen ein ortsgebundenes Vorkommen und die Anwendung natürlicher Heilmittel des Bodens voraus, die sich auf wissenschaftlicher Grundlage kurmäßig bewährt haben, wie

- Heilwässer,
- Heilgase,
- Peloide.

Für alle gilt die notwendige Feststellung durch wissenschaftliche Gutachten der wissenschaftlich anerkannten Hauptheilanzeigen und Gegenanzeigen.

2. Bädersparte: *Heilklimatische Kurorte*
- Heilklimatische Kurorte,
- Luftkurorte.

An die Artbezeichnung **Heilklimatischer Kurort** wird die Anforderung des wissenschaftlichen Nachweises der Luftqualität sowie der wissenschaftlich anerkannten Heilanzeigen und Gegenanzeigen gestellt. Für einen

Luftkurort ist der Nachweis der drei eingangs für den Kurbegriff genannten Kriterien ausreichend.

3. Bädersparte: *Seeheilbäder* und *Seebäder*
- Seeheilbäder,
- Seebäder.

Für beide Gruppen ist für die Orte oder Ortsteile eine Lage an einer Meeresküste oder in deren unmittelbarer Nähe (Orts- oder Ortsteilmitte nicht mehr als 2 km vom Strand) festgelegt. Für die Zuerkennung der Artbezeichnung **Seeheilbad** sind außerdem die wissenschaftlich anerkannten Hauptheilanzeigen oder Gegenanzeigen festzustellen.

4. Bädersparte: *Kneippheilbäder* und *Kneippkurorte*
- Kneippheilbäder,
- Kneippkurorte.

Beide Arten bedürfen vollständiger Kureinrichtungen zur artgemäßen Durchführung einer Kneipptherapie sowie des Nachweises der wissenschaftlich anerkannten Hauptheil- und Gegenanzeigen. Die Artbezeichnung **Kneippheilbad** kann nach zehnjährigem unbeanstandeten Bestehen als Kneippkurort erworben werden.

- **Erholungsorte**

  Erholungsort ist ein Gebiet, Ort oder Ortsteil
  - mit einer klimatisch und landschaftlich bevorzugten Lage,
  - dient vorwiegend der Erholung und
  - weist einen artgemäßen Ortscharakter auf.

  Er unterliegt keiner staatlichen Prädikatisierung.

Zum Kur- und Bäderwesen gehören außerdem die mit der Produktion und dem Vertrieb von natürlichen Heilwässern befaßten Betriebe.

- **Heilbrunnenbetriebe**

  Heilbrunnenbetriebe sind Betriebe oder Einrichtungen, in denen natürliche Heilwässer
  - gewonnen,
  - abgefüllt und
  - als Fertigarzneimittel in den Verkehr gebracht werden.

  Für die Bezeichnung **Natürliches Heilwasser** werden bestimmt Anforderungen an die
  - Gewinnung und Abfüllung am Quellort,
  - Kontrolle des Produktions- und Versandvorganges,

- Zulassung zum Verkauf als Fertigarzneimittel

gestellt.

- **Heilbrunnen-Großhändler**
  Vertrieb der von den Heilbrunnenbetrieben erzeugten Heilwässer.

Da diese Artbezeichnung keine Relevanz für die Erstellung touristischer Produkte hat, wird auf sie nicht weiter eingegangen.

Zu den **speziellen Methoden der Therapie im Kurort** gehören:

- Die Balneotherapie (Bäderbehandlungen und Trinkkuren);
- die Klimatherapie (Sonnen- und Freiluftbehandlungen mit Bewegung und Liegekuren);
- ergänzende Verfahren der physikalischen Therapie (Kur- und Krankengymnastik, Bewegungstherapien, Thermotherapien, Elektrotherapien, Licht- und UV-Behandlungen, Massagen);
- die speziellen Therapieformen nach KNEIPP, PRIESSNITZ, HAUFFE, FELKE, SCHROTH u. a.;
- die Diätbehandlung;
- die Entspannungsbehandlung;
- das Gesundheitstraining

(KUR 1997: 3).

Die **Prädikatisierung** der Kurorte unterliegt einem förmlichen Anerkennungsverfahren auf der Grundlage der vom Deutschen Bäderverband in Zusammenarbeit mit dem Deutschen Fremdenverkehrsverband erarbeiteten Begriffsbestimmungen. Heute bestehen in den einzelnen Bundesländern unterschiedliche Rechtsvorschriften zur Regelung des Kur- und Bäderbetriebes, insbesondere der Durchführung des Anerkennungsverfahrens (Gesetze, Durchführungsbestimmungen, Rechtsverordnungen, Erlasse u. a.). Auch die Zuständigkeiten sind nicht einheitlich geregelt. Sie können bei den Sozialministerien oder auch bei den Wirschaftsministerien der Länder angesiedelt sein. Das Anerkennungsverfahren dient der dauerhaften Sicherung eines hohen Qualitätsstandards, die verliehene Artbezeichnung hat eine zentrale Bedeutung für das touristische Leitbild der Fremdenverkehrsdestination und die Vermarktung der touristischen Produkte.
Kurorte und Erholungsorte sind Zielgebiete, die aufgrund ihrer besonderen qualitativen Merkmale außer für die Zielgruppe der Kurpatienten, die wegen einer medizinischen Indikation in ihnen weilen, auch für die Erstellung hochwertiger allgemeiner touristischer Produkte besonders geeignet sind.

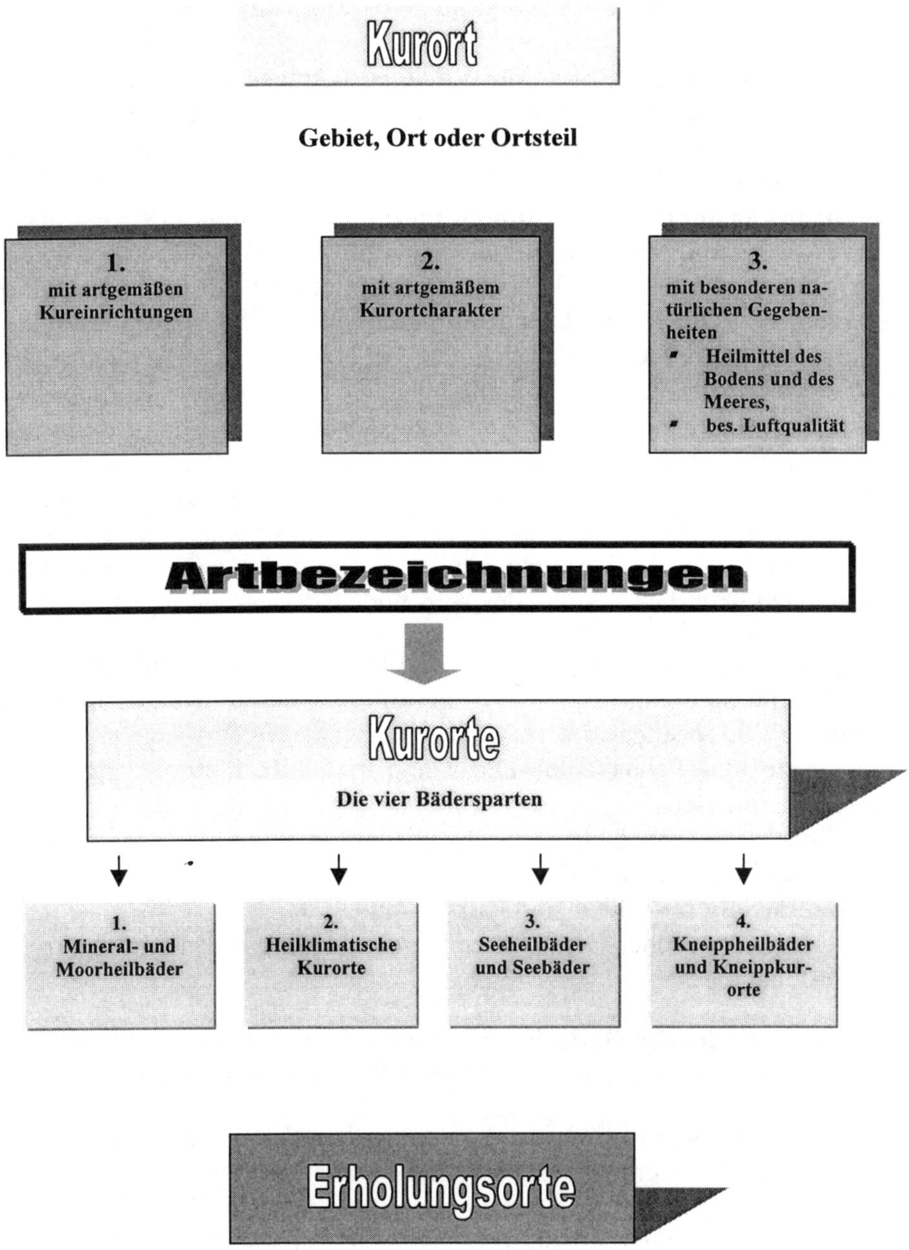

Abb. 49: Der Kurort und die Kurortarten
(Quelle: DBV BEGR. 1991: 15 ff.)

2. 4 Der institutionelle Rahmen des Kur- und Bäderwesens

Der bedeutende Umfang und die Vielgliedrigkeit des deutschen Kur- und Bäderwesens bedingt einen entsprechenden institutionellen Rahmen, dessen Grundstruktur durch den Föderalismus als Organisationsprinzip geprägt ist (ASCHL 1988: 172).
Den **ordnungspolitischen Rahmen** für die Entwicklung des Kur- und Bäderwesens geben zunächst Bundesregierung und Bundesparlament durch ihre gesetzgeberische Tätigkeit vor. Dabei bildet die mit dem Gesundheitsreformgesetz (GRG) und den auf ihm gründenden Stufen der Gesundheitsreform, insbesondere hinsichtlich der Gesetzlichen Krankenversicherung (GKV) vorangetriebene „Verrechtlichung" des gegliederten Kurwesens den rechtlichen Rahmen, d. h. das Kur- und Bäderwesen hat den Leitlinien der gesamtstaatlichen Gesundheitspolitik zu folgen. Eine planmäßige und langfristig orientierte Entwicklung des Kur- und Bäderwesens bedarf somit einer konsistenten Gesundheitspolitik. In ihrer Umsetzung erlassen die Bundesländer im Rahmen der konkurrierenden Gesetzgebung eigene rechtliche Regelungen über die Ordnung des Kur- und Bäderwesens.

Die **Interessenvertretung** des Kur- und Bäderwesens gegenüber den politischen Entscheidungsträgern auf **gesamtstaatlicher Ebene** nimmt der **Deutsche Bäderverband e. V.** (DBV) wahr. Er gliedert sich in **Abteilungen** für einzelne Fachsparten. Diese sind in der Rechtsform eingetragener Vereine begründet:

A: Wirtschaftsverband Deutscher Heilbäder und Kurorte;
B: Verband Deutscher Badeärzte;
C: Vereinigung für Bäder- und Klimakunde;
D: Verband Deutscher Heilbrunnen/Verband Deutscher Heilbrunnen-Großhändler.

Regionale Bäderverbände in den Bundesländern bringen die Interessen von Heilbädern und Kurorten in die jeweilige Landespolitk ein.

Auf **Ebene der Kommunen** ist die unmittelbare Verantwortlichkeit für die Entwicklung des Kur- und Bäderbetriebes und die Schaffung der notwendigen Bedingungen für die Leistungserstellung angesiedelt. Dabei fungieren als Leistungsträger sowohl privatwirtschaftliche Unternehmen als auch kommunale Einrichtungen bzw. deren Betriebe. Für diese sind die unterschiedlichsten Rechtskonstruktionen und Bezeichnungen in Gebrauch, z. B.:

- Kurverwaltungen, Kur- und Bäderämter, Kur- und Verkehrsämter
  - als Bestandteil der öffentlichen Verwaltung der Kommunen,

  - als eingetragener Verein,
  - als kommunaler (unselbständiger) Eigenbetrieb bzw. Wirtschaftsbetrieb der Stadt oder Gemeinde;
- Kur- und Badegesellschaften, Bäderbetriebsgesellschaften, Bade- und Kurverwaltungen, Kurhäuser, Staatsbäder
  - als kommunale GmbH,
  - als Aktiengesellschaft;
- Sanatorien, Kurkliniken, Reha-Kliniken u. a.
  - als Einrichtung des Bundeslandes,
  - als Einrichtung der Versicherungsträger,
  - als privatwirtschaftliche Unternehmen

(Vgl. FRESENIUS 1995: 207 f.).

2. 5 Die Finanzierung der Kurreisen

Bei der Privatkur trägt der Kurpatient alle Kosten. Reiseziel und Programm seiner Kur- oder Bäderreise werden von ihm selbst nach anzuratender Konsultation mit seinem Arzt bestimmt.
Aber fast jeder Bürger hat einen Anspruch darauf, daß innerhalb des gegliederten Systems der deutschen Sozialversicherung einer der Träger die Kosten für eine Kur übernimmt oder zumindest bezuschußt, sofern ärztlicherseits eine Kurnotwendigkeit attestiert wird. **Anspruchsberechtigte** für eine Vorsorge- oder Rehabilitationskur und die jeweiligen **Kostenträger** sind:

Anspruchsberechtigte	**Kostenträger**
a) Mitglieder einer gesetzlichen Krankenkasse oder Ersatzkasse	Krankenkassen
b) Alle Arbeiter und Angestellten sowie Arbeitslose, die rentenversichert sind bzw. es eine bestimmte Zeit waren	Rentenversicherung
c) Nach dem Sozialhilfegesetz Bedürftige, die weder renten- noch krankenversichert sind	Sozialamt
d) Kurbedürftige nach einem Arbeitsunfall, Wegeunfall, auch bei Schul- und Kindergartenbesuch	Unfallversicherungsträger/ Berufsgenossenschaft
e) Kriegs- und Wehrdienstbeschädigte, Opfer von Gewalt	Versorgungsamt
f) Angehörige des Öffentlichen Dienstes, soweit kein Anspruch nach a), b), d)	

oder e) besteht	Beihilfestelle
g) Bei ungeklärter Zuständigkeit	Hauptfürsorgestelle/ überörtlicher Rehabilitationsträger
g) Nichterwerbstätige Hausfrauen, Rentner, Studenten und Kinder, soweit sie selbst oder über einen Familienangehörigen krankenversichert sind	Krankenkassen

(KUR 1997: 5).

Die beiden wichtigsten Kostenträger sind die **Rentenversicherung** und die **Krankenkassen**. Das Beantragungsverfahren ist in beiden Fällen unterschiedlich.

- Zunächst ist, nachdem der Hausarzt eine Kur für notwendig erachtet hat, die **Zuständigkeit** zwischen Rentenversicherung und Krankenkasse zu klären:
  - Erwerbstätige können ihren Antrag bei der Rentenversicherung oder Krankenkasse stellen. Lehnt die Rentenversicherung den Antrag ab, sollte der Antrag der Krankenkasse vorgelegt werden.
  - Nichterwerbstätige stellen den Kurantrag bei der Krankenkasse, bei der sie selbst oder über einen Familienangehörigen versichert sind.
- Sofern nach Begutachtung durch den Vertrauensarzt die **Rentenversicherung** den Kurantrag bewilligt, wird wie folgt verfahren:
  - Durch die Rentenversicherung erfolgt eine Mitteilung über den Ort und die Einrichtung der Kurmaßnahme. Auf diese Entscheidung hat der Patient keinen Einfluß.
  - Durch die Kureinrichtung erfolgt die Einberufung mit Terminangabe, danach die Durchführung der Kur.
  - Die Rentenversicherung übernimmt die Kosten der Kur. Vom Kurpatienten ist eine Eigenbeteiligung in DM je Tag zu leisten.
- Sofern nach der Prüfung durch den medizinischen Dienst die **Krankenkasse** eine Kur bewilligt, ist damit gleichzeitig die Entscheidung verbunden, ob eine ambulante Kur oder eine stationäre Kur erfolgt. In beiden Fällen erfolgt zunächst eine Härtefallprüfung auf Kostenbeteiligung.
  - Bei der **ambulanten Kur sowie der Kompaktkur** (Unterkunft außer Haus, Behandlung in zentraler Behandlungsabteilung) wählt der Patient Kurort, Kureinrichtung und Unterkunft/Verpflegung (ggf. mit seinem Arzt) und führt danach die Kur durch. Der Kostenträger übernimmt die Arztkosten, 90 % der Kurmittel und die Kosten der Unterkunft, Verpflegung, Kurtaxe und Fahrkosten zu einem pauschalen DM-Satz je Kurtag.

- Bei der **stationären Kur** (Unterkunft und Behandlung in einer Kurklinik, einem Sanatorium oder einer Reha-Klinik) wählen Patient und Krankenkasse gemeinsam eine Vertragskureinrichtung. Danach erfolgt zum bestimmten Termin die Einberufung durch die Kureinrichtung und die Durchführung der Kur. Die Krankenkasse übernimmt die Kosten der Kur. Vom Kurpatienten ist eine Eigenbeteiligung in DM je Tag zu leisten.

Sowohl die Kurhäufigkeit als auch die Kurdauer sowie der Umfang der Kostenübernahme, die Eigenbeteiligung und die Härtefallkriterien werden vom Gesetzgeber reglementiert und unterliegen Veränderungen im Rahmen der Fortführung der Gesundheitsreform.

2. 6 Der Vertrieb der Kur- und Bäderprodukte

Die Probleme des Vertriebs der Kur- und Bäderprodukte stellen sich auf zwei Ebenen sehr unterschiedlich dar:

Die durch die *Sozialleistungsträger finanzierten* Vorsorge- und Rehabilitationskuren, ambulant oder stationär durchgeführt, unterliegen nicht der direkten Marktregulierung. Gesundheit stellt im Sinne der Theorie der öffentlichen Güter ein **meritorisches Gut** dar. Sie weist nicht nur einen internen Nutzen für den einzelnen Menschen auf, sondern auch einen positiven externen Effekt für alle Gesellschaftsmitglieder, weswegen in Deutschland zur Grundabsicherung des Bedürfnisses Gesundheit durch Staatseingriff eine Zwangsversicherung besteht. Mittelbar sind in dieses System jedoch gewisse Elemente der Marktregulierung einbezogen, indem den Versicherten eine Wahlfreiheit bezüglich des Versicherungsträgers eingeräumt ist, die Versicherungen im Wettbewerb um die Versicherten stehen und jedem Versicherten die Möglichkeit gegeben ist, eine zusätzliche private Gesundheitssicherung vorzunehmen. Den nicht in den Kreis der Pflichtversicherten einbezogenen Bevölkerungsgruppen obliegt generell die freie Entscheidung über den Umfang und die Art und Weise ihrer Gesundheitsvorsorge (PETERSEN 1989: 140).

Soweit *Leistungsträger der Versicherung* Kurreisen finanzieren, bestehen zwischen ihnen und den Anbietern der Kurleistungen in der Regel langfristige Vertragsbeziehungen. Die Kureinrichtung ist *Vertragskureinrichtung* und erhält vomVersicherungsträger die Kurpatienten zugewiesen. Die Leistungsabrechnung erfolgt dementsprechend direkt zwischen Vertragskureinrichtung und Versicherungsträger. Häufig betreiben Versicherungsträger auch selbst eigene Kureinrichtungen. Die *Distribution* der Kur- und Bäderreisen erfolgt innerhalb dieses vom freien Markt abgegrenzten Systems.

Für die **privat finanzierten Kur- und Bäderprodukte** erfolgt die *Distribution nach marktlichen Kriterien*. Es bedarf deshalb einer zielgruppenorientierten Produktdifferenzierung und Marktsegmentierung durch die Anbieter. Sie realisierten den auf der Nachfrageseite registrierten Trend zum *kreativen Gesundheitsurlaub* auf vielfältige Weise:

- Angebot klassischer Kur- und Bäderreisen als **Pauschalkur**, die Unterkunft, Verpflegung, Arztkosten, Kosten für Kurmittel und gegebenenfalls Medikamente, Kurtaxe u. a. in ein Leistungspaket zu einem Gesamtpreis includiert, oder als **Pauschalaufenthalt** mit einem Inklusivpreis nur für Unterkunft/Verpflegung und Kurtaxe. Die Reisedauer beträgt in der Regel 3 Wochen. Große Reiseveranstalter bieten derartige Produkte im Rahmen ihres Produktprogramms regelmäßig in Spezialkatalogen an. Daneben haben sich Reiseveranstalter auf das Marktsegment Gesundheitstourismus spezialisiert. Sie nutzen als indirekte Absatzform den Vertriebsweg über Reisemittler. Der Marktanteil dieser Produkte liegt bei etwa 15 % und ist weiter rückläufig.
- Angebot verschiedenster Formen gesundheitstouristischer Produkte für unterschiedlichste Zielgruppen, z. B.:
  - Präventionsurlaub und Präventionskuren;
  - Wellness- und Beauty-Reisen mit speziellen Gesundheitsprogrammen, häufig in dafür konzipierten Einrichtungen (Beauty-Farm, Health Center);
  - Healthy-Weekends in Umwelthotels mit Kulturangeboten, auch in Städten;
  - Urlaub zum Gesundbleiben, Vitalurlaub mit Fitneß- und Sportprogrammen;
  - Gesundheitsurlaub für Mutter und Baby.

Mit ihnen kann sehr variabel auf den wachsenden Bedarf an kürzeren Reisen auf der Grundlage eines modernen Kurgedankens reagiert werden. Dieses Marktsegment zeichnet sich demzufolge auch durch ein starkes Wachstum um ca. 10 % pro Jahr aus.
Für den Vertrieb dieser Produkte werden direkte und indirekte Absatzwege genutzt. Vor allem Kurzaufenthalte über das Wochenende werden bevorzugt durch die Leistungsträger direkt vermarktet. Reisemittler verhalten sich gegenüber dem Vertrieb bisher eher reserviert.

Die Angebote für private Kur-, Bäder- und Gesundheitsreisen erfolgen sowohl für inländische wie auch für ausländische Destinationen. Mit den durch Staatseingriffe bewirkten drastischen Reduzierungen im sozialfinanzierten Kur- und Bäderbereich ergibt sich für die auf den Kurbetrieb spezialisierten deutschen Fremdenverkehrsdestinationen und Kureinrichtungen zwingend, ihre wirtschaftliche Existenz durch innovative Produkte für den privaten Nachfrager zu sichern.

3. Abgaben im örtlichen Fremdenverkehr

Die Erhaltung und der Ausbau der touristischen Infrastruktur in den Fremdenverkehrsdestinationen erfordert erhebliche finanzielle Mittel. Neben den jeder Kommune zufließenden Abgaben (Steuern, Gebühren, Beiträge), die als allgemeine Deckungsquelle für die Finanzierung der Aufgaben des örtlichen Haushaltes dienen, werden spezielle Abgaben erhoben, die nur zweckgebunden für die Aufgaben der Fremdenverkehrsentwicklung einsetzbar sind. Diese sind **Kurtaxe** und **Fremdenverkehrsabgabe**.

- Die **Kurtaxe** (auch Kurabgabe, Kurbeitrag o. ä.) ist eine Abgabe, die nur die prädikatisierten Kurorte gemäß den vier Bädersparten auf der Grundlage von Kommunalabgabengesetzen oder Kurtaxordnungen in eigener Kompetenz festlegen dürfen. Sie wird von allen zu Kur- und Erholungszwecken im Kurort weilenden Reisenden ab einer bestimmten Mindestaufenthaltsdauer erhoben und nach der Dauer des Aufenthaltes, der Personenzahl (Einzelreisende, Reisegruppen), eventuell nach Kurzonen differenziert. Üblicherweise ist sie für bestimmte Gruppen von Reisenden (z. B. Familien mit Kindern) auch mit einer Ermäßigung ausgestattet. Die Abgabenhöhe unterliegt dem Beschluß der Kommune. Die Kurtaxe ist keine „Aufenthaltssteuer“, sondern ein pauschaliertes Entgelt zur Finanzierung von Leistungen und Veranstaltungen, die für alle Kurgäste und im Kurort Erholungssuchende bereitgehalten und von diesen auch gewünscht und erwartet werden. Die mit der Kurtaxe finanzierten Leistungen können von allen Kurgästen in Anspruch genommen werden. Das betrifft insbesondere
  - kulturelle Leistungen, wie Leseräume, Einrichtungen für Freizeitspiele, Kurkonzerte, Vortragsveranstaltungen, kulturelle Darbietungen u. ä.;
  - allgemein zugängliche Kuranlagen, wie Kurpark, Sport- und Freizeitanlagen, Wandelhallen u. ä.;
  - besondere Leistungen für Sicherheit, Ordnung und Sauberkeit (z. B. an der See Strandpflege, Rettungsschwimmer u. ä.);

- indikationsunabhängige Gesundheitsleistungen, wie Veranstaltungen für gesunde Lebensführung und Freizeitgestaltung.

Mit der pauschalierten Erhebung der Kurtaxe wird den Gästen ein Beitrag zur Erbringung dieser Leistungen auferlegt, womit die Bezahlung jeder Einzelmaßnahme entfällt und außerdem für die Kurortunternehmen eine gewisse finanzielle Planungssicherheit entsteht. Die Kurtaxe deckt allerdings nur einen Teil der für das Kurwesen entstehenden Kosten, denn sie sollte nicht in einer Größenordnung festgelegt werden, die vom Reisenden als eine drückende Abgabenlast empfunden würde.

- Die **Fremdenverkehrsabgabe** ergänzt die finanziellen Einnahmen der Kommune als eine zweite wichtige Einnahmequelle für den Fremdenverkehr. Ihre Erhebung liegt ebenfalls in der Kompetenz der Kommune auf der Grundlage von Kommunalabgabengesetzen oder Gemeindesatzungen. Sie wird aber im Unterschied zur Kurtaxe von allen Selbständigen und Unternehmen erhoben, die durch den Fremdenverkehr wirtschaftliche Vorteile erzielen. Der Kreis der Abgabepflichtigen kann dabei je nach konkretem Beschluß der Kommune durchaus unterschiedlich weit gezogen sein. Ihre Erhebung ist an die Erfüllung bestimmter Tatbestände gebunden; häufig erfolgt eine Verknüpfung mit der Prädikatisierung als Kurort gemäß den vier Bädersparten, sie ist aber nicht zwingend (ALTHOF 1996: 171).

Die Umwandlung und Zusammenführung von Kurtaxe und Fremdenverkehrsabgabe in eine Gemeindesteuer, wie dies wiederholt erörtert wurde, liefe der ausdrücklichen Zweckbestimmtheit zuwider. Sie würde dann auch denen auferlegt, die weder ein Interesse an der Nutzung der Kureinrichtungen und –leistungen haben, noch aus dem Fremdenverkehr einen Vorteil ziehen.

Verschiedentlich wird außerdem, vor allem im Ausland, mit Abgaben gearbeitet, die der Beseitigung der durch den Massentourismus verursachten Schäden und Beeinträchtigungen der Infrastruktur und Umwelt dienen (Reisesteuer, Aufenthaltssteuer, Einreisesteuer, Umwelttaxe u. ä.).

Kapitel IV Tourismus-Marketing

1. Grundlagen

1. 1 Marketing-Begriff

Wesen und Lebensgrundlage jedes marktwirtschaftlich operierenden Unternehmens ist seine **wirtschaftliche Leistung**. Zu ihrer Erstellung sind zunächst Produktionsfaktoren zu beschaffen. Diese materiellen (sachlichen) und menschlichen Faktoren werden im Produktionsprozeß des Unternehmens zusammengefaßt. Die Verwertung der erstellten wirtschaftlichen Leistung auf dem Markt muß einen Ertrag erbringen, der größer ist als die Summe der Faktoraufwendungen. Der Unternehmenserfolg drückt sich somit im Gewinn aus. Über seine Höhe entscheidet aber erst der Markt. **Beschaffung, Produktion** und **Absatz** sind deshalb die grundlegenden **Funktionsbereiche** der Unternehmung. Der Prozeß der Leistungserstellung und -verwertung bedarf der Führung und Leitung. Diese Funktion wird als **Management** bezeichnet. Management besteht in seinem Kern im Treffen von wirtschaftlichen Führungsentscheidungen. Unternehmensführung oder Management bedeutet daher, auf das grundlegende Unternehmensziel hin zu handeln. Da seine Realisierung auf den Märkten erfolgt, bilden diejenigen Entscheidungsprozesse und Handlungen, die auf die Erfordernisse des Marktes ausgerichtet sind, den zentralen Punkt des betrieblichen Managements. Wir fassen sie unter dem Begriff des Marketing zusammen:

> Das **Marketing** ist eine wesentliche nach außen gerichtete Funktion des Managements und umfaßt alle Aktivitäten eines Unternehmens, die auf die gegenwärtigen und künftigen Erfordernisse der Märkte abstellen und der bestmöglichen Realisierung des Unternehmenszieles dienen
> (WEIS 1995: 19).

Ausgehend von den grundlegenden Funktionsbereichen der Unternehmung kann unterschieden werden in

- **Beschaffungs**marketing
  und
- **Absatz**marketing.

Je nach der Stellung des Unternehmens im arbeitsteiligen Produktionsprozeß der Gesellschaft sind die Gewichte von Beschaffungs- und Absatzmarketing durchaus unterschiedlich verteilt. Dennoch darf man in jedem Falle von der **Dominanz** des **Absatzmarketings** ausgehen, da es der Verwertung der erstellten wirtschaftlichen Leistung dient.
*Mit dem Begriff **Absatz** wird gemeinhin das Ziel und Ergebnis des Vertriebs umschrieben, wobei der **Vertrieb** die technisch-organisatorischen Tätigkeiten der Leistungsverwertung umfaßt. Der **Verkauf** als Teilfunktion des Vertriebs bewirkt die effektive Veräußerung der erstellten Güter und Dienste, der **Umsatz** ist die geldmäßige Verwertung durch den Verkauf und drückt sich im Umsatzerlös aus.*

Das Marketing der Unternehmung umfaßt drei wesentliche **Elemente**:
- Die **Marketingphilosophie**, d. h. eine marketingorientierte unternehmerische Denkhaltung;
- die marketingorientierte **Prozeßorganisation** und **Unternehmensführung**;
- die **Marketinginstrumente** zur Umsetzung der Führungsstrategien
  - Produkt- und Prozeßpolitik (-management),
  - Preis- und Konditionenpolitik (-management),
  - Distributionspolitik (-management),
  - Kommunikationspolitik (-mangement).

Zu Recht wird darauf verwiesen, daß die neuen Anforderungen der Märkte eine Erweiterung des Marketinggedankens erzwingen.
Der Zuwachs an Komplexität, Vieldeutigkeit und Unübersichtlichkeit des Marktgeschehens, die zunehmende Empfindlichkeit der wirtschaftlichen Globalnetze machen Voraussagen über das künftige Marktgeschehen schwieriger; eine neue Kundenmentalität hat sich ausgeprägt. Der neue Kunde ist
- hochinformiert,
- schwerer ansprechbar,
- stärker sensibilisiert,
- begegnungsorientiert,
- unberechenbar und sprunghaft,
- generell bindungskritisch.

Wenn bisher die Marketingaktivitäten bevorzugt produktgebunden und eher punktuell angesetzt wurden, **ist heute eine Kommunikation mit dem Kunden erforderlich, die zu seiner emotionalen Bindung führen muß**. Über den Erfolg der wirtschaftlichen Leistung des Unternehmens entscheidet der „emotionale Mehrwert“ der Produkte. Marketing wird zur umfassenden **Marktkommunikation** (HOEHLER 1991: 248, 262).

1. 2 Gestaltungsformen der Marketingorganisation

Eine marketingorientierte Unternehmensorganisation hat zunächst folgenden Anforderungen zu entsprechen:

- Integration der Marketing-Funktion in den Führungsprozeß der Unternehmung,
- Flexibilität,
- Kreativität und Innovationsfähigkeit,
- sinnvolle Spezialisierung einzelner Marketing-Aktivitäten.

Für die **Gestaltungsform** der Marketingorganisation bieten sich verschiedene Ansatzpunkte:

- **Funktionsorientierte** Gestaltung
  Sie führt zu einer Prozeßgliederung in
  - strategisches Marketing
    - Marktforschung,
    - Marketingplanung
  - operatives oder taktisches Marketing,
    - Marketingrealisierung,
    - Erfolgskontrolle.
- **Marktorientierte** Gestaltung
  - nach Beschaffungsmärkten,
  - nach Absatzgebieten/Marktsegmenten.
- **Produktorientierte** Gestaltung
  - Sie wird realisiert im sogenannten Produktmanagement, d. h. der Produktmanager ist verantwortlich für ein Produkt oder eine Produktgruppe von der Beschaffung über die Produktion bis zum Absatz. Es entsteht die sogenannte Matrixorganisation, in der das Produktmanagement die betriebliche Gliederung nach den Funktionsbereichen überlagert.
- **Kundenorientierte** Gestaltung
  - Das sogenannte Account-Management konzentriert die Marketingaktivitäten jeweils auf einen Kunden oder eine Kundengruppe.

Wir folgen in den weiteren Ausführungen der funktionsorientierten Darstellung des Marketing-Prozesses und setzen dabei die Kenntnis der allgemeinen begrifflichen Bestimmungen und Gliederungen voraus (Vgl. z. B. WEIS 1995).

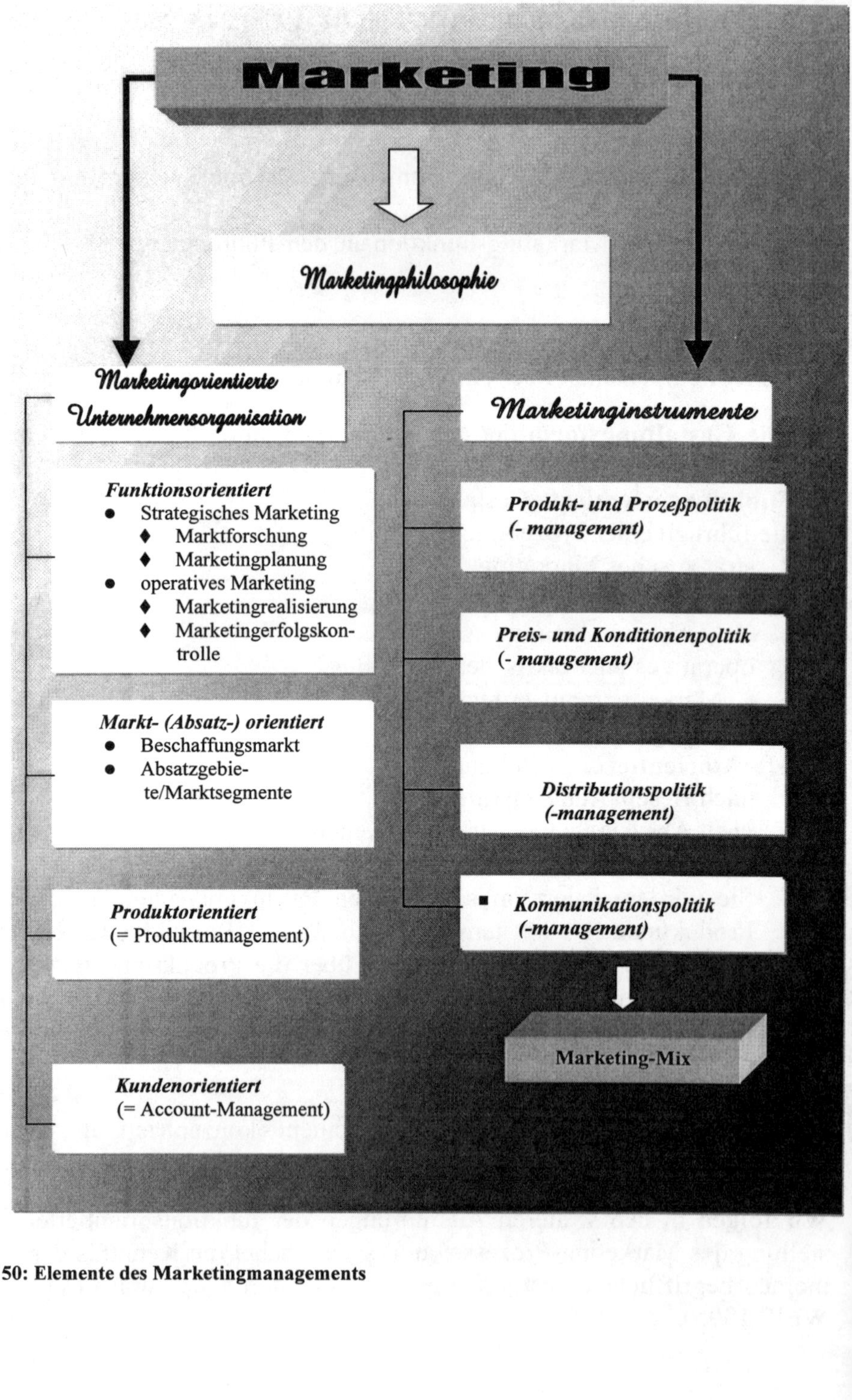

Abb. 50: Elemente des Marketingmanagements

2. Tourismus-Marktforschung

2. 1 Methoden der Informationsgewinnung

Aufgabe der Marktforschung ist es, aus der Beobachtung und Analyse des Marktgeschehens Informationen zu sammeln, auszuwerten und in aufbereiteter Form dem betrieblichen Management für dessen Führungsentscheidungen zur Verfügung zu stellen. Grundsätzlich gibt es zwei verschiedene Wege der Gewinnung von Marktinformationen:

- **Sekundärforschung**
  Sie wertet bereits vorhandene Informationen anderer Quellen aus:
  - *Interne Informationsquellen*
    - Betriebsstatistiken (z. B. Umsatz- und Gewinnstatistiken),
    - Betriebsanalysen und Führungsinformationen,
    - Stammkundendaten (im Reisebüro),
  - *Externe Informationsquellen*
    - Reiseanalyse,
    - Trendanalysen der Marktforschungsinstitute,
    - amtliche Statistiken,
    - Berichte und Analysen der öffentlichen Institutionen (Tourismusberichte der Bundesregierung und Landesregierungen),
    - Berichte und Analysen der Verbände der Tourismuswirtschaft (Jahresberichte, Geschäftsberichte),
    - veröffentlichte Geschäftsdaten der Mitbewerber,
    - Publikationen (Fachpresse, Medien u. a.).
- **Primärforschung**
  Sie wird notwendig, wenn die Informationen der Sekundärforschung für qualifizierte Entscheidungen nicht ausreichen. Nur große Unternehmen sind in der Lage, den hohen personellen und finanziellen Aufwand für eigene Marktuntersuchungen zu tätigen. Häufig werden selbständige Marktforschungsinstitute beauftragt. Das erfordert vom Auftraggeber klare und konkrete Zielvorgaben.

  In der Primärforschung sind als Methoden der Informationsgewinnung einsetzbar:
  - *Die Befragung*
    Sie kann als repräsentative Stichprobe angelegt werden und liefert dann quantitativ verwertbare Aussagen; sie kann als nichtrepräsentative Stichprobe erfolgen und erlaubt dann nur gewisse qualitative Aussagen.

Es können Einzelbefragungen oder wiederholte Befragungen (Panel) eines bestimmten Probandenkreises erfolgen.
Die Befragung ist schriftlich (Fragebogen), persönlich (Interview mit Fragebogen oder computergestützt) oder telefonisch (Interview mit Fragebogen oder computergestützt) möglich. Die Befragungsmethoden dominieren in der Tourismusmarktforschung.

- *Die Beobachtung*
  Die Beobachtung der aktuellen Marktsituation, vor allem des Verhaltens von Reisenden und Mitbewerbern erfolgt im Zusammenhang mit der täglichen Arbeit am point of sale (in der Agentur) und bei der Realisierung der touristischen Dienstleistung (in den Destinationen).
- *Das Experiment*
  Experimentelle Datengewinnung kann im Labor (Teststudio) oder im Feldexperiment auf einem Testmarkt erfolgen
  (SEITZ 1995: 15).

Die im Verlauf des Einsatzes der adäquaten Methoden der Marktforschung zu gewinnenden und zu bearbeitenden Informationen lassen sich in folgende Felder gliedern:

- Informationen über das touristische Umfeld,
- Informationen über die Marktposition des jeweiligen Unternehmens,
- Informationen über die Mitbewerber,
- Informationen über den inneren Zustand des jeweiligen Unternehmens.

Sie bilden den Datenkranz für die Analyse der eigenen Stärken und Schwächen.

2. 2. Felder der Marketing-Analyse

2. 2. 1 Das touristische Umfeld

Betriebliche Marktforschung, ob als Eigenuntersuchung sekundärer oder primärer Quellen oder als Auftragsforschung angelegt, hat immer eine konkrete Zielsetzung, die sich auf die bestmögliche Erstellung und Vermarktung einer wirtschaftlichen Leistung bezieht. Die allgemeinen Veränderungen gesellschaftlicher Rahmenbedingungen für den Tourismus auf längere Sicht bilden dafür einen notwendigen Ausgangspunkt. Allerdings besteht in der touristischen Zukunftsforschung keine Übereinstimmung hinsichtlich der zu erwartenden Szenarien (Vgl. ROTH 1992: 4).

Was die **näheren** und aus Sicht der Unternehmen **überschaubaren Umweltbedingungen** anbelangt, können diese in vier Analysefeldern gruppiert werden:

- **Politisches Umfeld**
  - Politische Entscheidungen zu den konkreten Schritten der weiteren europäischen Integration und Liberalisierung der Tourismusmärkte (Einführung tourismusrelevanter EU-Normen und -Regularien, Konsequenzen der Währungsumstellung u. a.);
  - Stellenwert des Tourismus bei den politischen Entscheidungsträgern auf allen Ebenen;
  - Auswirkungen der gesetzgeberischen Tätigkeit (Steuerrecht, Sozialrecht, Arbeitsrecht) auf den Tourismusmarkt;
  - konkrete Formen der Wirtschaftsförderung im unmittelbaren Unternehmensumfeld.
- **Wirtschaftliches Umfeld**
  - Einkommenssituation und –entwicklung, Konsum- und Sparverhalten der Bevölkerung als bestimmende Größen der privaten Nachfrage;
  - wirtschaftliche Situation der Unternehmen als Nachfrager von Geschäftsreisen und Veränderung der Unternehmenslandschaft (Konzentration, Zusammenschlüsse u. a.);
  - Finanzierungskonditionen (Zins- und Kreditpolitik);
  - Entwicklung des Geldwertes und der Inflationsneigung;
  - Entwicklung der Beschäftigung.
- **Soziales Umfeld**
  - Demographische Struktur (Bevölkerungs-, Alters- und Haushaltsstruktur, Bildungs- und Berufsstruktur);
  - Wertestruktur und Wertewandel (Arbeits- und Freizeitbewußtsein, Konsumbewußtsein, Umweltbewußtsein).
- **Technisch-technologisches Umfeld**
  - Neue Informationsverarbeitungstechnologien zur Realisierung von Kundenberatung und Reisevertrieb;
  - Konkurrenz neuer Kommunikationstechnologien;
  - technische Innovationen der Beförderungsmittel und Verkehrswege

(Vgl. auch ROTH 1992: 5 ff., DSF 1989: 15 f.).

2. 2. 2 Die Position des Unternehmens auf dem Tourismusmarkt

Die Bestimmung der Position des eigenen Unternehmens auf dem Tourismusmarkt erfolgt im Verhältnis zu dessen generellen Trends. Langfristig angelegte analytische Untersuchungen sind allerdings wenig hilfreich zur Ableitung konkreter Marketingaktivitäten, da den Markttrends keine dauerhafte Stabilität und Einsehbarkeit innewohnt. Man wird sich deshalb zweckmäßigerweise auf die auf mittlere Sicht hinreichend genau erfaßbaren Entwicklungstendenzen konzentrieren:

- Der Tourismusmarkt hat sich bereits seit geraumer Zeit vom Verkäufermarkt zum **Käufermarkt** gewandelt, d. h. zu einem Markt, in dem das Angebot größer als die zahlungsfähige Nachfrage ist. Diese generelle Eigenschaft wird mit Sicherheit auch zukünftig beibehalten werden. Das erfordert die Entwicklung und Umsetzung aktiver, ja aggressiver Marktstrategien, eine hohe Innovationsfähigkeit und Flexibilität. Je mehr das Unternehmen diesen Erfordernissen entspricht, umso stabiler und sicherer wird es seine Marktposition behaupten und ausbauen können. Reiseveranstalter haben sich in der Regel längst in ihrem Marktverhalten hierauf eingestellt. Bei der Mehrzahl der Reisemittler hingegen kommt die notwendige Verhaltensänderung nur sehr zögernd ingang. Sie wird aber angesichts der Überbesetzung des Vermittlermarktes für das Reisebüro zur entscheidenden Überlebensfrage.
- Mit der Wandlung zum Käufermarkt geht einher, daß sich bei einem immer noch vorhandenen Wachstumspotential das Wachstumstempo abschwächt. Sichtbar **sinkende Grenzumsätze**, die auf Teilmärkten sogar zur Stagnation und absoluten Rückgängen neigen, werden deshalb die Konkurrenzsituation verschärfen und die Marktbereinigung beschleunigen. Die Differenzierung der Wachstumsbedingungen für einzelne Teilmärkte müssen Reiseausführungs- und Reisegestaltungsbetriebe in ihren Marktstrategien realisieren. Die vergleichende Analyse der Umsatzentwicklung des vom Unternehmen angebotenen Produktsortiments und der Wachstumsbedingungen des jeweiligen Marktsegments ist dazu eine notwendige Voraussetzung.
- Die **Konzentration** auf dem Tourismusmarkt erzwingt für ein aktives Marketing grundsätzliche Positionsentscheidungen. Die Analyse des eigenen Standortes muß die notwendigen Entscheidungsgrundlagen schaffen, mit welcher Form der Unternehmenszusammenarbeit ihr begegnet werden soll, bzw. welche Abwehrstrategien realistisch und erfolgversprechend sein können.
- Der **Kostendruck** in den Unternehmen verstärkt sich vor allem durch Wachsen des Fixkostenblocks (insbesondere bei den Personalkosten). Die Erringung von Marktführerschaft wird deshalb wesentlich durch Kostenführerschaft beeinflußt. Deshalb ist die Prozeß- und Kostenanalyse keine ausschließlich innerbetriebliche Führungsaufgabe, sondern

Grundlage und Bestandteil des nach außen gerichteten Marketingmanagements.

- Die Überbesetzung des Tourismusmarktes durch Reisemittler macht die **Standortwahl** zu einer entscheidenden Überlebensfrage. Eine entsprechende Standortbestimmung ist deshalb für die marktanalytische Arbeit von Reisebüroorganisationen unverzichtbar. Die Standortwahl gehört für das Reisebüro bei Neu- oder Ausgründungen zu den konstituierenden Führungsentscheidungen.

2. 2. 3 Die Mitbewerber

Seit langem basiert die Vorstellung über eine funktionierende privatkapitalistische Wirtschaft auf der Annahme, daß die Durchsetzung einer Wettbewerbsordnung als ordnungspolitische Gesamtentscheidung die Marktkräfte so lenkt, daß gleichgewichtiges Wachstum und eine soziale Bewegungsrichtung der Marktwirtschaft sich quasi von selbst ergeben. Wettbewerb wird zum „wirtschaftsverfassungsrechtlichen" Grundprinzip erhoben (EUCKEN 1952: 144). Neoliberale Wirtschaftsauffassungen unternehmen den Versuch einer Wiederbelebung derartiger Hypothesen unter Verweis auf die Erhardschen Praktiken, Marktwirtschaft nicht als Mittel, sondern als Ordnungsprinzip verstanden zu wissen und damit auch ihre soziale Ausprägung zu implizieren (WUENSCHE 1988: 31).
Die Realität und die Zwänge des offenen Marktes freilich führen zu einer genau entgegengesetzten Verhaltensweise der Wirtschaftssubjekte:
Die Erringung von Marktführerschaften ist nur möglich, wenn Mitbewerber ausgeschaltet werden. Alle praktischen marketingpolitischen Aktionen müssen darauf abzielen, den Mitkonkurrenten um den Kunden vom Markt zu verdrängen. Eine moralische Bewertung dieser Verhaltensweisen verbietet sich von selbst, wenn akzeptiert wird, daß das Einzelunternehmen gezwungen ist, vor allem über die Gewinnmaximierung als Oberziel seine dauerhafte Fortexistenz auf dem Markt zu sichern. Es besteht also der **Zielkonflikt** zwischen der ordnungspolitisch gewünschten Sicherung, Erhaltung und Fortentwicklung einer Wettbewerbssituation und dem Zwang der einzelnen Unternehmen zur Verminderung, ja Ausschaltung von Wettbewerbern.
Das betriebliche Management wird diesem Zielkonflikt eindeutig begegnen: der Antrieb und entscheidende Gesichtspunkt seiner Handlungen ist die Erfüllung der dem Unternehmen dienlichen wirtschaftlichen Aufgabe. Die Verantwortung des Managements ist stets auf das Gebiet der wirt-

schaftlichen Leistung begrenzt. Soziale Verantwortung kommt ihm nur im eigenen Unternehmen zu, bezüglich der Bewegungsrichtung der gesamten Sozietät kann es naturgemäß , wenn überhaupt , nur eine partielle soziale Verantwortlichkeit entwickeln, und diese muß sich der Erfüllung der Unternehmensziele unterordnen. Diese Erkenntnis hat sich auch angesichts vieler Versuche, die vom Einzelunternehmen zu respektierenden Zwänge des Marktes mit sozialen und ethischen Ansprüchen zu überfordern, als richtige und notwendige Einsicht in den Funktionsmechanismus der Marktregulierung erwiesen (DRUCKER 1969: 21).
In diesem Sinne beobachtet und analysiert die Marketingforschung das Verhalten der Mitbewerber, um deren Schwächen zu erkunden und Angriffspunkte für die erfolgreiche Zurückdrängung der Konkurrenz oder ihre Einbeziehung in Formen der Zusammenarbeit zu bestimmen.

2. 2. 4 Das eigene Unternehmen

Die Entwicklung erfolgreicher Marktstrategien setzt auch die Analyse der internen Situation des eigenen Unternehmens voraus. Hauptfelder dieser **Betriebsanalyse** sind (DSF 1989: 49 ff.):

- Marktauftritt des Unternehmens (betriebliches Erscheinungsbild),
- Kundenstruktur und –verhalten,
- Daten der Betriebsstatistik,
- Personalanalyse,
- Finanzanalyse.

Die Beurteilung der Wirksamkeit des **Marktauftritts** ist vor allem für jene Unternehmungen wichtig, die unmittelbar am Point of Sale tätig sind.
Da die Reiseveranstalter in der Regel den indirekten Absatzweg über Reisemittler präferieren oder ausschließlich gehen, fehlt ihnen der unmittelbare Kontakt mit dem Endkunden. Sie vermitteln ihr betriebliches Erscheinungsbild über den Einsatz entsprechender Maßnahmen der Öffentlichkeitsarbeit (Public Relations).
Für den Reisemittler hingegen ist der wirkungsvolle Auftritt auf dem Markt dem Kunden gegenüber ein wichtiger Erfolgsfaktor. Die Grundlage hierfür wurde bereits durch die Wahl des geeigneten Betriebsstandortes gelegt. Kriterien zur Beurteilung der Wirksamkeit des Erscheinungsbildes sind vor allem:

- Optische, visuelle Ansprache des Kunden (bei Ketten, Kooperationen, Franchising häufig mit einheitlichem Design);

- Förderung der unmittelbaren Kommunikation mit dem Kunden durch verkaufsorientierte Kundenraumgestaltung;
- Förderung der Identifikation der Mitarbeiter mit dem Unternehmen durch mitarbeiterfreundliche Gestaltung der Arbeitsbereiche;
- Vermittlung von Modernität und Innovationsfähigkeit durch Präsenz zeitgemäßer Kommunikationstechnologien;
- Ausstrahlung von Kompetenz und Kundenorientiertheit durch Servicequalität und –umfang sowie Bereitstellung von Zusatz- und Ergänzungsleistungen.

Es ist evident, daß gerade auch die Beurteilung des betrieblichen Erscheinungsbildes geeignet ist, die eigene Marktposition im Vergleich zu den Mitbewerbern zu verdeutlichen (Vgl. Abschnitt 2. 1. 4).

Die **Analyse der Kundenstruktur und des Kundenverhaltens** liefert die entscheidenden Anhaltspunkte für die Entwicklung zielgruppenspezifischer Marktaktivitäten und den erfolgsorientierten Einsatz der Marketinginstrumente. Der unmittelbar mit dem Endkunden kommunizierende Reisemittler wird vor allem die Kundendatei einsetzen, um entsprechende Daten zu pflegen. Sie sollte, stets auf dem aktuellsten Stand, erfassen:

- Für Privatkunden
  - sozio-demographische Merkmale wie Alter, Geschlecht, Familienstand, Wohnort, Beruf, eventuell Einkommensgruppe;
  - Besitzmerkmale, wie z. B PKW, Caravan, Haus, Garten, Ferienwohnung;
  - Verhaltensmerkmale, wie bevorzugte Reiseverkehrsmittel, Reiseziele, Unterkunftsarten, kulturelle, sportliche Interessen, Hobbys, Kommunikationsfreundlichkeit, Umweltsensibilität.
- Für Firmenkunden
  - Firmengröße nach Umsatz, Mitarbeiterzahl, Reisebudget;
  - Firmenstandort (-standorte) und Branche;
  - Geschäftsfelder, Märkte;
  - Organisationsstruktur;
  - Entscheidungsträger, Meinungsbildner und deren Interessenlage;
  - Reiseverhalten nach Reisezielen, Reisedauer, Reiseanlaß, Kreis reisender Mitarbeiter.

Die Informationsbeschaffung erfolgt über den zweckmäßigen Einsatz der Methoden von Primär- und Sekundärforschung. Einer besonderen Sensibilität bedarf es bei der Ermittlung personenbezogener Daten durch direkte Befragungen von Privatkunden; geschultem Verkaufspersonal ist es möglich, bestimmte Informationen im Ablauf eines Beratungs- oder Verkaufsgespräches zu gewinnen.

Die im Reisebüro vorliegenden Kundendaten sind natürlich für den Reiseveranstalter von großem Interesse, da ihr Konkretheitsgrad mit von ihm selbst durchgeführten Kundenanalysen kaum erreicht werden kann. Nach wie vor ist jedoch in der Praxis strittig, inwieweit aus den im HGB fixierten Pflichten des Handelsvertreters, dem Unternehmer die erforderlichen Nachrichten von jeder Geschäftsvermittlung und von jedem Geschäftsabschluß zu geben (§86 HGB), auch die Übergabe von Informationen aus der Reisebüro-Kundendatei abgeleitet werden kann.

Aus der **Betriebsstatistik** sind vor allem die Daten zur
- Umsatzentwicklung nach Geschäftsfeldern,
- Erlös- und Gewinnentwicklung nach Geschäftsfeldern,
- Kostenentwicklung nach Kostenarten und nach Prozessen (Prozeßkostenanalyse)

der Analyse des Unternehmenszustandes dienlich.
Die spartenbezogene Umsatz-, Erlös- und Gewinnentwicklung wird je nach konkreter Leistungspalette des betreffenden Veranstalters oder Reisemittlers weiter zu untergliedern sein. Zur qualifizierten Analyse bieten sich hier die bekannten Methoden der Vollkostenrechnung, vor allem aber einer an die Eigenart der touristischen Produkte spezifisch angepaßten Teilkostenrechnung (Deckungsbeitragsrechnung) an. Die ergänzende Prozeßkostenanalyse gibt Anhaltspunkte über die ökonomische Effizienz der Arbeitsabläufe im Unternehmen und ermöglicht Schlußfolgerungen für deren Optimierung.

Zur kritischen Analyse der Position des eigenen Unternehmens am Markt gehören auch Aussagen über die **personelle Situation**. Der „Wert" des Mitarbeiters stellt sich dar
- in seinem persönlichen Leistungsbeitrag zur Erfüllung der wirtschaftlichen Ziele. Er kann an betrieblichen Kennzahlen gemessen werden. Je unmittelbarer der Mitarbeiter in seiner Aufgabe für die Beeinflussung der Kosten und Erlöse Verantwortung trägt, umso konkreter ist die Messung seines Wertes möglich. Das ist vor allem für den Verkaufsmitarbeiter gegeben, wo ein Nachweis seiner Umsatzleistung und seines Beitrages am Erlös und der Anteil seiner Personalkosten am Erlös üblich ist;
- im Qualifikationsniveau und der Persönlichkeit sowie dem Verhaltensmuster des Mitarbeiters hinsichtlich seiner Eignung für die jeweils übertragene Aufgabe.

Auch seine emotionale Bindung an das Unternehmen, die Realisierung von Corporate identity, trägt zur erfolgreichen Marketingarbeit wesentlich bei.

In der Unternehmensbewertung hat schließlich auch die **Finanzanalyse** ihren Platz. Die Bewertung der Finanzkraft, d. h. die dauerhafte Wahrung eines finanziellen Gleichgewichts durch Sicherung

- der Liquidität,
- der Rentabilität bzw. des Cash-flow als finanzwirtschaftlichem Überschuß der Betriebstätigkeit

bestimmt entscheidend die relative Wettbewerbsstärke des Unternehmens (ZIEGENBEIN 1989: 218).
Es ist evident, daß die Marktforschung deswegen mit den Bereichen von Rechnungswesen und Controlling eine besonders intensive Zusammenarbeit zu pflegen hat.

3. Das strategische Marketing

3. 1 Die Marketing-Ziele

Entsprechend der gewählten funktionsorientierten Darstellung des Marketingprozesses bilden die Ergebnisse der Marktforschung die Grundlage für die strategische Marketing-Planung. An ihrem Beginn steht die Fixierung der zu verfolgenden Marketing-Ziele. Sie dienen der bestmöglichen Realisierung des Unternehmenszieles.
Strategische Marketing-Ziele richten sich z. B. auf

- Ausbau und Sicherung der Marktposition;
- Entwicklung und Durchsetzung von Qualitätsstandards zur weiteren Verstärkung des Qualitätsimages;
- Ausbau der touristischen Wertschöpfungskette durch Beteiligungen in den Veranstalter-, Agentur- und Leistungsträgerbereichen;
- Markenprofilierung und Ausbau der Markenstrategie

(MAETZE 1995).
Strategische Zielsetzungen müssen operationalisiert werden.

Operationale Marketing-Ziele bedürfen einer genauen Bestimmung nach

- *Zielgröße:* quantitativer Inhalt des gewünschten Ergebnisses, z. B. Höhe der Umsatz- oder Gewinnsteigerung bzw. Erreichung eines bestimmten Deckungsbeitrages;
- *Objektbezug:* Bestimmung des Produktes, der Destination oder des Marktsegmentes;
- *Käuferbezug:* Auswahl der anzusprechenden Zielgruppe;
- *Zeitbezug:* Zeitrahmen für die Erreichung der Zielgröße

(WEIS 1995: 23).
Damit erst wird auch eine Marketingerfolgskontrolle ermöglicht.

3. 2 Die Marketingstrategien

3. 2. 1 Grundsätze der Strategiebildung

Unter dem Begriff der Marketingstrategie wird eine bestimmte, zeitlich festgelegte Verhaltensweise und Handlungsalternative verstanden, mit der ein Unternehmen auf dem Markt erfolgreich sein will (WEIS 1995: 55). Die Wahl der Strategie richtet sich danach, welches konkrete Marketingziel erreicht werden soll. Nach ihrem Grundcharakter kann zunächst unterschieden werden in

- **Anpassungsstrategien**, mit denen die eigene Verhaltensweise an die der Mitbewerber angepaßt wird;
- **Differenzierungsstrategien**, die darauf abzielen, sich eindeutig gegenüber den Mitbewerbern auf dem Markt zu positionieren.

Anpassungsstrategien, oder Me-Too-Strategien wird man wählen müssen, wenn die Marktführerschaft bereits durch andere Anbieter ausgeübt wird. **Differenzierungsstrategien** werden dann mit Erfolg einzusetzen sein, wenn es möglich ist, sich gegen die Mitbewerber durch eine spezifische Kompetenz des Angebotes oder durch Kostenvorteile abzusetzen. Sie können in verschiedene Verhaltensweisen umgesetzt werden:

- Strategien, mit denen ein **Gesamtmarkt** erreicht werden soll (undifferenzierte Strategien);
- **differenzierte Strategien**, die eine Bearbeitung eines einzelnen Marktsegmentes anstreben;
- **konzentrierte Strategien**, die mehrere ähnliche Marktsegmente zusammenfassen.

Für die touristischen Märkte sind Differenzierungsstrategien erfolgversprechend, da die eigene Marktposition in Hinsicht auf sehr unterschiedliche Nachfragergruppen bestimmt werden muß. Wann eine Gesamtmarktbearbeitung erfolgt oder ein konzentriertes Vorgehen zweckmäßig sein kann, hängt von der jeweiligen Marketingphilosophie ab.

Das **Strategie**profil des Unternehmens wird im einzelnen folgende **Strategiefelder** erfassen müssen:

- eine Marktfeld- oder Produktstrategie,
- eine Impuls- oder Wettbewerbsstrategie,
- eine Segmentierungsstrategie.

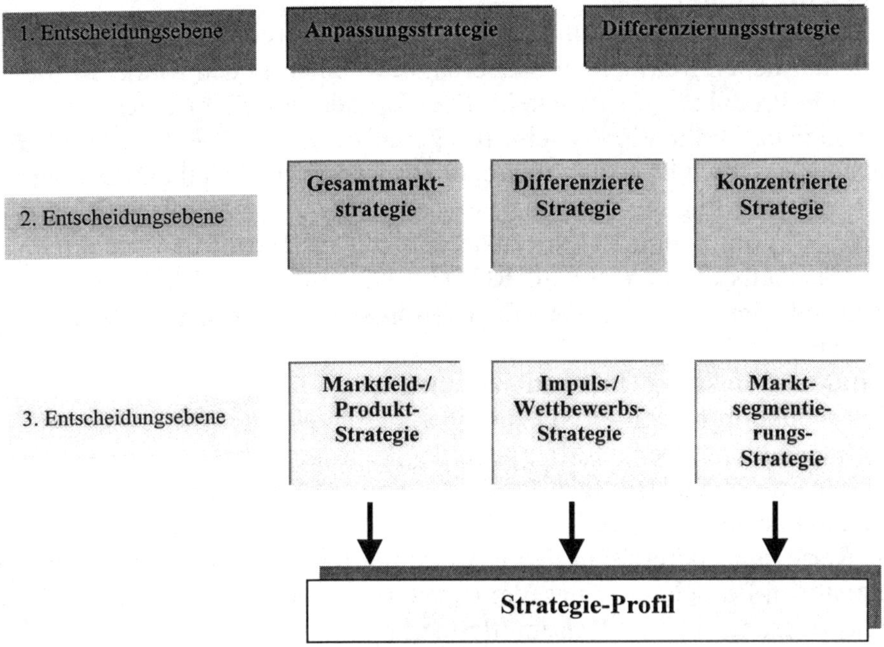

Abb. 51: Marketingstrategien

3. 2. 2 Marktfeld- oder Produktstrategien

Bei der Festlegung der notwendigen Marktfeld- oder Produktstrategie ist zwischen vier Aktionsfeldern zu entscheiden:

- **Marktdurchdringung** oder **Penetration**
  Mit dieser Strategie soll für eingeführte Produkte auf bestehenden Märkten eine höhere Ausschöpfung des Marktpotentials erreicht werden. Das kann in drei Varianten erfolgen (WEIS 1995: 63 f.):
  - Erhöhung der Reiseintensität der vorhandenen Kunden (Erstreisende zu Repeatern, sporadisch Reisende zu regelmäßig Reisenden, jährlich einmal Reisende zu Mehrfach-Reisenden entwickeln);
  - Vergrößerung des Marktanteils zu Lasten der Mitbewerber;
  - Gewinnung bisher nicht Reisender zu Reisekunden des Veranstalters/Reisemittlers.

  Ihre Erfolgswahrscheinlichkeit wird mit ca. 50 % angegeben.

- **Marktentwicklung**
  Die Marktentwicklung stellt sich die Aufgabe, bereits eingeführte Produkte auf neuen Märkten zu plazieren, bzw. einen neuen Markt für bestehende Produkte zu entwickeln. Dies können aus Sicht eines Veranstalters neue Destinationen sein, für Veranstalter und Reisemittler aber auch neue Geschäftsfelder und/oder Zielgruppen (SCHRAND nennt z. B. die Übertragung speziell zugeschnittener Pauschalreisen mit Erlebnis-, Komfort- und Exklusivitätscharakter als Incentive-Produkte in den Geschäftsreisebereich; in: ROTH 1992: 355). Bei Marktentwicklungsstrategien darf man eine Erfolgswahrscheinlichkeit um 30 % annehmen.
- **Produktentwicklung** (Innovationsstrategien)
  Die Produktinnovation erfolgt für einen bestehenden Markt. Aber auch durch eine bloße Produktdifferenzierung kann bei den Nachfragern der Eindruck eines andersartigen Produktes vermittelt werden. Die innovative Kompetenz liegt auf dem Tourismusmarkt bei Leistungsträgern und Reiseveranstaltern. Für den Reisemittler bietet sich die Chance, mit innovativen Produkten seines Veranstaltersortimentes eine eigenständige Profilierung auf dem Reisemittlermarkt vorzunehmen.
  Neueinführungen von Produkten sind hinsichtlich ihrer Erfolgsaussichten als relativ risikoreich zu bewerten; für sie ist eine Erfolgswahrscheinlichkeit um 20 % realistisch.
- **Diversifikation**
  Diversifikationsstrategien werden eingesetzt, um das Absatzrisiko dadurch zu minimieren, daß neue Produkte für vorhandene oder neue Märkte in das Produktprogramm aufgenommen werden. Das kann auch durch Unternehmenszusammenschlüsse oder Firmenübernahme erfolgen. Es sind drei Formen der Diversifikation zu unterscheiden:
  - *Horizontale Diversifikation:* Aufnahme von Produkten, die in sachlichem Zusammenhang mit dem eigenen Produktsortiment stehen;
  - *Vertikale Diversifikation:* Aufnahme von Produkten vor- oder nachgelagerter Produktionsstufen;
  - *Komplementäre Diversifikation:* Aufnahme von Produkten, die sich wechselseitig mit den bisherigen Produkten ergänzen (Vgl. Kapitel I Abschnitt 5. 6).

  Für diesen Strategiebereich kann nur mit einer Erfolgswahrscheinlichkeit um 5 % bei beträchtlichem Ressourceneinsatz gerechnet werden. Diversifizierung wird dennoch in zunehmendem Umfang praktiziert, z. B. durch die Tätigkeit von Airlines in der Pauschaltouristik (horizontal), durch Zusammenschluß von Veranstalter und Reisemittler (vertikal), durch das Angebot von Ergänzungsprodukten für die eigentliche

Reisedienstleistung (komplementär). Daneben sind auch Formen der Diversifikation zu beobachten, wo der sachliche Zusammenhang zur eigentlichen Leistungspalette des Unternehmens nicht mehr unmittelbar besteht, wo eine branchenübergreifende Produktstrategie betrieben wird (z. B. Übernahme von Reiseveranstalter- und –mittlertätigkeit durch Einzelhandelsunternehmen; hier besteht der Zusammenhang lediglich in der Handelsfunktion oder der Ausrichtung auf die gleichen Zielgruppen).

3. 2. 3 Wettbewerbsstrategien

Die Art und Weise der Wettbewerbsstrategie ist entscheidend, wenn sich das Unternehmen auf dem Markt deutlich gegenüber den Mitbewerbern positionieren will (Differenzierungsstrategie). Dies kann geschehen durch

- Kostenführerschaft,
- Qualitätswettbewerb,
- Preiswettbewerb.

Die entsprechenden Marktimpulse werden in Abwägung dieser drei Komponenten zu setzen sein. Je nachdem man entweder die qualitativen Momente des Angebotes herausstellt oder unter Nutzung von Kostenvorteilen den Wettbewerb primär über die Preisgestaltung führt, können zwei Grundformen derartiger **Marktimpulsstrategien** unterschieden werden:

- Die **Präferenzstrategie** stellt die unverwechselbare besondere Qualität des Angebotes heraus. Die Präferenzen werden vor allem über das Image der Firmen- oder Produktmarke als marketingpolitisches Instrument umgesetzt. Es werden qualitäts- und markenbewußte Käufer angesprochen, damit kann ein Hochpreiskonzept durchgesetzt werden. Präferenzen lassen sich nur langfristig am Markt und mit erheblichem Vorlaufaufwand durchsetzen; wenn sie aber aufgebaut sind, erlauben sie auf längere Sicht eine starke Marktposition.
- Die **Preis-Mengen-Strategie** verzichtet auf Kundenpräferenzen und eine eigenständige Markenpositionierung; mit ihr werden Kostenvorteile in ein Niedrigpreiskonzept und eine aggressive Preispolitik gegenüber der Konkurrenz umgesetzt. Die Produktqualität ist durchschnittlich. Bei relativ geringeren Stückdeckungsbeiträgen wird der Betriebserfolg durch Umsatz großer Mengen gesichert. Die Durchsetzung einer Preis-Mengen-Strategie bedarf keines großen Vorlaufaufwandes, ihre Wirkung setzt verhältnismäßig schnell ein. Sofern mit ihr beträchtliche Marktanteile erworben und verteidigt werden, gewährleistet sie auch ei-

ne dauerhafte Marktposition. Die Gefahr ruinöser Preiskämpfe wird überschätzt, da diese auf den heutigen Märkten vermieden und durch gleichgerichtetes Verhalten ersetzt werden.

In der praktischen Umsetzung wird sichtbar, daß etwa zwei Drittel der 30 großen Reiseveranstalter für den Hauptteil ihres Produktsortimentes eine Preis-Mengen-Strategie einsetzen, dennoch verzichten sie nicht darauf, sie durch den Aufbau von Präferenzen in besonderen Geschäftsfeldern sinnvoll zu ergänzen (MUNDT 1996: 424 f.).

3. 2. 4 Marktsegmentierungsstrategien

Die **Segmentierung** des Marktes ist sowohl **Voraussetzung** für die Umsetzung grundlegender **strategischer Verhaltensweisen** als auch ein **eigenes Strategiefeld** selbst. WÖHE interpretiert sie indes ausschließlich als eine notwendige Vorausbedingung der strategischen Planung (Vgl. WÖHE 1990: 142), was u. E. eine zu eingeengte Betrachtungsweise ist. Die Marktsegmentierung dient der Aufteilung des Gesamtmarktes in abgrenzbare, in sich möglichst homogene Teilmärkte. Sie führt zur Bestimmung der touristischen Zielgruppen und kann als **Grobsegmentation** nach folgenden Ordnungsmerkmalen vorgenommen werden (Vgl. auch WEIS 1995: 59):

- Geographische Merkmale
  nach der Herkunft der Nachfrager
  - Großstadt, Mittelstadt, Kleinstadt, Dorf,
  - Binnenland, Küstenregion, Bergland u. a.,
  - Bundesland (noch immer wichtig: östliche oder westliche Bundesländer);

  nach Urlaubszielen
  - Destinationen Ausland,
  - Inlandsreiseziele;
- Demographische Merkmale
  - Geschlecht,
  - Altersgruppe,
  - Familienstand,
  - Familienstruktur;
- Sozio-ökonomische Merkmale
  - Herkunftsmilieu,
  - Beruf[1],
  - Einkommens-, Vermögensgruppe;

[1] Häufig auch den demographischen Merkmalen zugeordnet.

- Behavioristische (verhaltensbedingte) Merkmale
  - Einstellungen,
  - Verhaltensmuster,
  - Lebensgewohnheiten,
  - Lifestyle.

Zwischen den Merkmalsgrößen herrscht Interdependenz, manche Merkmale stehen in Korrelation. Für die tourismusrelevanten Zielgruppen bietet sich vor allem eine **Feinsegmentation** aus einer sinnvollen Kombination dieser Merkmalsgruppen an, wobei besonders die behavioristischen Merkmale das Reiseverhalten dominant prägen, vor allem hinsichtlich

- der persönlichen Einstellung zum Reisen als Freizeitwert an sich;
- der Reisemotive;
- der prägenden Lebensgewohnheiten, des persönlichen Lebensstiles und des ihn ausdrückenden Konsumverhaltens sowie
- der bevorzugten Arten und Weisen des Reisens, der Reiseziele und der Reisezeiten.

Für eine **urlaubertypologische** Marktsegmentation lassen sich folgende vier Zielgruppen erkennen (KAMPHAUSEN 1996: 5 ff. nach ADAC):

- **Der Genußorientierte** (aktive Genießer)
  Er ist anspruchsvoll, sportlich aktiv, strebt nach körperlichem Wohlbefinden und Selbstdarstellung. Der Urlaub ist für ihn ein wichtiger Imagefaktor, die Natur bildet für ihn bloß die Kulisse seines Urlaubs.
  Sein Marktanteil wird mit etwa 30 % geschätzt. Entgegen bisherigen Annahmen wird er im Zusammenhang mit dem Auftreten der „Erbengeneration" in der Tendenz leicht zunehmen.
- **Der Aufgeschlossene** (Trendsensible)
  Er ist umweltbewußt, ökologisch, kulturell und politisch interessiert, sein Konsumverhalten ist kritisch, Natur wird im Urlaub erlebt und erfahren, die Urlaubsreise ist ihm wesentliches Mittel zur Bewußtseinserweiterung.
  Sein Marktanteil wird mit 25 % angegeben und dürfte in der Tendenz zunehmen.
- **Der Familiäre**
  Er nutzt den Urlaub zur weiteren Vertiefung der familiären Kommunikation und der Kontaktpflege zu Verwandten und Freunden in vertrauter Situation und bevorzugt leichte Freizeitaktivitäten ohne Leistungszwang. Sein Konsumverhalten ist von Qualitätsbewußtsein und Bewertung des Preis-Leistungsverhältnisses geprägt.
  Er hat einen relativ konstanten Marktanteil von ca. 20 %.

- **Der passive Erholer** (Nur-Erholer)
  Er verbringt seinen Urlaub aus Gewohnheit, ohne anspruchsvolle Freizeitaktivitäten zu entwickeln, ist Neuem gegenüber relativ verschlossen, sein Konsumbewußtsein ist gering ausgeprägt, er ist an aktuellen Freizeittrends nicht interessiert und bevorzugt eher traditionsgebundene Lebensformen.
  Sein Marktanteil wird um 25 % mit leicht sinkender Tendenz bewertet.

Eine **lifestyletypologische** Marktsegmentation kann sich der Gliederung der Zielgruppen nach dem sozialen Herkunftsmilieu der Bevölkerung bedienen:

Milieu	Anteil in der Gesamtbevölkerung %
Konservativ gehobenes Milieu	**8**
Kleinbürgerliches Milieu	**21**
Traditionelles Arbeitermilieu	**5**
Traditionsloses Arbeitermilieu	**12**
Neues Arbeitnehmermilieu	**6**
Aufstiegsorientiertes Milieu	**25**
Technokratisch-liberales Milieu	**9**
Hedonistisches Milieu	**12**
Alternatives Milieu	**2**

Tab. 37: Lifestyle-Typen der SINUS-Studie
(Quelle: zit. nach SEITZ 1995: 297 f.)

Im Rahmen der Reiseanalyse wurde eine weitere Variante für eine Lifestyle-Typologie entwickelt, die eine deutliche Unterscheidung nach alten und neuen Bundesländern ausweist:

Lifestyle-Typ	Anteil der Gesamtbevölkerung %
I. Alte Bundesländer	
1: Der gesundheitsbewußte, vielfältig Engagierte	**9,2**
2: Der passive, häusliche Unauffällige	**20,4**
3: Der aufgeschlossene Freizeitorientierte	**14,1**
4: Der gutsituierte Familienorientierte	**19,4**
5: Der genügsame Fleißige	**22,5**
6: Der dynamische Egozentriker	**14,4**

Lifestyle-Typ	Anteil der Gesamtbevölkerung %
II. Neue Bundesländer	
1: Der kreative, unabhängige Aktive	**12, 6**
2: Der familiengebundene Passive	**19, 6**
3: Der bescheidene, häusliche Fleißige	**23, 0**
4: Der unzufriedene Interessenlose	**15, 5**
5: Der gutsituierte Geschäftige	**12,7**
6: Der sportliche, erfolgreiche Genießer	**16,5**

Tab. 38: Lifestyle-Typen der Reiseanalyse
(Quelle: zit. nach ROTH 1992: 154)

Die Aussagen über touristische Zielgruppen sind jedoch nur Annahmen auf kurze oder mittlere Frist. Langfristige Prognosen sind wegen einer Reihe Unwägbarkeiten nur sehr bedingt möglich:

- Das Szenario der zukünftigen zahlenmäßigen Entwicklung der in Deutschland lebenden Bevölkerung und ihrer Alters- und Familienstruktur unterliegt politischen Einflüssen, wie z. B.
  Gestaltung der Zuwanderungs-, Einwanderungs-, Asylpolitik;
  Grundrichtung der Sozialgesetzgebung (Förderung von Familien mit Kindern u. ä.);
  Wirkungen künftiger EU-Politik auf die Bevölkerungsmigration in Europa.
- Die staatliche Einkommens-, Vermögens- und Bildungspolitik, wie z. B.
  Wirkungen der Verteilungspolitik auf das Einkommensniveau und die Einkommensgruppen;
  Veränderung der Vermögensstruktur durch die Vermögensbildungs-, Steuer- und Sozialpolitik;
  Veränderung der Berufsstruktur und des Qualifikationsniveaus durch die Bildungspolitik.
- Der Strukturwandel der Volkswirtschaften in der postindustriellen Phase und die fortschreitende Globalisierung des Wirtschaftslebens werden ebenfalls zu tiefgreifenden Einschnitten in die sozio-ökonomische Schichtung der Bevölkerung führen und neue Verhaltensweisen prägen, wie z. B.
  Veränderung der Beschäftigung und Freizeit sowie der Nichtbeschäftigung als Folge der Rationalisierung und des Übergangs in eine Dienstleistungsgesellschaft;

Anpassungsdruck entwickelter nationaler Volkswirtschaften durch Nivellierung sozialer Standards und des Einkommensniveaus im Gefolge der EU-Integration.

- Die Folgen der Schaffung eines einheitlichen europäischen Währungsraumes können derzeitig kaum abgeschätzt werden, vor allem hinsichtlich
  der Stabilität der Währung und ihrer Auswirkungen auf die Realeinkommen;
  der Bedingungen für die Entwicklung der Aufwendungen zur Produktion von Gütern und Diensten und ihrer Auswirkungen auf das allgemeine Preisniveau.

Der bisherige Verlauf der politischen Gestaltung eines einheitlichen Europa in Wechselwirkung zu den erforderlichen Anpassungen nationaler Politik zeigt eher, daß die politischen Grundentscheidungen weiterhin wahlzyklusmotivierten Kurzfristüberlegungen folgen und ihnen kein langfristig orientiertes ordnungspolitisches Konzept zugrunde liegt. Für die deutsche Entwicklung besonders kritisch erscheint die bisher unbeantwortete Frage, inwieweit die immer noch vorhandenen Grundelemente einer **Sozialen Marktwirtschaft** bewahrt und inzwischen aufgegebene Elemente rekonstituiert werden können. Immerhin ist gerade der Erfolg des Konzepts der Sozialen Marktwirtschaft eine wesentliche Ursache dafür, daß der breiten Masse der Bevölkerung durch wachsende Einkommen und einen hohen Standard der sozialen Sicherung ermöglicht wurde, auch einen bisher jährlich wachsenden Anteil des Einkommens für das Reisen auszugeben. Die weltweit höchste Reiseintensität der Deutschen ist ein signifikantes Merkmal dafür, **daß die Reise zu den essentiellen Wohlstandswerten der Sozialen Marktwirtschaft gehört.** Gerade aus diesen Gründen ist für eine vorausschauende, nachfrageorientierte Entwicklung des Tourismusmarktes die **Konstanz der Wirtschaftspolitik** in Zukunft unverzichtbar (Vgl. EUCKEN 1981: 42).

4. Das operative Marketing

4. 1 Begriff und Konzepte

Das strategische Marketing als Element der strategischen Unternehmensführung erfordert entsprechende Instrumente zu seiner praktischen Umsetzung. Sie werden üblicherweise unter den Begriff **operatives** oder **taktisches Marketing** gefaßt.

Die operativen Marketinginstrumente bedürfen zur zweckentsprechenden Realisierung der strategischen Ziele einer sinnvollen Kombination in einem sogenannten **Marketing-Mix**. Die Art und Weise der Kombination wird durch das gewählte Strategieprofil bestimmt, und es sind folgende Aufgabenfelder zu bearbeiten:

- Gestaltung des Angebotes an Produkten des gesamten Produktionsprogrammes sowie der Leistungsstruktur;
- Gestaltung der Preisentwicklung und der mit dem Preis verbundenen, zur Kontrahierung führenden Konditionen;
- Gestaltung der Distribution für die erstellten Güter und Leistungen bis zum Endverbraucher;
- Gestaltung der Marktkommunikation mit Kunden, Öffentlichkeit und anderen Unternehmen.

Da inzwischen der Begriff Politik, obwohl im eigentlichen Sinne nur diejenigen Handlungen beschreibend, die der Erreichung staatlicher oder öffentlicher Zwecke dienen, auch auf die Handlungen privatwirtschaftlicher Unternehmungen übertragen wurde, werden die Marktinstrumente als Elemente der Unternehmenspolitik interpretiert. Dabei ist festzustellen, daß über den Inhalt von Unternehmenspolitik letztlich keine einheitlichen Auffassungen existieren. Auch hinsichtlich der Systematik der Marketinginstrumente bestehen unterschiedliche Konzepte und Begriffsbildungen:

- Darstellung des Marketing-Mix in vier Instrumenten
  - Produktpolitik, auch Leistungspolitik oder Programmpolitik;
  - Preispolitik, auch Preis- und Konditionenpolitik oder Kontrahierungspolitik;
  - Distributionspolitik;
  - Kommunikationspolitik;
- Darstellung des Marketing-Mix in drei Instrumenten
  - Produkt- und Preispolitik;
  - Distributionspolitik;
  - Kommunikationspolitik.

Die zweite Variante geht von der Überlegung aus, daß die Interdependenz von Leistung und Preis, sinnfällig im Prinzip des Preis-Leistungsverhältnisses erfaßt, beide Elemente in einem Marketing-Instrument kombinieren sollte, zumal dieses der praktischen Handhabung entgegen käme (Vgl. z. B. ROTH u. a. 1992: 158). Wir folgen dennoch aus Gründen der Übersichtlichkeit und in Ableitung aus den objektiv gegebenen Aufgabenfeldern des operativen Marketing einer Darstellung in vier Instrumentalbereichen, denen jeweils Teilinstrumente oder Subinstrumente zugeordnet sind:

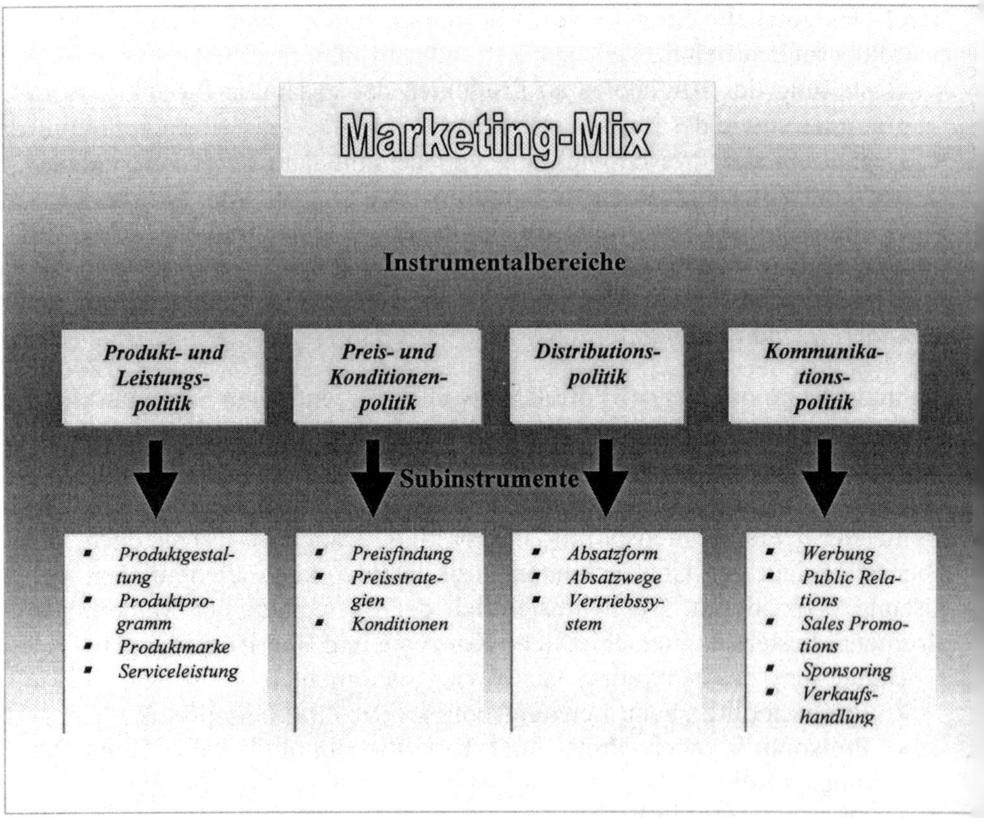

Abb. 52: Marketing-Mix

4. 2 Marketing-Mix

4. 2. 1 Produkt- und Programmpolitik

Die Produkt- und Leistungspolitik hat zunächst die Aufgabe, ein nachfragegerechtes Angebot zu erstellen, die sogenannte **Marktleistung.** Sie besteht aus

- der touristischen Kernleistung, dargestellt in einzelnen Produkten;
- dem Produktprogramm als systematische Zusammenfassung der angebotenen touristischen Produktarten;
- dem Programm der die touristische Kernleistung flankierenden Reisedienstleistungen (Neben- oder Ergänzungs- bzw. Serviceleistungen);
- der Darstellung des Produktes und /oder des gesamten Produktprogramms unter einer Marke.

Die **Produktgestaltung** zunächst bezeichnet die sinnvolle Kombination einzelner Leistungsbausteine von Leistungsträgern zu einer Gesamtheit von Reiseleistungen, deren Gesamtnutzen für den Reisenden größer ist als die Teilnutzen jeder einzelnen Leistungskomponente. Sie ist die originäre Aufgabe der Reiseveranstalter. Der Reiseveranstalter bündelt sehr unterschiedliche dieser Leistungskomponenten zum touristischen Produkt. Er wird einen **Produktkern**, bestehend aus den touristischen Hauptleistungen (Unterkunft/Verpflegung, Beförderung) mit **Zusatzleistungen** (Reisebetreuung, -begleitung, Events, Zusatzprogramme in der Destination u. a.) verbinden und das Produkt mit entsprechenden **Serviceleistungen** (Informations- und Beratungsleistungen, kundenfreundliche Buchungsabwicklung, Zahlungsservice, Versicherungsdienstleistungen, Reklamationsabwicklung u. a.), die er selbst oder mit Hilfe seines Reiseagenten erbringt, abrunden.
Dabei hat die in das Pauschalreiseprodukt implantierte Beförderungsleistung einen speziellen, die Produktqualität maßgeblich mit bestimmenden Effekt. Vom Nachfrager wird die Qualität der Beförderung nach zwei unterschiedlichen Gesichtspunkten bewertet:

- Beförderungsleistung als bloße Ortsveränderung zum Zwecke des Aufenthaltes in einer Destination. In diesem Falle bemißt sich die Qualität an der Zeitdauer für den Beförderungsprozeß, seiner Bequemlichkeit und Kostengünstigkeit. Der Leistungsträger, der die Beförderungsleistung als Nachauftragnehmer des Reiseveranstalters erbringt, mithin also der Reiseveranstalter als Anbieter des Pauschalproduktes, hat auf eine besondere **Prozeßpolitik** für die Beförderung abzustellen (STERZENBACH 1996: 224);

- Beförderungsleistung als eigenständiger Erlebniswert der Reise (Kreuzfahrt, Rundreisen, Nostalgie- und Eventreisen mit historischen Beförderungsmitteln oder auf historischen oder touristisch hervorgehobenen Routen). Hier ist nicht die möglichst kurze Prozeßdauer das entscheidende Qualitätssignal, sondern die erlebnisorientierte Einbettung der Beförderung in das Reiseprogramm. Sie trägt damit wesentlich zu dem durch die Pauschalreise dem Reisenden vermittelten Zusatznutzen bei.

Die Grundlinie der Produktgestaltung ist durch die gewählte Marketingstrategie vorgegeben (Vgl. Abschnitt 3. 2. 2). Hat man sich für eine Präferenzstrategie entschieden, wird es vor allem darauf ankommen, eine qualitätsorientierte Produktgestaltung vorzunehmen, hat man sich für eine Mengenstrategie entschieden, wird der Schwerpunkt eher auf einer Produktgestaltung liegen, die der für ein Massenprodukt adäquaten Preispolitik zu folgen hat. In beiden Fällen wird die Produktgestaltung eine zielgruppenorientierte Marktsegmentierung erfordern.

Die **Programmpolitik** faßt die einzelnen Produkte in einem systematischen Produktprogramm zusammen. Sie hat zwei grundlegende Aufgaben:
- Ständige Anpassung des Produktprogramms an die Gegebenheiten des Marktes und die Nachfrage der Reisenden,
- Durchsetzung eines die Erreichung der Unternehmensziele optimal fördernden Produktprogrammes

(MÜLLER 1989: 28).

Dafür stehen grundsätzlich vier Wege zur Verfügung:
- Produktvariation, indem bei auf dem Markt eingeführten Produkten bestimmte Eigenschaften verändert oder verbessert werden;
- Produktdifferenzierung, indem eine Produktgruppe um ein neues Produkt, das der Nachfrage einer bestimmten Zielgruppe entspricht, erweitert wird;
- Produktdiversifikation, indem vor- oder nachgelagerte Produktionsstufen in das Produktprogramm aufgenommen werden (vertikal), oder wenn in benachbarten oder fremden Branchen Aktivitäten entwickelt werden (horizontal);
- Produktselektion oder –elimination, indem Produkte, deren Deckungsbeiträge oder Umsätze stark rückläufig sind, rechtzeitig aus dem Produktprogramm herausgenommen werden.

Im Unterschied zum Produktprogramm des Veranstalters, also der Gesamtheit der von ihm angebotenen Produkte (auch Verkaufsprogramm) betreibt der Reisemittler eine **Sortimentspolitik**. Als Sortiment wird die Gesamtheit der von ihm vermittelten Produzenten und Produkte bezeichnet. Der Reisemittler kann sein Sortiment nach verschiedenen Gesichtspunkten ausrichten:

- Er führt eine bestimmte Anzahl von Veranstaltern, darunter einen oder zwei Veranstalter (Hauptveranstalter) als Kernsortiment im Angebot;
- er bietet Produkte, ausgerichtet auf bestimmte Zielgruppen, an (Seniorenreisen, Jugendreisen);
- er konzentriert sich auf Angebote nur einer bestimmten Preisgruppe (z. B. Last-Minute-Reisebüro, Discount-Reisebüro);
- er gestaltet ein Sortiment nach Komplementär- oder Kompensationsgesichtspunkten (z. B. Pauschaltouristik und Reiseartikel).

Damit ist die Entscheidung über die Sortimentsbreite und/oder –tiefe verbunden.

Besonders bei einer Präferenzstrategie, aber auch bei der Entwicklung von touristischen Massenmärkten spielt die Anwendung der **Produktmarkierung** eine wichtige Rolle, da sie besonders geeignet ist, nicht nur die Positionierung gegenüber den Konkurrenten klar herauszustellen, sondern vor allem eine emotionale Bindung der Reisenden an das Unternehmen zu erzeugen. Die Marke dient der Unterscheidung, Identifikation und Differenzierung des Produktes, einer Produktgruppe oder des gesamten Produktprogramms eines Unternehmens. Nach ihrem Geltungsbereich können unterschieden werden:

- **Einzelmarken**

  Der Markenname steht für ein einzelnes Produkt oder eine weitgehend homogene Produktgruppe, das Angebot ist also nicht oder nur gering differenziert (z. B. CenterParcs, DanSommer, Hetzel). Die Einzelmarke kann auch, häufig unter einem die Assoziation zum Firmennamen oder der Firmenmarke vermeidenden Phantasienamen, als Zweitmarke in den Markt gebracht werden, wenn ein Imagetransfer zwischen den Marktsegmenten nicht erwünscht ist (z. B. TUI mit der spezielle Zielgruppen ansprechenden Billigmarke „Take Off“).
- **Familienmarken oder Gruppenmarken**

  Die Marke kennzeichnet eine ganze Produktfamilie, die einzelnen Produkte werden durch Markenzusätze differenziert dargestellt (z. B. Familienmarke STUDIOSUS mit STUDIOSUS-Studienreisen, STUDIOSUS-Sprachreisen, STUDIOSUS-Wanderstudienreisen). Hier ist ein Imagetransfer beabsichtigt.
- **Dachmarken oder Firmenmarken**

  Unter dem Dach einer häufig eine Firma oder Firmengruppe signalisierenden Marke werden einzelne Submarken in einer Mehrmarkenstrategie geführt, der Imagetransfer von der starken Dachmarke zu den Sub-

marken ist gewollt (z. B. Dachmarke LTU/LTT mit den Submarken Jahn, Tjaereborg, Meier's Weltreisen, Transair).
Bei Unternehmenszusammenschlüssen oder Firmenübernahmen werden ehemals selbständige, eingeführte und starke Marken meist als solche Submarken weitergeführt.
Die Firmenmarke kann aber auch allein stehen, die Angebotsdifferenzierung erfolgt dann etwa nach Destinationen und/oder speziellen Reisearten. Man spricht in diesen Fällen auch von **Globalmarken** (z. B. TUI). Daneben können gelegentlich **Regionalmarken** auftreten (z. B. IKD Reisen im süddeutschen Raum) oder Markenunterscheidungen nach ihrem Auftritt auf **nationalen** oder **internationalen** Märkten gewählt werden.

4. 2. 2 Preis- und Konditionenpolitik

Preispolitische Strategien sind auf das engste mit den produktpolitischen Entscheidungen verknüpft. Die preispolitischen Spielräume sind bereits durch die gewählte Generalstrategie des Marketing vorherbestimmt. Präferenzstrategien setzen auf Qualitätswettbewerb, vermittelt durch die Marke, sie erlauben die Durchsetzung einer Hochpreispolitik. Mengenanbieter konkurrieren primär über den Preis, sie verfolgen eine Preis-Mengen-Strategie (Vgl. Abschnitt 3. 2). Die jeweilige Grundausrichtung der Preispolitik ist stets längerfristig angelegt, weshalb sie auch als **strategische Preisbildung** aufgefaßt wird. Die vorzutragende strategische Preisgestaltung kann weiter ausdifferenziert werden:

- **Premium-Preis-Strategie**
  Mit einem deutlich hohen Preis wird bestimmten einkommens- und nachfragestarken Zielgruppen, die sich über ihr Konsumverhalten definieren, gehobene, exklusive Qualität signalisiert (z. B. Kreuzfahrtprodukte mit Schiffen höchster Klassifizierung und anspruchsvollem Programm). Häufig bieten große Veranstalter neben ihrem Standardproduktprogramm für Massenmärkte gesondert solche Premiummarken an. Hier wird die Zusammenführung von Produkt- und Preispolitik besonders deutlich.
- **Promotion-Preis-Strategie**
  Sie zielt mit einem besonders günstigen Preis-Leistungsverhältnis auf einem eher niedrigen Preislevel auf den Massenmarkt ab.

- **Skimming-Preis-Strategie**
  Sie eignet sich für eine schnelle Marktabschöpfung bei Produktinnovationen, die gegenüber der Konkurrenz einen zeitlichen Qualitäts- und Kostenvorsprung aufweisen und wo die potentielle Nachfrage zunächst über dem Angebot liegt
  (MÜLLER 1989: 46).
- **Preisdifferenzierungsstrategie**
  Sie nutzt die Möglichkeit der Aufteilung der Marktnachfrage in unterschiedliche Zielgruppen nach Reise- und Buchungsverhalten und persönlichen Merkmalen (horizontale Preisdifferenzierung) wie z. B.
  - eine saisonale Preisdifferenzierung (Hauptsaison, eine oder mehrere Vor-, Nachsaison- und Zwischensaisonzeiten),
  - eine Differenzierung der Preise nach Abreisetermin (Wochentag, Monatsdekade usw.),
  - eine buchungszeitpunktbezogene Differenzierung (Früh- und Spätbucher, Last-Minute-Bucher),
  - eine Differenzierung nach persönlichen Merkmalen (Kinder, Jugendliche, Senioren u. a.),
  - die Aufteilung nach voneinander trennbaren Märkten (vertikale Preisdifferenzierung) wie z. B.
    - eine regionale Preisdifferenzierung,
    - eine Differenzierung der Preise nach unterschiedlichen Abreiseorten

(ROTH 1992: 165).

Die Umsetzung von Preisstrategien in **taktische Preisfindungsansätze** eröffnet verschiedene Möglichkeiten:

- **Kostenorientierter Preisfindungsansatz**
  Er geht von den betrieblichen Normalkosten und einem Normativgewinn aus, die der Preiskalkulation für ein neues Produkt zugrundegelegt werden. Eine ausschließlich kostenorientierte Preisbildung birgt aber das Risiko in sich, daß die betriebliche Preisvorstellung am Markt gegen die Mitbewerber nicht durchsetzbar ist.
- **Konkurrenzorientierter Preisfindungsansatz**
  Kann nicht über den Aufbau von Kundenpräferenzen ein höheres Preisniveau gegenüber den Mitbewerbern durchgesetzt werden, wird sich die Preisfindung an den Preisen der Mitbewerber orientieren müssen.
- **Kundenorientierter Preisfindungsansatz**
  Die Preisbildung wird an einem dem Kunden überzeugend darstellbaren Preis-Leistungsverhältnis orientiert.

In der praktischen Realisierung derartiger Ansätze zur Preisfindung wird man in der Regel nicht alternativ vorgehen können, sondern eine Kombination wählen, wobei je nach gewählter Generalstrategie eines der dargestellten Prinzipien dominieren wird.

Die **Konditionenpolitik** wird als ein Mittel indirekter Preispolitik dort eingesetzt, wo Preise, besonders für größere Mengen, auf dem Verhandlungswege vereinbart werden können. Dies trifft vor allem für den Geschäftsreisebereich zu, ist aber auch im Privatreisebereich z. B. bei Gruppenreisekonditionen denkbar. Instrumente der Konditionenpolitik sind vor allem

- die Gewährung von Rabatten verschiedenster Art,
- die Einräumung besonderer Zahlungskonditionen,
- zusätzliche Serviceleistungen und Incentives.

4. 2. 3 Distributions- und Verkaufspolitik

Der Begriff Distribution wird allgemein zur Charakterisierung der Art und Weise der Verteilung der erzeugten Produkte unter die Angehörigen der Gesellschaft verwandt. Die volkswirtschaftliche Theorie begrenzt ihn auf staatliche Aktivitäten, die eine Korrektur der Marktregulierung im Sinne einer angestrebten Verteilungsgerechtigkeit bezwecken sollen, da Markteffizienz selbst bei funktionierenden Märkten nicht unbedingt in Richtung eines solchen Staatszieles wirkt
(HEERTHE u. a. 1991: 259).

Aus betriebswirtschaftlicher Sicht subsumieren wir unter **Distribution alle Entscheidungs- und Handlungstatbestände**, die notwendig sind, um das **einzelne erstellte Produkt** seinem Endzweck, dem **Konsum** zuzuführen. Sie erfolgt mit Hilfe des Marktmechanismus über seine Angebots- und Nachfragerelationen. Dazu sind generell drei Teilaufgaben zu lösen:

- Wahl des Distributionssystems (Absatzwege und Absatzformen);
- physische Verteilung oder Marketing-Logistik;
- Verkaufsförderung durch Direktmarketing.

Die spezielle **distributionspolitische** Aufgabe des Marketing-Managements besteht nun darin, die Entscheidung über ein solches **Distributionssystem** zu beeinflussen, das eine dem jeweiligen Produkt adäquate und bestmögliche Verwertung der betrieblichen Leistung ermöglicht und die bewußte Einflußnahme des Produzenten auf die ihm nachgelagerten Distributionsstufen im Sinne seiner Marketingziele erlaubt (Vgl. ROTH 1992: 180).

Verkaufspolitik und Vertriebssteuerung sind deshalb Elemente des distributionspolitischen Entscheidungsspektrums.
Wir haben bei der Erörterung der wichtigen Leistungsbereiche der Touriswirtschaft (Vgl. Kap. II und III) bereits zu den speziellen Fragen des Vertriebs einzelner Produktarten Stellung genommen. Sie sollen in nachstehender Übersicht zusammengefaßt werden:

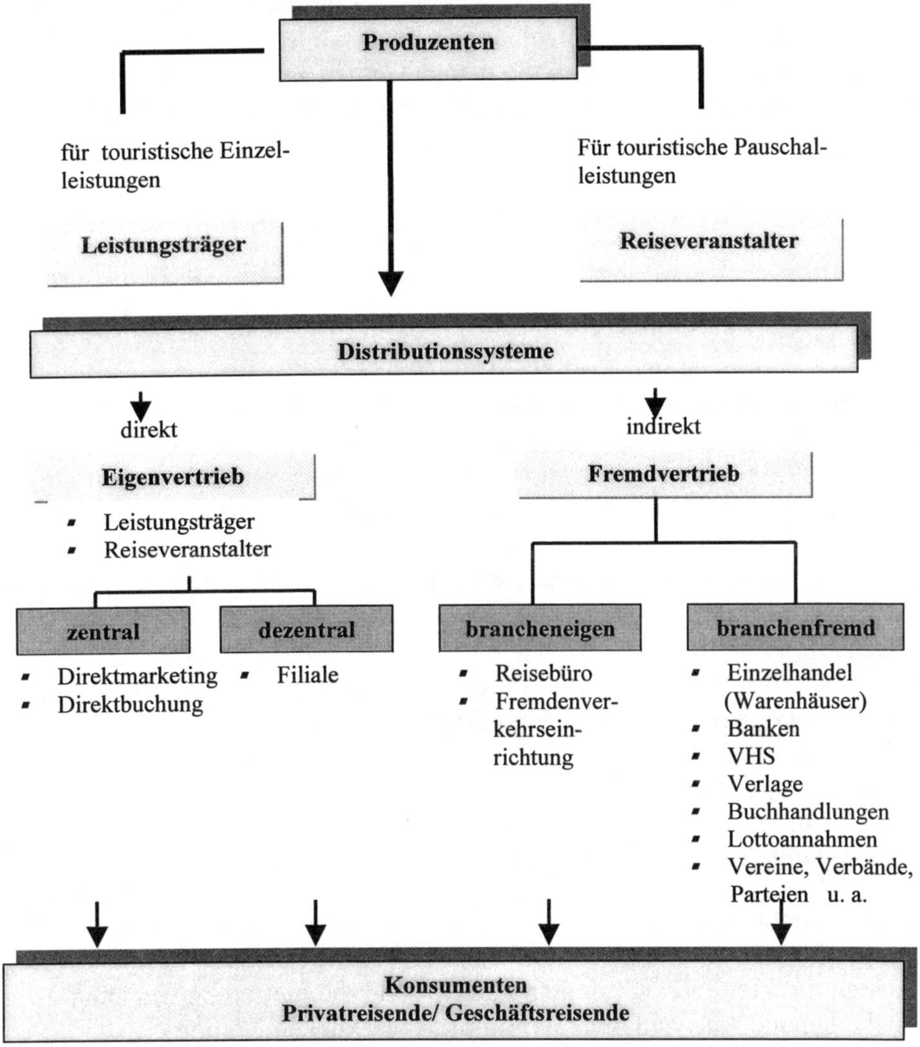

Abb. 53: Touristische Distribution
(Quelle: ROTH 1992: 181)

Touristische Leistungsträger, die Beherbergungs-, Beförderungs- oder Nebenleistungen erstellen, nutzen sowohl die direkte Distribution (Eigenvertrieb) als auch die indirekte Distribution (Fremdvertrieb).
Touristische Veranstalter, die Reisepauschalleistungen erstellen, bevorzugen die Zwischenschaltung von Reisemittlern (Fremdvertrieb). Das Vertriebsnetz der Reisebüros ist engmaschig und flächendeckend aufgebaut und die dem Reisemittler eigene besondere Kompetenz und Kundennähe ermöglicht einen rationellen, reibungslosen, stabilen und kostengünstigen Produktvertrieb. Mit den durch die neuen Medien gebotenen Möglichkeiten der unmittelbaren Interaktion mit den Kunden entwickeln auch die Reiseveranstalter zunehmend alternative Eigenvertriebskanäle.

Die physische Distribution oder Marketing-Logistik spielt aufgrund der Besonderheiten der touristischen Produkte in den Marketingüberlegungen keine Rolle; es besteht weder ein Lagerhaltungs- noch ein Transportproblem, da der Konsum nach dem Residenzprinzip erfolgt (Vgl. Kap. I Abschnitt 4).

Das **Direktmarketing** ist ein zentrales Moment der Verkaufspolitik und somit spezielles vertriebspolitisches Instrument, wenngleich es naturgemäß immer in Verbindung mit kommunikationspolitischen Maßnahmen eingesetzt wird. Unter Direktmarketing sind alle **verkaufsfördernden Aktivitäten** zu verstehen, die über eine Interaktion mit dem potentiellen Nachfrager kurzfristig zur **Gewinnung neuer Kunden** und **Realisierung zusätzlichen Umsatzes** führen
(MÜLLER 1993: 15).
Direktmarketing kann über alle Stufen des Leistungs- und Absatzprozesses eingesetzt werden (vertikales Marketing) durch
- Leistungsträger,
- Reiseveranstalter,
- Reisebüros,
- Fremdenverkehrseinrichtungen.

Es ermöglicht ohne die Notwendigkeit des persönlichen Kontakts zum Kunden
- einen direkten Dialog mit dem Kunden und die Steuerung des Dialogs,
- eine genaue Auswahl der Zielgruppen (Marktsegmentation),
- eine exakte Messung der Reaktionen und damit eine Erfolgskontrolle,
- eine kostengünstige Verkaufsförderung,
- eine Kundenakquisition und Kundenbindung und damit den Ausbau des Kundenstammes durch Erhöhung der Repeaterquote

(Nach: MÜLLER 1993: 13).

Die wichtigsten **Voraussetzungen** und **Elemente** eines Direktmarketings sind :

- Ein vermarktungsfähiges, attraktives und das Interesse des Kunden weckendes Produkt;
- ein geeignetes Medium, wie z. B.
  - Mailing per Postbrief oder Fax,
  - Telefon,
  - Internet (sofern der Kunde über eine E-Mail-Adresse verfügt);
- Aufbau und Pflege einer Datenbank;
- Kundenadressen aus selektierten Zielgruppen. Sie lassen sich gruppieren nach

  0 = Gesamtmarkt,
  1 = Wissens-Interessenten,
  2 = Produkt-Interessenten
  3 = Einmal- oder Neukunden,
  4 = Stammkunden
  (Vgl. Abb. 54).

  Bei der Beschaffung der Adressen kann auf eigene Kundendateien oder auf Fremdadressen zurückgegriffen werden;
- Verbindung der Marketingaktion mit einem entsprechenden Anreiz (Preisvorteil, Give-aways's, Preisausschreiben o. ä.) und möglichst mehreren Responsemöglichkeiten;
- textlich und gestalterisch überzeugende, eine zentrale Botschaft übermittelnde Kundensprache.

Als **Basisstrategien** kommen für die Durchführung des Direkt-Marketing infrage:

- **Die einstufige Strategie**

  Mit ihr werden Kunden angesprochen, die bereits gebucht haben (Stammkunden oder Einmalkunden) und dadurch eine Vorstellung vom Anbieter entwickeln konnten. Bei ihnen ist die Chance einer neuerlichen Buchung hoch, sie eignen sich deshalb auch hervorragend, um ein neues Produkt am Markt zu testen;
- **die zweistufige Strategie**

  Mit ihr soll in einer ersten Stufe bei Neukunden oder potentiellen Produkt-Interessenten die Aufmerksamkeit auf ein Reiseangebot gelenkt werden und zu einer Informationsanfrage führen. In einer zweiten Stufe werden die Anfrager mit Detailinformationen zu konkreten Produktangeboten ausgestattet;

- **die mehrstufige Strategie**
  Sie empfiehlt sich dann, wenn nach einer ersten Stufe vom Empfänger zunächst Zusatzinformationen eingeholt werden (eventuell in mehreren Zwischenschritten), ehe das detaillierte Angebot unterbreitet wird. Damit kann dieses Angebot unmittelbar und individuell auf die Erwartungen des Empfängers zugeschnitten werden, und die Wahrscheinlichkeit der Buchung erhöht sich.

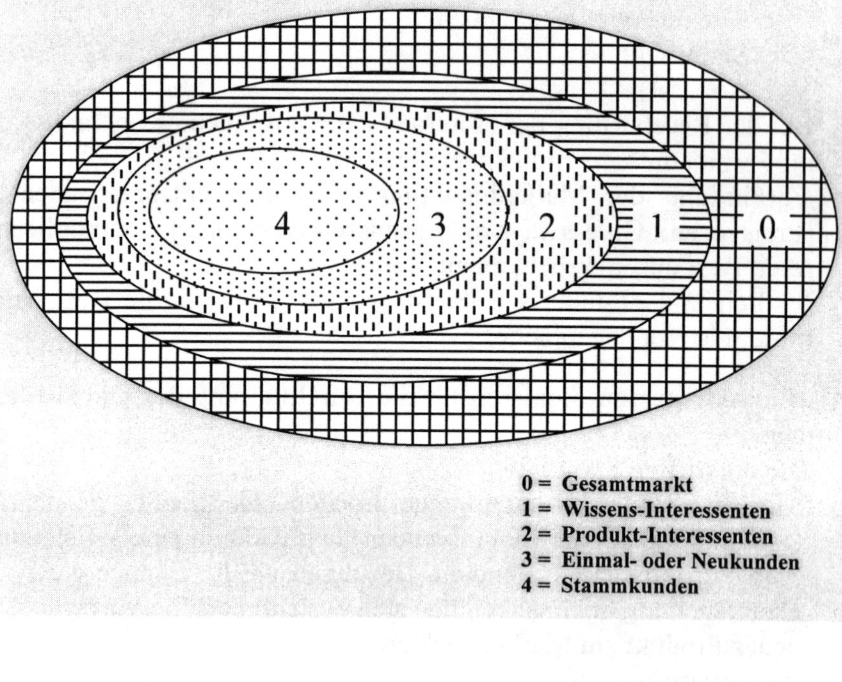

Abb. 54: Zielgruppen für ein Direktmarketing
(Quelle: MÜLLER 1993: 20)

4. 2. 4 Markt-Kommunikationspolitik

4. 2. 4. 1 Grundlagen der Kommunikation

Unter Kommunikation, einen Begriff der formalen Logik, wird allgemein die Übertragung von Informationen mittels Sprache, Rede oder mit Hilfe von Zeichensystemen verstanden. Die primäre Information des Senders, das intendierte Signal, wird zum Zwecke der Informationsübertragung durch ein Medium (Kommunikationsträger) in ein kodiertes Signal umgewandelt. Dieses dann dem Empfänger übertragene Signal wird dekodiert und erzeugt bei ihm eine bestimmte Verhaltenswirkung. Die sich daraus ergebende Handlungswirkung ermöglicht ein Feed-back (Rückkopplung) für den Sender.

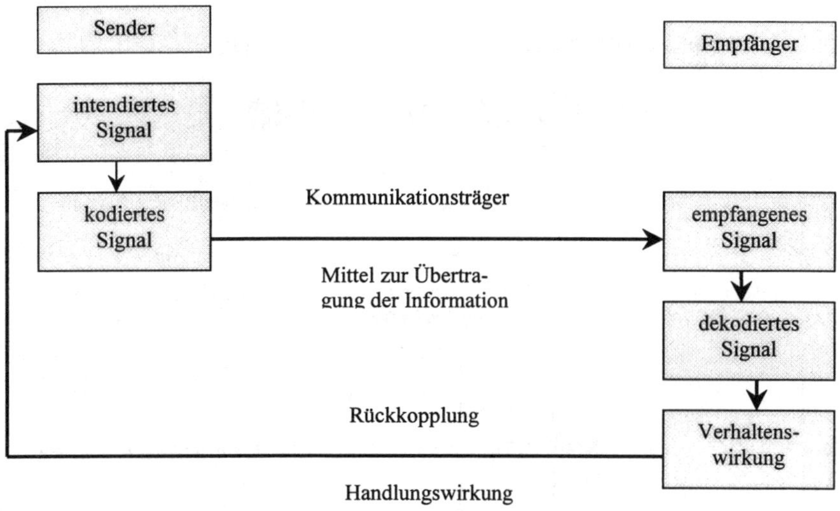

Abb. 55: Modell einer Kommunikation
(Quelle: MÜLLER 1989: 55)

Unternehmensführung heißt kommunizieren, nach innen gerichtet innerhalb der Führung und mit den Mitarbeitern, nach außen gerichtet mit den Kunden, mit der Öffentlichkeit und der Politik. Kommunikation ist das Sicherungssystem für die Corporate Identity des Unternehmens, für sein Image und bildet auch die Basis für seine Marktbeziehungen (HOEHLER 1991: 233).

Die Marktkommunikation ist Bestandteil der Kommunikationsstrategie des Unternehmens. Wenn sie früher in die Kompetenz des Marketing verwiesen wurde und das Marketing selbst primär produktgebunden und punktuell umgesetzt wurde, erfolgt heute eine umfassende **Marktkommunikation**. Sie erfüllt mehrere Aufgaben:

- Entwicklung eines positiven Unternehmensbildes in der Öffentlichkeit und Politik;
- Übertragung von Informationen und Bedeutungsinhalten an potentielle Nachfrager zum Zwecke der Beeinflussung ihres Nachfrageverhaltens mit dem Ziel der Absatzförderung und Gewinnmaximierung:
  - Werbung im engeren Sinne,
  - Sponsoring,
  - Product Placement;
- Verkaufsförderung und Realisierung erfolgreicher Verkaufshandlungen:
  - Sales Promotion,
  - Verkaufsgespräch.

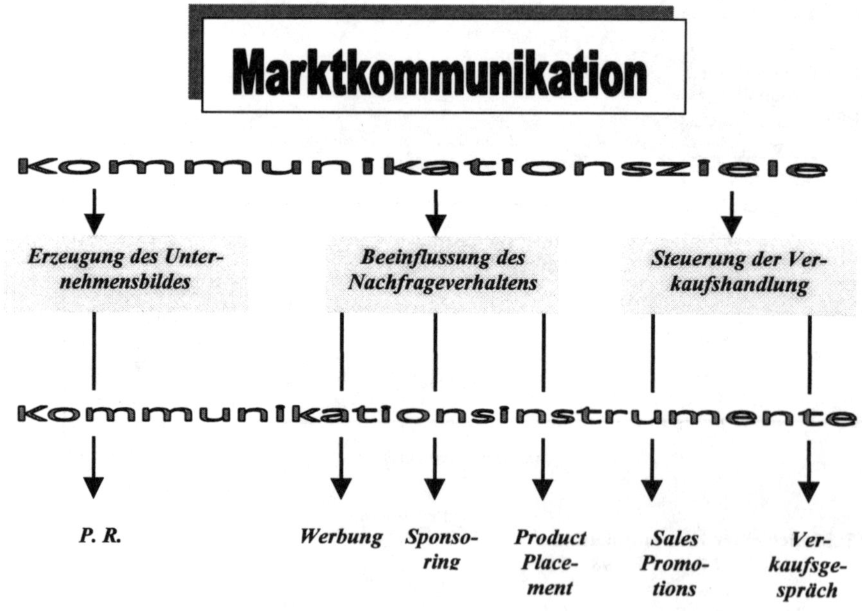

Abb. 56: Ziele und Instrumente der Marktkommunikation

4. 2. 4. 2 Instrumente der Marktkommunikation

Public Relations
Unter Public Relations versteht man die Entwicklung und Pflege der Beziehungen zu allen, den Unternehmenszielen auch nur mittelbar dienlichen Bereichen der Öffentlichkeit. Mit ihnen soll ein positives Image des Unternehmens aufgebaut und um Vertrauen in der Öffentlichkeit geworben werden. Dieses bezieht sich vor allem

- auf die Darstellung sozialer Kompetenz über die eigentlichen wirtschaftlichen Zielsetzungen hinaus, bezogen auf die Wahrnehmung sozialer Verantwortung in der Gesellschaft und in der inneren Unternehmensstruktur bezogen auf das soziale Betriebsklima (partnerschaftliche Unternehmensführung, Mitbestimmung, soziale Leistungen u. a.);
- auf die Darstellung ökologischer und Umweltschutzkompetenz bei der schadstoffarmen Produktion, der Entsorgung der Abprodukte und Produktionsrückstände, in der Tourismuswirtschaft speziell in der Entwicklung der Konzepte der sanften, umweltschonenden Reisen und des Öko-Tourismus, des Einsatzes umweltschonender Beförderung (Vgl. Kap. I, Abschnitt 3. 2);
- auf die Darstellung wirtschaftlicher Kompetenz bei der Übernahme gesamtwirtschaftlicher Verantwortung (Lösung des Beschäftigungsproblems, Sicherung des Standortes Deutschland, europäische Integration u. a.).

In der modernen Interpretation führen koordinierte, integrierte und systematisch strukturierte Public Relations zur sogenannten Corporate Identity (CI), einer unverwechselbaren unternehmensspezifischen Identität. Sie integriert alle nach außen gerichteten, öffentlichkeitswirksamen Kommunikationsformen, die das positive Image des Unternehmens erzeugen (Corporate Communications), das äußere Erscheinungsbild (Corporate Design), und die nach ihnen gerichtete Unternehmenskultur (Corporate Culture). Häufig wird das Verhalten von Führung und Personal im Unternehmen sowie in den nach außen gerichtete Aktivitäten (Corporate Behavior) als ein weiterer, gesonderter Bereich von CI aufgefaßt. Die erwünschten Wirkungen von CI sind

- nach innen gerichtet: bessere Koordination und Leitung, Identifikation, Motivation und Synergien,
- nach außen gerichtet: Kompetenz, Glaubwürdigkeit, Vertrauen, Akzeptanz, emotionale Bindung.

Zweifelsohne ist Corporate Identity auch die geeignete Plattform für die Entwicklung des ***Lobbyismus****, d. h. die Beeinflussung der politischen Ent-*

scheidungsträger zur Schaffung und Entwicklung der dem Unternehmen dienlichen ordnungspolitischen Rahmenbedingungen. Er stellt den Versuch dar, den Unternehmenswillen in Staatswillen umzuwandeln (ASCHL 1988: 339). Daß hier die Neigung besteht, die Grenze wirtschaftlicher Entscheidungsmacht zu überschreiten und politische Entscheidungsmacht zu erlangen, muß erkannt und durch das politische System der Demokratie abgewehrt werden.

Corporate Identity bereitet den Boden für die produktbezogene Marktkommunikation.

Werbung
Werbung ist dasjenige kommunikative Instrument des operativen Marketing, mit dessen Hilfe produktbezogene Informationen aus dem Unternehmen an die Marktteilnehmer übermittelt werden. Sie dient unmittelbar verkaufspolitischen Zwecken und wirkt mit spezifischen Methoden absichtsvoll, jedoch zwangsfrei auf die Menschen ein (ROGGE 1990: 13). Der Begriff „Reklame“, der früher anstelle Werbung gebraucht wurde, dient heute nur noch zur negativen Charakteristik marktschreierischer und aufdringlicher Produktanpreisung. Dennoch hat auch die moderne Werbung verbreitet Akzeptanzprobleme, insbesondere dann, wenn sie in Abweichung der von ihr selbst verfaßten Grundsätze seriöser Werbung wirksam wird und vor allem, wenn sie manipulative Züge entwickelt (suggestive Werbung). Kritik an der Werbung konzentriert sich vor allem auf folgende Aspekte:
- Werbung führe zum Konsumzwang,
- Werbung erwecke Kaufbedürfnisse für Güter und Leistungen, deren der Mensch nicht bedarf und führt damit zur Vergeudung knapper Ressourcen,
- Werbung verteuere die Waren.

Dem kann durch die Werbewirtschaft am besten begegnet werden, wenn sie sich an nachstehenden **Werbegrundsätzen** orientiert:
- Wahrheit und Klarheit der Werbeaussage,
- Wirksamkeit der Werbung,
- Wirtschaftlichkeit der Werbung.

Nicht unerheblich für die Beurteilung der Werbung ist die Tatsache, daß die Werbewirtschaft inzwischen ein fest etablierter, bedeutender Wirtschaftsfaktor ist.
Die staatliche Wirtschaftspolitik hat sich zudem die Aufgabe gestellt, durch einen entsprechenden ordnungspolitischen Rahmen Verhaltensregeln für die Werbung zu bestimmen und ihre Einhaltung zu überwachen.

In diesem Kontext können einzelne **Funktionen und Ziele** der Werbung unterschiedlich werden:

- *Information*:
  Werbung soll den Nachfrager über Produkte und Produkteigenschaften informieren und damit zum Produktimage und der Erhöhung der Markttransparenz beitragen;
- *Bedarfsweckung:*
  Werbung soll auf die Änderung von Konsumgewohnheiten einwirken und neuen Bedarf wecken;
- *Suggestion:*
  Werbung soll über die emotionale Beeinflussung des Nachfrageverhaltens Kaufwiderstände ausschalten und eine emotionale Bindung des Kunden an das Produkt und die Marke bewirken;
- *Repräsentation:*
  Werbung verstärkt in dieser Funktion das positive Erscheinungsbild des Unternehmens (CI);
- *Absatzförderung:*
  Werbung soll die Ausprägung der Alleinstellungsmerkmale (Unique selling proposition) und damit die künftigen Absatzchancen fördern

(Nach: WOLL 1990: 689 sowie WEIS 1995: 369).

Ableitend aus den Werbezielen lassen sich folgende **Arten der Werbung** unterscheiden:

- *Einführungswerbung:*
  Für neue Produkte oder für die Einführung bestehender Produkte auf neuen Märkten;
- *Ausbreitungswerbung (Expansionswerbung):*
  Für die Erhöhung des Marktanteiles eingeführter Produkte;
- *Erhaltungswerbung (Erinnerungswerbung):*
  Für die Erhaltung des Produktimages und des Marktanteils des Produktes;
- *Reduktionswerbung:*
  Zur Verlagerung des Absatzes im Zeitablauf oder im Verkaufsprogramm.

Weitere Untergliederungsmöglichkeiten nach den Kriterien Zahl der Werbenden (Einzel-, Gemeinschaftswerbung) oder Umworbenen (Einzel-, Mengenumwerbung), Stellung der Werbenden im Distributionsprozeß (Herstellerwerbung, Handelswerbung), beabsichtigte Wirkungsweise (Informations-, Suggestionswerbung), Werbeobjekt (Produkt-, Dienstleistungs-, Firmenwerbung) u. a. sind außerdem gebräuchlich.

Die Werbebotschaft erfordert eine bestimmte Ausprägungsform, das **Werbemittel** (Anzeige, TV-Spot, Prospekt, Mailing u. a.). Das Werbemittel wird über ein bestimmtes Medium übertragen, den **Werbeträger** (Zeitung, Zeitschrift, TV-, Rundfunkanstalt u. a.).
Die einzelnen Werbemaßnahmen werden entweder von unternehmenseigenen Organisationseinheiten durchgeführt oder als Auftragsarbeit an eine Werbeagentur vergeben. Die Arbeitsschritte lassen sich wie folgt zusammenfassen:

- *Werbevorbereitung*
  Die qualifizierten Aussagen der Marktforschung bilden den Ausgangspunkt für die nachfolgende konzeptionelle Phase. Sie lassen erkennen, welche Werbemaßnahmen geeignet sind, die Marktpositionen des Unternehmens zu verstärken.
- *Werbeplanung*
  Zunächst wird ein sogenanntes **Briefing** erstellt, in dem die Gesamtaufgabenstellung als Orientierungsrahmen für alle an der Werbemaßnahme Beteiligten fixiert wird. Es enthält die zu erreichenden Marketing- und Kommunikationsziele, eine Zielgruppenorientierung, erforderliche Eckdaten zur Marktsituation und des Unternehmens sowie die Etatdaten. Das Briefing ist besonders dann unverzichtbar, wenn eine selbständige Werbeagentur mit der Werbemaßnahme beauftragt wird.
  Dem Briefing folgt die konkrete **Werbekonzeption**. Sie weist die Werbeziele und Werbeaussagen, eine Feinselektion der Zielgruppen aus und legt die einzusetzenden Werbemittel und Werbeträger fest. Aus den Eckdaten des Werbeetats wird ein detailliertes Werbebudget erstellt.
- *Werbedurchführung*
  Die geplanten Werbemittel werden hergestellt und in den festgelegten Medien zum Einsatz gebracht.
- *Werbeerfolgskontrolle*
  Die Werbeerfolgskontrolle bedient sich bestimmter Vor- und Nachtest's zur Messung des Werbeerfolgs sowie der Werbewirkungsanalyse.

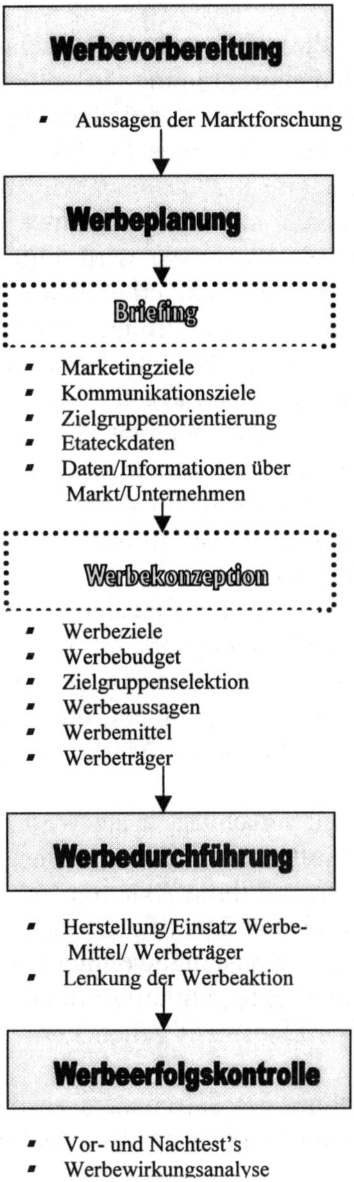

Abb. 57: Arbeitsstufen der Werbung
(Quelle: Nach: ROGGE 1990: 35, 42)

Product-Placement

Product-Placement ist die wirksame Einbeziehung von Produkten und Dienstleistungen in Medienprogramme. In seiner einfachsten Form wird quasi beiläufig im Rahmen einer Spielhandlung das Produkt gezeigt. *Innovations-Placement* läßt ein neues Produkt wiederholt im Ablauf der Spielhandlung auftreten. *Image-Placement* wird betrieben, wenn das Thema des Medienprogrammes auf ein bestimmtes Produkt oder die Marke zentriert ist. Beim *Generic-Placement* wird allgemein für eine Warengattung geworben, ohne daß eine Marke erkennbar ist.

Die Tourismuswirtschaft setzt das Product-Placement erfolgreich ein. Ihr kommt dabei entgegen, daß das Produkt Urlaubsreise einen hohen Imagewert hat und sich günstig als Unterlage für Spielhandlungen einsetzen läßt, sei es, daß der Handlungsort eine bekannte Urlaubsdestination ist, daß eine Handlung um ein spezielles Produkt herum aufgebaut wird (z. B. das Produkt Kreuzfahrt in der Traumschiff-TV-Serie) oder daß TV-Show's und Game Show's das Thema Urlaub aufgreifen.

Häufig entsteht der Werbeeffekt zufällig, er entspringt den Intentionen der Drehbuchautoren, aktives Product-Placement wird realisiert, wenn sein Einsatz auf vertraglicher Grundlage erfolgt und der Werbende für die Produktplazierung sachliche oder geldliche Gegenleistungen erbringt.

Product-Placement ist vor allem geeignet, durch unterschwellige Wirkung emotionale Bindungen zu Produkten, Marken und Unternehmen zu erzeugen:

- das Product-Placement verschlüsselt die Werbebotschaft, der Zuschauer nimmt keine kaufbeeinflussende Absicht wahr;
- von der Spielhandlung und ihren Akteuren erfolgt ein Imagetransfer auf das Produkt; der Zuschauer identifiziert sich mit den Darstellern über die Nachahmung der Konsumgewohnheiten und den vorgeführten Lifestyle; Bandwagoneffekte (Mitläufereffekte) entstehen;
- vor allem vom Image-Placement gehen Lern- und Konditionierungseffekte aus;
- mit großer Anteilnahme des Zuschauers an der Handlung, mit großer Prominenz der Akteure erhöht sich die Glaubwürdigkeit und die Werbewirkung

(Vgl. WEIS 1995: 417).

Sales Promotion

Sales Promotion, kurz Promotion oder auch Merchandising, beschreibt die Maßnahmen der Verkaufsförderung durch Produzenten für die für sie auf der Handelsstufe tätigen Unternehmen (Händlerpromotion) oder für die Endnachfrager (Verbraucherpromotion).

Im Tourismus kommen seitens der Reiseveranstalter für die Reisemittler zum Einsatz:

- Informationsreisen,
- Produktprogrammvorstellungen und Verkaufsschulungen,
- Verkaufswettbewerbe und entsprechende Incentives,
- Bereitstellung von Werbegestaltungsmaterial für das Reisebüro,
- Bereitstellung von Informations- und Verkaufshilfen,
- Bereitstellung von verkaufsunterstützender Software für CRS,
- Werbekostenzuschüsse
  u. a..

Das Verkaufsgespräch

Am point of sale entscheidet sich letztlich, ob die Gesamtheit der Marketingaktivitäten zum angestrebten Erfolg geführt wurde, nämlich einen Umsatz zu generieren und zwar zu Preisen, die einen entsprechenden Betriebserfolg bewirken. Sosehr sich alle Verkaufstätigkeit in diesem Ziel gleicht, so unterschiedlich sind aber die Anforderungen an die Führung der Verkaufshandlungen in einzelnen Branchen. Die Natur des Produktes oder der Dienstleistung bestimmt unterschiedliche Verkaufsaufgaben:

- Einfache Produktlieferungsaufgaben direkt zum Kunden: das aktive Bemühen um Umsatz ist nicht so sehr ausgeprägt, ein besonderer Beratungsbedarf besteht nicht (z. B. Heizöl, Milch, Brötchen);
- Verkauf im verkaufenden Unternehmen: Dem Kunden werden die Produkte vorgelegt, angeboten und ausgehändigt. Der Verkäufer berät den Kunden, sein Einfluß auf die aktive Generierung von Umsatz ist begrenzt;
- Akquisition von Bestellungen im Außendienst: Sie erfordert höheren Beratungsaufwand, der Verkäufer hat einen größeren Einfluß auf den Umsatz;
- Information und Beratung im Außendienst, ohne selbst Verkaufsabschlüsse zu tätigen: Der Beratungsbedarf ist hoch, ein Umsatz wird vom einzelnen Berater nicht getätigt (z. B. Pharmareferenten);
- Beratung durch Entwicklung von Problemlösungen für den Kunden, die bis zum Verkaufsabschluß geführt wird (z. B. technische Anlagen, komplette Bauleistungen);
- Verkauf von Dienstleistungen: Er erfordert einen hohen Beratungsbedarf, stellt besondere Anforderungen an die Qualifikation des Verkäufers und verlangt ihm eine große Kreativität ab, da das Produkt selbst nicht vorgestellt werden kann

(Nach: WEIS 1995: 435).

Für den Expedienten am Counter heißt Verkaufen, den Kunden von dem Nutzen, die die angebotene Reisedienstleistung ihm bietet, so zu überzeugen, daß er bereit ist, die Reise zu dem vorgeschlagenen Preis zu kaufen. Da der Kunde den tatsächlichen Nutzen erst beim unmittelbaren Konsum erfährt, kommt es in besonderer Weise darauf an, das abschlußorientierte Verkaufsgespräch mit solchen Informationen und Argumenten zu führen, die eine möglichst reale Vorstellung vom Produkt vermitteln. Deshalb ist es auch besonders wichtig, die Nachfrageerwartung des Kunden genau festzustellen, d. h. sich Klarheit über die Motive des Käufers zu verschaffen. Die Erfahrung zeigt, daß die rationale Begründung der Käuferentscheidung (im Verstand) nur zu etwa 20 % motivbildend ist, während die Entscheidung selbst emotional (vom Gefühlsbereich) dominiert wird. Die besonders starke Ausprägung emotionaler Motive beim Produkt Reise erfordert deshalb, in der Führung des Verkaufsgesprächs den Gefühlsbereich des Kunden richtig anzusprechen. Die spezielle Qualifikation des "Reiseverkäufers" besteht demzufolge nicht nur in besonderen Produktkenntnissen, sondern vor allem in seiner Fähigkeit, psychologisches Einfühlungsvermögen in die Kundenmentalität zu entwickeln. Dieses ist aber nur zum Teil erlernbar.
Das Verkaufsgespräch kann in fünf Phasen untergliedert werden, in denen der Expedient beim Kunden Teilziele realisieren muß:

Phase	Teilziel
1. Phase: Begrüßung	▪ **Aufmerksamkeit** des Kunden bewirken;
2. Phase: Wunschermittlung	▪ durch Informationsabfrage **Gesprächsbereitschaft** des Kunden erreichen, ▪ **Kunde erwartet Lösung;**
3. Phase: Angebot	▪ Information zum Angebot führt beim Kunden zu klarer **Nutzensvorstellung,** ▪ Kundeneinwände werden behandelt, die **innere Zustimmung des Kunden** wird erreicht;
4. Phase: Buchungsabschluß	▪ dem Kunden wird Angebotssicherheit vermittelt, er **stimmt dem Angebot zu und bucht**;
5. Phase: Verabschiedung	▪ Zufriedenheit über Kaufentscheidung (positive Reiseerwartung)

(Vgl. KLUTMANN 1995: 57 ff.).

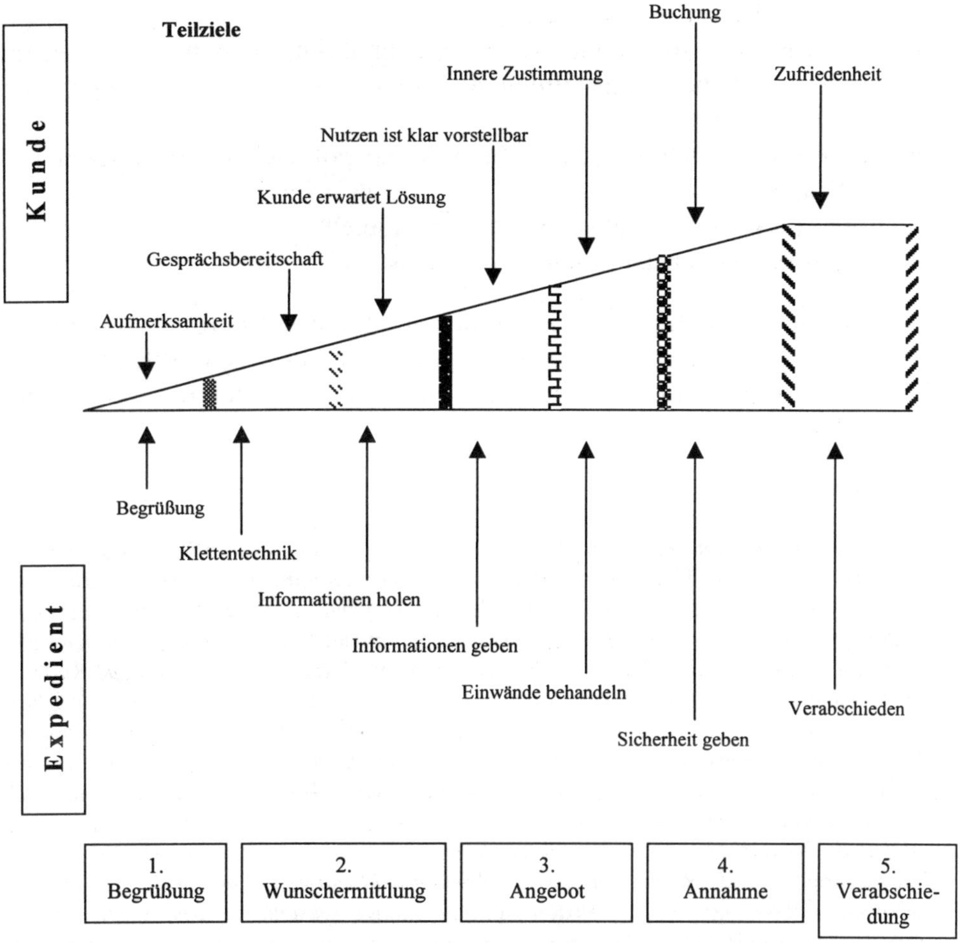

Abb. 58: Phasen und Teilziele im Verkaufsgespräch
(Quelle: Nach: BENZ 1995)

Sponsoring

Das Sponsoring verfolgt das Ziel, für die Bereitstellung von Geld- oder Sachleistungen durch den Sponsor vom Gesponserten eine marketingrelevante Gegenleistung zu erhalten. Diese besteht bevorzugt in der öffentlichkeitswirksamen Nennung des Namens des Sponsors, der Darstellung seines Firmenlogos oder seiner Marken. Sponsoring kann in alle marktkommunikativen Maßnahmen einfließen und wird bevorzugt in folgenden Bereichen praktiziert:

- Förderung von Sportveranstaltungen, Sportvereinen, einzelnen Sportlern (auch Nachwuchsförderung);
- Förderung kultureller und künstlerischer Events und Institutionen und anderer Medienveranstaltungen sowie einzelner Künstler und Kunstschaffender;
- Förderung sozialpolitischer und bildungspolitischer Institutionen und Maßnahmen;
- Förderung von Umweltschutz und Ökologie;
- Förderung wissenschaftlicher Forschung.

Neben der Erhöhung des Bekanntheitsgrades des Sponsors erfolgt eine Verstärkung seines positiven Images in der Öffentlichkeit mit entsprechendem Transfer auf die von ihm angebotenen Güter und Dienstleistungen.

Schlußbemerkung

Wir haben in unseren Ausführungen versucht, die Grundsatzprobleme des Managements tourismuswirtschaftlicher Unternehmungen und Institutionen systematisch zu verdeutlichen, dies vor dem Hintergrund der zur Zeit überschaubaren ordnungspolitischen Rahmenbedingungen. Deren zukünftige Gestaltung ist inzwischen über die Grenzen nationaler Wirtschaftspolitik weit hinausgetreten. Die neue Stufe der europäischen Integration eröffnet aber neben einer Reihe erwarteter positiver Effekte für das einzelne Unternehmen zugleich die kritische Sicht auf Unwägbarkeiten und heute noch unbekannte Risiken. Die vertraglichen Regelungen zur weiteren Ausgestaltung eines einheitlichen europäischen Wirtschaftsraumes mit der entscheidenden Zäsur der Einführung einer Einheitswährung bestimmen die vor uns liegende Wegstrecke nur bezüglich eines allgemeinen Handlungsrahmens, die Zielsetzungen sind vorerst politische Absichtserklärungen. Inwieweit sie und mit welchen Folgen umgesetzt werden können, hängt wesentlich davon ab, wie die autonomen Marktkräfte, die sich nach den eigenen und unerbittlich wirkenden Marktgesetzen bewegen, das ordnungspolitische Konzept annehmen werden. Für sein Gelingen ist es unabdingbar, nun im europäischen Maßstab alle Kräfte anzuspannen, um auf supranationaler Ebene eine Rekonstitution der Ordnungspolitik nach den Grundsätzen der Sozialen Marktwirtschaft durchzusetzen. Mehr noch für die gegenwärtige Situation trifft die seinerzeitige Einschätzung LUDWIG ERHARD's zu:

> *"Vielmehr zeigen sich Schwierigkeiten bei der Realisierung der Grundziele: Stabilität, ausgeglichene Beschäftigung, wirtschaftliches Wachstum und Außengleichgewicht, die nicht oder jedenfalls nicht in diesem Ausmaß vorhanden wären, wenn die Prinzipien der Sozialen Marktwirtschaft nicht in einem so starken Maße verletzt worden wären.*
> *... die Entscheidungen der verantwortlichen Politiker und ihre Grundsätze determinieren den Erfolg und den Mißerfolg einer Wirtschaftspolitik."*
> *(Grundtexte 1988: 19)*

Anlage 1

Projekte mit internationalen Umweltauszeichnungen des Deutschen Reisebüroverbandes und Träger des Umweltpreises der Europäischen Reiseversicherung AG [1]

Jahr	Projekt
a) **DRV**	
1987	Rettung der Tara-Schlucht in Montenegro durch Umweltverbände,
1988	Aktion „Bäumiger Sommer" des Fremdenverkehrs-Verbandes Berner Oberland,
1989	Annapurna Conservation Area Projekt Nepal,
1990	Grup Balear d'Ornitologia; Denfensa de la Naturalesa, (Schutz der Natur auf den Balearen),
1991	Umweltkonzept der Bodensee-Gemeinde Uhldingen-Mühlhofen,
1992	Konzept ganzheitlicher Erholung im Einklang mit der Natur, Feriengesundheitshotel Kürschner, Kötschach-Mauthen (Österreich),
1993	Umweltteam der GRECOTEL's, Griechenland,
1994	Umweltsiegel Tirol der Tirol Werbung,
1995	Projekt „Integrierter Tourismus – doch möglich? „ von ALSATOUR für die Kapverden,
1996	Shamwari Game Reserves, Südafrika,
b) **Europäische Reiseversicherung**	
1991	Dalyan – Bucht, Türkei,
1992	Ökodorf Brodowin, Deutschland,
1993	Spreewald, Deutschland,
1994	„Hilfe für Giganten in Not", Nashorn-Schutz in Tansania,
1995	Wale in Valdéz, Argentinien,
1996	Regenwald, Costa Rica,
1997	Küstenschutz Hiddensee, Deutschland.

1 Deutscher Reisebüroverband e. V., Frankfurt/Main 1997

Anlage 2

Umwelt-Check-Liste für Reiseveranstalter [1]

Die Checkliste für Reiseveranstalter soll als Hilfsmittel zur Orientierung, Ordnung und Bewertung der Maßnahmen hinsichtlich Umweltschutz dienen. Pro Kriterium ist eine Bewertungsskala von 1 bis 4 vorgegeben. Dabei bedeutet:

1 bereits ganz oder teilweise verwirklicht,
2 Planungsphase abgeschlossen, wird demnächst verwirklicht,
3 Idee vorhanden, wird demnächst konkret geplant,
4 Durchführung nicht möglich, nicht sinnvoll.

Maßnahme
Reiseziele ▪ Bevorzugung von Reisezielen mit relativ hohem Umweltengagement; ▪ Vermeidung, besondere Schonung unberührter, gefährdeter Landschaftsräume, ▪ Vermeidung von Gebieten mit gravierenden Umweltbelastungen, -zerstörungen, ▪ Besuch nur mit intensiver Aufklärung der Reisenden und entsprechenden Verhaltensmaßnahmen, ▪ Vermeidung von Reisezielen, in denen ethnisch gefährdete Minderheiten kulturell stark beeinflußt werden können, ▪ Bevorzugung überlasteter Tourismuszentren nur außerhalb der Saison, ▪ Bevorzugung von Nahzielen vor Fernzielen, **Hin- und Rückreise** ▪ Vermeidung von Zubringerflügen, Kurzstreckenflügen, ▪ Bevorzugung von Verkehrsmitteln mit geringem Energieverbrauch (z. B. Bahn, Fahrrad), ▪ Einsatz besonders umweltfreundlicher Fahrzeuge bei PKW- oder Busreisen (Katalysator, geringer Treibstoffverbrauch), **Transport im Urlaubsgebiet** ▪ Nutzung des vorhandenen Verkehrssystems (z. B. öffentlicher Nahverkehr, Taxiservice), ▪ Bevorzugung körperlicher, naturnaher Fortbewegungsarten (z. B. Radfahren, Wandern, Bootfahren, Reiten etc.), ▪ Beschränkung der Tagesetappen (bei Rundreisen z. B. durchschnittlich 100 km pro Tag), ▪ Verzicht auf energieaufwendige Attraktionen (z. B. Rundflüge, Helikopterskiing), **Unterkunft** ▪ Bevorzugung von Unterkünften, die besonders auf Umweltverträglichkeit achten,

[1] BOERS/BOSCH 1995

- Verhältnismäßig ruhige Lage (möglichst geringe Lärmbelästigung),
- Vermeidung von umweltbelastenden, freistehenden Großprojekten,
- Bevorzugung kleiner, familiärer Unterkünfte gegenüber energieaufwendigen, großen Luxushotels,

Verpflegung
- Besuch landestypischer Gastwirtschaften,
- Bevorzugung von gastronomischen Betrieben, die
  - regionale Nahrungsmittel verwenden (keine Importprodukte),
  - direkt bei einheimischen Landwirten und auf Märkten einkaufen,
  - Nahrungsmittel aus biologischem Anbau kaufen,
  - gesunde, ausgewogene Verpflegung (z. B. Vollwertkost, Frischprodukte, keine Dosen) anbieten,
  - Abfall weitgehend vermeiden durch Verzicht auf Plastikverpackungen, Einweggeschirre, Portionsverpackungen ect.,

Urlaubsprogramm
- Bevorzugung
  - umweltverträglicher Sportarten (z. B. Wanderungen, Radtouren),
  - von Kreativkuren (z. B. einheimisches Handwerk, Musizieren, Malen),
  - von naturkundlichen Exkursionen und Führungen (Natur erleben, ohne sie zu belasten),
- Meidung technischer, energieaufwendiger Erholungsmöglichkeiten (z. B. Wasserski, Motorsport),
- Angebot von Seminaren, Tagungen zum Thema Natur und Umweltschutz,
- Nutzung der vorhandenen einheimischen Infrastruktur,
- Meidung besonders energieaufwendiger und umweltbelastender touristischer Infrastruktureinrichtungen,
- Aktivitätsmöglichkeiten im Umwelt- und Naturschutz (z. B. Mitarbeit bei Natur- und Umweltschutzprojekten),
- Besuch von Umweltprojekten im Urlaubsort, -gebiet,

Reiseleitung
- Regelmäßige Aus- und Weiterbildung der Reiseleiter(innen) in ökologischen und soziokulturellen Aspekten,
- Beschränkung der Gruppengröße (z. B. auf 15 Teilnehmer)
- Begleitung durch einheimische Reiseleitung (z.B. spezielle Führung, Vorträge)
- regelmäßige Berichte der Reiseleiter über die Umweltsituation im Zielgebiet,
- Information der Gäste über Umweltprobleme und –maßnahmen vor Ort,

Einkauf/Preispolitik/Werbung
- Richtlinien und Sonderkonditionen beim Einkauf besonders umwelt- und naturschonender Leistungen,
- Orientierung der Einkaufskriterien an Umweltverträglichkeit und Sozialverantwortlichkeit,
- Förderung
  - besonders umweltfreundlicher Transportmittel,
  - von umweltbewußten Unterkunfts- und Gastronomiebetrieben,

- sonstiger umweltschonender Leistungen durch entsprechende Mischkalkulation der Reiseangebote,

- Umweltfreundlichkeit als wichtiges Verkaufsargument in der Werbung,
- Unterstützung besonders umweltfreundlicher Leistungen durch gemeinsamen Einkauf mit anderen Unternehmen,
- in der Werbung Verzicht auf Qualitätsmerkmale, die einem umweltverträglichen Tourismus widersprechen,

Unternehmensführung

- Orientierung am Leitbild eines umwelt- und sozialverträglichen Tourismus als Gesamtkonzeption,
- ständiger Informationsaustausch mit Umweltorganisationen, ökologischen Einrichtungen (auch in den Zielgebieten),
- Schulung der Mitarbeiter und Mitarbeiterinnen bezüglich
  - eines umweltverträglichen und sozialverantwortlichen Tourismus (Reiseveranstaltung, -vermittlung),
  - Umweltschutz im Büro,
  - Verwendung umweltfreundlicher Büromaterialien,
- Ernennung, Einstellung eines Umweltbeauftragten bzw. einer Arbeitsgruppe für Umweltfragen,
- Möglichkeiten der innerbetrieblichen Mitbestimmung zur Nutzung des Innovationspotentials der Mitarbeiter,
- innerbetriebliche Umweltberatung,
- Erstellung von Ökobilanzen (z. B. Verbrauch/Gast),

Projektgestaltung

- Umweltfreundliche und sozialverantwortliche Kataloggestaltung:
  - Berücksichtigung von Umweltaspekten,
  - Verhaltenstips zum Thema „Natur und Umwelt" im Zielgebiet,
  - Verwendung von umweltfreundlichem Papier für Kataloge und Prospekte, umweltgerechte Druckverfahren,
  - Kennzeichnung besonders umweltgerechter Angebote,
  - Hinweise auf eigene Maßnahmen im Umwelt- und Naturschutzbereich,

Reisevor- und -nachbereitung, Gästeinformation

- Informationsveranstaltung für Teilnehmer vor der Reise auch zum Thema Umwelt
- Aufklärung der Reiseteilnehmer über verantwortliches Verhalten im Reiseland (z. B. „Sympathie-Magazine"),
- Informationsveranstaltung nach der Reise (Erfahrungsaustausch, Verbesserung der eigenen Umweltmaßnahmen),
- Bereitstellung schriftlicher Reiseführer und Infomaterialien über das Reiseziel mit ökologischen und sozialen Aspekten.

Anlage 3

Spartenergebnisse ausgewählter Reiseveranstalter [1]

	Teilnehmer		Umsatz	
	1996/97	1995/96	1996/97	1995/96
VERANSTALTER BAHN				
Ameropa	294 500	268 500	82,9	78,1
Studiosus	9 254	3 331	26,1	9,6
INS	310	310	0,3	0,3
Veranstalter Bahn gesamt	**304 064**	**272 141**	**109,3**	**88,0**
VERANSTALTER AUTO				
DER TOUR	965 500	936 903	k. A.	k. A.
ITS	332 313	293 322	123,8	99,9
Ameropa	226 300	230 600	103,0	111,9
ADAC	147 500	148 900	70,5	67,8
EVS Berge und Meer	25 455	39 923	10,9	15,8
INS	9 630	10 015	1,8	1,9
BFR	3 541	3 194	1,8	1,6
Eberhardt	1 427	1 578	0,8	0,7
Studiosus	1 008	1 930	2,0	3,9
Schumann	350	300	0,3	0,2
Hirsch	148	131	0,2	0,2
Veranstalter Auto gesamt	**1 713 172**	**1 666 796**	**315,1**	**303,9**
VERANSTALTER BUS				
Graf's Reisen	113 952	89 493	43,1	34,4
Hafermann	77 496	84 042	33,1	35,0
TRD	53 286	51 824	29,1	27,0
Eberhardt Travel	42 117	46 405	26,7	25,7
Schumann	27 450	24 150	20,3	18,1
Kipferl's	22 042	22 343	14,5	15,7
Hirsch	20 772	22 679	18,8	19,4
INS	19 470	19 120	11,5	11,3
Schauinsland	17 412	16 620	k. A.	k. A.
RUF	15 950	16 027	(14,1)	k. A.
Studiosus	7 506	11 281	19,5	30,5
EVS Berge und Meer	1 228	1 153	1,0	1,0
Dumont Klingenstein	755	604	1,5	1,1
Wikinger	600	960	1,3	1,5
Veranstalter Bus gesamt	**420 036**	**406 701**	**233,5**	**220,7**

[1] FVW 1997

VERANSTALTER FEWO UND CENTER PARCS				
Interchalet	412 495	363 267	115,0	99,9
Novasol	356 000	352 900	71,0	70,0
Dansommer	296 000	285 000	101,0	99,0
DER TOUR	193 000	198 137	k. A.	k. A.
Ameropa	171 000	171 000	49,0	50,1
ADAC	86 000	92 000	31,6	32,5
Cherdo Armoric	47 200	50 300	18,0	19,2
Olimar	27 612	25 269	17,7	16,0
INS	9 200	9 180	1,6	1,7
Pierre & Vacances	8 800	7 900	10,6	9,5
Attika	3 220	1 430	2,1	1,0
Veranstalter Fewo gesamt	**1 610 527**	**1 556 383**	**417,6**	**398,9**
Center Parcs	600 000	590 000	k. A.	k. A.
davon im Direktvertrieb	200 000	196 000	k. A.	k. A.
Summe Fewo und Center Parcs im Direktvertrieb	**1 810 527**	**1 752 383**		
VERANSTALTER SCHIFF				
TUI Deutschland	317 500	335. 800	k. A.	k. A.
Phoenix	45 491	46 646	161,8	167,2
Hapag Lloyd Seetouristik	39 510	39 270	270,0	256,0
Arkona	30 805	16 113	80,2	22,6
FTI	(27 000)	-	(44,0)	-
Transocean Tours	21 000	17. 500	89,0	69,8
Delphin	7 930	7 890	40,3	40,7
Studiosus	1 709	1 615	6,5	4,9
Kipferl's	475	693	0,9	1,4
Schumann	300	250	1,0	0,8
Attika	239	244	0,5	0,6
EVS Berge und Meer	73	350	0,2	0,5
Veranstalter Schiff gesamt	**465 032**	**466 371**	**694,4**	**564,5**

Anlage 4

Organisationen der Reiseausführungs- und Reisegestaltungsunternehmen (Auswahl nach Sparten)

Sparte	Nationale Ebene	Europäische Ebene	Weltverbände
Hotellerie und Gaststättenwesen	*Deutscher Hotel- und Gaststättenverband (DEHOGA)*	*Confederation of the National Hotel and Restaurant Association in the European Community (HOTREC)*	*International Hotel Association (IHA)*
Kur- und Bäderwesen	*Deutscher Bäderverband (DBV)*		*Fedération Internationale du Thermatisme et du Climatisme (FITEC)*
Busbeförderung/ Bustouristik/ Straßen- und Schienentransport	*Bundesverband Deutscher Omnibusunternehmen (BDO)*	*Internationaler Bustouristik Verband (RDA, vormals Reisering Deutscher Autobusunternehmen International)*	*International Road Transport Union (IRU) Union International des Chemins de Fer (UIC)*
Flugbeförderung	*Arbeitsgemeinschaft Deutscher Verkehrs-Flughäfen (ADV)*	*Association of European Airlines (AEA) International Air Carrier Association (IACA)*	*International Air Transport Assoziation (IATA)*
Reiseveranstalter/ Reisemittler	*Deutscher Reisebüroverband (DRV) Bundesverband Mittelständischer Reiseunternehmer (asr, vormals Arbeitsgemeinschaft selbständiger Reiseunternehmer) Verband Deutscher Ferienhaus-Agenturen (VDFA)*	*Groupment des Unions Nationales des Agences des voyages de la C.E.E.*	*International Federation of Tour Operators (IFTO)* *Universal Federation of Travel Agents Association (UFTAA)*

Anlage 5

Arbeitsbereiche im Reisebuero

Arbeitsbereiche im Reisebüro

Front Office

- point of sale -

- **1. Reisevermittlung** (indirekter Vertrieb)
  - IATA-Agent — Flugtickets
  - DB-Agent — Bahnwerte
  - Agent von RV — Pauschaltouristik
    Kernsortiment: 1 oder 2 Hauptveranstalter
    Ergänzungssort.: weitere RV
- **2. Vermittlung weiterer touristischer Produkte**
  - FeWo, Camping, Caravan, Mietautos, Boote u. a.
  - Schiffs- und Fährpassagen
  - Hotelzimmer
  - Theater-, Konzertkarten, Sportveranstaltungen
- **3. Vermittlung von Versicherungsdienstleistungen**
  - Agent der Reiseversicherungsgesellschaften
    alle Arten von Reiseversicherungen
- **4. Eigenveranstaltungen** (Direktvertrieb)
  - Mit eigenen Leistungsträgern
  - Mit fremden Leistungsträgern
- **5. Kundenbetreuung**
  - Serviceleistungen
  - Kundenkartei
  - Marktdatensammlung
- **6. Beisortiment**
  - Produktdiversifikation

Back Office

- **1. Marktforschung**
  - Marktanalyse
  - Informationsauswertung
- **2. Marketingplanung, -realisierung. Erfolgskontrolle**
  - Marketingkonzeption
  - Marketing-Mix
- **3. Vertragsgestaltung mit RV und Leistungsträgern**
- **4. Technologie**
  - Vertragsgestaltung mit CRS-Anbietern
  - Installation von CRS
- **5. Rechnungswesen und Controlling**
  - Buchhaltung
  - Betriebsstatistik
  - Finanzmanagement
  - Erfolgssteuerung
- **6. Personalwesen**
  - Personalplanung
  - Einstellungen/Veränderungen
  - Ausbildung, Weiterbildung, Schulung
  - Arbeitsordnung
- **7. Verbandsarbeit**
  - DRV, asr
- **8. Allgemeine Verwaltung**
  - Mietverhältnis Geschäftsräume
  - Büro- und Geschäftsausstattung
  - Gewerbeordnung

Anlage 6:

Touristische Reservierungssysteme in Deutschland [1]

Touristische Reservierungssysteme in Deutschland			
Reservierungssystem	Leistungen	Hardware	Incentives der Leistungsträger
START	150 Veranstalter, 17 Busreise-Veranstalter, Deutsche Bahn, neun regionale Verkehrsverbünde, 39 Fähren, Reiseversicherungen, START Ticket Über Amadeus: 740 Airlines, 49 Mietwagen, 230 Hotelketten	Standleitungsanschlüsse: PC, PC-Karten und Drucker müssen von START freigegeben sein. Zukünftig setzt START auf die Windows-Plattform, für die mit START Modus neu PC mit Pentium-Prozessor und 32 MB Arbeitsspeicher als Minimumausstattung	Nach Veranstaltern individuell geregelt. Incentives mit Kappungsgrenze in Höhe der START-Nutzungsentgelte
Stinet	Plattform für Frontoffice-Funktionen: CRS-Anwendung, Kunden-/Auftragsverwaltung, Farenet (Negotiated Fares), Touristic Warehouse (Last Minute), zentrales oder dezentrales Backoffice, Schnittstellen zu Bistro und Tourmanager, kooperiert mit Worldspan und Sabre	Windows 95/Windows NT, aktive ISDN-Karte bei X.31/X.25-Karte, Standard-Laserdrucker. Reisebüro kann Hardware grundsätzlich nach den Stinet-Rahmenbedingungen selbst besorgen	Stinet-Anwender erhalten Incentives von den Leistungsträgern, die ohne Abzug an die Büros weitergereicht werden (keine „Deckelung")
Galileo	Konfigurationstypen A bis F für das globale Reservierungssystem; über Galileo Tourmaster sind Veranstalter, Charter-Fluggesellschaften und Reiseversicherungen buchbar; Zusatzprodukte: Private Fares, Ticketmaster, Invoice-Plus, First Class	Anforderungen: 486er Prozessor, min. 8 MB RAM, Arbeitsspeicher, min. 120 MB freier Festplattenspeicher.	Veranstalter-Incentives werden direkt an Reisebüros gezahlt
Merlin	Online-Reservierung von Veranstalterleistungen, Charter und Reiseversicherungen, Windows-Technik	486 PC mit 200 MB Festplatte und 4 MB RAM, Nadel-/Matrix-Drucker, externes Modem oder Modemkarte 9,6 Kbaud, ISDN-Karte	Merlin-Anwender erhalten monatl. Vorauszahlungen bei 50 bzw. 25 Buchungen p. M. zurück.
Travel Online	Reservierungs- und Informationssystem im Internet	Empfohlen wird der Internet-Zugang von MSN Microsoft Network via ISDN	Ab 30 Buchungen kostenlos.

[1] FVW 15/97

Anlage 7

Leistungspalette des CRS START (Auszug)[1]

Leistungsbereich	*Anbieter*	*Produkt*
FLUG	*AMADEUS*	*AMADEUS AIR* ▪ *Flugpläne und Verfügbarkeiten* ▪ *Fluginformationen* ▪ *Automatische Tarifberechnung* ▪ *Tarifabfrage* ▪ *Fare Driven Availibility* ▪ *Best Buy* ▪ *Aktuelle Abfrage von Flugplänen, Verfügbarkeiten, Tarifen über Direct Access und AMADEUS Access* *AMADEUS PNR* ▪ *Reservierung* ▪ *Sitzplatzreservierung* *AMADEUS Service* ▪ *Zentrale Kundenprofile* ▪ *TIMATIC (Einreisebestimmungen)* ▪ *AMADEUS Calculator* ▪ *Automat. Kreditkartenüberprüfung* ▪ *Druck von Reiseplänen* *AMADEUS Ticketing* ▪ *Automat. Ticketing* ▪ *Satellite Ticket Printing* ▪ *BSP-Ticketabrechnung* ▪ *Automat. Ticketrücknahme* *AmadeusPro* ▪ *Reservierungsunterstützung*
BAHN	*Deutsche Bundesbahn* *Luxemburger Bahngesellschaft* *TUI (Jugendtickets/twentours)* *DER (DER-Gastarbeiter-Ticket BIGT)* *WASTEELS (Jugend- und Gastarbeiter-Tickets BIGT)* *Regionale Verkehrsverbünde*	▪ *Platzbuchung* ▪ *Fahrpreisberechnung* ▪ *Fahrscheinerstellung* ▪ *ICE-Preissystem* ▪ *BEVE (Bestands- und Verbrauchskontrolle)* ▪ *DBR (DB-Rücknahmeverfahren)* ▪ *EVA (Elektronische Fahrplan-Auskunft)* ▪ *Freifahrscheinverwaltung (DER)*

[1] START Die Leistungspalette, START Telematic GmbH o. J.

REISEVERANSTALTER	*150 Anbieter (Veranstalter)*	▪ *TOUR/TOMA-Verfahren* • *Buchungs- und Optionsabfragen* • *kurzfristige Buchungen* • *Stornierungen* • *Vakanzanzeigen* • *Informationsabfragen* ▪ *Direktinkasso-Teilmaske* ▪ *Sofortausdruck von Reisebestätigungen* ▪ *Ausdruck von Reiseanmeldungen für Veranstalter, die nicht dem START-System angeschlossen sind*
HOTELS	*AMADEUS* *Carrera-HC* *DER-Hores* *Mondial* *TIBS* *Weitere Veranstalter, die individuelle Hotelreservierungen anbieten*	▪ *Liste der Hotels* ▪ *Raten und Verfügbarkeiten* ▪ *Reservierung* ▪ *Hotelbeschreibung* ▪ *Informationsfunktionen* ▪ *Ausdruck DER-Hotelgutschein* ▪ *Druck von Reiseplänen* ▪ *Reservierungsunterstützung*
FÄHREN	*39 Fähren* *(Reservierung im Complete Access bzw. Reservierung im Direct Access)*	▪ *Fahrplananzeige* ▪ *Preisauskunft* ▪ *Kabinenverfügbarkeit* ▪ *Buchungsanfrage* ▪ *automatische Preisberechnung* ▪ *elektronische Reservierung* ▪ *Umbuchung* ▪ *Stornierung* ▪ *Ausdruck des DERTRAFFIC-Schiffsfahrscheines*
BUS	17 Busreiseveranstalter *Berlin Linien Bus* *Deutsche Touring*	▪ *Buchungs- und Optionsfragen* ▪ *kurzfristige Buchungen* ▪ *Stornieren* ▪ *Vakanzanzeigen* ▪ *Informationsabfragen* ▪ *Fahrscheinerstellung*
MIETWAGEN	*AMADEUS CARS* *Deutsches Reisebüro* *Deutsche Bundesbahn (Rail & Road)* *Carrera HC*	▪ *Liste der Autovermieter/Miet-Stationen* ▪ *Raten und Verfügbarkeiten* ▪ *Reservierung* ▪ *Informationen der Anbieter* ▪ *Druck von Reiseplänen* ▪ *Reservierungsunterstützung*

REISEVERSICHE-RUNGEN	*Europäische Reiseversicherung* *Elvia Reiseversicherung* *Hanse Merkur* *Patria Versicherung*	▪ *Preisauskunft* ▪ *Stornierung* ▪ *Ausdruck Versicherungspolicen*
KREDITKARTEN	*American Express* *Eurocard* *Weitere Kreditkarten-Unternehmen in Verbindung mit Flugscheinerstellung und mit DB-Fahrscheinerstellung*	▪ *Kreditkarten-Autorisierung* ▪ *Ausdruck eines Kreditkarten-Beleges und automat. Abrechnung* ▪ *Ausdruck von UCCCF*
EINTRITTSKARTEN	*Musicals* *Konzerte* *Theater* *Festspiele* *Sportveranstaltungen* *Ausstellungen/Messen* *in über 60 Städten*	▪ *KART* • *Informationsfunktionen* • *Buchungsfunktionen* • *Ausdruck von Eintrittskarten* • *Abrechnung und Inkasso* ▪ *TICKETSOFT: Komplettes Reservierungssystem für Veranstalter mit Anschluß an das START-Netz*
START Modus	*START*	▪ *START Informationsdienst* ▪ *START Informationssystem (INFO)* ▪ *START Informationsdatenbanken* ▪ *Datenbanken von* • *START* • *FLUG* • *Touristik* • *HOTEL* ▪ *START Verkaufsabwicklung* ▪ *Elektronischer Zahlungsverkehr* ▪ *START Verkaufsmanagement* ▪ *Back Office-Funktionen* ▪ *Betriebsstellenfunktionen*
ELEKTRONISCHE MEDIEN	*START Btx GmbH*	▪ *Last Minute-Vertriebskonzept* ▪ *Allgemeines Reisebüro-Verzeichnis* ▪ *Deutschland Info-System* ▪ *Österreich Info-System* ▪ *Touristik PC Angebotssystem* ▪ *Multifunktionaler PC mit ISDN* ▪ *START Btx-Vernetzung mit Last Minute-Computer*

nlage 8

erfahrensschritte der Bahnreform[1]

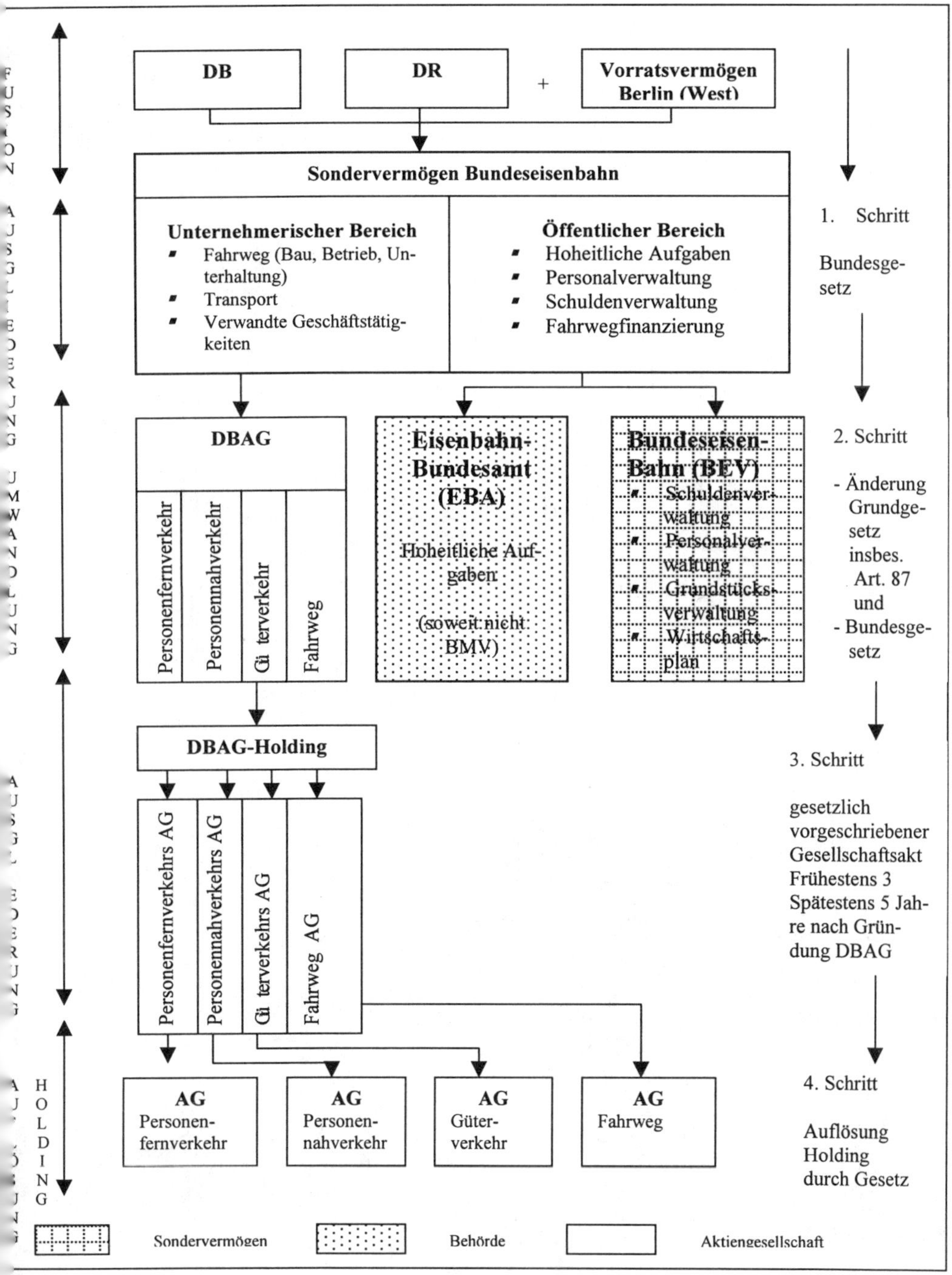

---

[1] DB AG intern

Anlage 9

Streckennetz Fernverkehr der Deutschen Bahn

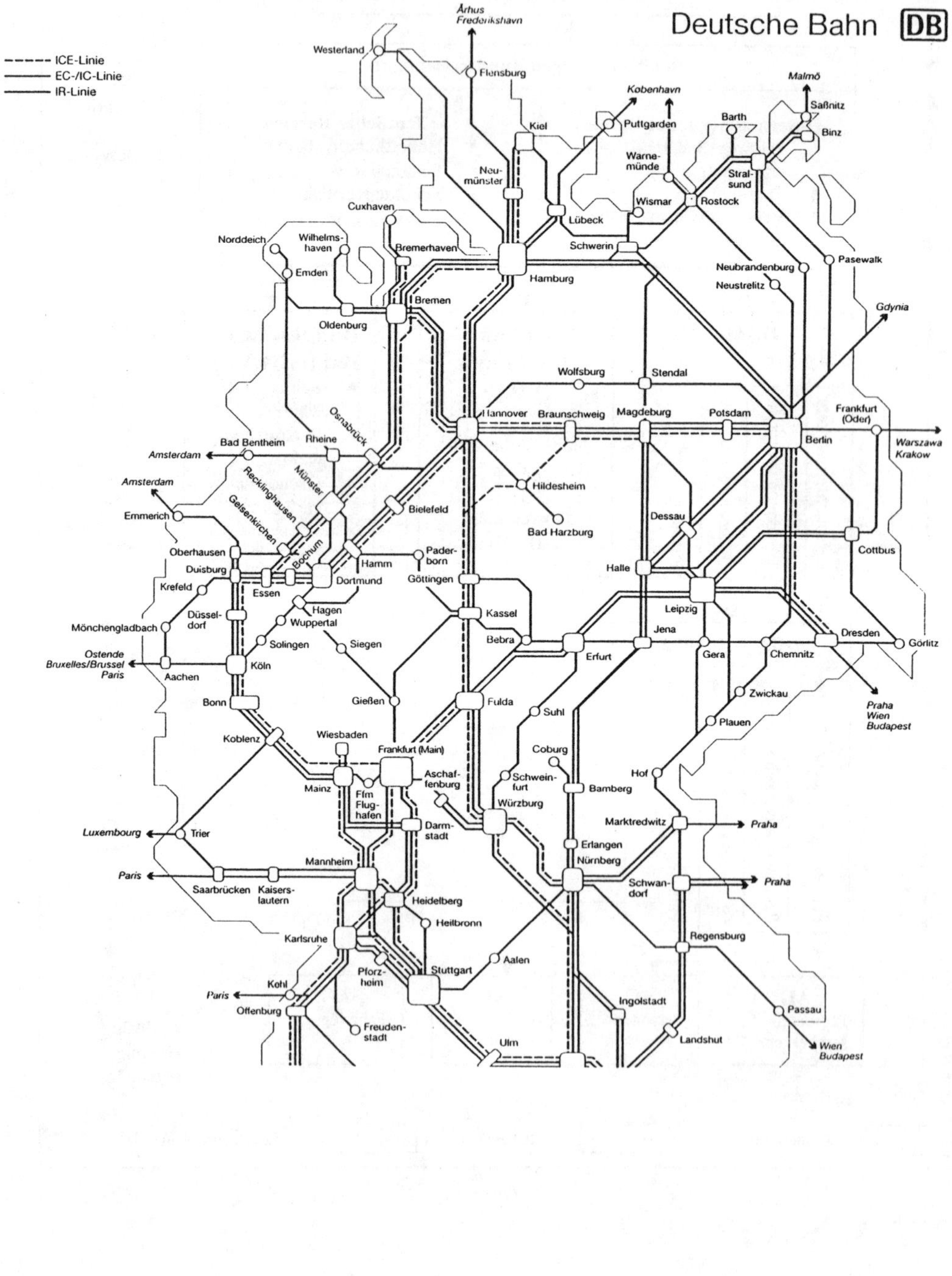

Anlage 10

Fernverbindungen in Deutschland [1]

ICE-/IC-Verkehr

Nr.	Strecke
1	Westerland-Hamburg und Kiel-Hamburg-Dortmund-Essen/Wuppertal-Köln-Mainz
2	Hamburg-Frankfurt-Mannheim-Stuttgart-München und Mannheim-Karlsruhe-Basel
3	Hamburg-Würzburg und Bremen-Würzburg-Passau und Würzburg-München
5	Koblenz-Köln-Essen/Wuppertal-Hannover-Berlin
6	Berlin-Braunschweig-Hildesheim-Göttingen-Mannheim-Ulm-München und Mannheim-Basel
7	Berlin-Hildesheim-Göttingen-Würzburg-Nürnberg-München
8	Hamburg-Berlin-Halle/Leipzig-Saalfeld-Nürnberg-München und Berlin-Dresden
10	Osnabrück und Bielefeld-Essen/Wuppertal-Köln-Mannheim-
11	Osnabrück-Essen/Wuppertal-Köln-Mannheim-Stuttgart-
12	Osnabrück-Essen/Wuppertal-Köln-Frankfurt-Würzburg-Passau
13	Düsseldorf-Duisburg-Dortmund-Hamm-Soest-Kassel-Würzburg-Passau und Würzburg-München
17	Saarbrücken-Frankfurt-Erfurt-Leipzig-Dresden

Weitere Fernverbindungen:

Nr.	Strecke
20	Hamburg-Schwerin-Rostock und Hamburg-Lübeck-Rostock-Stralsund
21	Lübeck-Schwerin und Wismar-Schwerin-Berlin-Görlitz
22	Hamburg-Magdeburg und Lübeck/Rostock-Schwerin-Magdeburg-Halle-Leipzig
23	Hamburg-Harz-Nordhausen
24	Hamburg-Hannover-Kassel-Erfurt
25	Flensburg-Hamburg-Hannover und Bremen-Hannover und Braunschweig-Göttingen-Kassel-Fulda-Würzburg und Frankfurt
26	Kiel-Hamburg-Köln
27	Wilhelmshaven-Oldenburg und Norddeich-Oldenburg-Bremen und Cuxhaven-Bremen-Hannover-Bad Harzburg
28	Norddeich-Münster-Oberhausen-Köln
30	Rostock-Berlin-Dresden und Berlin-Chemnitz
31	Sassnitz-Stralsund-Pasewalk-Neubrandenburg-Berlin
35	Berlin-Halle/Leipzig-Erfurt-Frankfurt
38	Bad Bentheim-Osnabrück-Hannover-Berlin und Hannover - Stendal
40	Köln und Aachen-Essen/Wuppertal-Hamm-Hannover-Magdeburg-Leipzig-Dresden
41	Köln-Essen/Wuppertal-Hamm-Kassel-Bebra-Erfurt-Dresden und Erfurt-Gera-Chemnitz
42	Düsseldorf-Hamm-Kassel-Nordhausen-Halle-Offenburg
43	Aachen-Köln-Essen/Wuppertal-Dortmund-Münster (Gesamtverkehr)
47	Münster-Dortmund/Hamm-Hagen-Siegen-Frankfurt
49	Bremen-Münster-Köln-Koblenz/Gerolstein-Trier-Saarbrücken und Luxembourg
51	Halle-Nordhausen-Kassel-Frankfurt
55	Cottbus-Leipzig-Erfurt
56	Erfurt-Fulda-Würzburg-Augsburg-München
57	Erfurt-Saalfeld/Suhl-Schweinfurt-Nürnberg
58	Berlin-Leipzig-Gera
60	Frankfurt-Köln und Mannheim-Köln-Wuppertal/Essen-Dortmund und Münster
61	Frankfurt-Mannheim-Saarbrücken
62	Frankfurt-Mainz-Bad Kreuznach- Pirmasens und Bad Kreuznach-Saarbrücken
70	Kassel-Frankfurt-Karlsruhe-Offenburg-Konstanz und Offenburg-Basel
71	Saarbrücken-Mannheim-Lindau und Mannheim-München
80	Frankfurt-Nürnberg-Passau und Nürnberg-München
82	Halle-Saalfeld und Leipzig-Saalfeld-Bamberg-Nürnberg-München
83	Karlsruhe-Stuttgart-Nürnberg-Hof-Leipzig und Hof-Dresden-Görlitz
85	Dresden-Plauen und Leipzig-Plauen-Hof-Regensburg-München-Oberstdorf
90	Frankfurt-Mannheim-Karlsruhe-und Straßburg-Karlsruhe-Stuttgart-München-Salzburg

[1] Kursbuch Deutsche Bahn 1998/99: 266

Anlage 11

Wichtige Angebote der Nachbarbahnen (Auszug)[1]

Land/Bahn	**Bezeichnung der Ermäßigung und Umfang**
Belgien **SNCB**	Fahrausweise zum Mitfahrer-Fahrpreis, Sparpreis nach Bahnhöfen der SNCB. Für SNCB-Strecken ab der 2. Person ½ Fahrpreis für Erwachsene bzw. ¼ Fahrpreis für Kinder.
Dänemark **DSB**	Nordische Tourist-Karte mit der Bahn siehe unter Nordische Länder. „Fahrausweise zum Super-Sparpreis nach Bahnhöfen der DSB über direkte Grenzübergänge Deutschland-Dänemark." 20 % Ermäßigung für DSB-Strecken. Kinder zahlen die Hälfte des ermäßigten Fahrpreises. „5-Tage-Ticket Dänemark" Hin- und Rückfahrt nach Bahnhöfen der DSB über direkte Grenzübergänge **nur** ab Bahnhöfen der **DB**. Strecken der **DR** sind **ausgenommen.** 20 % Ermäßigung für DB- und DSB-Strecken.
Finnland **VR**	„Mini-Gruppen" für eine einfache Fahrt oder Hin- und Rückfahrt auf allen Eisenbahnstrecken der VR. 20 % Ermäßigung. Kinder zahlen die Hälfte des ermäßigten Fahrpreises. Nordische Tourist-Karte mit der Bahn siehe unter Nordische Länder.
Frankreich **SNCF**	„Billet de séjour" Touristenfahrkarte für Hin- und Rückfahrt, Rundreisen. 25 % Ermäßigung auf den gewöhnlichen Fahrpreis, Kinder zahlen die Hälfte des ermäßigten Fahrpreises. Gilt auch für Transitstrecken der SNCF im durchgehenden Verkehr. „Ermäßigung bei Vorlage eines Familien-Passes der DB". 50 % Ermäßigung für Eisenbahnstrecken der DB und SNCF für Fahrausweise für einfache Fahrt oder Hin- und Rückfahrt. Alleinreisende Kinder erhalten auf den Strecken d. SNCF keine Ermäßigung.
Großbritannien **BR**	„7.Tage-Ticket London".Hin- und Rückfahrt nach London über die Seestrecken Hoeck van Holland-Harwich bzw. Oostende-Dover; 40 % Ermäßigung. „1-monatige Rückfahrkarte 2. Kl. nach Großbritannien" über die Seestrekke Hoeck van Holland-Harwich bzw. Oostende-Dover; 25 % Ermäßigung für DB- und Seestrecken, 35 % Ermäßigung für SNCB-Strecken sowie einheitlicher Festpreis für NS-Strecken. „BritRail Gold/Silver-Pass" sowie „BritRail Gold/Silver-Flexipass" , Netzkarte für alle Eisenbahnstrecken der BR. „London Extra BR only", Netzkarte für alle Eisenbahnstrecken in der Region „Südost". „Visitor Travelcard", Netzkarte für die Londoner Verkehrsbetriebe.

[1] TCV Heft I Anhang XII

Luxemburg **CFL**	„Fahrausweise zum Sparpreis oder Super-Sparpreis nach Bahnhöfen der CFL". 20 % Ermäßigung für CFL-Strecken.
Niederlande **NS**	„Fahrausweise zum Super-Sparpreis nach Bahnhöfen der NS". Für NS-Strecken Einheitspreise je Erwachsener: 1. Person 2. Kl. 44,00 DM 1. Kl. 22,00 DM ab der 2. Person 2. Kl. 22,00 DM 1. Kl. 33,00 DM Kinder 2. Kl. 4,00 DM 1. Kl. 4,00 DM „Rail & Fly Amsterdam" Ab DB-Bahnhöfe über alle direkten Grenzübergänge nach Amsterdam und zurück. Pauschalpreise für Strecken der DB und der NS nach TCV-Heft IV/2.
Nordische Länder (Dänemark, Schweden, Norwegen, Finnland) **DSB/SJ/NSB/VR**	„Nordische Tourist-Karte mit der Bahn (Nordtourist med tag)". Netzkarte für alle Eisenbahnstrecken der DSB, SJ, NSB und VR sowie verschiedene Fährstrecken.
Österreich **ÖBB**	„Kleine Gruppen" für Hin- und Rückfahrt. Ermäßigung: 4 Erwachsene bis 5 Erwachsene und 1 Kind = 30 % auf den Strecken der ÖBB, der Zillertalbahn und der Montafonerbahn. „Bundes-Netzkarte" „Rabbit Card" und Jugend-Netzkarte „Rabbit Card Junior". Netzkarte für alle Eisenbahnstrecken der ÖBB, der Zahnradbahnen Hochschneeberg und Schafberg sowie auf Schiffen der ÖBB auf dem Wolfgangsee.
Schweden **SJ**	Nordische Tourist-Karte siehe unter Nordische Länder.
Schweiz **SBB**	„Swiss Pass" Netzkarte für alle Eisenbahnstrecken der SBB, wichtigsten Postbuslinien sowie die Strecken der meisten privaten Transportunternehmen sowie die öffentlichen Verkehrsmittel (Tram und Bus) in 24 Städten; Zahlreiche Berg- und Seilbahnen gewähren Ermäßigung. „Swiss Card" Kombinationsangebot, berechtigt innerhalb von 1 Monat zu einer Hin- und Rückfahrt von einem Schweizer Grenzpunkt nach einem beliebigen Zielort in der Schweiz (auch für Transitreisen gültig) und zum Lösen von Fahrausweisen 1. oder 2. Kl. zum halben bzw. ermäßigten Preis für schweizerische Bahn-, Bus- und Schiffsstrekken. Für die Fahrt Grenzpunkt – Zielort und umgekehrt gilt die Swiss Card jeweils 1 Tag. „Familienkarte Swiss Travel System" Familien, die mit Swiss Pass oder der Swiss Card reisen, können die Vergünstigung für Familien in Anspruch nehmen. Die Kunden müssen im Besitz der „Familienkarte Swiss Travel System" sein. Die vorgenannte Karte gilt nur in Verbindung mit der Swiss Card bzw. mit dem Swiss Pass.

Anlage 12

Museumsbahnen und Historische Eisenbahnen in Deutschland [1]

Name	Strecke
Heide-Expreß	Lüneburg-Bleckede
	Lüneburg und Winsen-Soltau
Preußenzug	Celle-Wittingen
Celler Land-Expreß	Celle-Müden und Örtze
Leinebergland-Kurier	Kreiensen-Kalefeld
Weserbergland-Kurier	Emmerthal-Vorwohle
Dampfeisenbahn Weserbergland	Rinteln-Stadthagen
Dampfbetriebene Nebenbahn	Lemgo-Barntrup
Historische Elektrobahn	Barntrup-Rinteln
Erste Museums-Eisenbahn Deutschlands	Bruchhausen-Vilsen-Asendorf
Meppen-Haselünner Eisenbahn	Meppen-Essen (Oldb)
Historische Kleinbahn „Jan Hapstedt“	Delmenhorst-Harpstedt
Küstenbahn Ostfriesland	Norden-Dornum
Teuto-Expreß	Ibbenbüren und Hafen Saerbeck-Gütersloh
Selfkantbahn	Gillrath-Schierwaldenrath
Brohltal-Eisenbahn	Brohl-Engeln
BFS Bürgerbahn	Lüdenscheid-Halver
	Lüdenscheid-Krummenerl
	Lüdenscheid-Wiehl
	Plettenberg-Plettenberg (Oberstadt)
Hespertalbahn	Essen-Kupferdreh-Haus Scheppen
Aartalbahn	Wiesbaden-Dotzheim-Bad Schwalbach
Traditionsbetrieb	Erfurt
Kuckucksbähnel	Lambrecht-Elmstein
Kandertalbahn	Kandern-Haltingen
Wutachtalbahn	Zollhaus-Blumberg-Weizen
Wanderbahn	Gotteszell-Fichtental
Tegernseebahn	Tegernsee-Schaftlach

[1] Kursbuch der Deutschen Bahn AG 1998

Anlage 13

Airline designator codes (Auswahl) [1]

A

AA American Airlines
AC Air Canada
AE Mandarin Airlines
AF Air France
AH Air Algerie
AI Air India
AJ Air Belgium
AM Aeromexico
AN Ansett Australia
AO AVIACO
AP Air One
AQ Aloha Airlines
AR Aerolineas Argentinas
AS Alaska Airlines
AT Royal Air Maroc
AU Austral
AV AVIANCA
AY Finnair
AZ Alitalia
A8 Aerolineas Paraguayas

B

BA British Airways
BD British Midland
BG Biman Bangladesh Airlines
BH Transtate Airlines
BI Royal Brunei Airlines
BK Paradise Island Airlines
BL Pacific Airlines
BP Air Botswane
BR EVA Airways
BS British International

BT Air Baltic
BV Sun Air
BW BWIA International
BX Coast Air
B2 Belavia
B6 Top Air
B7 UNI Airways
B8 Italair
B9 Caribair

C

CA Air China
CD Alliance Air
CI China Airlines
CJ China Northern Airlines
CN Islands Nationair
CO Continental Airlines
CP Canadian Airlines
CS Continental Micronesia
CT Northwestern Air Lease
CU CUBANA
CV Air Chatams
CX Cathay Pacific Airways
CY Cyprus Airways
CZ China Southern Airlines
C2 Air Caribbean
C8 Chicago Express Airlines

D

DA Air Georgia
DB Brit Air
DE Condor Flugdienst
DG Island Airlines
DI Deutsche BA
DJ Nordic European Airlines
DK Eastland Air
DL Delta Air Lines
DM Meersk Air
DR Air Link
DS Air Senegal
DU Hemus Air
DX Danish Air Transport
D6 Inter Air
D7 Dinar Lineas Areas
D9 Donavia

E

ED CC Air
EG Japan Asia Airways
EI Aer Lingus
EJ New England Airlines
EK Emirates
EL Air Nippon
EO Congo Airlines
ET Ethiopian Airlines
EU ECUATORIANA
EW Eurowings
EX Aerolineas Santo Domingo
EY Mayan World Airlines

F

FC TAL Thuringia Airlines
FG Ariane Afghan Airlines
FI Icelandair
FJ Air Pacific
FK Flamenco Airways
FL AirTran Airways
FM Shanghai Airlines
FN Regional Airlines
FQ Air Aruba
FR Ryanair
FU Air Littoral

G

GA Garuda Indonesia
GB Air Glaciers
GE Trans Asia Airways
GF Gulf Air
GG Tamair
GH Ghana Airwaya
GJ Eurofly
GK Go One Airways
GL Greenlandair
GM Air Slovakia
GN Gabon
GS Grant Aviation
GU AVIATECA
GV Riga Airlines
GW Air Lines of Kuban
GX Pacific Air
GY Guyana Airways Corporation

H

HA Hawaiian
HB Augusta Airways
HC Naske Air
HF Hapag Lloyd
HG Harbor Airlines Inc.
HI Papillon Airways
HJ Swedeways Airlines
HK Swan Airlines
HM Air Seychelles
HN KLM Cityhopper
HP America West Airlines
HV Transavia Airlines
HX Hamburg Airlines

[1] OAG 1997

I

IB Iberia
IC Indian Airlines
ID Air Normandie
IE Solomon Airlines
IF Great China Airlines
IG Meridiana
ICH Falcon Aviation
IJ Air Liberte
IK Imeir
IL Istanbul Airlines
IN Macedonian Airlines
IQ Augsburg Airways
IR Iran Air
IS Island Airlines
IV FujianAirlines
IW AOM French Airlines
IX Flandre Air
IY Yemenia Yemen Airways

J

JA Air Bosna
JD Japan Air System
JG Air Greece
JH Nordeste
JI Midway Airlines
JJ Brasil Central
JK Spanair
JL Japan AirLines
JM Air Jamaica Ltd.
JP Adria Airways
JR Aero California
JS Air Koryo
JU JAT
JV Bearskin Airlines

K

KA Dragonair
KE Korean Air
KF Air Botnia
KH Kymair
KI Air Atlantique
KJ British Mediterranean Airways
KL KLM-Royal Dutch Airlines
KM Air Malta
KO Alaska Central Express
KP Kiwi International Airlines
KQ Kanya Airways
KT Kampuchea Airlines
KU Kuwait Airways
KW Pan American Airways
KX Cayman Airways
KZ LASER

L

LA LAN-Chile
LG Luxair
LH Lufthansa
LI LIAT
LJ Sierra National Airlines
LL Lienas Aereas Allegro
LM ALM
LO LOT-Polish Airlines
LR LACSA
LT L. T. U. International Airways
LU Air Atlantic Dominicana
LV Albanian Airlines
LW Air Nevada
LX Crossair
LY El Al Israel Airlines
LZ Balkan

M

MA MALEV
MD Air Madagascar
MF Xiamen Airlines
MG Djbouti Airlines
MH Malaysia Airlines
MI Silk Air
MJ LAPA
MK AIR Mauritius
ML Aero Costa Rica Acori
MM SAM
MO Calm Air International
MP Martinair Holland
MQ Simmons Airlines
MR Air Mauritanie
MS Egyptair
MU China Eastern Airlines
MW Maya Airways
MX MEXICANA
MY Euroscot Express

N

ND Airlink
NF Air Vanuatu
NG Lauda Air
NH All Nippon Airways Co. Ltd.
NI Portugalia
NJ Vanguard Airlines
NN Cardinal Airlines
NO Aus Air
NP Skytrans
NQ Orbi Georgian Airways
NT Binter Canarias
NU Japan Transocean Air

N

NV Nothwest Territorial Airways
NW Northwest Airlines
NX Air Macau
NY Air Iceland
NZ Air New Zealand

O

OA Olympic Airways
OE WestAir Commuter Airlines
OF Traveau de Madagascar
OH Comair
OK Czech Airlines
OL OLT-Ostfriesische Lufttransport
OM MIAT-Mongolian Airlines
ON Air Nauru
OO Skywest Airlines
OQ Zambia Express
OR Crimea Air
OS Austrian Airlines
OT Avant Airlines
OU Croatia Airlines
OV Estonian Air
OW Metavia Airlines
OX Orient Thai Airlines
OX Asiana Airlines

P

PA Pan American World Airways
PB Air Burundi
PC Air Fiji
PG Bangkok Airways
PH Polynesian Airlines
PI Sunflower Airlines
PK Pakistan International Airlines
PL Aeroperu
PN Air Martinique
PR Philippine Airlines
PS Ukraine International Airlines
PT West Air Sweden
PT PLUNA
PV Pan Air
PW Pine State Airlines
PY Surinam Airways

Q

QF Quantas Airways
QI Cimber Air
QJ Latpass Airlines
QK Air Nora
QL Air Transal

Q

QL Lesotho Airways
QM Air Malawi
QQ Rano Air
QR Qatar Airways
QU Uganda Airlines
QV Lao Aviation
QW Turks & Caicos Airways
QX Horizon Air
OY European Air Transport

R

RA Royal Nepal Airlines
RB Syrian Arab Airlines
RC Atlantic Airways Faroe Islands
RD Avianova
RG VARIG
RI Mandala Airlines
RJ Royal Jordanian
RK Air Afrique
RL Region Air Caribbean
RO TAROM
RQ Air Engiadina
RY Air Rwanda
RZ SANSA

S

SA South African Airways
SB Air Caledonie International
SC Shandong Airlines
SD Sudan Airways
SE Samoa Aviation
SG Sempati Air
SH Air Toulouse
SK SAS
SL Rio-Sul Servicos Aeros Regionais
SM Sunworld International
SN SABENA
SP SATA Air Acores
SQ Singapore Airlines
SR SWISSAIR
ST Yanda Airlines
SU Aeroflot
SV Saudia
SW Air Nambia

T

TA Taca International Airlines
TC Air Tanzania Corporation
TE Lithuanian Airlines
TG Thai Airways International
TK Turkish Airlines
TL Aimorth Regional
TM LAM-Linhas Aereas de Mocambique

T

TP TAP Air Portugal
TQ Transwede Airways
TR Transbrasil
TS Air Transat
TT Air Lithuania
TU Tunis Air
TV Virgin Express
TW TWA
TZ Amercan Trans Air

U

UA United Airlines
UB Myanmar Airways Int'l
UC Ladeco
UD Hex'Air
UE Transeuropean Airlines
UF Turkestan Airlines
UK Air UK
UL Air Lanka
UM Air Zimbawe
UN Transaero Airlines
UX Air Europa
UY Cameroon Airlines
UZ UP Air
U2 Easyjet

V

VA VIASA
VC Servivensa
VE AVENSA
VF Tropical Airlines
VG VLM
VJ Royal Air Cambodge
VL NorthVancouver Air
VM Regional Airlines
VN Vietnam Airlines
VO Tyrolean Airways
VP VASP
VQ Impulse Airlines
VS Virgin Atlantic
VU Air Ivoire
VV Aerosweet Airlines
VX ACES
VY Formosa Airlines
V2 Associated Airlines

W

WA Newair
WB SAN
WC Islena Airlines
WD Halisa Air
WG Wasaya Airways
WJ Labrador Airways
WL Aeroperlas
WO World Airways
WP Alpha Islandair

W

WQ Romavia
WR Royal Togan Airlines
WT Nigeria Airways
WX Cityjet
WY Oman Air
WZ Acvila Air

X

XL Country Connection Airlines
XO Xinjiang Airways
XQ Action Airlines
XT Air Exel Netherlands
XV Air Express
X7 Chita Avia

Y

YC Flight West Airlines
YD Gomelavia
YH Air Nunavut
YI Air Sunshine
YJ National Airlines
YM Air Dabia
YN Air Creebec
YU Dominair
YW Air Nostrum

Z

ZB Monarch Airlines
ZE Cosmos Air
ZF Airborne of Sweden
ZP Air St. Thomas
ZR Muk Air
ZS Azzurrair

2

2B Aerocondor
2E Ireland Airways
2G Debonair

3

3B Avior
3J Air Alliance
3N Air Urga

4

4D Air Sinai
4E Tanana Air Services
4M Minskavia

5

5A Alpine Aviation
5D Donbass Airlines
5J CEBU Pacific Air

Anlage 14

Deutsche Verkehrsflughäfen

Stadt	Städte-Code	Flughafen	Flughafen-Code
Berlin	BER	Schönefeld Tegel Tempelhof	SXF TXL THF
Bremen	BRE		BRE
Bayreuth	BYU	Blindacher Berg	BYU
Köln-Bonn	CGN	Konrad Adenauer	CGN
Dresden	DRS		DRS
Dortmund	DTM	Dortmund-Wickede	DTM
Düsseldorf	DUS		DUS
Erfurt	ERF		ERF
Friedrichshafen	FDH	Friedrichshafen-Löwenthal	FDH
Münster-Osnabrück	FMO		FMO
Frankfurt	FRA	Frankfurt International (Rhein-Main)	FRA
Westerland (auf Sylt)	GWT		GWT
Hannover	HAJ	Langenhagen	HAJ
Hamburg	HAM	Fuhlsbüttel	HAM
Hof	HOQ	Hof-Pirk	HOQ
Kiel	KEL	Holtenau	KEL
Leipzig/Halle (Saale)	LEJ		LEJ
München	MUC	Franz Josef Strauß (Erdinger Moos)	MUC
Nürnberg	NUE		NUE
Paderborn	PAD	Paderborn-Lippstadt	PAD
Rostock	RLG	Rostock-Laage	RLG
Saarbrücken	SCN	Saarbrücken-Ensheim	SCN
Stuttgart	STR		STR

Anlage 15

Gepäckregelungen (Auszug)[1]

International				Innerdeutsch	
WEIGHT SYSTEM		PIECE SYSTEM (PC)		PIECE SYSTEM (PC)	
Weltweit		USA/Kanada/Mexiko/Karibik über AT		LH-Dienste	
Erwachsene /CH	IN	Erwachsene /CH	IN	Erwachsene /CH	IN
		FREIGEPÄCK - checked-in baggage -			
First Class: 40 kg Business: 30 kg Economy: 20 kg	Alle Klassen : Ein faltbarer Kinderwagen	First/Business: 2 Stück je 158 cm Economy: 1 St. 158 cm 1 St. 140 cm (max. je 2 St. 32 kg)	Wenn bis 90 % Ermäßigung: alle Klassen 1 St. 115 cm und 1 faltbarer Kinderwagen Bei freier Beförderung KEIN Freigepäck	Alle Klassen: 2 St. Je 115 cm sowie Ski/Golf (Tierkäfig/ Kinderwagen als 1 Stück)	KEIN Freigepäck
ÜBERGEPÄCK - checked-in baggage -					
Beförderung kann verweigert werden. Sofort bei Reservierung anmelden.					
Je kg: vom First Class OW Tarif Erwachsene nach Europa: 1,35 % nach Austr./Neuseel.: 1 % nach and.Ländern: 1,5 %		Berechnung nach Übergepäck-Gebühreneinheiten (Passagetarif)		Bei erheblicher Überschreitung der Frei-/Handgepäckgrenzen: Wie: Weltweit	
HANDGEPÄCK - carry- on baggage -					
Zusätzlich zum aufgegebenen Gepäck: Je Erw./CH 1 Gepäckstück 115 cm Kabinengepäck sowie div. Obhutsgegenstände IN: KEIN Handgepäck					

[1] LH Flugpreise 1995 : A/2

Anlage 16

Reisearten

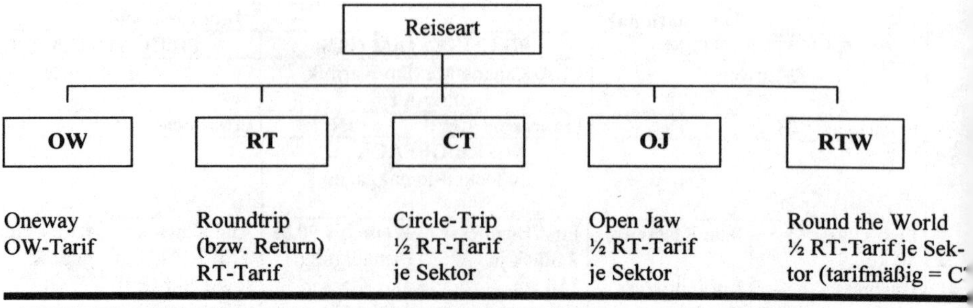

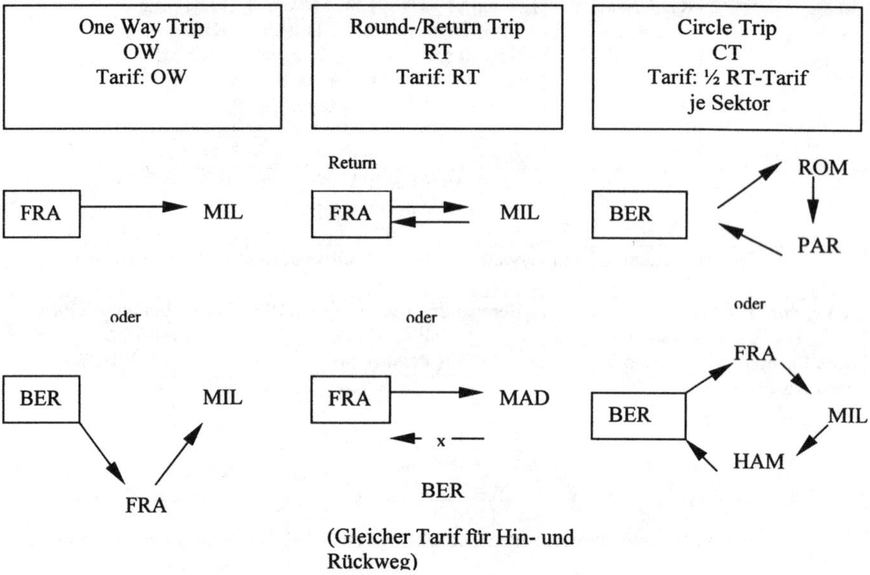

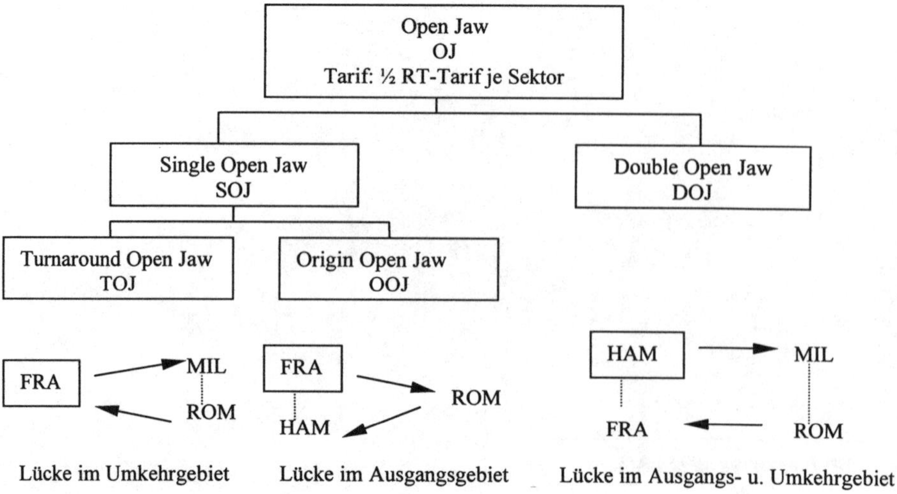

SURFACE – Strecke: nicht geflogene Strecke, z. B. bei TOJ = MIL - ROM

Anlage 17

Leitwege (Beispiele) [1]

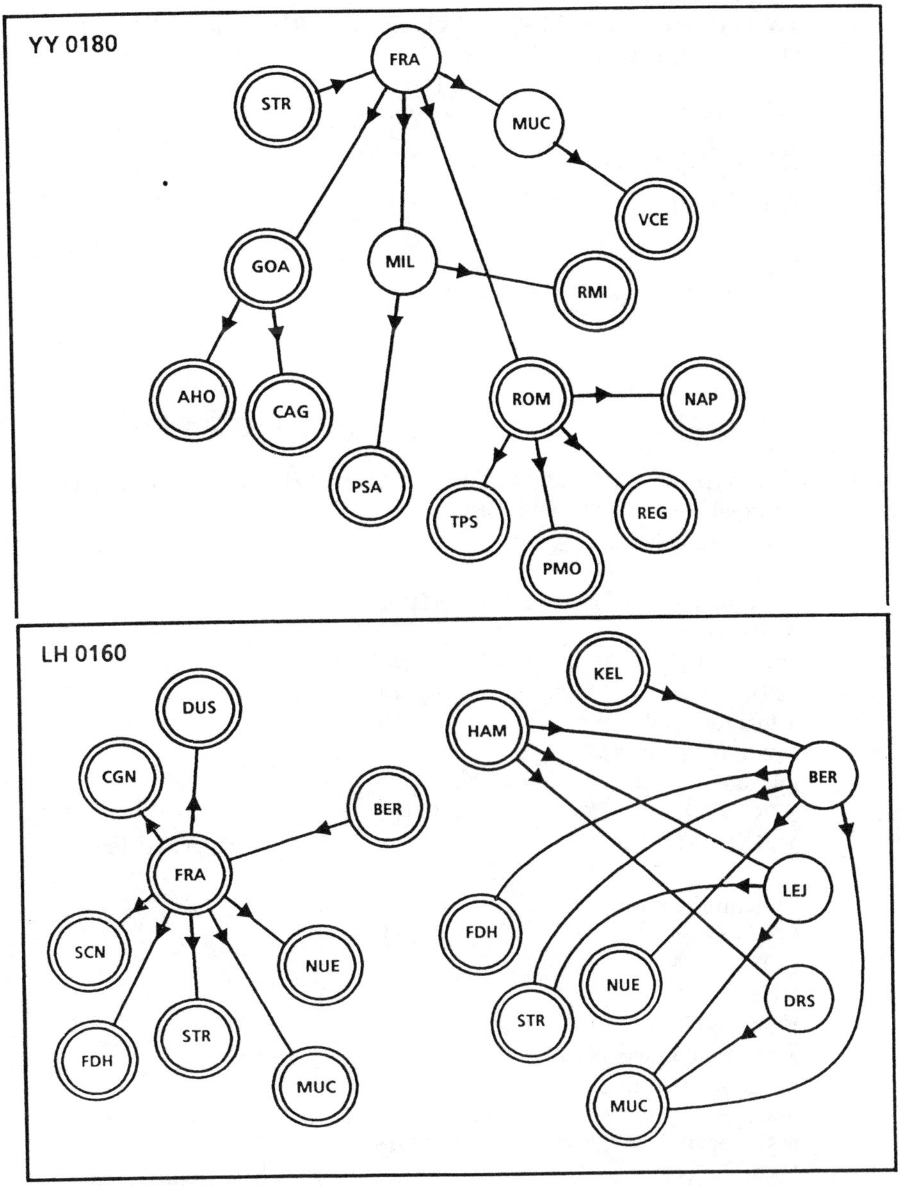

[1] LH Pt

Anlage 18

Mileage-System und Minimum Fare Check [1]
(Berechnungsbeispiele)

1. Meilenaufschlag

1. 1 OW-Flugreise: LAX – FRA- HAJ -DUS - ZRH - VIE – ROM

Mileage calculation:

	TPM	
LAX – FRA	5. 795	
FRA – HAJ	175	
HAJ – DUS	150	
DUS – ZRH	277	
ZRH – VIE	375	
VIE – ROM	482	
actual total mileage:	7. 254	
maximum permitted mileage		
LAX – ROM	7. 617	
∑TPM < MPM	363	Kein Meilenaufschlag

1. 2 CT-Flugreise: STR – DUS – CPH – OSL – GOT – DUS – FRA– STR

Farebreakpoints: STR und OSL

Mileage calculation:

a) Going portion	TPM	
STR – DUS	210	
DUS – CPH	385	
CPH – OSL	314	
actual total mileage	909	
maximum permitted mileage		
STR – OSL	946	
∑TPM < MPM	37	Kein Meilenaufschlag

b) Return portion		
OSL – GOT	174	
GOT – DUS	493	
DUS – FRA	118	
FRA – STR	97	
actual total mileage	882	
maximum permitted mileage		
OSL – STR	946	
∑TPM < MPM	64	Kein Meilenaufschlag

[1] LH Rules and Regulations

1. 3 CT – Flugreise: LON – KHI – DEL – BOM – JKT – BKK – HKG – TYO - ANC – LON

Farebreakpoints: LON und TYO

Mileage calculation:

a) Going portion:	TPM	
LON – KHI	3. 931	
KHI – DEL	665	
DEL – BOM	708	
BOM – JKT	2. 968	
JKT – BKK	1. 452	
BKK – HKG	1. 065	
HKG – TYO	1. 807	
actual total mileage	12. 596	
extra mileage allowance	- 700	
net total mileage	11. 896	
maximum permitted mileage LON – TYO (via Orient)	10. 904	
ΣTPM > MPM	992	(entspr. 10 % fare surcharge auf den abgelesenen Sektortarif LON – TYO)

b) Return portion		
TYO – ANC	3. 443	
ANC – LON	4. 472	
actual total mileage	7. 915	
maximum permitted mileage (via Polar route)	9. 498	
ΣTPM < MPM	1. 583	Kein Meilenaufschlag

2. Minimum Fare Check [2]

2. 1 OW – Backhaul – Check (BHC)

OW – Flugreise: FRA – ADD – NBO

Veröffentlichter Tarif FRA – NBO (Minimum Fare)		3. 348, 70 NUC
Sektorpreise:		
FRA – ADD:	2. 578, 57	
ADD – NBO:	419, 32	
Constructed Fare Total		2. 997,89 NUC
PLUS		350, 81 NUC

[2] SABATHIL 1994: 190, 192

2. 2 Circle Trip Minimum Check (CTM)

CT- Reise: FRA – MUC – NYC - FRA		
Farebreakpoints: FRA und NYC		
Veröffentlichter Tarif FRA – NYC (Circle Trip Minimum)		4. 942, 50 NUC
Sektorpreise:		
FRA – NYC:	2. 448,86	
NYC – FRA:	2. 398, 42	
Constructed Fare Total:		4. 847, 28 NUC
PLUS		95, 22 NUC

Anlage 19

Kreuzfahrtschiffe und Reedereien (Auszug) [1]

Schiffsname	Passagiere (max.)	Sterne	Tonnage BRT	Reederei
Intim: Unter 250 Passagiere				
Bremen	164	****+	6. 752	Hapag-Lloyd Tours
Carina	168	**	7. 127	Phoenix Seereisen
Hanseatic	184	*****+	8. 378	Hanseatic Tours
Lilli Marleen	50	****+	750	Deilmann Cruise Line
Regina Maris	168	***	4. 500	Phoenix Seereisen
Sea Cloud	69	****	2. 532	Sea Cloud Cruises
Sea Goddess I u. II	116	*****+	4. 260	Cunard
Seabourn Legend	212	*****+	9.975	Seabourn Line
Sir Francis Drake	28	**	450	Tall Ship Adventures
Song of Flower	214	*****	8. 282	Radisson Seven Seas Cruises
Wind Song	148	****+	5. 703	Windstar Cruises
World Discoverer	138	****+	3. 153	Society Expeditions
Klein: 250 – 500 Passagiere				
Astra	282	**	5. 635	Caravella Shipping
Atalante	484	**+	13. 113	Paradise Cruises
Berlin	420	****+	9. 570	Deilmann Cruise Line
Club Med I	386	****+	14. 745	Club Mediterranée
Costa Playa	489	***+	12. 475	Costa Cruises
Fuji Maru	328	****	23. 340	Mitsui OSK Passenger Line
Odysseus	454	***	12. 000	Royal Olympic Cruises
Radisson Diamond	354	*****	20. 295	Radisson Seven Seas Cruises
Silver Cloud	296	*****	16. 800	Silversea Cruises
Vistamar	295	***+	7. 478	Mar Line
Mittel: 500 – 1000 Passagiere				
Albatros	940	***	24. 803	Phoenix Seereisen
Arkona	516	****	18. 591	Deutsche Seetouristik Seetours
Bolero	802	***+	16. 107	Festival Cruises
Calypso	502	***+	8. 000	Transocean Tours
Costa Allegra	810	***+	28. 430	Costa Cruises
Crystal Symphony	960	*****+	50.202	Crystal Cruises
Cunard Countess	812	***+	17. 593	Cunard
Cunard Dynasty	800	****	19.089	Cunard
Europa	600	*****+	37. 012	Hapag-Lloyd Cruises
Gripsholm	714	***	22. 785	Transocean Tours
Island Princess	610	****	19. 907	Princess Cruises
Italia Prima	540	****	15. 000	Nina Cruise Line/Neckermann
Maxim Gorki	650	****	24. 981	Phoenix Seereisen
Nippon Maru	408	****	21. 903	Mitsui OSK Passenger Line

[1] WARD 1997: 60 ff.

Ocean Majesty	535	***+	10. 417	Majestic International Cruises
Olympic	976	***+	31. 500	Royal Olympic Cruises
Pacific Princess	610	****	20. 636	Princess Cruises
Royal Viking Sun	740	*****+	37. 845	Cunard
Seawind Crown	728	***+	24. 568	Seawind Cruise Line
Seawing	754	***	16. 607	Airtours Cruises
Shota Rustaveli	493	**+	20.499	Black Sea Shipping
Sun Viking	714	***+	18. 556	Royal Caribbean
Super Star Gemini	820	***	19. 046	Star Cruise
Symphony	664	***	16. 495	Mediterranean Shipping Cruises
Victoria	714	****	28. 891	P & O Cruises
Vistafjord	677	*****	24. 492	Cunard
Groß: 1000 – 2000 Passagiere				
Aida	1. 186	****+	36. 800	Dolphin Hellas Shipping
Canberra	1. 399	***	44. 807	P & O Cruises
Carousel	1. 062	***+	23. 200	Airtours Cruises
Celebration	1. 486	****	47. 262	Carnival Cruise Lines
Century	1. 750	****+	70. 606	Celebrity Cruises
Costa Classica	1. 308	****	52. 950	Costa Cruises
Dawn Princess[1]	1. 950		76. 500	Princess Cruises
Disney Magic [1]	1. 760		85. 000	Disney Cruise Line
Dreamward	1. 246	****	39. 217	Norwegian Cruise Line
Enchantment of the Seas [1]	1. 954		73. 600	Royal Caribbean
Eugenio Costa	1. 012	***+	32. 753	Costa Cruises
Galaxy [1]	1. 908		73. 850	Celebrity Cruises
Grandeur of the Seas [1]	1. 950		73. 600	Royal Caribbean
Legend of the Seas	1. 804	****+	70. 950	Royal Caribbean
Maasdam	1. 264	****+	55. 451	Holland America Line
Meridian	1. 106	****	30. 440	Celebrity Criuses
Nordic Empress	1.600	****	48. 563	Royal Caribbean
Norwegian Crown	1. 052	****	34. 242	Norwegian Cruise Line
Oriana	1. 828	****+	69. 153	P & O Cruises
Queen Elizabeth 2	1. 756	*****	70. 327	Cunard
Regal Pricess	1. 590	****+	70. 000	Princess Cruises
Royal Princess	1. 200	****+	44. 348	Princess Cruises
Seaward	1. 534	****	42. 276	Norwegian Cruise Line
Song of America	1. 402	****	37. 584	Royal Caribbean
Star Princess	1. 470	****+	63. 564	Princess Cruises
Sun Princess	1. 950	****+	77. 000	Princess Cruises
Tropicale	1. 022	***+	36. 674	Carnival Cruise Lines
Viking Serenade	1. 512	****	40. 132	Royal Caribbean
Windward	1. 246	****	39. 217	Norwegian Cruise Line
Zenith	1. 374	****+	47. 255	Celebrity Cruises

[1] Noch keine Bewertung

Riesig: Über 2000 Passagiere				
Carnival Destiny [1]	2. 420		100. 000	Carnival Cruise Lines
Ecstasy	2. 040	****	70. 367	Carnival Cruise Lines
Fascination	2. 040	****	70. 367	Carnival Cruise Lines
Grand Princess [1]	2. 600		104. 000	Pricess Cruises
Imagination	2. 040	****	70. 367	Carnival Cruise Lines
Majesty of the Seas	2. 354	****+	73. 941	Royal Caribbean
Monarch of the Seas	2. 354	****+	73. 941	Royal Caribbean
Norway	2. 044	****	76. 049	Norwegian Cruise Line
Rhapsody of the Seas [1]	2. 000		75. 000	Royal Caribbean
Sensation	2. 040	****	70. 367	Carnival Cruise Lines

[1] Noch keine Bewertung

Anlage 20

Bewertung eines Kreuzfahrtschiffes [1]

ms EUROPA *****+

Betrieb: Verschiedene weltweite Kreuzfahrten

Reederei		Hapag-Lloyd Cruises
Bruttoregistertonnen		37. 012
Werft		Bremer Vulkan
Baukosten		$ 120 Mio.
Getauft von		Simone Veil
Indienststellung		Jan. 1982
Innenausstattung		Wilfried Kohnemann
Heimatland		Deutschland
Tel. 112-0363	Fax	112-0367
Länge		199,63 m
Breite 28, 60 m		Tiefgang 8,42 m
Antrieb		Diesel (21 270 kW)
Schiffsschrauben		2 (CP)
Decks 10	Crew	300
Passagiere (max.) 600		(alle Kojen) 600
Raum pro Passagier 61, 6		(alle Kojen) 61,6
Offiziere		deutsch
Kabinen insgesamt		316
Kabinengröße (m^2)		14 - 39
Außenkabinen 260		Innenkabinen 56
Einzelkabinen		32
Kabinen mit Balkon		0
Rollstuhlkabinen		1
Kabinenstromspannung		110/220 AC
Kühlschrank		Alle Kabinen
Kabinenfernsehen	Ja	VCR Ja
Speisesäle 1	Sitzungen	1
Aufzüge		4

Kasino	Nein	Spielautomat Nein
Swimmingpools (außen)		2 (1 Magdrodome)
Swimmingpools (innen)		1 (Süßwasser)
Whirlpool	0	Gym Ja
Sauna/Dampfbad	Ja/Nein	Massage Ja
Wäscherei (Selbstbedienung)		Ja
Kino/Plätze		Ja/238
Bibliothek	Ja	Kindereinrichtungen Nein
Wassersporteinrichtungen		Nein
Klassifikationsgesellschaft		Germanische Lloyd

Bewertung	**Punkte**
Schiff: allgem.Zustand/Sauberkeit	9, 3
Schiff: Raum/Stil/Komfort	9, 5
Schiff: Dekor/Einrichtung	9, 4
Schiff: Fitnesseinrichtungen	9, 6
Kabinen: Komfort/Einrichtungen	9, 3
Kabinen: Ausstattung	9, 2
Essen: Speisesaal/Küche	9, 2
Essen: Buffets/Imbisse	9, 0
Essen: Qualität der Zutaten	8, 9
Service: Speisesaal	8,8
Service: Bars	8, 8
Service: Kabinen	9, 0
Kreuzfahrt: Unterhaltung	8, 7
Kreuzfahrt: Animation	8, 6
Kreuzfahrt: Gastlichkeit	9, 2
GESAMTBEWERTUNG	136, 5

Gesamtbewertung	**Anzahl der Sterne**
135, 1 - 150, 0	*****+
125, 1 – 135, 0	*****
115, 1 – 125, 0	****+
105, 1 – 115, 0	****
100, 0 – 105, 0	***+
90, 1 – 100, 0	***
85, 1 - 90, 0	**+
80, 1 - 85, 0	**
80, 0 oder weniger	*

[1] WARD 1997: 309

Anlage 21

Klassifizierungskriterien für Reisebusse [1]

Kriterium	* TRANSPORT CLASS Bus	** STANDARD CLASS Ausflugsbus	*** TOURIST CLASS Reisebus	**** COMFORT CLASS Fernreisebus	***** EXCLUSIVE CLASS Fernreisebus
Sitzabstand mind. (cm)	68	72	77	83	90
Höhe Rückenlehne mind. (cm)	52	52	68	68	68
Stoff-, Plüsch- oder Echtlederbez.	+	+	+	+	+
Radio- u. Mikrofonanlage	+	+	+	+	+
Tonband-/Kassettenanlage			+	+	+
Motorunabhängige Heizung	+	+	+	+	+
Gepäckablage		+	+	+	+
Armlehnen Gang			+		
Armlehnen Gang und Wand				+	+
Nachtbeleuchtung		+	+	+	+
Aschenbecher je Sitzbank	+	+	+		
Aschenbecher je Sitzplatz				+	+
Frischluftzufuhr 30-fach Durchsatz durch Gebläse (gleichmäßig verteilt oder indiv.)			+	+	+
Verstellbarkeit der Rückenlehne			25°	35 °	35 °
Rollos/Vorhänge Seitenfenster			+	+	+
Thermostatisch geregelte Raumtemperatur			+	+	+
Verstellbarkeit der Sitze zum Mittelgang			+	+	+
Keine Konstruktionen im Fußraum				+	+
Keine Sitze an Türen				+	+
Einstellbare Fuß-Stützen				+	+
Leselampe pro Sitz				+	+
Fahrgasttisch je Sitz				+	+
Kein Beschlagen der Seitenscheiben				+	+
WC/Waschraum				+	+
Kühlbar				+	+
Klimaanlage				+	+

Pflegezustand für alle Klassen: - guter Gesamtzustand, - keine Roststellen, - keine Blechschäden, - keine verschmutzte Polsterung oder Innenverkleidung

[1] Gütegemeinschaft Buskomfort e. V.

Anlage 22

Checkliste für den Busunternehmer [1]

Bin ich optimal für den verschärften Wettbewerb gerüstet?

1. Sind Sie über das veränderte Wettbewerbsumfeld in der Touristik und im Linienverkehr genau informiert?

Ihre Antwort: Ja ☐ Nein ☐

2. 90 % der privaten Busunternehmer sind in allen Segmenten des Omnibusverkehrs tätig. Nur 10 % haben sich spezialisiert. Gehören Sie zu den Unternehmen, die sich spezialisiert haben?

Ihre Antwort: Ja ☐ Nein ☐

3. Kennen Sie die Stellung ihres Unternehmens in den besonders zukunftsträchtigen und in den künftig problematischen Segmenten des Omnibusmarktes?

Ihre Antwort: Ja ☐ Nein ☐

4. Haben Sie eine klare Bestandsaufnahme Ihrer einzelnen Geschäftsbereiche im Hinblick auf die Rentabiltitä durchgeführt?

Ihre Antwort: Ja ☐ Nein ☐

5. Konzentrieren sich Ihre Arbeitskraft und die Ihrer Mitarbeiter sowie Ihre finanziellen und betrieblichen Mittel auf die zukunftsträchtigen Geschäftsbereiche?

Ihre Antwort: Ja ☐ Nein ☐

6. Haben Sie die Stärken und die Schwächen Ihres Unternehmens sorgfältig analysiert und niedergeschrieben?

Ihre Antwort: Ja ☐ Nein ☐

7. Arbeiten Sie bereits mit anderen Unternehmen in Kooperationen (Reiseverkehr) und/oder Verkehrsgemeinschaften (ÖPNV) zusammen?

Ihre Antwort: Ja ☐ Nein ☐

8. Nehmen Sie regelmäßig notwendige Investitionen in personeller und betrieblicher Hinsicht vor, um damit die Voraussetzungen für wettbewerbsfähiges, erfolgreiches Arbeiten zu schaffen?

Ihre Antwort: Ja ☐ Nein ☐

9. Fahr- oder Reisegastgruppen haben spezielle Anforderungen und Wünsche hinsichtlich der Fahrzeugausstattung. Haben diese „Kundenanforderungen" in Ihrem Unternehmen Vorrang vor einer Optimierung der Auslastung des eigenen Fuhrparks?

Ihre Anwort: Ja ☐ Nein ☐

Bitte addieren Sie die Fragen, die Sie mit „Nein" beantwortet haben.

Auswertung:

0 – 3 Nein – Antworten

Sie sind gut auf den verschärften Wettbewerb vorbereitet. Die sich verändernde Marktsituation hat Sie bereits zu einer Neuorientierung vom „Allrounder" hin zum „Spezialisten bewegt.

4 – 6 Nein – Antworten

Sie haben die Notwendigkeit einer Neuorientierung erkannt, befinden sich aber noch in der Umstrukturierungsphase.

7 – 9 Nein – Antworten

Ihre Vorbereitung auf den Wettbewerb der kommenden Jahre ist verbesserungsbedürftig. Professionelles Arbeiten in rentablen Geschäftsbereichen ist eine Grundvoraussetzung, um erfolgreich im Wettbewerb sein zu können.

[1] BDO Busmanagement 1993: 12 f.

Anlage 23

Konditionen ausgewaehlter Ferienmietwagenanbieter in den USA [1]

Konditionen ausgewählter Ferienmietwagenanbieter in den USA

	ALAMO	AVIS	HERTZ	HOLIDAY AUTOS	SUNNY CARS
▪ **Mindestalter**	25 Jahre (herabsetzbar auf 21 Jahre gegen Gebühr)	25 Jahre (herabsetzbar auf 21 Jahre gegen Gebühr)	25 Jahre (außer in New York mit 18 Jahren nicht herabsetzbar)	25 Jahre (herabsetzbar auf 21 Jahre gegen Gebühr)	25 Jahre (herabsetzbar auf 21 Jahre gegen Gebühr)
▪ **Aufschlag für Fahrer unter 25**	20 $/Tag	10 $/Tag	New York : in einem Spezialtarif enthalten	10 – 20 $/Tag	20 $/Tag, Kalifornien und Nevada Freitag
▪ **Zusatzfahrer**	5 $/Tag	je 25 $ Einmalgebühr (Ehepartner frei)	0,5 $/Tag, max. 25 $	5 – 10 $/Tag (enthalten im Super-inklusiv-Tarif)	4, 99 $/Tag
▪ **Kindersitz**	5 $/Tag	5 $/Tag, 25 $/Wo.	5 $/Tag, max. 50 $	8 $/Tag	5 $/Tag
▪ **Behindertengerechte Ausstattung**	gegen Vorausbuchung ohne Aufpreis	gegen Vorausbuchung ohne Aufpreis	gegen Vorausbuchung ohne Aufpreis	auf Anfrage, ohne Aufpreis	auf Anfrage, ohne Aufpreis
▪ **Einweggebühren**	Keine in Kalifornien und Florida, übrige Bundesstaaten gemäß Ausschreibung	Keine in Kalifornien und Florida von Gruppe B bis E, übrige Gruppen/US-Staaten auf Anfrage	Keine in Kalifornien, vereinzelt jedoch in Florida, übrige Bundesstaaten auf Anfrage	Keine in Kalifornien und Florida, übrige Bundesstaaten je nach Entfernung	Bei Abgabe des Fahrzeugs in einem vom Übernahmeort abweichenden Bundesstaat Gebühr, entfernungsabhängig 100 bis 500 $
▪ **Max. Mietdauer (Voucher)**	Ein Monat, prinzipiell beliebig verlängerbar. Veranstalter-Programm: Max. 56 Tage	Ein Monat, prinzipiell beliebig verlängerbar, Langzeitmieten ab etwa 6 Monate auf Anfrage	Ein Monat, prinzipiell beliebig verlängerbar, Veranstalter-Programm: Max. 62 Tage	Ein Monat, mit Vouchern prinzipiell beliebig verlängerbar	Ein Monat, mit Vouchern prinzipiell beliebig verlängerbar

[1] FVW 6/96: 193

Anlage 24

Reiserücktrittskosten-Versicherung [1]

Was löst den Versicherungsfall aus?	▪ Tod ▪ Unfall ▪ Unerwartete schwere Erkrankung ▪ Schwangerschaft ▪ Impfunverträglichkeit ▪ Schaden am Eigentum	Reiseunfähigkeit laut Attest Durch Feuer, Elementarereignis, strafbare Handlung (z. B. Einbruchdiebstahl)
Wer kann den Versicherungsfall auslösen?	▪ Die versicherte Person ▪ Die Angehörigen der versicherten Person ▪ Die gemeinsam mit der versicherten Persone Reisenden und deren Angehörige ▪ Die Betreuer nicht mitreisender Angehöriger	Jede Person, zu der die versicherte Person eine nahe Beziehung hat Sofern max. 6 Pers. die Reise gemeinsam gebucht und versichert haben Sofern die Angehörigen minderj. oder pflegebedürftig sind
Welche Kosten werden erstattet?	▪ Vertraglich geschuldete Stornogebühren ▪ Mehrkosten der außerplanmäßigen Rückreise ▪ Kosten für nicht in Anspruch genommene Reiseleistungen	Rücktritt vor Reiseantritt Erstattet werden Leistungen entsprechend der ursprünglich gebuchten Qualität Erstattet wird der volle Reisepreis bei Abbruch in der ersten Hälfte der gebuchten Reise Bei späterem Abbruch Erstattung der nicht in Anspruch genommenen Teile der Reiseleistung Muß extra versichert werden
Wie hoch ist der Selbstbehalt?	DM 50,- pro Person; Bei Krankheit 20 % des erstattungsfähigen Schadens, mindestens DM 50,-	
Wann ist die Versicherung abzuschließen?	Bei Buchung	Spätestens innerhalb von 14 Tagen nach Zugang der Buchungsbestätigung beim Kunden
Wie hoch kann versichert werden?	Bis zu DM 20. 000,- pro Person bzw. Ferienwohnung	Bei höheren Versicherungssummen Anfrage beim Service-Center

[1] Versicherungsbedingungen der EUROPÄISCHEN Reiseversicherung AG

Anlage 25

Die deutschen Reisegebiete [1]

1	Nordsee – Niedersachsen – Bremen
2	Die Nordsee von der Deutschen Bucht bis Sylt Nordseebäder mit küstennahem Gebiet, Nordfriesische Inseln, Helgoland, Hansestadt Hamburg
3	Ostsee und schleswig-holsteinisches Binnenland Ostseebäder, Heilbäder im Binnenland, Deutsches Fördenland, Holsteinische Schweiz, Lübeck
4	Mecklenburgische Ostsee
5	Die Ostseeküste Vorpommerns, Rügen – Stralsund – Usedom – Oderhaff
6	Mecklenburgische Seenplatte
7	Lüneburger Heide
8	Börde, Altmark
9	Potsdam, Havelland und Fläming
10	Prignitz, Ruppiner Land, Uckermark
11	Berlin
12	Barnim, Märkische Schweiz, Oder-Spree-Seengebiet
13	Dahme-Seengebiet, Spreewald, Niederlausitz, Elbe-Elsterland
14	Teutoburger Wald mit Wiehen, Weser- und Eggegebirge
15	Weserbergland mit Steinhuder Meer, Mittelweser, Solling, Leinebergland
16	Der Harz, seine Vorländer und das Eichsfeld
17	Halle, Saale und Unstrut – Anhalt, Wittenberg und Dübener Heide (Nord)
18	Leipzig und das sächsische Burgenland mit Dahlener Heide und Dübener Heide (Süd) (Sachsens schönste Schlösser, Burgen und Gärten)
19	Erzgebirge, Vogtland, Westsachsen mit Elstergebirge
20	Sächsische Schweiz und Sächsisches Elbland
21	Oberlausitz/Niederschlesien
22	Münsterland, Westfälisches Ruhrgebiet
23	Der Niederrhein mit Düsseldorf und dem Ruhrland
24	Bergisches Land
25	Sauerland, Siegerland-Wittgenstein
26	Hessisches Bergland, Kassel-Land, Waldecker Land- Ederbergland, Werra-Meißner-Land, Kurhessisches Bergland, Waldhessen, Marburg-Biedenkopf
27	Thüringer Wald
28	Kyffhäuser, Thüringer Kernland, Saaleland und Ostthüringen
29	Eifel mit Ahrtal
30	Mosel, Hunsrück, Nahe
31	Saarland
32	Die Pfalz
33	Der Rhein von Worms bis Köln mit Rheinhessen und Siebengebirge
34	Westerwald, Lahn, Taunus
35	Odenwald, Neckartal, Bergstraße
36	Wetterau, Vogelsberg
37	Spessart mit Kinzigtal
38	Die Rhön
39	Franken – Haßberge, Oberes Maintal – Coburger Land, Frankenwald, Fichtelgebirge, Fränkisches Weinland, Steigerwald, Fränkische Schweiz, Romantisches Franken – vom Rangau zur Romantischen Straße, Region Nürnberg, Frankenalb, Neues Fränkisches Seenland, Naturpark Altmühltal, Rhön, Spessart – Main – Odenwald
40	Ostbayern – Bayrischer Wald, Oberpfälzer Wald mit Steinwald, Oberpfälzer Jura/östlicher Naturpark Altmühltal, Südliches Niederbayern
41	Schwarzwald mit Oberrhein, Kaiserstuhl, Ortenau, Baar und oberer Neckar
42	Neckarland-Schwaben, Schwäbische Alb, Neckar – Hohenlohe – Schwäbischer Wald,. Region Stuttgart, Kraichgau – Stromberg, Liebliches Taubertal
43	Bodensee-Oberschwaben mit Hegau, Linzgau, württembergischem Allgäu
44	Allgäu/Bayrisch-Schwaben
45	Oberbayern, München, Münchener Umland/Oberbayerns Städte, Inn —Salzach, Ammer-See – Lech, Starnberger Fünferseenland, Pfaffenwinkel, Werdersfelser Land, Tölzer Land an Isar und Loisach, Tegernseer Tal, Schliersee – Fischbachau – Bayerischzell, Wendelstein, Inn und Mangfall, Chiemsee, Chiemgau, Rupertiwinkel, Bad Reichenhall – Salzstraße, Berchtesgadener Land

[1] REISEN IN DEUTSCHLAND 1995

Anlage 26

Deutsche Freizeit- und Erlebnisparks[1]

Archäologischer Park Xanten
Babelsberg Studiotour, Potsdam-Babelsberg
BavariaFilm Tour, München-Geiselgasteig
Blühendes Barock Ludwigsburg, bei Stuttgart
Centerpark Bispinger Heide. In der Lüneburger Heide
Churpfalzpark Loifling, Cham/Opf., nordöstlich von Regensburg
Eifelpark Gondorf. Gondorf bei Bitburg, östlich von Bitburg
Elspe Festival. Nordöstlich von Lennestadt
Erlebnispark Schloß Thurn. Heroldsbach, zwischen Bamberg und Erlangen
Erlebnispark Tripsdrill. Cleebronn/Tripsdrill, südwestlich von Heilbronn
Erlebnispark Ziegenhagen. Witzenhausen, zwischen Kassel und Göttingen
Erse-Park Uetze. Nordöstlich von Hannover
Europa-Park. Rust/Baden, westlich von Ettenheim
Ferienzentrum Schloß Dankern. Haren/Ems, nördlich von Meppen
Fort Fun Abenteuerland. Bestwig-Wasserfall, östlich von Meschede
Fränkisches Wunderland Plech, nordöstlich von Nürnberg
Freizeit-Land Geiselwind. Östlich von Würzburg
Freizeitpark Ketteler Hof. Haltern-Lavesum, westlich von Dülmen
Freizeitpark Schloß Beck. Bottrop-Kirchhellen, zwischen Gladbeck und Dorsten
Freizeitpark Verden. Verden/Aller
Hansapark Sieksdorf, bei Neustadt/Holstein
Heide-Park Soltau. Zwischen Hamburg und Hannover
Hirsch- und Saunapark Daun. Westlich von Koblenz
Holiday Park. Haßloch/Pfalz, westlich von Speyer
Hollywood-Park. Schloß Holte-Stukenbrock, zwischen Bielefeld und Paderborn
Insel Mainau. Bodensee
Kurpfalzpark. Wachenheim a.d.W., zwischen Kaiserslautern und Mannheim
Märchen- und Familienpark Ruhpolding
Märchenwald im Isartal-Wolfratshausen. Südlich von München
Minidomm. Ratingen, zwischen Essen und Düsseldorf
Movie-World Bottrop
Naturpark Brüggen. Nordwestlich von Mönchengladbach
No Name City. Poing, östlich von München
Nordsee-Tropen Parc. Tossens, gegenüber von Wilhelmshaven
Opel-Zoo. Kronberg im Taunus, westlich von Frankfurt/M.
Panorama-Park Sauerland. Kirchhundem-Oberhundem, südöstlich von Lennestadt
Phantasialand. Brühl. Südlich von Köln
Ponyhof Lochmühle, Familienfreizeitpark. Wehrheim/Taunus, nördlich von Bad Homburg
Potts Park Minden
Rasti-Land. Salzhemmendorf, zwischen Hameln und Hildesheim
Schlitzerländer Tierfreiheit. Schlitz, südlich von Bad Hersfeld
Schwaben-Park. Kaisersbach-Gmeinweiler, nordwestlich von Schwäbisch Gmünd
Serengeti Safariland Hodenhagen. Zwischen Bremen und Hannover
Spreepark. Berlin-Treptow
Stuttgart International. Freizeit- und Erlebniszentrum rund um die Music Hall von „Miss Saigon“
Taunus-Wunderland. Schlangenbad, westlich von Wiesbaden
Tolk-Schau. Tolk bei Schleswig
Traumland auf der Bärenhöhle. Sonnenbühl-Erpfingen, südlich von Reutlingen
Traumlandpark. Bottrop
Vogelpark Walsrode. Nordöstlich von Walsrode
Wild- und Freizeitpark Loeffingen. Südwestlich von Villingen-Schwenningen
Wildpark Bad Mergentheim
Wildpark Lüneburger Heide. Ninsdorf, südlich von Hamburg

[1] Nach: ALTHOF 1996: 367

Anlage 27

Kriterienkatalog für Maßnahmen der Ortsgestaltung [1]

Bewertungsbogen

	Maßnahme	Bewertungsmerkmale	Höchstpunktzahl	Errechnete Punktzahl
Gemeinschaftliche Maß nahmen	1. Entwicklungsstand und Planungsvorhaben der Ortsgemeinde a) Städtebauliche Ordnung b) Kommunale Grundausrüstung c) Planungen, Ortssatzungen	Beurteilung der Gesamtentwicklung Anlagen und Einrichtungen des Verkehrs, der Ver- und Entsorgung des bürgerschaftlichen, kulturellen und sozialen Lebens, des Genossenschaftswesens, der Verwaltung, für Erholung, Spiel und Sport u. a. unter Berücksichtigung überörtlicher und nachbarschaftlicher Belange Flächennutzungsplan, Bebauungspläne, Landschaftsplan, Grünordnungspläne, Flurbereinigung und andere Fachplanungen, Planungsverwirklichung, städtebauliche Erneuerung und Sanierung, Ortssatzungen	10	
	2. Bürgerschaftliche Aktivitäten und Selbsthilfeleistungen a) Mitwirkung bei Planung, Bau, Pflege und Unterhaltung von Anlagen und Einrichtungen des Verkehrs, des bürgerschaftlichen, kulturellen und sozialen Lebens, des Genossenschaftswesens, der Verwaltung, für Erholung, Spiel und Sport u. a. b) Vereine, Jugendgruppen, Seniorenclubs u. a.	Gemeinschaftsleben, Gemeinschaftsaktionen, Vereinsleben, Jugendarbeit, Seniorenbetreuung, soziale Dienste, kulturelle Veranstaltungen, Dorffeste, Heimat- und Brauchtumspflege u. a.	8	
	3. Öffentliche Gebäude und bauliche Anlagen Gestaltung und Instandhaltung von Anlagen von a) Kirchen, Schulen, Bürger-, Jugend- und Vereinshäusern, Kindergärten, Feuerwehrhäusern, Bushaltestellen und anderen gemeindeeigenen Häusern b) Denkmälern, Brunnen, Dorfkreuzen, Bildstöcken u. a. c) Straßen, Wegen, Plätzen, Bürgersteigen, Brücken, Mauern und Gewässern d) Gebäuden in Erholungs-, Spiel- und Sportanlagen, Friedhöfen und Campingplätzen e) Kläranlagen, Wasserwerken, Hochbehältern, Elektr. Stationen u. a.	Gestaltung der Gebäude und baulichen Anlagen unter Berücksichtigung von Form, Material und Farbgebung sowie der Anpassung an das Orts- und Landschaftsbild Erhaltung und Pflege historischer bzw. für den Ortscharakter bedeutsamer Bausubstanz, Denkmalspflege Pflegezustand der Gebäude und baulichen Anlagen	14	
	4. Öffentliche Grünanlagen im Siedlungsbereich Gestaltung und Pflege von a) Grünanlagen an öffentlichen Gebäuden Grünanlagen an Straßen, Wegen, Plätzen, Denkmälern und an Gewässern b) Erholungs-, Spiel- und Sportanlagen, Friedhöfen und Campingplätzen c) Blumen und Grün an öffentlichen Gebäuden	Gestaltung der Anlagen unter Berücksichtigung von Erschließung, räumlicher Gliederung, Art und Anordnung der Gestaltungselemente, des Pflegeanspruchs sowie der Anpassung an das Ortsbild Durchgrünung des Ortes mit standortgerechten Bäumen und Sträuchern Pflegezustand Auswahl von Blumen, Kletterpflanzen und Rankgewächsen, Pflanzgefäßen	9	

[1] In: KLEMM 1993, Bewertungsbogen Landeswettbewerb

Gemeinschaftliche Maß - nahmen	im Außenbereich Gestaltung und Pflege von a) Pflanzungen an Straßen, Wegen, Park- und Ruheplätzen und an Gewässern b) Pflanzungen an Hochbehältern, Kläranlagen, Wasserwerken, Elektr. Stationen, Abfallagerplätzen, Entnahmestellen von Steinen und Erden u. a. c) Schutzpflanzungen, Feld- und Vogelschutzgehölzen d) Erholungsgebieten und Campingplätzen	Gestaltung der Anlagen unter Berücksichtigung des Landschaftshaushaltes und der Gestaltung der Landschaft. Beseitigung von Landschaftsschäden Maßnahmen des Naturschutzes und der Landschaftspflege Eingliederung des Siedlungsgebietes in die Landschaft Ortsrandgestaltung Rekultivierung Pflegezustand	7	
	5. Ordnung und Sauberkeit im öffentlichen Bereich a) Ordnung und Sauberkeit der Straßen, Wege, Plätze und Gewässer b) Ordnung und Sauberkeit der Grünanlagen, Erholungs-, Spiel- und Sportanlagen, Cämpingplätze, Friedhöfe u. a. c) Ordnung und Sauberkeit der Kläranlagen, Abfallagerplätze, Entnahmestellen von Steinen und Erden u. a. d) Anbringen von Straßenschildern, Ortsschildern e) Aufstellen von Sitzbänken, Papierkörben, Hinweisschildern f) Regelung der Außenreklame	Ausreichende Zahl und zweckmäßige Anordnung von Sitzbänken z. B. an Haltestellen, in Grünanlagen, an Ruheplätzen, Wanderwegen und Aussichtspunkten, von Papierkörben z. B. an Haltestellen und Bankplätzen von Hinweisschildern z. B. zu Park- und Cämpingplätzen, Erholungsgebieten und -einrichtungen Straßenschilder Beseitigung von störenden Plakaten und Hinweisschildern Geordnete Reklame z. B. durch Anschlagtafeln und Litfaßsäulen	6	
Private Maß nahmen	1. Gebäude und bauliche Anlagen Gestaltung und Instandhaltung von a) Wohn- und Wirtschaftsgebäuden, Industrie- und Gewerbebetrieben, Gaststätten, Höfen, Zuwegungen, Toren, Mauern, Zäunen u. a. b) Grabzeichen, Grabeinfassungen	Gestaltung der Gebäude und baulichen Anlagen unter Berücksichtigung von Form, Material und Farbgebung sowie der Anpassung an das Ortsbild Erhaltung und Pflege historischer bzw. für den Ortscharakter bedeutsamer Bausubstanz, Denkmalspflege Pflegezustand der Gebäude und baulichen Anlagen Material, Gestaltung, Anpassung an das Gesamtbild des Friedhofes	20	
	2. Private Grünflächen und Blumenschmuck Gestaltung und Pflege von a) Vor- und Wohngärten, Hofräumen, Gemüse- und Obstgärten b) Blumen und Grün an privaten Gebäuden c) Grünanlagen an Industrie-, Gewerbe- und landwirtschaftlichen Ansiedlungsbetrieben d) Grabstätten	Gestaltung der Anlagen, ihre Gliederung und Zuordnung zu Wohn- und Wirtschaftsgebäuden unter Berücksichtigung von Art und Anordnung der Gestaltungselemente sowie Anpassung an das Ortsbild Begrünung der Freiflächen mit standortgerechten Blumen und Sträuchern Auswahl von Blumen, Kletterpflanzen und Rankgewächsen, Pflanzgefäßen Auswahl der Pflanzen, Anpassung an das Gesamtbild des Friedhofs Pflegezustand	20	
	3. Ordnung und Sauberkeit im privaten Bereich a) Ordnung und Sauberkeit bei Wirtschaftsgebäuden, Industrie- und Gewerbebetrieben, Gaststätten, Hofräumen, Vor- und Hausgärten, Gemüse- und Obstgärten, Zuwegungen, Dungstätten u. a. b) Regelung der Reklame und der Beschilderung	Beseitigung von störenden Plakaten und Reklameschildern Art und Gestaltung der Hinweisschilder (Z. B. Gaststätten) Hausnummern	6	
		Endsumme	100	

Quellennachweis

Althof, W.: Incoming-Tourismus, München, Wien 1996.
Aschl, A. J.: Staats- und verfassungsrechtliches Lexikon, Regensburg 1988.
Benz, F.: Verkaufstechniken im Reisebüro, VA-Akademie 1995.
BGB: Bürgerliches Gesetzbuch, München 1997.
Bidinger, H.: Personenbeförderungsgesetz, RDA Internationaler Bustouristik Verband e. V., Köln 1996.
Boers, H./Bosch, M.: Die Erde als Ferienort, Darmstadt und Berlin 1995.
Bundesministerium für Wirtschaft: Bericht der Bundesregierung über die Entwicklung des Tourismus, BMWi-Dokumentation Nr. 349, Bonn 1994.
Bundesverband Deutscher Omnibusunternehmer e. V.: Arbeitszeitvorschriften für Fahrer von Kraftomnibussen, Bonn o. J.,
-: Professionelles Busmanagement, Bonn 1993.
Das Reisebüro: DRV-Service GmbH, Frankfurt am Main, Jahrgang 1998.
DELTA Steamboat: Steambotin, New Orleans 1996.
Deutsche Bahn AG: Deutscher Eisenbahn-Personen-, Gepäck- und Expreßgut-Tarif (DPT II), Vorbemerkungen, Preistafel Teil I und II, Entfernungszeiger, gültig vom 1. April 1997 an,
-: Gemeinsamer Internationaler Tarif für die Beförderung von Personen und Reisegepäck (TCV), Mainz 1996,
-: Kursbuch 1998/99, Frankfurt am Main 1998,
-: Verkaufsleitfaden (VKL), Band 1 bis 3 1996.
Deutsche Lufthansa AG: Jahrbuch '92, Köln 1992,
-: Passagehandbuch für Agenten, Frankfurt am Main, Ausgabe 1993/94,
-: Passenger Tariff, Teil 1: Fares Books (Flugpreise), Teil 2: Rules and Regulations (Anwendungsbestimmungen), Köln 1995.
Deutscher Bäderverband e. V. (DBV): Begriffsbestimmungen für Kurorte, Erholungsorte und Heilbrunnen, Gütersloh 1991,
-: Deutsche Heilbäder und Kurorte, Gütersloh 1992,
-: Die Kur in Deutschland, Gütersloh 1997,
-: Jahresbericht, Bonn 1997.
Deutscher Fremdenverkehrsverband e. V. (DFV): Reisen in Deutschland, Deutsches Handbuch für Fremdenverkehr, Darmstadt 1995,
-: Reisen in Deutschland, Zimmerkatalog, Darmstadt 1995.
Deutsches Fremdenverkehrspräsidium: Deutscher Tourismusbericht, Frankfurt am Main 1994.
Deutsches Seminar für Fremdenverkehr e. V. (DSF): Die Fremdenverkehrskonzeption, Berlin 1993,
-: Marktforschung im Reisebüro, Berlin 1989,
-: Praktischer Leitfaden für das Reisebürogewerbe, Berlin 1992.
Drucker, P. F.: Praxis des Management, Düsseldorf, Wien 1969.
Environmental Services GmbH.: Das grüne Buch der Touristik, Berlin 1994.
Erdmann, B.: Erfolgsfaktoren der Reisebüros, Hamburg 1993.
Erhard, L.: Die Soziale Marktwirtschaft: Ein nach einheitlichen Prinzipien geordnetes Wirtschaftssystem. In: Grundtexte zur Sozialen Marktwirtschaft, Band 2, Stuttgart, New York 1988.
Eucken, W.: Die Politik zur Herstellung der Wettbewerbsordnung (1952). In: Grundtexte zur Sozialen Marktwirtschaft, Band 1, Stuttgart, New York 1981.

Flußkreuzfahrten in Europa und Nordafrika, Hamburg 1996.
Fresenius, W.: Deutscher Bäderkalender, Gütersloh 1995.
Freyer, W.: Tourismus, München, Wien 1995.
Fried, H. & Partner: Die Touristische Informationsnorm (TIN) für den deutschen Fremdenverkehr, München 1992.
Futour: DRV-Umweltempfehlungen für touristische Zielgebiete, Frankfurt am Main 1997.
Füth, G./ Walter, E. : Betriebswirtschaftslehre für Reiseverkehrsunternehmen, Frankfurt am Main 1993.
FVW: FVW International, Zeitschrift für die deutsche Tourismuswirtschaft, Jahrgänge 1997 und 1998.
Gabler: Wirtschaftslexikon, Wiesbaden 1988.
Gauf, D./Wötzel, G.-N.: Leitfaden Verkaufsförderung für Busreisen, Köln 1996.
Gütegemeinschaft Buskomfort e. V. (Gbk): Reisearten im Überblick, Filderstadt o. J..
HANSEATIC TOURS: Exklusive Kreuzfahrten, Hamburg 1997.
Hardes, H.-D./Rahmeyer, F./Schmid, A.: Volkswirtschaftslehre, Tübingen 1988.
Heertje, A./Wenzel, H.-D.: Grundlagen der Volkswirtschaftslehre, Berlin, Heidelberg, New York, Tokyo 1991.
Heinemann, H./Kreitmayr, A./Pahlsson, L./Schüssler, O.: Schiffahrt, Frankfurt am Main 1992.
HGB: Handelsgesetzbuch, München 1996.
Hildebrandt, G./Jungmann, H: Die Kurortbehandlung, in: Deutscher Bäderkalender, Gütersloh 1995.
Hoehler, G.: Spielregeln für Sieger, New York, Moskau 1991.
Iwand, W. M.: Tourismus und Umwelt, TUI GmbH & Co. KG, Hannover 1993.
Kamphausen, R.: Reiseverkehrsbetriebslehre, Wiesbaden 1996.
Klemm, K.: Fremdenverkehrskonzeption, Freie Universität Berlin 1993, Institut für Tourismus (Deutsches Seminar für Fremdenverkehr, Kursmaterialien).
Kluge, M.: Seminarmaterialien, LISA/PLIB 1997.
Klutmann, M.:Beraten und Verkaufen im Reisebüro, Hamburg 1995.
Kreuzer, H.: Am Start; Moderne Verkehrsflugzeuge und Business Jets, Erding 1993.
Kreuzfahrten weltweit, Hamburg 1995/96.
Lauf, H.-R./Eberle, G./Bartl, H.: TourLex, Darmstadt, Berlin 1993.
List, F.: Das deutsche National-Transport-System in volks- und staatswirthschaftlicher Beziehung, Altona und Leipzig 1838.
Luger, A.: Allgemeine Betriebswirtschaftslehre, Band 1 und 2, München, Wien 1989.
Maetze, H.: Marketing und Kommunikation, in: TUI Presse-Info, Nr.30/95, Hannover 1995.
Mattern, H.-K.: Allgemeine Verwaltungslehre, Regensburg 1989.
Mundt, J. W.: Reiseveranstaltung, München, Wien 1996.
Musgrave, R. A.: Finanztheorie, Tübingen 1966.
Müller, H. J.: Direktmarketing im Reisebüro, Darmstadt, Berlin 1993.
Neumann, K.: Omnibustouristik, München 1995.
OAG Cruise & Ferry Guide: Bedfordshire, June – August 1997.
Official Airline Guide: Bedfordshire, Dec. 1997.
Petersen, H.-G.: Sozialökonomik, Stuttgart, Berlin, Köln 1989.
Pollak, A.: Der Kreuzfahrtmarkt Deutschlands, BRD Kreuzfahrten-Census 1996.
Pompl, W./Lieb, G.: Qualitätsmanagement im Tourismus, München, Wien 1997.

RDA Internationaler Bustouristikverband e. V.: Geschäftsbericht 1996/97, Köln 1997,
-: Werbeleitfaden Bus und Umwelt, Köln o. J.
Rogge, H. J.: Werbung, Ludwigshafen 1990.
Roth, P./Schrand, R. D.: Touristik-Marketing, München 1992.
Sabathil, S.: Lehrbuch des Linienflugverkehrs, Frankfurt am Main 1998.
Say, J. B.: Ausführliches Lehrbuch der praktischen Politischen Ökonomie, Band 3, Leipzig 1845, Band 4, Leipzig 1846.
Samuelson, P. A./Nordhaus, W. D.: Volkswirtschaftslehre, Band 1 und 2, Köln 1987.
Seitz, E./Meyer, W.: Tourismusmarktforschung, München1995.
Seyderhelm, B.: Reiserecht, Heidelberg 1997.
Schmale, H.: Grundlagen und Probleme der Betriebswirtschaft, Köln 1990.
Schmid, Ch.: Fachkunde Busreiseverkehr, Frankfurt am Main 1995.
Schulz, A./ Frank, K./Seitz, E.: Tourismus und EDV, München 1996.
Sülberg, W.: Rückblick auf die wilden Jahre, in: Das Reisebüro 1997.
Statistisches Bundesamt: Tourismus in Zahlen, Stuttgart 1997.
Städtler, G./Albrecht, G.: Wörterbuch für den Reiseverkehr, Solingen 1995.
Sterzenbach, R.: Omnibusverkehr, München 1991,
-: Luftverkehr, München, Wien 1994.
Stiglitz, J. B.: Finanzwissenschaft, München, Wien 1989.
TUI/Deutschland: TUI News, Jahrgang 1998, Hannover 1998.
Verband Baden-Württembergischer Omnibusunternehmer e. V. (WbO): Der Bus, ökologische Fakten – ökonomische Daten, Stuttgart o. J..
Victoria Cruises: Der majestätische Yangtsekiang, New York 1994.
Ward, D.: BERLITZ Handbuch zu Kreuzfahrten und Kreuzfahrtschiffen, Princeton, N. J. 1997.
Weis, H.-Ch: Marketing, Ludwigshafen 1995.
Wuensche, H. F.: Welcher Marktwirtschaft gebührt das Beiwort „Sozial“?, in: Grundtexte zur sozialen Marktwirtschaft, Band 2, Stuttgart, New York 1988.
Ziegenbein, K.: Controlling, Ludwigshafen 1989.

H

I

J

K

U

V

W

Z